# TULLIO

Printausgabe, erschienen 2020
1. Auflage

ISBN: 978-3-95949-386-4

Copyright © 2020 MAIN Verlag, Eutiner Straße 24,
18109 Rostock

www.main-verlag.de
www.facebook.com/MAIN.Verlag
order@main-verlag.de

Text © Jobst Mahrenholz

Umschlaggestaltung: © Antonio Kuklik
Umschlagmotiv: © Antonio Kuklik

Druck: Eisermann Media GmbH

Bibliografische Information der Deutschen Nationalbibliothek:
Die Deutsche Nationalbibliothek verzeichnet diese Publikation in der Deutschen Nationalbibliografie; detaillierte bibliografische Daten sind im Internet über http://dnb.d-nb.de abrufbar.

JOBST MAHRENHOLZ

# TULLIO

QUEER

Für Antonio

# Inhalt

# I. GARTEN

# DAVIDE

## 1.

Schmerzen schien er nicht zu haben. Sein Unglück beeindruckte ihn eher. Das wiederum imponierte mir.

Behutsam entfernte er kleine Steine und Erdkrumen, die sich festgesetzt hatten. Gegen meine Art beobachtete ich ihn dabei. Diese Ruhe, mit der er an seinem Bein zugange war, faszinierte mich. Er war so vertieft, dass er mein Näherkommen nicht bemerkte.

»Was ist passiert?«, fragte ich nach einer Weile. Erstaunt sah er auf, blinzelte gegen die Sonne und sagte: »Hingefallen.«

Gut – hätte ich mir auch denken können.

Er zeigte auf die Schachtel in meiner linken Hand. »Was hast du da?«, wollte er wissen. Ich hob sie vorsichtig an, überlegte einen Moment, ging dann neben ihm in die Hocke, entfernte die Gummibänder und öffnete sie, nur einen schmalen Spalt breit.

●

Tullio war gerade fünfzehn geworden, ebenso wie ich vor Kurzem. Er war gegenüber eingezogen, gemeinsam mit seinem Vater. Schauten wir aus unseren Fenstern, konnten wir uns zuwinken. Meins lag etwas über dem seinen.

Tullio hatte dichtes, schwarzes Haar, weiße Haut und hellblaue Augen. Mich gab's Ton in Ton, Haare wie Augen. Auch meine Haut: Braun!

Tullio kam aus Mantua, das lag im Norden. Zumindest hatte man ihm erzählt, dass er von dort kommt. Sicher war er sich nicht. Wir stammten aus dem Süden, aus Bari.

Der Nachmittag, an dem wir uns kennenlernten, war ein heißer Mittwoch. Ich weiß es deshalb noch so genau, weil ich den Mittwoch immer im botanischen Garten verbrachte. Massimo arbeitete da. Massimo ist mein älterer Bruder und damals verkaufte er dort die Eintrittskarten. Er war auch für Bücher und Souvenirs zuständig. Ansonsten interessierte ihn dieser Ort nicht. Mich allerdings schon.

Wenn keiner hinsah, winkte Massimo mich einfach durch – dann war ich am Ort meiner Träume.

Es war also Mittwoch und es war heiß. Und da saß Tullio auf der Straße, gegen eine Mauer gelehnt und begutachtete das Blut auf seinem Bein. Und ich stand da, mit meiner Schachtel in der Hand.

Genau genommen war es keine Schachtel mehr. Sie war mittlerweile ein Sarg. Ich hatte ein Kreuz darauf gemalt, den Namen »Esmeralda« draufgeschrieben und den Deckel mit zwei Gummibändern fest verschlossen.

»Eine Eidechse?«, fragte er erstaunt, nachdem ich ihm Einblick gewährt hatte. »Du trägst eine tote Eidechse mit dir rum?«

»Ich beerdige sie«, erklärte ich ihm. »Sie lag bei uns im Treppenhaus.«

»War sicher eine Katze«, vermutete er. »Die sind so!«

»Vielleicht ist sie einfach nur gestorben. Am Alter. Einfach eingeschlafen.«

»Oder verhungert.«

Oder so.

Tullio warf noch mal einen Blick in die Schachtel.

»Sie ist hübsch«, sagte er und klang erstmals freundlich dabei. »Wo willst du sie begraben?«

»Im botanischen Garten«, erwiderte ich. »Es gibt da so eine Stelle …«

»Kann ich mitkommen?«

Das überrumpelte mich. Wenn ich genau darüber nachdenke, bin ich niemals zuvor so etwas gefragt worden. »Wieso?«, fragte ich daher einigermaßen verhalten. Meine Kleintierbeerdigungen waren etwas, für das ich normalerweise eher gemieden wurde.

»Ich habe Esmeralda gesehen«, sagte er leichthin, »also würde ich mich auch gerne von ihr verabschieden.«

Das war ein Grund. Immerhin hatte er gesagt, dass er sie schön findet.

»Und dein Knie?«, wollte ich wissen. Es hatte zwar zu bluten aufgehört, aber gut sah es nicht aus.

»Ich hätte nicht gefragt, wenn es nicht ginge.«

»Ich bin Davide«, erwiderte ich. Ihm meinen Namen zu verraten, kam einem Einverständnis gleich.

»Tullio!«, antwortete er mit einem Lachen. Und dann streckte er mir seine Hand entgegen. Das Blut daran ignorierte ich. Immerhin gingen wir eine Eidechse beerdigen. Da kam es auf so was nicht an.

●

Meine Familie bewohnte fast das gesamte Haus, in dem wir lebten. Nur die erste Etage wurde von meinen Eltern an eine Familie vermietet, die Fubinis. Signore Fubini arbeitete, wie mein Vater, an der Universität.

Obwohl – so ganz stimmte das nicht. Mein Vater ist Professor. Und ein Professor arbeitet nicht, sagte er immer – er lehrt und forscht. Meine Mutter lächelte, wenn er damit anfing. Doch im Grunde sah sie es genauso.

Ich selbst wohnte im zweiten Stock mit meinen beiden Geschwistern. Wir waren ganz auf uns gestellt. Und wir liebten das.

Unsere Eltern bewohnten zu zweit das Erdgeschoss. Sie liebten es ebenso. Denn eigentlich konnten sie mit Kindern nicht viel anfangen.

Und dann war da noch mein Großvater. Er lebte im Keller.

All das erzählte ich Tullio auf dem Weg zum botanischen Garten.

»Dein Großvater lebt im Keller?« Diese Tatsache schien ihn am meisten zu beeindrucken.

»Ja, schon«, antwortete ich. »Aber er kann hinten raus, in den Garten. Er wohnt in seiner Werkstatt.«

»Er hat eine Werkstatt?« Seine Neugier war wirklich groß, merkte ich. »Was baut er denn so?«

»Irgendwelche Holzkisten«, antwortete ich ausweichend, weil ich es selbst nicht so genau wusste. »Und bis vor Kurzem züchtete er Tauben. Er fuhr sogar zu Ausstellungen mit ihnen. Aber das ist vorbei. Weil meine Mutter es nicht will. Sie findet, sie stinken.«

»Hast du schon mal welche davon beerdigt?«

Das hatte ich in der Tat. Eigentlich hatte alles damit angefangen, erinnerte ich mich. Ich nickte.

»Und beerdigst du sie alle im botanischen Garten?«

»Meine Mutter will sie nicht hinterm Haus haben«, erklärte ich ihm. Es störe sie, so ihr Argument, in den Beeten immer wieder auf halb verweste Tierkadaver zu stoßen. Okay – verstehen konnte ich das schon.

»Dann ist der botanische Garten eigentlich ein riesiger Tierfriedhof und keiner weiß das so richtig«, stellte Tullio fest. »Das ist enorm!«

Es gefiel mir, dass er es so sah.

»Und deine Geschwister?«, wollte er weiter wissen.

»Massimo lernst du gleich kennen«, stellte ich in Aussicht. »Und dann ist da noch meine ältere Schwester. Sie ist siebzehn. Ich bin der jüngste Dessi«, schloss ich meinen Bericht.

»Davide Dessi.« Tullios Augenbrauen wanderten verblüfft nach oben. »Da haben wir was gemeinsam.«

Ich verstand nicht, was er meinte.

»Tullio Tebaldi«, erklärte er mit einem Lachen. »Da haben sich unsere Eltern sicher was dabei gedacht.«

Konnte schon sein. Erzählt haben sie mir jedoch nie davon.

•

Der »Orto botanico di Pisa« ist der älteste botanische Garten der Welt. Eigentlich.

Wäre er im Jahr 1563 nicht einmal umgesetzt worden, könnte man das »eigentlich« sogar streichen. Mir ist es egal, ob er nun wirklich der älteste ist oder nicht. Es ist *mein* Garten.

Mein Lieblingsplatz in diesem Garten ist ein schmaler Streifen Erde zwischen den Gewächshäusern im hinteren Bereich. Paolo, der Hauptgärtner, hatte ihn mir zugewiesen. Hier durfte ich unter anderem meine Bestattungen durchführen. Dafür half ich beim Bewässern und Topfen. Paolo war sicher: Ich würde mal sein Nachfolger. Er klopfte mir oft auf die Schulter und teilte sein Panini mit mir. Ich nahm es als Kompliment.

Als wir bei Massimo eintrafen, erzählte ich ihm gleich von Tullios Knie. Massimo studierte Medizin, darum. Tullio blieb im Hintergrund. Er schien etwas eingeschüchtert. An Massimo konnte es nicht liegen. Er lachte freundlich und sah auch so aus. Mein Bruder ist groß, ziemlich schlank und damals trug er sein Haar lang, was ihn an einen Indianer erinnern ließ. Dazu kommt seine wirklich gewaltige Nase.

»Zeig mir mal dein Knie«, forderte Massimo Tullio freundlich auf.

Tullio zögerte, doch schließlich ging er einen Schritt auf ihn zu, schob sein Hosenbein nach oben und zeigte, was es zu begutachten gab. Seine Stirn zog sich dabei zusammen, was ihn skeptisch aussehen ließ.

»Ich werde es desinfizieren und ein Pflaster draufkleben, damit die Hose nicht auf der Wunde scheuert. Ist das in Ordnung?« Tullios Stirn entspannte sich ein wenig. Er nickte, sagte aber nichts.

Während mein Bruder die Wunde versorgte, fragte er beiläufig: »Was hast du in deiner Schachtel, Davide? Eine Maus?«

»Eine Eidechse, aus dem Treppenhaus.«

»Requiescat in Pace«, murmelte er lächelnd, ganz in sein Tun versunken.

Als Massimo das Hosenbein nach erfolgreicher Behandlung wieder über das Knie gezogen hatte, trat Tullio gleich einen Schritt zurück.

»Danke«, sagte er leise. Den Blick hielt er jedoch gesenkt.

»Dann ab mit euch beiden.« Massimo lächelte und gab uns ein Zeichen, dass wir passieren durften.

●

»Was magst du so?«, fragte ich Tullio, nachdem wir Esmeralda im vorderen Bereich der Beete begraben hatten. Eine würdige Zeremonie lag hinter uns. Nachdem ich die Gummibänder entfernt hatte, fügten wir der Kiste noch einige Grabgaben hinzu. Ein paar Blätter und Blüten, die Tullio aus den Beeten geklaubt hatte, und einen besonders schönen Stein.

»Ich kann eher sagen, was ich nicht mag«, beantwortete er nach einem Moment des Nachdenkens meine Frage. »Was ich mag, merke ich erst, wenn es passiert. Das ist so bei mir.«

Das fand ich erstaunlich. Bei mir gab es so vieles, was ich mochte. Eine ellenlange Liste, wenn ich das alles aufschreiben würde.

»Und was magst du dann nicht?«, fragte ich also.

»Regen«, antwortete Tullio auf Anhieb. »Regen und Rucola. Autos mag ich auch nicht und ich hasse Katzen.«

Stimmt. Mit Katzen war da was, erinnerte ich mich.

»Wie kann man als Italiener keine Autos mögen?«, wollte ich wissen. »Sie sind bequem, bringen dich überallhin …«

»Ich habe mal gesehen, wie jemand überfahren wurde«, erklärte Tullio mit düsterem Blick. »Das war hart.«

Nun, das war ein sehr guter Grund, keine Autos zu mögen.

»Hat er überlebt?«, hakte ich leise nach.

»Weiß nicht. Glaube kaum. Ich erinnere mich nicht. Aber das ist der Grund, warum ich keine Autos mag.«

Es war schon irritierend. Ich hatte versucht, über etwas Schönes zu sprechen, und das war nun dabei herausgekommen. Nach einer Beerdigung auch noch.

Eigenartig.

»Was macht deine Familie so?«, versuchte ich es weiter.

»Mein Vater ist bei der Stadt. Er kümmert sich ums Wasser.«

»Ach …«

»Ja, so ist das.«

»Und deine Mutter?«

»Tot …«

Gut, ich sollte das besser lassen mit den Fragen, stellte ich fest.

●

»Du hast einen Freund gefunden«, bemerkte Carla, während ich lustlos Pasta gabelte. »Direkt vom heiligen Massimo habe ich das.«

Ich verdrehte die Augen. Schon die Tatsache, mich nicht allein anzutreffen, genügte offenbar, um zum Gesprächsthema der Dessis zu werden.

Aber ich verstand es auch. Freunde? Ich verbrachte die meiste Zeit allein mit meinen Gedanken. Es war mir lieber so.

»Das ist Tullio von gegenüber«, erklärte ich.

»Ah.« Carla setzte sich zu mir und betrachtete mich aufmerksam. »Schmeckt's dir nicht?«

»Sie sind zu weich«, antwortete ich. »Das kannst du besser.«

»Dann koch selbst, kleiner Macho.« Sie lachte, verpasste mir einen Schlag auf den Hinterkopf.

Ich liebte Carla. Sie wurde von vielen als sperrig und griffig empfunden. Dabei war sie klar und aufrichtig. Nicht jeder mochte das.

Carla steckte gerade in einer Schwarzphase, trug das Haar kurz, die Augen düster geschminkt. Mir gefiel das.

»Wie ist er so, dein Tullio?«, wollte sie wissen, amüsierte sich über ihren geglückten Reim. »Massimo meint, ihr hättet gemeinsam eine Eidechse beerdigt.«

Ich nickte kauend.

»Es ist nicht *mein* Tullio. Und er ist nur mitgekommen«, erklärte ich. »Aber es hat ihn nicht gestört. Eigentlich stört es niemanden außer Mutter.«

»Dabei sollte sie es besser wissen.«

»Ja«, gab ich Carla recht, »sollte sie. Aber es macht mir nichts aus.«

Unsere Mutter ist Psychologin. Da lernte man eigentlich, sich in andere hineinzuversetzen und was Gutes daraus zu machen. Bei unserer Mutter war es eher andersrum. Sie verlangte immer, dass man sich in *sie* hineinversetzt, so als seien wir die Psychologen.

»Ist Tullio nett?«, fragte Carla weiter.

»Er sagt nicht viel. Sein Vater arbeitet bei der Stadt. Irgendwas mit Wasser. Seine Mutter ist tot.«

»Bring ihn mal mit, wenn du magst.«

»Damit er hier *solche* Spaghetti zu essen bekommt?« Ich hob demonstrativ meine Gabel. »Das wär mir peinlich, ehrlich gesagt.«

Ein zweiter Schlag auf den Hinterkopf. Aber auch ihr wunderbares Lachen.

●

Später, am Abend, stand ich an meinem Fenster und schaute hinüber zu Tullio. Er hatte mir gezeigt, welches das seine ist, nach unserem Besuch im botanischen Garten. Es stand offen.

Tullio saß auf seinem Bett, konnte ich erkennen. Scheinbar saß er nur so da und starrte an die Wand gegenüber. Es flackerte nicht dieses typische Fernseher-Licht, auch war da niemand, mit dem er redete. Tullio saß einfach nur so da und dachte vielleicht nach – ich fand das nachvollziehbar.

Sein Zimmer war normal groß, soweit ich das beurteilen konnte. Es gab eine Lampe, so eine runde chinesische aus Papier, und ein Regal mit Büchern und Kram. Aber es war alles zu weit weg, um Einzelheiten zu erkennen. Auf jeden Fall war es anders als mein Zimmer.

Meines war sehr klein. Das kleinste von allen hier. In der Wohnung darunter diente es als Abstellkammer. Aber ich mochte es. Ich hatte es komplett grün gestrichen.

Wir Menschen kennen uns mit Grün gut aus. Von keiner anderen Farbe können wir so viele Nuancen erkennen wie vom Grün. Das stammt aus der Zeit, als wir noch in Wald und Dschungel hausten. Dieses Grün-Talent schützte uns. So konnten wir optisch Gefahr erkennen und filtern. Was man halt so weiß, wenn man sich für Grün begeistert.

Tullios Wände waren weiß. So wie bei den meisten. Er wirkte etwas blass von Weitem, wie er so da saß in dem hellen Licht.

Einen Moment schaute ich noch hinüber. Dann klappte ich die Fensterläden zu. Ich war müde.

Es lag ein heißer Tag hinter mir. Und lang war er auch gewesen.

●

»Euer Haushaltsgeld liegt auf dem Küchentisch, Davide-Schatz.«

Meine Mutter stand vor dem gewaltigen Spiegel im Foyer, prüfte den Sitz ihrer Frisur und schob sich im Anschluss eine erstaunliche Sonnenbrille auf die Nase. »Außerdem müsste einer von euch zwischen drei und fünf hier erreichbar sein. Ein Handwerker kommt sich die Dusche ansehen.«

»Siehst gut aus«, schmeichelte ich ihr. Es stimmte auch. Sie war wirklich schön.

»Du bist lieb«, sagte sie mit tiefrotem Lippenstift-Lächeln. »Und denk wirklich daran, vergiss es nicht?«

Davide-Schatz versicherte es.

»Nicht, dass ihr sie verpasst und es wieder ewig dauert, einen neuen Termin zu bekommen.«

»Ich bin da«, versprach ich.

»Dann ist es gut!«

Nachdem die Tür hinter ihr ins Schloss gefallen war, ging ich zum Kühlschrank, schob mir zwei Scheiben Mortadella in den Mund, nahm den Umschlag vom Tisch und zählte kauend nach. Geldübergabe war immer am Donnerstag. Und diese Woche war ich mit Einkaufen dran. Mit Einkaufen und Badreinigen. Die kommende Woche dann mit Wäsche und die darauffolgende mit Kochen und Staubsaugen. Wir hatten das ganz gut organisiert, fand ich.

Ein erneuter Griff in den Kühlschrank. Eine weitere Scheibe Mortadella. Da fiel mein Blick durch das Fenster auf die Straße.

Tullio – da war er wieder.

●

»Warum sitzt du da?« Es war irritierend, dass er es tat.

Tullio blinzelte gegen die Sonne, wie gestern schon.

»Ich mag den Platz«, antwortete er. »Ich sitze gerne hier.«

»Du sitzt im Dreck«, erwiderte ich.

»Im Staub. Das ist ein Unterschied.«

Das sah ich anders, brauchte nur über die Hunde nachzudenken, die diesen Platz auch recht gerne mochten. Aber ich sagte nichts dazu. Tullio lächelte. Auch das fand ich irritierend.

Er fragte: »Was machst du heute?«

»Nichts. Auf Handwerker warten.«

»Ist etwas kaputt?«

Ich erklärte es ihm.

»Was machst *du*?«, wollte ich wissen.

»Auch nichts. Hier sitzen und Leute schauen.«

»Und dann?«

»Ich denke darüber nach, was sie so machen, wer sie sind. Manchen kann man das ansehen, anderen nicht.«

Tullio, ein Denker, ein Beobachter. Das fand ich interessant.

»Wenn du eine Blechdose vor dir hinstellst, kannst du vielleicht sogar Geld damit verdienen.«

Nun lächelte er wieder. »Danke«, sagte er leise. »Werde es mir überlegen.«

»Wie geht es deinem Knie?«

»Alles bestens.«

Einen Moment wartete ich unschlüssig, dann ging ich neben ihm in die Hocke.

»Das Fenster da …« Ich wies mit meinem Arm die Richtung. »… gehört zur Küche meiner Eltern. Da habe ich dich eben entdeckt.«

»Ein interessantes Fenster. Ich habe schon oft hineingeschaut.«

»Viel passiert da eigentlich nicht«, sagte ich verblüfft. »Meine Eltern findest du eher in Restaurants.«

»Aber abends brennt da schönes Licht. Alles sehr schick.«

»Sag bloß, du hockst hier auch im Dunklen rum.« Für möglich hielt ich das. Tullio war schon speziell.

Statt einer Antwort fragte er: »Darf ich dich besuchen?«

Durfte er? Auch so eine Frage, die mir bisher nicht gestellt wurde. Ich musste darüber nachdenken.

●

Die Wohnung meiner Eltern war mondän. So beschrieb es zumindest eine Reportage über meinen Vater, die vor einigen Jahren in einem Kunstmagazin erschienen war. Sehr hohe, freskenverzierte Decken, steinerne Mosaike auf den Böden. Überall hing oder stand Kunst. Einiges davon stammte von meinem Vater, vieles jedoch hatte er mit Kollegen getauscht, gekauft oder auf Auktionen erstanden.

Ein paar Sachen davon mochte ich ganz gerne. Ein Bild zum Beispiel, dessen schlichtweiße Leinwand in der Mitte einfach nur einen langen Schnitt aufwies. Ich fand das geheimnisvoll. Was befand sich dahinter? Warum hatte er das gemacht, der Künstler? So was fragte ich mich. Mein Vater klärte mich auf.

»Lucio Fontana zerstörte mit diesem Schnitt ganz bewusst die Grundlage der traditionellen Malerei«, beschrieb er die Absicht hinter dem Bild. »In seiner Zeit muss es wie ein Befreiungsschlag gewesen sein, verstehst du, Davide? Es war wie ein Aufbruch in eine neue Zeitrechnung.« Dann hatte er versonnen gelächelt, während er Fontanas Bild betrachtete.

Ich mochte es, wenn mein Vater über seine Arbeit sprach, auch wenn mich nicht alles interessierte. Seine Welt war so eine eigene, ganz andere als jene, die sich in meinem Kopf befand.

Vor Fontanas Bild standen wir nun, Tullio und ich.

Tullio staunte.

Und betrachtete.

»Kannst du malen?«, fragte er irgendwann. Sein Blick ruhte mittlerweile auf mir.

»Ich weiß es nicht«, antwortete ich. Von ein paar Kritzeleien mal abgesehen, hatte ich mich nie ernsthaft darin versucht.

»Aber dein Vater ist Maler.«

»Er ist Künstler«, korrigierte ich. »Malen ist nur ein Teil seiner Arbeit. Aber kennst du dich mit Wasser aus, nur weil dein Vater damit zu tun hat?«

Tullio lächelte. Er lächelte viel an diesem Tag. »Wasser dehnt sich bei Kälte aus«, erklärte er. »Es ist das einzige Element, das das kann. Wasser transportiert auch Informationen. Es kann sich Dinge merken ...«

Nun redete er wirr.

»Nein, wirklich. Es gab da einen Japaner, Masaru Emoto, der bewiesen hat, dass Wasser sich Dinge merken kann.«

Ich sah ihn nur an.

»Ja, kann es!«, beharrte er. »Emoto hat Wasser unterschiedliche Musik vorgespielt. Dann hat er es eingefroren und sich die Kristalle angeschaut.« Nun wirkte Tullio todernst. Vor allem seine hellen Augen sagten mir das.

»Bei sanfter Musik haben sich wunderschöne, ebenmäßige Kristalle gebildet«, erklärte er weiter. »Bei harter Musik war es das Gegenteil.«

Erfunden klang das nicht.

»Weißt du so was von deinem Vater?«, wollte ich wissen.

»Er hat es mir erzählt, ja.«

»Das ist interessant.«

»Ist es.«

»Wenn ich also meinem Blumenwasser schöne Musik vorspiele, dann ...« Ich führte den Gedanken still zu Ende und fand, dass es einen Versuch wert war.

•

»Magst du deine Eltern?«, fragte Tullio später.

Was für eine Frage? Sie waren – na ja – Eltern eben.

Noch immer ging er durch die einzelnen Räume und schaute sich um. Was er sah, schien ihn zu beschäftigen.

»Ich mag sie«, antwortete ich nach einem Moment des Nachdenkens.

»Wen würdest du retten, wenn es brennt?«

»Was meinst du?«

»Die Frage ist nicht schwierig. Für wen würdest du dich entscheiden?«

Was für ein schräges Bild.

»Meinen Vater«, antwortete ich nachdenklich.

»Wieso?«

»Weil er nicht immer versucht, mich zu verändern.« Tatsächlich hatte ich das noch nie ausgesprochen, doch es stimmte. »Er nimmt mich, wie ich bin«, erklärte ich. »Aber vor allem: Er lässt mich in Ruhe.«

»In Ruhe gelassen zu werden ist gut«, fand auch Tullio. Er lächelte, zeigte auf eine Schwarz-Weiß-Fotografie, die im Salon über dem Kamin hing. Das goldgerahmte Gesicht einer Frau, die auf den Betrachter hinabschaute. »Das gefällt mir«, sagte er leise.

»Es ist von Francesco Vezzoli«, erklärte ich ihm. »Der entfremdet gerne Porträts, indem er ihnen Tränen aufstickt.«

»Ich finde, das hat was«, sagte Tullio dauerlächelnd.

»Findet meine Mutter auch. Sie hat es sich ausgesucht.«

»Siehst du, Davide! Du verstehst was von Kunst, so wie ich was von Wasser verstehe. Weil unsere Väter sich damit beschäftigen.«

»Wie ist es bei dir?«, wollte ich wissen. »Lässt dein Vater dich auch in Ruhe?«

»Ja, schon.« Nun klang er betreten. »Dadurch, dass meine Mutter nicht mehr da ist, fühlt er sich zwar verantwortlich. Ich meine – natürlich ist er das auch. Aber du weißt schon, wie ich es meine. Früher, da hat er versucht, meine Mutter zu ersetzen. Und das war …« Er verdrehte die Augen.

»Es nervte?«

»Oh ja, es nervte!«

»Sehr?«

»Ziemlich.«

»Und nun?«

»Was nun?«

»Nun lässt er dich in Ruhe?«

»Nun lässt er mich in Ruhe.«

Glücklich klang er jedoch nicht, als er es sagte.

●

Ich war allein, als ich am Abend in unserer Küche saß. Ich trank Chinotto, aß dazu in Würfel geschnittene Fenchelsalami und einen Tomatensalat. Abgesehen vom gedämpften Fernsehgeräusch aus Carlas Zimmer war es ganz still in der Wohnung. Keine Wasch- oder Spülmaschine, auch nicht Massimos Musik, die sonst den ganzen Tag die Wohnung beschallte.

Tullio war besonders.

Das ging mir durch den Kopf, als ich da so saß. Ich konnte noch nicht viel über ihn sagen, aber was ich wusste, war, dass er sich völlig anders verhielt als all jene, denen ich bisher so begegnet war. Auch anders als ich. Und doch waren wir uns ähnlich. Ich war mir sicher, dass ich mich da nicht irrte.

Freunde hatte ich nicht. Vermutlich, weil ich mich mit den meisten Menschen langweilte. Sie interessierten mich einfach nicht. Und ich war wirklich gerne allein. Es machte mir nichts aus. Ich dachte gerne nach, träumte vor mich hin oder ich beschäftigte mich mit meinen Pflanzen. Das fanden die meisten uninteressant.

Pflanzen brauchen viel Pflege, Wissen und Achtung.

Ich wusste noch nicht, was Tullio so machte, aber ich vermutete, dass er auch so etwas hatte. Etwas, um das er sich kümmerte, was ihn beschäftigte.

●

»Ich habe so was nicht«, erklärte er mir am nächsten Tag. »Sonst hätte ich dir auf deine Frage, was ich mag, auch antworten können.«

Tullio war aufmerksam, wusste ich nun. Wir saßen auf meinem Bett und betrachteten mein Florarium. Es imitierte ein feuchteres Klima als das bei uns in Pisa.

»Wo bekommst du die her?«, wollte er wissen. Er wies auf meine kleine Pflanzenschar.

»Ableger aus den Gewächshäusern. Paolo steckt sie mir zu.«

»Nett, dass er das macht.« Seine Hand zeichnete einen Bogen durch mein Zimmer. »Sind das alles Ableger hier?«, fragte er beeindruckt.

Ich lächelte, nickte. »Zum großen Teil ja.«

Tatsächlich war mein Zimmer angefüllt mit Pflanzen. Mit Jasmin, Bogenhanf, Grünlilien und Aloe vera hauptsächlich. Die kann man auch in Räumen halten, in denen geschlafen wird. In den dunkleren Ecken standen Töpfe mit Efeu.

»Was gefällt dir daran?« Er fand das wohl rätselhaft an mir.

»Stell dir eine Welt ohne Pflanzen vor«, sagte ich. »Möchtest du in so einer Welt leben?«

»Nein«, antwortete er. »Sicher nicht.«

»Pflanzen sind immer schön«, fuhr ich fort. »Selbst ein einfacher Grashalm ist komplex und fantastisch, wenn du ihn genauer betrachtest. Und ohne Pflanzen keine Insekten. Ohne Insekten kein Leben.«

»Du weißt viel darüber.«

»Na ja, Biologie, fünfte Klasse. Es ist nichts Besonderes.«

»Auch wieder wahr.«

»Nicht so dein Ding?«

»Weder ja noch nein«, antwortete er. »Es ist mir einfach nicht wichtig.«

»Es *ist* aber wichtig.«

»Es ist wichtig, dass es Menschen wie dich gibt, Davide, denen es wichtig ist. Für mich ist es nicht wichtig.«

Gut. Große Lust, darauf rumzureiten, hatte ich nicht.

»Okay«, sagte ich. »Kein Gemüse mehr für Tullio.«

Da mussten wir lachen.

●

Es gefiel ihm bei uns. Das merkte ich daran, dass Tullio am kommenden Morgen wieder auf seinem Platz an der Mauer saß, die Knie angewinkelt, den Blick auf unsere Tür gerichtet. Einfach so bei uns aufzutauchen, traute er sich scheinbar nicht. Irgendwie mochte ich diese Vorsicht, wenn ich sie auch eigenartig fand. Er war scheu und neugierig zugleich, wie ein Eichhörnchen.

»Hey«, rief ich, während ich die Straße überquerte. »Du kannst auch einfach klingeln, wenn du zu uns willst.« Ich freute mich insgeheim, dass er auf mich zu warten schien.

»Darf ich dich einladen?«, fragte er zur Begrüßung verhalten, ohne auf meine Worte einzugehen. »Ich würde dich bitten, heute mein Gast zu sein.« Er sah erwartungsvoll zu mir auf, während er sprach.

Seine Worte klangen so übertrieben, fast schon altmodisch, dass ich eine kleine Verbeugung andeutete.

»Es wäre mir eine Ehre«, versicherte ich lächelnd, ging neben ihm in die Hocke und fragte: »Was planst du heute so?«

»Na – dich einzuladen«, erwiderte er erstaunt, »und das habe ich eben getan.«

»Ich meine sonst so, allgemein.«

Er nickte. »Ich denke mittlerweile darüber nach, was mir gefallen könnte, was mir wichtig ist«, sagte er bestimmt. »Mir war ehrlich gesagt nie klar, dass es so ungewöhnlich ist, darauf keine Antwort zu haben.«

»Und?«, fragte ich neugierig, »Hast du Antworten gefunden?«

»Weiß nicht.« Er wirkte verhalten. »Ich habe angefangen Vergleiche aufzustellen, um dahinterzukommen.«

Ich wartete ab.

»Farben zum Beispiel«, erklärte er. »Ich habe mir die unterschiedlichsten Farben vorgestellt und bin zu dem Entschluss gekommen, dass Hellblau mir besonders gut gefällt. Bei Tieren sind es Vögel, was für mich erklärt, warum ich Katzen hasse. Und von allen Jahreszeiten mag ich den Sommer am liebsten.« Er legte eine kurze Pause ein, sah in den Himmel und sagte: »Keine Wolken mag ich lieber als Wolken.« Dann lächelte er. »Meinst du, ich bin der Frage auf der Spur?«

»Ich glaube«, antwortete ich nach einigem Überlegen, »dass sich die Frage für dich nicht stellt. So etwas beschäftigt dich einfach nicht.« Ich betrachtete ihn, wie er so dasaß und vor sich hin philosophierte.

»Bestimmt hast du recht. Bin ich deswegen eigenartig?«

»Schon, ja«, gab ich zu. »Aber es ist okay.«

»Ich lasse alles auf mich zukommen«, sagte er, als erkläre es das. »Aus diesem Grund habe ich keine Erwartungen.«

»Aber jeder Mensch hat Erwartungen«, widersprach ich zweifelnd. »Wenn du hier auf der Straße hockst, dann erwartest du, dass sich irgendwann die Tür öffnet und ich rauskomme.«

Nun betrachtete er mich, als hätte ich sie nicht alle. »Wie kommst du darauf?«, fragte er verblüfft.

»Ist das nicht so?« Ich war irritiert.

»Ich sitze hier jeden Tag, Davide. Schon seit über zwei Wochen. Du hast mich nur nie wahrgenommen. Ich warte nicht auf dich.« Er lächelte still. »Aber ich freue mich mittlerweile jedes Mal, wenn ich dich sehe.«

Sollte das stimmen? Hatte ich Tullio tatsächlich all die Tage vor unserem Mittwoch einfach übersehen? Ich meine – er war das Erste, das einem ins Auge stach, verließ man das Haus durch die Vordertür. Ein Junge im Dreck, der einen eigenartig trotzigen Stolz ausstrahlte.

»Manchmal war ich auch zugeparkt«, räumte er ein. Da musste ich lachen.

»Nur – warum tust du es? Warum sitzt du hier?« Die Frage war nicht neu. Ich wollte es endlich wissen.

»Wenn du mich besuchst, wirst du es verstehen.«

Tullio wusste, wie man Neugier weckt.

●

Sie war dürr, ungepflegt und, soweit es durch den Qualm zu erkennen war, nur dürftig mit einem fleckigen Bademantel bekleidet.

»Das *Kind* ist zurück«, lamentierte sie in abfälligem Singsang, und: »Oooh, sieh an. Es hat ein *zweites* mitgebracht!« Schrilles Lachen. Ihre Worte gingen in brockigen Husten über. Sie hockte auf einem Küchenstuhl und rauchte. Die ganze Wohnung lag in dichten Schwaden, erstickte fast im Dunst.

»Das ist Sofia«, erklärte Tullio sachlich. »Sie hat die Wohnung vor drei Wochen betreten und bisher noch nie verlassen.«

Ich fand keine Worte für all das, wandte meinen Blick von der Küchenszene ab, suchte den von Tullio.

»Wir gehen jetzt einfach in mein Zimmer«, sagte er leise, griff beruhigend nach meinem Arm und wies den Weg. Betreten folgte ich ihm durch den schmalen Flur. Die Luft war zum Schneiden.

»Was ist hier los?«, fragte ich, nachdem er die Tür hinter sich geschlossen hatte.

Tullio nickte, ging zum Fenster und öffnete es weit.

»Sofia ist die Freundin meines Vaters«, erklärte er ohne nennenswerte Regung. »Er hat sie in der Klinik kennengelernt. Seit ihrer Entlassung wohnt und raucht sie hier bei uns. Will ich lüften, dreht sie durch.«

»Sie ist furchtbar«, sagte ich nur.

»Ist sie. Und sie hat meinen Vater im Griff.«

»Was ist hier los?«, wiederholte ich betreten. Mein Blick fiel auf die Tür. Tullio hatte das Schlüsselloch abgeklebt, vermutlich um zu verhindern, dass der Rauch in sein Zimmer zog.

»Nichts Gutes«, antwortete Tullio. Und er sah aus, als würde er gleich anfangen zu heulen.

●

Warum er mich ins Vertrauen gezogen hatte, konnte ich nur erahnen.

Was sah Tullio in mir? Wir kannten uns gerade mal wenige Tage, genauer betrachtet, nur Stunden. Und wer war ich schon, dass ich ihm beistehen konnte.

Erst später sollte ich begreifen, dass in seinem eng abgesteckten Umfeld sonst niemand existierte, dem er Vertrauen schenken konnte. Tullio war allein. So allein, wie man nur sein konnte.

»Ich weiß, dass du nach dem hier vielleicht nichts mehr mit mir zu tun haben willst«, hatte er zum Abschied leise gesagt, mir dabei ernst in die Augen geblickt, den Kopf gesenkt. »Aber ich glaube nicht, dass es so ist«, sagte er fest. Hoffnung schwang mit, auch etwas Furcht.

Es war tatsächlich beängstigend, auf gewisse Weise. Die innere Leere dieser Wohnung war spürbar für mich gewesen. Alles befand sich akkurat, ordentlich an seinem Platz, doch es wirkte dabei so seelenlos unbelebt, dass es kaum auszuhalten war.

Dem stand der beißende Geruch unzähliger Zigaretten gegenüber, der keine Chance hatte, irgendwohin zu entfliehen. Ebenso wenig wie Tullio, der sich trotzig all dem stellte. Und sei es auch nur, indem er vor seinem Zuhause auf der Straße hockte, in der Erwartung, dass sich irgendwann etwas an seiner Situation ändern würde.

Ich war nun im Bilde, wusste jetzt, dass sein Vater sich »ein Stück weit verloren« hatte nach dem Tod der Mutter. So war es mir von ihm beschrieben worden.

»Es war nie leicht für ihn gewesen. Doch sie hinterlässt eine Lücke, die für ihn unausfüllbar ist, wie eine offene Wunde.« Worte, die für mich unglaublich erwachsen klangen, aus seinem Mund.

»Und für dich?«, hatte ich tonlos gefragt.

»Sie ist weg.«

»Das ist alles?«

»Das ist alles …«

•

Viel, viel später, als ich auf meinem Bett lag, an die grüne Decke über mir starrte und irgendwann die Augen schloss, da kamen die Gedanken.

Mein Leben bestand aus perfekt aneinandergereihten Befindlichkeiten. Aus all dem, was ein Teenagerdasein so ausmachen sollte: unbeschwerter Spaß, der allmählich mit den verstörenden Fragen des Lebens zu verschmelzen begann. Dennoch wurde ich von allen Seiten geschützt, Probleme federten schon im Vorfeld ab und wurden, wenn nicht von mir, dann von meinen Geschwistern umgehend gelöst und ferngehalten.

Ganz anders Tullio: Für ihn bildete sein kleiner, verdreckter Platz vorm Haus das Paradies.

Dabei wirkte er auf mich nicht unglücklich. Und wenn ich es richtig sah, war er das auch nicht. Tullio hatte seine eigene Welt, seinen Kosmos tief in sich. Einen Raum, der ihn schützte. So hatte Tullio es mir beschrieben. Und doch brauchte er einen Freund.

Jeder braucht einen Freund.

So wie es aussah, war das nun ich.

Die Pflanzen um mich herum warfen dichte, fantastische Schatten, wenn ich nachts erwachte. Manch einer mochte Monster darin erkennen, für mich bedeuteten sie Geborgenheit. Es war, als schliefe ich in einem geheimnisvollen Dschungel, unter einem behütenden Blätterdach.

Ich stand auf, ging zum Fenster, schaute hinüber ins dunkle Rechteck, das jetzt ein Gesicht für mich hatte.

Monster warfen nicht immer Schatten, wusste ich nun.

Manchmal krochen sie auch durch Schlüssellöcher.

# 2.

Ich fand den Singdrossel-Hahn unter einem Ginsterbusch im hinteren Teil des Gartens. Seine Kehle war aufgerissen, der Brustkorb angenagt, Inneres nach außen gezerrt. Diesmal stimmte Tullios These: Katzenspuren. Die Verwesung hatte bereits eingesetzt. Der Madenfraß war in vollem Gange.

Ich bugsierte den Kadaver in eine meiner Bestattungsschachteln, entschied mich für den Namen Ernesto, beschriftete den Deckel und versah ihn mit dem üblichen Kreuz.

»Bist du gläubig, Davide?«, fragte Tullio später, als ich ihm meinen Leichenfund präsentierte.

»Nein«, antwortete ich, »das mit dem Kreuz mache ich nur, damit klar ist, worum es geht. Ich denke mal, der Vogel hat's nicht so mit Konfessionen.«

»Sicher nicht«, sagte Tullio leise. »Der hat frei gelebt und ist auch so gestorben.«

Ich nickte. »Heute Nachmittag im Park?«

»Gerne.«

Ein Tullio-Lächeln.

•

Seit meinem Besuch in seiner Wohnung waren über zwei Wochen vergangen.

Wir sahen uns täglich, unausgesprochen froh darüber, die Ferienzeit nicht allein verbringen zu müssen.

Üblich war es, dass ich ihn von seinem Platz auflas und wir dann gemeinsam überlegten, was man so anstellen konnte. Oft verbrachten wir einfach nur Zeit im schattigen Park, still oder auch über das Leben schwadronierend, als wären wir steinalt und sehr weise. Gegen Abend fuhren wir mit dem Bus zum Strand, um gegen die Wellen zu kraulen, im Sand zu trocknen und Menschen anzuschauen.

Da er mir das Versprechen abgerungen hatte, nicht über seine Situation zu sprechen, tat ich es auch nicht. Ich stellte mir allerdings schon die Frage, warum ich dann überhaupt davon wusste.

Je mehr Zeit verstrich, desto häufiger stellte ich sie mir.

Stand ich abends an meinem Fenster, wanderten meine Gedanken meist in die gegenüberliegende Wohnung. Dann malte ich mir aus, wie es Tullio dort erging.

In meiner Vorstellung nicht gut.

Es beschäftigte mich.

●

Das Drosselbegräbnis verlief im Stillen, zwischen den Gewächshäusern beim Bambushain.

Zuvor hatten wir darüber gesprochen.

Unsere Unterhaltungen nahmen nicht selten einen morbiden Zug an, das war mir schon aufgefallen.

»Sind das Weiße da Maden?«

»Brachycera«, erklärte ich. »Die Larve der Schmeißfliege.«

»Der Vogel stinkt.«

»Nun, er verwest«, gab ich zu denken. »Für uns riecht es übel, für die Fliege ist es ein magischer Duft. Er lockt zum Eierlegen.«

»Ist ja widerlich.«

»Es ist supernützlich«, erwiderte ich begeistert. »Gäb es diesen Geruch nicht, gäbe es diese Fliege nicht an dieser Stelle. Und gäbe es diese Fliege nicht, würde sich der Zerfall ewig hinziehen. So hat die Natur dafür gesorgt, dass alles im Gleichgewicht bleibt.« Ich musste lächeln. »Bist du im Winter schon mal durch einen Laubwald gelaufen, Tullio? Hast du diesen herrlichen Geruch schon mal wahrgenommen?«

Ein zögerliches Nicken war seine Antwort.

»Moder! Genau dasselbe. Wie bei den Maden. Auch Zerfall. Pflanzlicher allerdings.« Ich schloss behutsam den Deckel von Ernestos Pappsarg. »Der Wald duftet. Das, mein Freund«, verkündete ich im Tonfall des absoluten Besserwissers, »ist der Unterschied zwischen Verwesung und Verrottung. Na, was sagst du?«

Tullio lachte.

Aber er verzichtete auf einen Kommentar.

Und ich freute mich, ihm ein Stück von meinem Kosmos präsentieren zu können.

●

Eines Morgens verabschiedete ich mich von meinem Versprechen.

Ich würde es ansprechen.

Musste das tun.

Denn so, wie es war, ging es mir nicht gut damit.

Als ich das Haus verließ, saß er wie üblich auf seinem Platz, die Knie angezogen.

Kurioserweise blätterte er in einem gewaltigen Bildband über historische Eisenbahnen.

»Warum hast du mir neulich eure Wohnung gezeigt, Tullio?« Ich stellte die Frage direkt, auch wenn ich sie für mich beantwortet hatte. Ich wollte einfach, dass er Stellung bezog.

»Dir auch einen schönen Tag, Davide«, erwiderte Tullio lächelnd, klappte das Buch zu und sah mich direkt an.

»Warum?«, wiederholte ich. »Ich komme damit nicht klar.«

»Da habe ich dir was zugemutet«, sagte er ruhig. »Weiß ich. Ich habe auch schon drüber nachgedacht. Vermutlich wollte ich einfach nur, dass du mich verstehst.«

Er besaß wirklich entwaffnende Fähigkeiten, das musste ich ihm lassen. Allein dieser silbrige Blick seiner hellen Augen.

»Hättest du mich danach abgelehnt«, fuhr er fort, »wäre es nicht so schlimm für mich gewesen, verstehst du? Wir kannten uns ja kaum. Deshalb habe ich das gemacht.« Er hob die Schultern. »Und was soll ich sagen: Wir sind Freunde geblieben.« Nun lächelte er. »Oder auch erst geworden, was weiß ich.«

Dann legte er das Buch neben sich, klopfte darauf und sagte: »Bitte! Der Platz ist für dich.« Eine einladende Geste. Ihm war klar, dass ich mich nicht einfach zu ihm in seinen »Staub« gesetzt hätte. Und so folgte ich der Aufforderung, nahm irgendwie gerührt auf dem Abbild einer gewaltigen Dampflok Platz und sah über die Straße, auf unser Haus.

»Ich frage mich seitdem, wie du da oben so klarkommst«, versuchte ich meinen Vorstoß zu erklären. »Wie du dich ernährst oder ob du überhaupt noch Kontakt zu deinem Vater hast. Solche Dinge halt. Darum habe ich gefragt.«

»Hast *du* Kontakt zu deinem Vater?«

»Das ist was völlig anderes, Tullio, und das weißt du auch. Um mich muss man sich keine Gedanken machen.« Das Wort *Sorgen* wollte ich nicht aussprechen. Es erschien mir zu … ja … zu nah. Auch wenn es eigentlich besser passte.

»Du hast recht. Vergleichen kann man uns nicht.« Er nickte. »Aber ich komme klar, Davide«, versicherte er überzeugt. »Kümmer dich einfach nicht um mich, ja?« Wieder ein Lächeln.

Dann schwiegen wir, hingen unseren Gedanken nach.

»Behältst du es für dich?«, fragte er später. »Bitte, tust du das für mich?«
Ich versprach es ihm.

»Aber ist es richtig, nichts zu tun?«, fragte ich, sein Leben vor Augen.

»Vielleicht nicht«, antwortete er, »aber was ist das schon?«

Darauf hatte ich auch keine Antwort.

●

»Erklär mir mal, warum dein kleiner Freund immer da unten vor der Tür abhängt«, forderte Carla mich auf. Wir waren mit Geschirrspülen beschäftigt. Die Maschine war kaputt, ein Entrinnen aussichtslos.

»Er ist nicht klein!«, erwiderte ich genervt, während ich Teller polierte. »Wir sind praktisch gleich alt. Und er heißt Tullio.«

»Nun – ich sehe ihn immer nur sitzend. Und da geht er mir bis knapp übers Knie. Klein also! Warum bringst du ihn nicht einfach mal mit, deinen Tullio?« Sie grinste. »Süß ist er ja. Diese weiße Haut, das schwarze Haar. Ein Schneewittchen …«

»Er ist nicht *mein* Tullio!« Ich verdrehte die Augen. »Und er ist schon mal gar kein Schneewittchen!« Aber sie hatte recht – von einer einmaligen Ausnahme abgesehen, hatte Tullio mich noch nicht besucht. Lag das nun an mir oder an ihm? Ich wusste es nicht. Doch ich hatte einen Verdacht. Tullio vermied es, unsere Freundschaft zu strapazieren. Und dadurch stellte sich diese Frage auch nicht. Wir besuchten uns einfach nicht gegenseitig – so war das. Wie ein unausgesprochenes Gesetz. Und ich fand es gar nicht übel.

»Jedenfalls ist es eigenartig, dass er immer da rumsitzt. So als ob das eine Funktion hätte, ein stiller Protest oder so, nur dass keine Sau kapiert, wogegen er eigentlich ist. Ziemlich bescheuert, wenn du mich fragst.«

»Ich frag dich aber nicht.«

»Kein Grund, die Krallen auszufahren, Tiger. Ich nehme mir nur das Recht raus, laut zu denken.«

»Und Tiger kratzen nun mal.«

●

»Sieh mal, Davide!« Ein strahlender Tullio empfing mich am nächsten Morgen. Er erhob sich stolz, um mir zu zeigen, was ihn so sehr beseelte: ein Holzkasten, auf dem er zuvor gesessen hatte.

Er war flach, besaß vier Gummifüße, von denen man zwei in der Höhe verstellen konnte, sowie klappbare Griffe rechts und links. Ein schwarzer Anstrich mit einem roten Stern in der Mitte verlieh ihm etwas Anarchisches.

»Er hat sogar eine Schublade«, erklärte Tullio begeistert, öffnete sie prompt und entnahm ihr ein kirschrotes Kissen, das genau darin Platz gefunden hatte. »Ist das nicht fantastisch?«

Nun – wenn man seine Zeit gerne auf der Straße in Bodennähe verbrachte, war es das unbedingt.

»Woher hast du ihn?«, fragte ich neugierig. Es sah so aus, als wäre der Kasten extra für ihn angefertigt worden.

»Das errätst du nie, Davide.«

Wovon ich auch keinen Augenblick lang ausgegangen war …

●

»Mein Großvater?«

Ich konnte es nicht fassen.

»Er sieht mich immer durch die Fensterschlitze dort«, sagte Tullio. Er wies auf die schmalen Lichtschächte, die zu Umbertos Souterrain-Fenstern gehörten. »Und da hat er sich gedacht … Nun ja«, er strich behutsam über den Kasten, strahlte in meine Richtung. »Das habe ich nur dir zu verdanken, Davide! Ohne dich …«

»Wie kommst du denn da drauf?«, fragte ich skeptisch. Ich war damit beschäftigt zu verstehen, was hier eigentlich passiert sein musste heute Morgen.

»Er meinte, wir würden uns auf einer Ebene befinden, er und ich, gewissermaßen. Und dann hat er gesehen, dass wir beide Zeit miteinander verbringen.«

Das letzte Zusammentreffen mit meinem Großvater lag viele Wochen zurück. Ich versuchte mich zu erinnern. Früher trafen wir uns ab und zu im Garten, dann ging es in der Regel um seine Tauben. Die Vögel waren nun mal ein Familienstreitpunkt. Einer, bei dem ich mich generell auf seine Seite schlug. Ich hatte die Voliere gemocht.

»Auf einer *Ebene* …«, nahm ich den Faden wieder auf. »Was meint er damit?«

»Ich denke, er meint horizontal!«

Ich ging in die Hocke, folgte Tullios Blick und stellte fest, dass er recht haben könnte. Aus meines Großvaters Sicht mochten sich beide dicht am Asphalt bewegen. Da war was dran.

»Fragen wir ihn doch!«, schlug Tullio vor.

●

Wollte man Umberto Dessi treffen, galt es vier steinerne Stufen hinabzusteigen.

Dann befand man sich vor seiner Tür. Auf ein Namensschild hatte mein Großvater ebenso verzichtet wie auf eine Klingel. Wer ihn sehen wollte, wusste, wo er zu finden war. Dort unten nämlich oder in einer Bar, zwei Straßen weiter. Da verbrachte er gerne seine Abende, traf sich mit Freunden, schaute Fußball oder trank einfach nur ein Glas.

Die meiste Zeit verbrachte er jedoch in seiner Werkstatt.

»Ah, Tullio, Davide!«, begrüßte er uns lächelnd. »Funktioniert der Kasten wunschgemäß?«, wollte er wissen.

Tullio strahlte. »Es ist die perfekte Höhe«, versicherte er. »Wenn ich darauf sitze, ist automatisch der Rücken gerade.« Das Objekt des Interesses baumelte fest am rechten Griff in Tullios Hand.

Umberto freute sich darüber.

Ich wandte mich ab und warf einen interessierten Blick aus den vorderen Fenstern. Tatsächlich – von dort aus sah man ungehindert auf die gegenüberliegende Straßenseite. Umberto muss Tullio die ganze Zeit über im Visier gehabt haben. Die Perspektive schaffte wirklich so etwas wie eine eigenartige Verbundenheit, konnte ich mir vorstellen. Bekam er üblicherweise nur Beine, Füße, Hunde oder kopflose Kinder zu sehen, die sein Blickfeld kreuzten, so gab es da auf einmal jemanden in voller Gänze. Von oben bis unten, Tag für Tag.

Es muss ihn fasziniert haben. So sehr, dass er sich an die Arbeit gemacht hatte, um diesen Kasten für jenen Unbekannten zu zimmern, der ihm plötzlich so nah gekommen war. Eine schöne Geste. Wunderschön, bei genauem Betrachten.

»Ich mache uns Limonade«, sagte mein Großvater gerade, was Tullio mit einem erfreuten Nicken quittierte. Also folgten wir ihm, tiefer hinein, durch die Werkstatt, in sein Refugium.

●

Holztafeln, Bretter, Stangen und Platten lagerten sortiert und sorgfältig aufgereiht hinter einer Werkbank. Schrauben, Scharniere, Klemmen, Nägel, Unterlegscheiben und Winkel befanden sich in ausgedienten Weißblechdosen, die in windschiefe Holzregale einsortiert worden waren. Lacke, Beizen, Terpentin, Lasuren, Leime und andere Tinkturen reihten sich auf einem hölzernen Teewagen aneinander. Eine Ablage darunter befanden sich Feilen, Raspeln, Schraubenzieher und andere Werkzeuge. Darunter wiederum die Pinselabteilung.

Ausgeleuchtet wurde all dies durch das heimelige Licht eines verbeulten Strahlers, der an der Decke angebracht war. Es roch gut. Warm. Nach Holz und Lack.

Umberto führte uns in den hinteren Teil der Werkstatt. Seine Wohnecke. Ein durchgesessenes, rehbraunes Ledersofa stand einem blauen Ohrensessel gegenüber. Von dem hatte man durch eine glasgefasste Flügeltür einen weiten Blick in den Garten. Kupferstiche pflasterten holzgetäfelte Wände. Kandelaber auf messingbeschlagenen Beistelltischen beleuchteten sie. In einer dunklen Ecke des Raumes lief ein Fernseher, so eine alte, gewaltige Röhre. Der Ton war abgeschaltet. Es war eine Reise in eine andere Zeit.

»Haben all das Sie hier eingebaut?«, staunte Tullio fasziniert. Er schien zutiefst beeindruckt.

Umberto nickte, während er damit beschäftigt war, Zitronen aufzuschneiden und ihren Saft in eine bauchige Karaffe zu pressen. Mit den Händen tat er das, mit Handballen und Fingern, die er sich zuvor gewaschen hatte. Früher, da war es meine Großmutter gewesen, die es so gehandhabt hatte mit den Zitronen. In der Wohnung, die jetzt von den Fubinis bewohnt wurde. Da war dieser Keller einfach nur eine Werkstatt gewesen. Nicht mehr.

»Ich habe mich immer gefragt ...«, begann Umberto zu erzählen, »... was ein Junge da draußen, vor dieser Mauer, so macht den ganzen Tag.« Er griff in einen hölzernen Hängeschrank, brachte eine Tüte mit Zucker zum Vorschein und ließ ihn mit Bedacht in die Karaffe rieseln. »Deine Haltung verriet mir, dass es sich nicht um hirnloses Herumlungern handeln konnte.« Er lachte in seinen Bart hinein. »Ich hatte eher den Eindruck, du denkst über etwas nach – und der Platz hilft dir dabei. Ja, und dann, dann kam Davide dazu und ihr beide habt euch angefreundet.« Das schien ihm ehrlich zu gefallen, sagte mir sein kurzer Blick, den er mir zuwarf. Seine Augen musterten uns wohlwollend, wie wir da so auf dem Sofa hockten und seinen Ausführungen folgten. »Ich fand es schön, euch beide zu beobachten. Und so entstand die Idee mit dem Kasten.«

»Davide ist derjenige von uns beiden, der sich mit dem Platz etwas schwertut«, sagte Tullio, warum auch immer.

»Würde er sich wirklich schwertun mit dem Platz, Tullio«, erwiderte mein Großvater, »würdet ihr heute hier nicht sitzen. Aber es ist auch *dein* Platz, nicht seiner.«

Es war eigenartig, mitzubekommen, wie über einen geredet wird, während man anwesend ist. Interessant fand ich das.

»Ich habe *meinen* Platz im Orto Botanico«, teilte ich mit. »Da kann ich *ich* sein und habe Ruhe. Ich vermute, das ist vergleichbar?«

»Ganz sicher ist es das«, bestätigte Umberto. »Und ich denke, es ist wichtig, solch einen Platz zu haben. Als ich in eurem Alter war, da gab es einen alten Brunnen, zehn Minuten musste ich gehen …« Er führte seinen Gedanken nicht zu Ende, blickte unvermittelt ins Leere, aber es war auch so klar, was er damit sagen wollte.

»Es hat etwas mit ›Zeit‹ zu tun«, nahm er einen anderen Faden auf. »Alles hat damit zu tun. Es zuzulassen, dass sie einfach verrinnt. Ein Kunststück, welches viel Übung erfordert. Zu begreifen, dass sie für uns da ist, die Zeit. Dass sie uns Raum für unsere Gedanken lässt. Wie ein großes Geschenk an unseren Verstand und die Gefühle. Sie will uns nicht hetzen. Das sind allein wir selbst … die Umstände.«

Tullio klebte an den Lippen meines Großvaters.

Ich stellte fest, dass mich das berührte.

Denn es machte den Anschein, als gäbe es da auf einmal etwas, das ihm womöglich gefiel. Etwas, das ihm wichtig werden könnte. Kluge Worte, Gedanken …

Die Sache mit der Zeit gefiel auch mir.

Die Natur machte es uns ja vor. »Entschleunigung« nannte Umberto das. Okay, die Natur entschleunigte nicht wirklich. Aber sie tat auch nicht das Gegenteil. Sie gab Zeit einfach vor, bildete sie ab. Unumstößlich. Allein durch die immer wiederkehrenden Jahreszeiten tat sie das. Und sie zeigte uns, dass es richtig so war.

Die Limonade schmeckte sehr gut. Mein Großvater hatte neben gekühltem Wasser viel Eis und frische Minze hinzugegeben.

Klar wusste er über Zeit Bescheid. Er war alt, hatte schon viel davon gelebt, die meiste davon aufgebraucht. Für ihn war sie wesentlich kostbarer als für Tullio und mich, die wir noch jede Menge davon zur Verfügung hatten. Drum dachte er über sie nach – und wir nicht.

»Was bauen Sie eigentlich sonst so …?«, hörte ich Tullio neugierig fragen. Schon bei unserem ersten Treffen hatte ihn das interessiert.

»Komm einfach mal zu Eis und Caffé vorbei«, antwortete er mit einem Lächeln. »Dann zeige ich es dir.«

●

Familiendinner: Einmal im Monat, immer am ersten Dienstag um zwanzig Uhr, fand es statt.

Pünktlich!

In der Wohnung unserer Eltern.

Dessi-Austausch.

Kalbsleber zierte unsere Teller. Zartrosa, als Fächer aufgeschnitten, Wildsalat umrahmt, von gebutterter Aprikose gekrönt.

Um den 22. Geburtstag meines Bruders ging es an diesem Abend. Er hatte vor, groß zu feiern.

»Welcher Betrag schwebt dir vor?«, wollte mein Vater wissen. Uns allen war klar, dass aus dem Erdgeschoss vor allem finanzielle Unterstützung zu erwarten war.

»Schön, dass du es ansprichst, Andrea«, ging Massimo lächelnd darauf ein. »Eigentlich bräuchte ich nur eure Zustimmung, den Dachboden für den Abend nutzen zu dürfen.«

»Den Dachboden?« Mein Vater sah ratlos zu meiner Mutter, ließ den Blick einmal durch die Runde wandern. »Keinen blassen Schimmer, wie es da oben aussehen könnte. Cecilia? Hast du irgendeine Idee dazu?«

»Bevor ihr weiter darüber debattiert«, schaltete meine Schwester sich ein, »dank der Idee bliebe unsere Wohnung komplett verschont. Also erwarte ich von euch ein klares ›Ja‹, okay?«

»Ich finde das auch gut«, stimmte ich zu.

»Zu bedenken ist jedoch«, relativierte meine Mutter rasch, »dass dort oben diverse Arbeiten eures Vaters eingelagert sind. Man müsste also im Vorfeld abklären, wo man sie unterbringen kann.«

»Aber dafür hat er sein Atelier in der Uni«, warf Carla kauend ein.

Massimo winkte ab. »Schon erledigt, Cecilia«, verkündete er lächelnd. »Ich war so frei und habe am vergangenen Wochenende eine Nische abgeteilt, in der Andreas Arbeiten staubfrei und gut gelüftet untergebracht sind.« Er lächelte triumphierend. Carla entfuhr ein Pfiff.

»Ja dann …«, sagte mein Vater.

»… abgeteilt?«, forschte unsere Mutter nach. Überrumpelungstaktiken dieser Art schätzte sie nicht besonders.

»Trockenbau – nennt man das. So ist ein kleiner, abschließbarer Raum entstanden. Keine große Sache. Dafür berechne ich euch nicht mal was.«

Es war eine dieser typischen Dessi-Szenen. Mein Vater, gedankenverloren, eher am Rande interessiert, unsere Mutter, darauf bedacht, zumindest einmal im Monat Familie zu imitieren. Wir waren es gewohnt. Seit eigentlich

34

immer schon. Also hatten wir gelernt, damit umzugehen, die Geschicke zu lenken, wie Massimo es gerade getan hatte.

Allen war damit geholfen.

»Davide-Schatz«, stand plötzlich ich im Interesse des Geschehens. »Wer ist eigentlich dieser eigentümlich verwahrloste Tropf, der da pausenlos vor unserem Haus rumlungert? Seit Wochen geht das schon so. Und jetzt habe ich dich mit ihm reden sehen. Mehrmals!« Ihr Tonfall signalisierte Missfallen.

»Davides Schneewittchen«, kam Carla mir zuvor, schob sich genüsslich etwas Leber zwischen die Lippen. »Der steht drauf, da zu hocken.«

»Das ist Tullio«, erklärte ich, innerlich Giftpfeile in Carlas Richtung schickend. »Und er ist weder verwahrlost noch mein Schneewittchen, geschweige denn ein Tropf. Außerdem lungert er nicht vor unserem Haus rum! Er sitzt vor dem, in dem er wohnt. Und da denkt er nach. Tullio ist ein Denker! Das ist etwas ganz anderes.«

»Besser macht es das nicht«, entschied meine Mutter. »Und die Verwahrlosung ist ihm anzusehen.«

»Nur weil jemand auf dem Boden rumhängt, bedeutet es nicht gleich Verwahrlosung«, stand Carla mir nun bei. »Bei genauerem Hinsehen ist er sogar ganz hübsch.«

»Tullio ist wirklich nett«, half auch Massimo.

»Das sieht sogar Umberto so«, ergänzte ich, den heutigen Nachmittag vor Augen. »Die beiden sind befreundet.«

»Befreundet?« Klanglich die Nase rümpfen – das brachte niemand so wie Cecilia.

»Ja, *befreundet*«, beharrte ich. »Umberto hat für Tullio sogar was gebaut.«

Einen Moment sagte niemand etwas. Dann hatte unsere Mutter eine Idee.

»Stell ihn uns doch einfach mal vor, diesen … Tullio!«

Oh je …

●

»Worüber denkst du nach?«, fragte ich ihn am nächsten Morgen. Er saß auf seinem Kasten, an seinem üblichen Platz und lächelte zur Begrüßung.

»Warum willst du das wissen?«

»Weil ich gestern Abend behauptet habe, dass du ein Denker bist.«

Tullio fand das wohl witzig. Er lachte. »Wem hast du *das* denn gesagt?«

»Meiner Mutter«, gestand ich. »Eigentlich meiner ganzen Familie.«

»Und warum?«

»Weil …« Wie sollte ich das erklären, ohne ihn zu beleidigen? »Sie hat behauptet, dass du vor unserem Haus rumhängst. Sie glaubt, du wärest … na, du würdest …«, weiter wusste ich nicht, ich wollte ihn nicht verletzen.

»Schon klar, wie das für sie aussieht, aber es ist mir egal«, sagte er ruhig.

»Mir auch, Tullio.«

Da lächelte er. »Danke, dass du mich in Schutz genommen hast.« Er sah mich an, so als gäbe es da etwas Neues an mir zu entdecken.

»Und wie hat sie reagiert?«

»Auf ihre Art«, wich ich aus, »aber sie möchte dich kennenlernen.« Ich versuchte mich in einem Lächeln, nicht wissend, ob es geglückt war. »Komm doch einfach mal mit«, sagte ich. Und dann begann ich mir vorzustellen, wie das wohl ablaufen würde, mit uns und ihr.

●

Gegen Mittag suchten wir den Park auf.

Zu beerdigen gab es nichts, also schnappten wir uns jeder einen Schlauch und unterstützten Paolo beim Bewässern der Beete. Sie waren unklug angelegt worden. Viele der Pflanzen standen solitär, wodurch sie rasch austrockneten. Die historische Verpflichtung der Anlage ließ jedoch keine Veränderungen zu. Wir fanden das zu eng gedacht, Paolo und ich.

Tullio fühlte sich mittlerweile heimisch im Garten. Ich merkte es an der Selbstverständlichkeit, mit der er sich dort bewegte. Es war schön zu beobachten, wie er ohne nachzudenken genau das Richtige tat, er behutsam mit den Gewächsen umging, sogar mit ihnen sprach. Das hatte er von mir abgeschaut. Ein Stück weit machte mich das stolz.

Am frühen Nachmittag legten wir eine Pause ein. Ich hatte uns Wasser und gesalzene Focaccia eingepackt.

Da begann Tullio zu reden.

»Ich weiß nicht, wie das bei mir weitergehen soll«, sagte er betreten – und überraschte mich sehr damit. Wir saßen auf einer Bank, aßen und beobachteten Insekten bei ihrer Nektarsuche. Über uns spendete ein uralter Ginkgobaum lichten Schatten.

»Eigentlich denke ich pausenlos darüber nach«, fuhr er fort. Seine Stimme war leise geworden, und auch sein verhaltener Blick zeigte, dass es nicht leicht für ihn war, Worte zu finden.

Ich konnte es gut verstehen. So unglaublich gut, denn ich selbst dachte ständig daran. Die Bilder dieser Wohnung vor Augen, die abartige Luft, Sofias Stimme …

Eine Libelle tunkte ihren schimmernd blauen Unterleib in ein Wasserbassin, schwebte für einen Moment, als stünde die Zeit still. Wunderschön …

»Reden sie eigentlich mit dir?«, fragte ich vorsichtig.

»Wenig. Ich gehe immer sofort in mein Zimmer. Und da bleibe ich dann.« Er schluckte. »Ich schließe mich mittlerweile ein.«

Auch das konnte ich gut verstehen.

»Und wie machst du das mit dem Essen?« Ich versuchte mir vorzustellen in dieser Küche zu kochen, und stellte fest, dass mir das nicht gelang.

»Meist liegt sie im Bett und raucht. Ich kann mir also was kochen. Das sind auch die Momente, wo ich mal ein Fenster aufmachen kann.«

Gut, das erleichterte mich etwas.

»Ich mache mir meist Pasta«, fügte Tullio noch hinzu. »Oder Salat. Manchmal auch beides.«

Er lächelte wund. »Es ist ja nicht so, dass sie meine Nähe sucht«, sagte er erklärend. »Was ich gut finde!«

»Und wenn sie mit dir reden?«

»Mein Vater weiß nicht, was er sagen soll. Er hat Angst um mich.«

»Er kümmert sich nicht um dich.« Ich meinte es nicht so vorwurfsvoll, wie es klang. Eigenartigerweise stimmte Tullio mir zu.

»Ja«, sagte er leise. »Und das fehlt mir. Ich bin sehr allein.«

Eine zweite Libelle war aufgetaucht, lautlos, überraschend. Sie hielt inne im Flug, gesellte sich zur ersten. Es begann ihr Spiel …

»Kann ich dir helfen?«, fragte ich, ohne eine Vorstellung davon zu haben, wie diese aussehen könnte.

Einen Moment schien Tullio darüber nachzudenken.

»Du hilfst mir schon«, sagte er schließlich leise. »Ich kann dir davon erzählen.« Er betrachtete seine Hände, entfernte etwas Erde, die sich unter seinen Nägeln gesammelt hatte. »Weißt du, Davide, ich habe noch niemandem von mir erzählt.« Er sah mich an. Ernst geradezu.

»Du bist mein Freund!«, stellte er fest und ein kleines Lächeln stahl sich in seinen Mundwinkel. »Das ist neu. Und es ist etwas, das mir gefällt.«

Ich sah verlegen zu Boden, wusste nicht, wie ich auf seine Worte reagieren sollte.

Doch nun war klar: Ich hatte einen Freund.

Tullio war mein erster richtiger Freund. Etwas ganz Besonderes.

Er kam in diesen speziellen Raum in mir, als Allererster überhaupt – und nahm Platz darin.

●

Spät am Abend stand ich wieder am Fenster und schaute hinüber auf die andere Seite.

In seinem Zimmer war Licht. Ich sah, dass Tullio auf dem Bett lag und an die Decke starrte. Irgendwann hob er den Kopf, so als spüre er meinen Blick. Er sah zu mir, stand auf und trat vor die Scheibe. Seine Hand lag auf dem Glas. Er schaute einfach nur.

Ich nickte, lächelte ihm zu. Dann öffnete ich das Fenster, zog die Holzläden vor und es wurde dunkel bei mir.

Mich beschäftigte dieser Moment noch lange. Auch als ich die Augen schon geschlossen hatte, war da dieses Bild: Tullio, wie er die Hand auf die Scheibe legt und zu mir herüberschaut, so als wolle er hindurchgreifen und sie mir reichen.

Wie sehr ich mich doch irren sollte …

# II. WUNDEN

.

# TULLIO

## 1.

Mit Perspektiven hapert's bei mir. Sie sind nie exakt.

An diesem Tag hat Andrea uns einen Stuhlhaufen als Aufgabe zugedacht. Sechs weiß lackierte, ineinander verkantete Holzstühle, auf einem der Tische drapiert. Es ist gespenstisch still im Raum. Nur das Gekratze der Stifte. Alle sind hoch konzentriert damit beschäftigt, ein möglichst gutes Ergebnis abzuliefern.

Ich weiß, dass es mir nicht gelingen wird, ich es nicht schaffen kann. Andrea selbst hat es gesagt, auf dem Weg zur Universität. Manchmal passt es, dann fahren wir gemeinsam mit dem Rad.

»Tullio«, hatte er gesagt, »nimm die heutige Aufgabe nicht zu ernst. Sie ist im Grunde unlösbar.«

»Warum machst du es dann?«, wollte ich wissen.

»Weil es eine Erfahrung ist. Nur darum sitzt ihr in meinem Seminar. Um Erfahrungen zu sammeln. Grenzen zu erkennen ist wichtig. Auch in der Kunst.«

Nun betrachte ich mein Ergebnis, bin mit dem, was ich sehe, zufrieden.

Eigentlich hat er mich ja um diese Erfahrung gebracht, überlege ich. Indem er mir verriet, was hinter seinem Vorhaben steckte, war ich außen vor.

Auf der anderen Seite: Mit Grenzen kenne ich mich aus. Mehr an Erfahrung bedarf es nicht. Da bin ich Profi. Und das weiß Andrea. Er weiß es ganz genau.

●

Seit fünf Jahren lebe ich bei den Dessis.

Die Folge eines Fenstersprungs. Zugegeben, ein ziemlich drastischer Schritt.

Wenn es brennt, dann, und nur dann, springt man aus dem Fenster. Weil man keinen Ausweg mehr sieht. Und weil Verbrennen keine Alternative zu einem Tod durch Stürzen sein kann. Bei mir war es eigentlich nur atemraubender Rauch. Doch uneigentlich auch ein endlos tiefes Gefühl von Hilflosigkeit. Da war die lähmende Gewissheit, dass es für alle Zeiten immer und immer so weitergehen würde. Ich drohte nicht zu verbrennen, ich drohte langsam und jämmerlich zu ersticken. Sinnbildlich.

Vor fünf Jahren stand ich also an meinem Fenster, in meiner bedrückend beklemmenden Welt, sah hinüber, zu der heilen meines Freundes, und als er seinen Fensterladen zuklappte, da öffnete ich das meine, setzte mich auf den Vorsprung, sah eine Weile hinaus und irgendwann stieß ich mich von ihm ab, wie von einem Beckenrand.

Erst viel später sollte ich erfahren, dass es eine Menge an Gründen dafür gegeben hatte, mich aus dem Fenster zu stürzen.

Menschen verfügen über eine natürliche Hemmschwelle, die verhindert, dies zu tun.

Sich zu vergiften, zu erschießen oder auf einen Stuhl zu steigen, um sich eine Schlinge um den Hals zu legen, erfordert viel Mut und Verzweiflung. Ein Sprung in die Tiefe ist noch mal was ganz anderes. Vieles in dir muss sehr energisch JA dazu sagen, denn fast alles andere in dir schreit NEIN in diesem Moment.

In dieser Nacht begann mein zweites Leben.

Würde ich wieder springen?

Ich weiß es nicht. Vielleicht ja, vielleicht nein.

Wie soll ich es wissen?

Kommt auf den Tag an.

●

»Du bist nachher im Studio?«

Ich habe meine Zeichnung von der Staffelei in meine Mappe sortiert, sehe auf, nicke Andrea zu und schultere meine Tasche. Die anderen haben bereits den Raum verlassen, frustriert über die Erkenntnis des Scheiterns.

»Gegen fünf. Passt das?«, frage ich. Es ist rhetorisch, ich weiß, dass der Zeitpunkt perfekt gewählt ist: Cecilias Praxispräsenz.

Andrea nickt beiläufig. »Deine Arbeit ist gut«, lenkt er ab, weist auf die Mappe in meinen Händen. »Du machst Fortschritte, hast Talent.«

»Ich weiß.«

»Es freut mich, das zu sehen.«

»Klar, es bestätigt dich.«

Ich wende mich ab, will gehen. Später ist genug Zeit für Austausch und Komplimente. Jetzt ist Zeit für mich.

»Bis nachher!«, ruft er. »Und sei bitte pünktlich!«

Ich wende mich nicht um, hebe nur meine Hand und verlasse das Atelier.

●

Seit drei Jahren lebe ich im Zimmer von Massimo. Er ist ausgezogen, um sich mit Freunden ein Haus nahe der medizinischen Fakultät zu teilen. So wohnen nun Carla, Davide und ich auf dieser Etage. Eine angenehme Veränderung nach zwei Jahren in Umbertos Keller. Dort hatte der alte Mann eine Kammer für mich zurechtgemacht. Es erwies sich als praktisch, da ich sie nach meinem Fenstersprung auch mit Krücken erreichen konnte. Doch es blieb nun mal ein Keller. Da war das Sehnen nach Licht und Luft.

Beides hatte ich auf einmal.

Und Davide in meiner Nähe …

Davide und Carla.

Ich fragte Davide damals: »Willst nicht *du* in Massimos Zimmer umziehen?« Es war groß und hell, freundlich, mit vielen Fenstern, ganz anders als der kleine grüne Raum, in dem er hauste.

Ein Kopfschütteln.

»Du brauchst jetzt Platz und Licht«, hatte er geantwortet, so als könne er in meinen Gedanken lesen. »Und ich liebe meinen Dschungel.«

Also zog ich in das größte Zimmer der Wohnung, obwohl ich nicht mal ein Dessi war. Jedem gefiel es so.

Auch Carla.

»Ciao, Tullio«, begrüßt sie mich lächelnd an diesem Mittag. Sie sieht von ihrem Smartphone auf, als ich die Tür hinter mir schließe. Ich winke ihr zu, verstaue die Zeichenmappe neben dem Küchenschrank, sehe kurz in den Spiegel neben meiner Zimmertür, schiebe eine Haarsträhne hinter mein linkes Ohr und geselle mich zu ihr.

Wir schlafen miteinander, haben Sex. Ab und zu.

Eines Tages, nach reichlich Wein, da hat sie mich in ihr Zimmer gezogen – und so ist es passiert. Niemand, wirklich niemand darf das wissen. Mir ist es sehr recht, aber es verkomplizierte so einiges.

Da existiert keine Romanze zwischen uns, nichts, was sich schmeichelhaft in Worte fassen ließe. Der Austausch von Körpersäften – das trifft es, nüchtern betrachtet. Und es ist okay so. Vorausgesetzt, es bleibt im Geheimen. Ein stilles Übereinkommen unserer Schenkel, unserer Mitte, den Zungen, unserer behänden Fingerfertigkeit, unserer Lust …

»Weißt du, warum *du* es bist?«, fragte sie mich eines Tages nach vollzogenem Akt. Unsere Zusammenkünfte meinte sie damit – und wie es überhaupt dazu hatte kommen können.

Meine Linke strich spielerisch über ihre kleinen, festen Brüste.

»Bitte sag es nicht.« Ich küsste zart ihre Lippen. »Behalte es einfach als dein Geheimnis. Das würde mir gefallen.« Da küsste sie wiederum mich – und schwieg.

Sie hält sich bis heute daran.

An diesem Mittag leiste ich ihr also Gesellschaft. Ich kratze einen Rest Risotto aus einem Topf, schiebe ihn in die Mikrowelle, setze mich zu ihr, schenke uns ein Glas Wasser ein und betrachte sie neugierig.

»Wie war dein Tag?«, frage ich. Carla arbeitet in einer Keramikwerkstatt, produziert Schalen, Tassen, Teller – was man so herstellen kann aus Ton. Ihre Finger sind sehr zart dadurch.

»Francesca, die blöde Kuh, labert ununterbrochen. Extrem unmeditativ.« Sie fuchtelt genervt mit ihren Händen. »Aber ich habe einen schönen Auftrag. Ein ultraschlichtes Service mit meinem ultraeigenen Türkis. Für zwölf Personen.« Ein Lächeln. »Das ehrt mich irgendwie.«

»Ultragenial.«

Ein Apfel fliegt in meine Richtung.

Carlas Türkis ist wirklich malerisch. Ein Ozean in Ton gefasst.

»Und du?«, fragt sie lachend. »Was steht an?«

»Eine Sitzung bei deiner Mutter – in einer halben Stunde. Eine Sitzung bei deinem Vater – in zweieinhalb Stunden.«

»Ihr spinnt doch irgendwie komplett.« Carla lehnt sich zurück, betrachtet mich, als sei ich ein Studienobjekt, das es sich zu merken lohnt, und fährt fort: »Wie hältst du es auch nur einen Moment aus, dich von Cecilia durchleuchten zu lassen? Das muss irrsinnig schräg sein.«

»Sie hilft mir«, erkläre ich nicht zum ersten Mal.

»Und das glaube ich einfach nicht!«, versichert sie wiederholt.

Das Gespräch haben wir wohl tausend Mal geführt.

Plötzlich müssen wir lachen. Beide zur gleichen Zeit.

»Und Andrea?« Einige Minuten sind vergangen, bis sie diese Frage stellt.

»Er malt mich, wie du weißt.«

»Das adelt dich natürlich. Und es freut mich auch.«

Dass er mich ebenfalls vögelt, lasse ich außen vor.

Denn auch das ist geheim.

Himmel, ist das geheim.

*Ultra*geheim.

●

Cecilias Fingerspitzen liegen aufeinander, mit den Daumen stützt sie ihr Kinn, während sie mich betrachtet.

Ihr Arbeitszimmer gefällt mir. Ein gewaltiger gläserner Schreibtisch, leuchtend gelbes Mobiliar aus Stahl und Leder. Großformatige Kunst an lichtgrauen Wänden. Der zarte Duft von Parfum. Es passt zu ihr.

»Seit drei Monaten also schon«, sagt sie leise. Zweifel schwingt in ihrer Stimme. »Und du bist der Ansicht, dass das eine gute Entscheidung ist?«

»Meine Besuche wühlen ihn zu sehr auf«, erwidere ich bestimmt.

»Und was ist mit dir?«

»Alles bestens!«

Um meinen Vater geht es bei dieser Sitzung. Um meine Besuche bei ihm. Oder vielmehr – um mein Aussetzen dieser Besuche. Ich hatte es so entschieden. Ohne Cecilia davon zu erzählen. Sie scheint besorgt darüber.

»Würdest du mir zustimmen, wenn ich behaupte, dass du versuchst, deine Gefühle für ihn zu verdrängen?«

»Ich würde nicht zustimmen«, antworte ich fest. »Die Gefühle, die ich für ihn habe, sind Mitleid und Wut. Darüber haben wir ja auch schon gesprochen. Es ist einfach so, dass ich ihn nicht so oft sehen möchte.«

»Und weshalb möchtest du es nicht?«

»Wut?« Ich lächle.

»Was ist mit dem Schuldgefühl, das du ihm gegenüber empfunden hast? Existiert es noch?«

Auch darüber haben wir schon oft gesprochen. Sein Zusammenbruch erfolgte unmittelbar nach meinem Fenstersprung.

»Er ist es, der ein schlechtes Gewissen haben sollte«, sage ich leise.

»Das eine schließt das andere ja nicht aus.« Cecilia legt ihre Hände auf die Lehnen des Sessels. Sein Gelb passt zum orangefarbenen Lack ihrer Fingernägel. Sie beugt sich etwas vor. Ihr Blick mustert mich erwartungs-voll. »Du merkst gerade, dass du meiner Frage ausweichst, nicht wahr?

Frag dich doch mal, warum du das tust. Vielleicht kann dir die Antwort darauf weiterhelfen.«

»Da ist kein schlechtes Gewissen«, reagiere ich trotzig – um im selben Moment festzustellen, dass sie recht hat. Natürlich ist da eins. Diverse, genau genommen. Ich sehe an die Zimmerdecke, schweige.

»Was hast du heute noch so vor?«, wechselt Cecilia das Thema. Sie hat mich genau da, wo sie mich haben will, weiß ich. Ich kenne ihre Strategie mittlerweile ziemlich genau.

»Eine Sitzung bei Andrea.«

»Wie kommt ihr voran?«

»Ich kann es nicht sagen«, antworte ich ehrlich. »Er lässt mich das Ergebnis nicht sehen.«

Sie lacht. »Ja, er will die Überraschung in deinem Gesicht, wenn er es präsentiert.«

Das Lachen verschwindet so plötzlich, wie es gekommen ist. »Tullio«, sagt sie eindringlich. »Es ist ganz wichtig, dass du begreifst, dass du für den Zusammenbruch deines Vaters nicht die Verantwortung trägst. Du trägst keine Schuld, bist nicht verantwortlich. Wir sprechen von einer schizoiden Phase, in der er sich damals befand. Sie wurde nicht durch dich ausgelöst. Ganz sicher nicht. Vielmehr war sie der Grund, weshalb *du* seinerzeit keinen Ausweg sehen konntest. Ich weiß, ich wiederhole mich sicher zum hundertsten Male, aber es ist wichtig, hörst du – *wichtig* –, dass du das verinnerlichst.«

Wohl ebenfalls zum hundertsten Male nickte ich. »Dann sind wir jetzt hier fertig für heute?«

»Sind wir«, bestätigt sie, lächelt professionell, erhebt sich und sagt noch, bevor ich den Raum verlasse: »Denkst du an morgen, Tullio?«

Stimmt ja, Dienstag. Der erste im Monat!

Familien-Abend.

»Mach ich«, antworte ich ihr. Und nun lächele auch ich.

Denn ich gehöre dazu.

●

Betritt man die Wohnung der Dessis, so erblickt man unmittelbar fünf Porträts, die im Foyer über einem Kamin angebracht sind – la Familia.

Andrea Dessi hat bei der Verewigung seiner Sippe jedem Mitglied eine eigene Farbe zugedacht. Massimo schaut in hellem Blau gen Himmel, Carla in kraftvollem Pink stolz geradeaus. Sich selbst hat Andrea in silbernen Grautönen verewigt, Cecilia in leuchtendem Rot. Grün für Davide, der im Halbprofil zu sehen ist. Seit zwei Jahren existiert diese sehr persönliche Reihe.

Und schon bald wird ein sechstes Bild der Wand hinzugefügt.

Es erfüllt mich mit Stolz.

Weiß wird es sein.

●

Andreas Studio befindet sich im hinteren Teil der Wohnung. Ein heller, zu drei Seiten verglaster Wintergarten, der einen weiten Blick ins Grün erlaubt.

Ein hölzernes Podest ist dem Posieren von Modellen vorbehalten, ein gewaltiger Tisch auf Rollen dient Farben, Pinseln, Spachteln und Paletten.

Ich ziehe mich aus, hänge meine Kleidung an einen Haken, lasse mich auf einem Stuhl nieder und warte ab.

Andrea verspätet sich. Das ist ungewöhnlich. Pünktlichkeit spielt eine große Rolle für ihn.

»Warum willst du mich nackt malen, wenn es doch ein Porträt wird?«, fragte ich ihn vor unserer ersten Sitzung. Es wollte mir nicht einleuchten.

»Ich möchte deine ganze Persönlichkeit einfangen, Tullio. Nicht deine Modevorlieben. Ich will die Vollkommenheit sehen wie den Makel.« Er hatte gelächelt und dann erklärt: »Denk an historische Porträts vergangener Zeiten. Sie dienten dazu, den gesellschaftlichen Stand zu dokumentieren. Es ging nicht um den Menschen als vielmehr um seine Position, die er bekleidete. Merkst du was? *Bekleidete* – das sagt doch schon eine Menge aus. Male ich dich nun nackt, so spiegelt dein Gesicht all die Klarheit wider, die dich ausmacht, und *nur* dich. Das ist mein Ziel.«

Ich verstand sofort. Es faszinierte mich. Tatsächlich sah ich von nun an die Bilder im Foyer mit anderen Augen. Andrea hatte recht. Es stimmte: Sie waren pur. Von unglaublicher Klarheit. Rein.

»Sieh mich bitte an, während ich male, und schau ab und an in den Spiegel. So hast du deine Haltung unter Kontrolle.«

»Wie soll ich den Kopf halten?«

»Such es dir aus. Wie es dir gefällt.«

Ich hatte mich für eine gerade Haltung entschieden.

Die nehme ich nun ein, als ich höre, wie die Tür geöffnet wird.

»Ich wurde aufgehalten«, entschuldigt sich Andrea. »Aber wie ich sehe, hast du es dir schon gemütlich gemacht.« Er lacht, zieht seinen Kittel über, füllt den Pinselhalter mit frischem Wasser und entfernt das Laken von der

Staffelei. Er wechselt seine Brille, betrachtet mich über ihren Rand. Sein Gesicht drückt Wohlwollen aus.

»Ich bedaure sehr, dass ich den Prozess des Entkleidens verpasst habe«, sagt er leise. Ich erwidere ein Lächeln.

Einen Moment später seufzt er, löst seinen Blick von mir, gibt Farbe auf die Palette und beginnt mit dem Mischen.

Sein Pinsel taucht in das weiße Acryl, um in großzügigen Bewegungen auf die Leinwand aufgetragen zu werden.

Andreas Spezialität ist eine vielschichtige Technik. Farbauftrag folgt auf Farbauftrag. Damit schafft er Tiefe.

So vergeht gut eine halbe Stunde.

Schließlich legt er sein Arbeitsmaterial beiseite, wässert sorgfältig die Pinsel und lächelt mir zu.

»Bist du bereit?«, fragt er leise.

Ich schenke ihm ein Nicken, denn ich weiß genau, was jetzt kommt. Es gehört zu unserem Ritual.

Seufzend widmet er sich meinem Körper. An mein Ejakulat will er – um es im Anschluss mit dem Acryl auf der Palette zu vermischen.

Eine sehr spezielle Technik.

Mein Bild – es wird etwas ganz Besonderes.

Daran hat er nie einen Zweifel gelassen.

# 2.

Als ich in der Klinik erwachte, nach meinem Fenstersprung, da saß Davide neben mir.

Mein einziger Freund. Er hatte Stunden an meinem Bett verbracht, wollte da sein für mich, wenn ich zu mir kam.

Wie ich später erfuhr, hat er sich schwere Vorwürfe gemacht, die »Anzeichen« nicht erkannt zu haben. Fix und fertig muss er gewesen sein. So hatte es Carla mir später geschildert.

Nur – es existierten keine Anzeichen, die zu erkennen gewesen wären.

Damals, im Park, auf der Bank, da gab es nicht einen Gedanken daran in mir. Es war eine Kurzschlusshandlung gewesen, ein Sehnen, dem ich nach einem verharrenden Moment auf der Fensterbank unmittelbar nachgeben wollte. Wie etwas, das ich ausprobieren musste, so hatte es sich angefühlt.

Es brauchte viel an Zeit und Energie, ihn davon zu überzeugen.

Als ich meine Augen öffnete, las er in einem Buch über Stauden.

Mein Herz tat einen Sprung, als ich ihn da so sitzen sah, ganz konzentriert, wie es seine Art war. Versunken in seine grüne Welt.

Wenn Davide etwas tut, so ist er voll und ganz darin vertieft. Beim Lesen bewegen sich seine Lippen. Wunderbar ist das. Pflanzt er, werden seine Hände zu sanften Schaufeln, die behutsam jede noch so zarte Wurzel, jedes Blatt beachten. Spricht er mit mir, so beobachtet er mich ganz genau. Er nimmt mich wahr. Und hört er zu, entgeht ihm keines meiner Worte.

Sein Lächeln ist aufrichtig, ganz so wie seine Gedanken. Das ist zumindest meine Sicht auf ihn. Und ich bin Analytiker.

Das war schon damals so – daran hat sich nichts geändert.

Er lächelt, als er mein Zimmer betritt. Die Tür steht offen, sodass er nicht anklopfen muss. Seine braunen Locken hat er zu einem Zopf zusammengefasst. Mir gefällt das. Dadurch tritt seine Halslinie stärker hervor. Braune Augen mustern mich neugierig.

Ich liege auf dem Bett, lese in einem Roman von Edoardo Albinati, habe ihn mir aus dem Regal in Carlas Zimmer gezogen. Harte Kost, wie sie mir versicherte. Ich stehe auf so was. Nun setze ich mich auf, sodass Davide an meinem Fußende Platz findet. So hocken wir oft zusammen: die Knie angezogen, einander gegenüber, auf meinem Bett. Wie auch jetzt.

»War die Sitzung gut?«, fragt er und meint damit meine Therapie bei Cecilia.

»Wir wiederholen uns«, erzähle ich, werfe ihm ein Kissen zu, das er sich in den Rücken stopft. »Aber ich denke, das ist gewollt. Ich habe ihr gebeichtet, dass ich Luciano nicht mehr besuche.«

»Und? Was meint sie dazu?«

»Dass mich mein schlechtes Gewissen ihm gegenüber davon abhält.«

»Und?«

»Können wir vielleicht über was anderes reden?«, bitte ich etwas strapaziert. »Eine Sitzung am Tag sollte ausreichen.«

»'tschuldige.«

»Wie war es bei dir?«, will ich wissen. Zwar interessiert es mich nicht wirklich, da Davides Vorlieben generell von den meinen abweichen, aber ich betrachte ihn gerne, wenn er erzählt. Es ist wie eine kleine Aufführung.

»Ich beschäftige mich gerade mit der Geschichte der Hyazinthe«, berichtet er denn auch bereitwillig und prompt scheint ein inneres Leuchten von ihm auszugehen. »Sie kommen aus der Türkei, aus Syrien, dem Irak, dem Libanon und Palästina. Aus dem ganzen Orient kommen sie.«

»Ach …«

»Ja – und sie ist ein Spargelgewächs. Hättest du das gedacht?«

Nein, habe ich nicht. Muss überlegen, wie eine Hyazinthe überhaupt aussieht. Ich sage es ihm.

»Du musst sie dir anschauen, wenn sie kurz vor der Blüte steht. Dann kannst du es erahnen, das mit dem Spargel. Benannt ist sie nach Hyakinthos. Der war der griechischen Mythologie nach ein wunderschöner Jüngling, der aus Versehen von Apollo durch einen Diskuswurf getötet wurde. Apollo war so entsetzt und traurig darüber, dass er die Blutstropfen des Jungen in Blumen verwandelte.« Seine Hand zieht einen Bogen durch die Luft, als verzaubere er die Welt damit in etwas Glücklicheres. »Ist das nicht wundervoll?«

»Das gefällt mir besser als der Albinati hier.« Ich klopfe auf den Buchdeckel.

»Eine Pflanze, die deinen Namen trägt …«, sinniert er entrückt.

»Das wird dir glücken«, versichere ich ihm. »Auch ohne dass man dich dafür erschlagen muss.«

Davide wird Botaniker. Nichts anderes wäre für ihn infrage gekommen.

Ich liebe Davide.

Und ich bin verliebt in ihn.

Unglaublich verliebt.

Sehr, sehr viel Gefühl für einen Menschen.

Gerade in diesem Moment, wo ich ihn mir anschaue, diesen botanischen Tropf, wird es mir wieder bewusst, zieht es verräterisch in meiner Brust.

Es ist nicht leicht, das zu verbergen. Aber es gelingt mir.

Ich weiß, dass sein Sehnen nicht dem meinen entspricht. Also schweige ich. Ich verbiete meinen Augen zu sprechen, meinen Lippen, mich preiszugeben.

Ich liebe ihn einfach nur.

Ich vögele mit seiner Schwester, schlafe mit seinem Vater, erkläre Cecilia mein Innerstes, doch mein Herz – es gehört allein Davide.

»Es würde wohl ein Gras«, sagt er gerade. Und er lächelt versonnen.

»Äh …«

»Das, wonach man mich benennen könnte«, erklärt er, »Es würde ein Gras.«

Richtig! Und logisch. Davide hat sich auf Gräser spezialisiert. Ich verdrehe ein wenig die Augen.

»Grástis-Davides.« Er lacht. »Ein Futterkraut!«

So wird es wohl sein.

Wie gerne würd ich davon naschen.

●

Dass ich bei den Dessis aufgenommen wurde, habe ich Davides Hartnäckigkeit, vor allem aber seinem Großvater zu verdanken.

Umberto setzte sich in dieser Zeit maßlos für mich ein, nahm Einfluss auf die Familie und bot an, die Pflegschaft für mich zu übernehmen.

Dass mein Vater nicht in der Lage war, sich angemessen um mich zu kümmern, brachte eine Begehung des Jugendamtes zutage. Luciano sah sich außerstande, ein klares, ruhiges Gespräch mit den Beamten zu führen.

So blieb mir als Perspektive nach meinem Klinikaufenthalt im Grunde nur eine Heimunterbringung.

Umberto verhinderte dies. Er veranlasste einen Besuch der Dessis an meinem Bett. Cecilia und Andrea beäugten mich. Sie stellten mir eine Unmenge an Fragen, wollten alles über meine Mutter, meinen Vater und unsere Problematik wissen, um weiter zu erfahren, dass es keine infrage kommenden Familienangehörigen gab, die mich hätten aufnehmen, geschweige denn versorgen können. Meine Interessen waren für sie ebenso von Belang wie meine schulischen Leistungen.

Nun – Interessen hatte ich nicht. Doch ich war intelligent, was sich auch schulisch widerspiegelte.

Gerade mal zwei Tage später überbrachte ein strahlender Davide die Nachricht: Im Anschluss nach der Klinik durfte ich bei den Dessis einziehen.

Der alte Mann würde sich um mich kümmern.

•

Ich sitze in Umbertos blauem Ohrensessel, ein Bein baumelnd über die Lehne gelegt, und blättere in einem Buch. Paolo Giordano hat es geschrieben. Um Primzahlen geht es dem Titel nach – um zwei gebrochene Seelen im Detail dann tatsächlich. Ich lese Umberto daraus vor. Er hat es sich so gewünscht.

»Das ist was für uns beide«, hatte er gesagt, mir das Buch über den Tisch geschoben, in seinen Bart gelächelt und es sich auf dem Sofa mit einem Glas Roten bequem gemacht.

Umberto kann kaum noch sehen, ist fast blind. Also habe ich es mir zur Aufgabe gemacht, mich etwas um ihn zu kümmern – so wie er dies einst für mich getan hat.

Ich bringe ihm zu essen, kaufe für ihn ein und leiste ihm täglich etwas Gesellschaft. Das mit dem Vorlesen gefällt ihm besonders gut.

»Du hast eine schöne Stimme, mein Junge«, sagt er immer wieder, wenn ich den Buchdeckel zugeklappt habe. Und dann unterhalten wir uns über das eben Gehörte.

Seine Arbeit fehlt ihm. Zwar hat er sporadisch noch Kontakt zu seiner ehemaligen Kundschaft, doch auch das ist in den letzten Jahren weniger geworden.

•

»Du wolltest vor deinem Unfall von mir wissen, was ich eigentlich so baue«, hatte er sich erinnert, kurz nachdem ich bei ihm eingezogen war. Ich war ihm dankbar, dass er es als Unfall bezeichnete. Meist lag ich in diesen Tagen auf seinem rehbraunen Ledersofa, die Krücken in greifbarer Nähe, sah durch das schmale Fenster in den Garten hinaus und wartete auf Davide.

»Sieh her«, sagte der alte Mann. Er stellte einen Kasten so auf einen Hocker, dass ich ihn gut sehen konnte. Er war glänzend schwarz, ganz wie der meine, jedoch quadratisch. Von der Größe her entsprach er vielleicht 70 mal 70 Zentimetern. Es handelte sich jedoch nicht um ein Möbel – eher eine Kiste. Doch dafür war er wieder zu aufwendig gearbeitet. Der Lack war empfindlich. Wer brauchte solch eine Kiste?

»So etwas baue ich also«, hatte Umberto erklärt, während seine Finger vorsichtig über die glatte Oberfläche strichen. Er lächelte in mein rätselndes Gesicht. »Es ist meine Spezialität. Dafür bin ich berühmt. Du wirst in Italien schon sehr suchen müssen, um jemanden zu finden, der meine Perfektion und meinen Einfallsreichtum beherrscht.«

»Du baust schwarze Kisten?«, hatte meine Frage da etwas ratlos gelautet.

»Ich baue mechanische Kisten.« Ein stolzes Nicken. »Oder *magische* Kisten, wenn du so vielleicht eher eine Vorstellung davon bekommst.«

Nun verstand ich. »Kaninchen rein, Taube raus?«

Umberto hatte herzlich gelacht. »Du hast es erfasst, mein Junge.«

»Das mit den Dolchen und den Assistentinnen auch?«, fragte ich weiter.

»Wieder richtig!« Er hatte seinen Spaß mit mir.

»Kästen, die zusammenklappen, nachdem man was Sperriges reingetan hat?«

»Das ganze Repertoire.«

Einen Moment herrschte Stille, dann stellte ich leise, kaum hörbar die Frage: »Kann mein Kasten auch so was?«

Umberto hatte sich vorgebeugt, sodass er mir ganz nahe kam.

»Die Magie in dir, mein Junge, benötigt keine Tricks dieser Art. Dein Kasten ist einfach nur ein Kasten. Aber du, Tullio, bist nicht einfach nur ein Junge. Du bist ein Magier. Das weiß ich, weil ich es in dir sehe.«

●

Ich denke noch oft an diesen Nachmittag zurück. An Umbertos Prophezeiung.

Bis heute erkenne ich sie nicht, diese Magie in mir, von der er sprach. Doch damals hatten seine Worte ihre Wirkung nicht verfehlt. Es war mir besser gegangen durch sie. So wie es ihm jetzt besser geht durch mich.

# 3.

Prosecco im Foyer, beiläufiges Begutachten einer kleinen Bronze. Andrea hat sie von einem seiner ehemaligen Studenten erstanden. Paolo Bernini. Ihr tatsächliches Verhältnis würde mich interessieren, stelle ich fest. Wenn er von Paolo spricht, erkenne ich da ein vertrautes Blitzen in seinen Augenwinkeln.

»Tja, ein Bacchus mit Fuchskopf«, erklärt er gerade, und er lacht. »Fragt nicht nach dem Sinn. Ich fand sie ansprechend gearbeitet.«

Alles ganz wie immer am ersten Dienstag des Monats: Familiendinner bei den Dessis.

Gratinierte Jacobsmuscheln, Seeteufelbäckchen, Safran-Gnocci, eine Kräuterkruste verbirgt Kalbsfilet, Limettenparfait.

Cecilias Lieferservice hat alle Register gezogen.

Dann, am Tisch, das Platzen der Bombe: Massimo hat entschieden, seiner medizinischen Laufbahn eine entscheidende Wendung zu geben.

»*Pathologe?*« Cecilias Gabel trifft klagend auf feinstes Porzellan. »Wieso um alles in der Welt die Pathologie?«

»Coool …« Das kommt von Carla.

Massimo lächelt gelassen in die Runde.

»Ich will es dir gerne erklären, Mutter.«

Ich habe mich daran gewöhnt. Die Zusammentreffen verlaufen praktisch nie spannungsfrei, so sehr Cecilia sich dies auch wünschen mag. Allerdings ist vor allem sie es, die dafür sorgt, dass es genau so kommen muss, wie es nun kommt.

»Womit ich nicht gerechnet habe«, erklärt Massimo gerade, »ist die Tatsache, dass es mir wirklich nahe geht, wenn meine Patienten mir wegsterben. Ich habe es bereits erlebt und ich stelle fest, dass es etwas mit mir macht.«

»Ein Argument!«, springt Davide ihm zur Seite.

»Und dafür bin ich nicht gemacht«, bekräftigt sein Bruder.

»Man gewöhnt sich daran«, wirft Cecilia ein. »Jeder Arzt hat sich bislang daran gewöhnt. Das gehört zum Geschäft. Selbst in meiner Branche.«

»Die Seelteufelbäckchen schmecken famos«, beteilige ich mich lächelnd.

»Ich will mich aber nicht daran gewöhnen«, übergeht Massimo das.

»Doch da ich eigenartigerweise kein Problem damit habe, mich einem toten Körper zu widmen, muss ich das ja auch gar nicht. Es ist eine wichtige, unentbehrliche Aufgabe. Und ich habe mich entschieden «

»Ein wenig lukrativer Schritt«, schaltet sich Andrea ein. »Eine Praxis bleibt somit ausgeschlossen, schätze ich mal?«

»Man müsste die Klientel schon chauffieren«, witzelt Carla grinsend.

»Institute und Hochschulen«, bestätigt Massimo. »Die finanzielle Perspektive war aber auch nie Teil meiner Motivation, als ich mich für die Medizin entschied.«

»*Medizin*!« Cecilia spuckt das Wort beinahe aus. »Medizin verabreicht man, um Leben zu erhalten, nicht um sich an und in Gelebtem zu weiden!«

»Himmel, *was* für ein Bild. Bin ich ein Hund für dich, der sich in Aas wälzt, Mutter? *Medicina* leitet sich von Heilkunde ab. Heilen wäre ohne den Blick in den menschlichen Körper undenkbar. Muss ich dir das wirklich erklären? Das, was *du* dem Geist entlockst, entnehmen *wir* dem Körper. Wir Pathologen leisten einen unschätzbar wertvollen Beitrag, um …«

»*Wir* Pathologen! So weit ist es also schon?«

»Warum nicht eine Orientierung Richtung Radiologie?«, schlägt Andrea beschwichtigend vor. Cecilia atmet tief durch.

»Angesehen und lukrativ«, bestätigt Massimo. »Und sterbenslangweilig. Mal ehrlich, seht ihr mich so? Befunde erstellend? Tagein, tagaus … Mutter?«

»Jedenfalls sehe ich dich nicht als *Metzger*.«

Ein verletzter Ausdruck Massimos. Für einen kurzen Moment nur.

»Wenn du es *so* siehst …«

»Ich wünsche mir für dich doch nur …«

Massimos Serviette landet auf dem Fisch. »… Etwas für MICH?« Er lacht traurig auf. »Du wünschst nichts *mir*, Mutter, du wünschst es *dir*!« Mühsam beherrscht starrt er an die Zimmerdecke, springt schließlich auf und verlässt den Raum.

Wortloser Abschied in stiller Wut.

Ein Moment des Schweigens.

Dann Andrea: »War das jetzt nötig, Cecilia?« Er blickt missmutig auf seinen Teller. Das Essen ist kalt, der Appetit eh vergangen.

»Schade um den Fisch«, stellt Carla fest.

»Nun bin *ich* es also, die sich hier unmöglich benommen hat?«

»Ihr habt ihm nicht mal die Möglichkeit gegeben, auszureden«, kritisiert Davide.

»Oder seinen Fisch zu obduzieren«, hängt Carla an.

55

Ein Abend bei den Dessis.

Familie!

Ich habe mich daran gewöhnt.

●

»Es musste eskalieren«, erklärt Davide später. Seine Stirn zieht eine energische Falte. Ernst sieht er damit aus. Wir sitzen zu dritt in unserer Küche,
trinken Wein und essen aufgewärmte Lasagne gegen den Hunger. Derweil
trocknet unten das Kalbsfilet im Kühlschrank vor sich hin. Cecilia hatte
darauf bestanden, wutentbrannt.

»Wieso musste es das?«, will ich wissen.

Carla lehnt sich zurück, gähnt, betrachtet den tiefroten Lack ihrer
Nägel und antwortet: »Cecilia hat im Vorfeld schon dermaßen damit rum-
geprahlt, dass ihr Primus ein großer Medicus wird, dass sie das jetzt ganz
schön alt aussehen lässt.« Sie lacht böse.

»Was ist gegen Pathologie einzuwenden?«, frage ich irritiert.

»Kopfkino«, antwortet Carla. »Und darauf stehen weder Andrea noch
unsere Mutter. Obwohl es eigentlich ihr Job sein sollte, damit umgehen zu
können.«

›*Wenn du wüsstest*‹, denke ich, bezogen auf Andrea. Da habe ich ihn
anders erlebt.

»Ihn als Metzger zu bezeichnen war nicht nett«, gebe ich zu.

»Aber auch kein Weltuntergang. Massimo weiß, wie sie sind.« Davide
wirkt müde. »Er hätte es sich denken können«, sagt er genervt. »Und er
hätte das im Vorfeld mit ihnen bereden sollen.«

»Oder im Anschluss – aber nicht beim Essen«, ergänzt Carla. »Ich *liebe*
Kalb!«

Die Szene bei Tisch war überflüssig. Das sehe ich genauso. Es hätte
sich wunderbar ganz in Ruhe klären lassen. Aber das ist nun auch nicht die
Art der Dessis.

»Warum ist eigentlich Umberto nie zu den Abenden geladen?«

»Ist er. Aber er hat keine Lust auf Drama«, erklärt Carla. »Und da es ja
meist dazu kommt …«

●

Zwei Stunden sind vergangen. Wir stehen vorm Spiegel in Carlas Zimmer.
Sie hinter mir, ihren Kopf auf meiner Schulter, ihre Hände verschränkt auf
meiner Brust. Wir betrachten uns.

Ihre Rechte streicht irgendwann unter meinem Hosenbund entlang, spielt mit dem Gürtel – sie will mich nackt. Ihr Becken presst gegen meinen Hintern, rhythmisch. Mir ist jedoch nicht danach.

»Weißt du eigentlich, *wie* schön du bist?«, flüstert sie, greift in meinen Schritt, lächelt lockend.

Ich mustere mein Gesicht, den nackten Oberkörper, lächele zurück, ein wenig erregt.

»Das reine Weiß deiner Haut …«, haucht sie, »diese sinnlich vollen Lippen. Und dann das Schwarz deiner Haare im Kontrast zu diesen unglaublichen, wasserhellen Augen. Ich kann mich nicht satt daran sehen.« Ein zarter Biss in mein linkes Ohr.

»DAS ist es?«, frage ich einigermaßen entgeistert. »Mein Aussehen? Meine Augen? Darum *ich?*«

Sie blickt erstaunt. »Nicht ausschließlich, aber auch. Was ist daran verkehrt?«

Ich überlege. »Nichts«, gebe ich zu. »Nur, dass ich so nicht funktioniere.«

»Zieh dich aus«, fordert sie, nestelt wieder an meinem Hosenbund. »Ich will, dass du dich ausziehst.« Sie lacht wieder. »Und dann will ich, dass du es dir selbst machst, vor dem Spiegel.« Sie scheint ganz angetan von dieser Idee. »Mach es dir selbst und sieh dir dabei in die Augen, wenn du kommst. Machst du das für mich? Ich will es sehen!« Ihr Blick nimmt einen bettelnden Ausdruck an, während ich stocksteif dastehe und nichts zu erwidern weiß.

»Los, komm schon, mach!«

Den Kampf gegen meine Hose hat sie bereits gewonnen, stelle ich fest. Wie sie eigentlich immer als Siegerin hervorgeht, in unseren Duellen.

# 4.

Cecilia lehnt sich zurück.

»Tatsächlich sehe ich manchmal noch den Jungen in dir, der da draußen vor unserer Tür im Dreck gesessen hat«, sagt sie, die Fingerspitzen wie gewohnt therapeutisch aneinandergelegt, lächelnd. Das ist so eine Marotte von ihr. Vermutlich hat sie diese Haltung lange geübt. Sie wirkt aufmerksam und nachdenklich dadurch.

»Im Staub«, verbessere ich.

»Hast du eigentlich Freunde, Tullio? Ich meine, jetzt mal von Davide abgesehen. Gibt es da noch jemanden, mit dem du Zeit verbringst?«

Sie überrascht mich damit. Verlegen knete ich meine Hände.

*Deinen Mann, deine Tochter …*

»Freundschaften sind nicht gerade meine Stärke«, gebe ich zu.

Sie lächelt. »Welches sind denn deine Stärken?«

»Man sagt mir nach, dass ich intelligent bin«, antworte ich etwas verlegen. »Andrea meint, ich habe Talent.«

Cecilias Lächeln wird breiter. »Möchtest du mir vielleicht mal ein paar deiner Arbeiten zeigen?«

»Kann ich machen«, sage ich halbherzig. »Aber sie befinden sich in der Akademie, nicht hier.«

*Was so nicht stimmt.*

Warum nur habe ich Bedenken, ihr meine Arbeiten zu zeigen, frage ich mich.

»Dann bring doch einfach mal welche mit beim nächsten Mal. Es würde mich wirklich interessieren.«

*Dieses Lächeln.*

Ich nicke, antworte nicht darauf.

»Doch zurück zu Freundschaften. Fehlt dir so etwas nicht?«

»Ich bin gerne für mich. Da sind Davide und ich uns ähnlich.«

Cecilia seufzt bestätigend.

»Vielleicht verstehen wir uns deshalb so gut«, füge ich noch hinzu.

»Du hast sehr früh die Erfahrung machen müssen, wie es ist, einen Menschen zu verlieren, Tullio«, dreht sie das Ruder.

Sie hat sich zu mir vorgebeugt, schaut direkt in meine Augen. Die ihren sind grün. Ein schönes, warmes Grün. »Auf Bindungen zu verzichten erspart einem die Trauer, wenn es zu einer Trennung kommt«, erklärt sie mir. »Vielleicht fühlt es sich für dich wie ein Schutz an. Aber dieser selbst auferlegte Verzicht verursacht möglicherweise mehr Schmerz als der Abschied von einem geliebten Menschen.« Sie investiert ihren *»Hör mir jetzt gut zu«*-Blick. »Hast du darüber schon mal nachgedacht?«

Über so etwas denke ich nicht nach. Aber wenn ich ihr das jetzt sage, bringt mich das in Teufels Küche. Also nicke ich.

»Auch als meine Mutter noch lebte, hatte ich keine Freunde«, antworte ich etwas ratlos.

»Der Tod deiner Mutter – du hast mir zu verstehen gegeben, dass sie dir nicht fehlt.« Selbst einfache Sätze betont sie wie eine Frage.

»Das ist richtig«, sage ich mit einem Nicken.

»War sie gut zu dir?«, setzt Cecilia das fort. Die Richtung gefällt mir nicht.

»Ich weiß es nicht«, antworte ich ehrlich. »Ich kann mich nicht erinnern.«

»Ihr Tod kam plötzlich. Eine Chance, Abschied zu nehmen, gab es nicht für euch«, sagt sie leise. Verschwunden ist ihr Lächeln. Es ist einem besorgten Gesichtsausdruck gewichen: schmale Lippen, Stirnfalten. »In solchen Situationen bleibt vieles ungesagt«, erklärt sie ruhig. »Und das ist nur schwer zu verarbeiten. Gerade wenn man noch so jung ist, wie du es damals warst.«

»Ich weiß«, sage ich, einfach, weil ich es glaube. Meine Arme sind vor meiner Brust verschränkt. Mein linkes Bein dribbelt. Mir ist klar, dass sie das einordnet. Körpersprache gehört in ihr Metier.

»Ich würde gerne etwas ausprobieren, Tullio. Natürlich nur, wenn du dazu bereit bist.«

Ich schaue sie zweifelnd an, nicke aber schließlich.

Da erhebt sie sich, greift sich zwei Stühle und stellt sie einander gegenüber, in die Mitte des Raumes.

»Setzt dich bitte, Tullio«, sagt sie.

Und dann beginnt sie ihr Spiel.

●

Der Turm.

Hier bin ich unsichtbar.

Ein Ort, den ich nicht mal mit Davide teile.

Hunderte Menschen – und keiner sieht mich. Alle schauen sie zum Turm. Lachen über ihn. Tun so, als ob sie ihn stützen, lassen sich fotografieren dabei.

Doch sie sehen seine Schönheit nicht – sie lachen über seinen Makel – den, dass er schief ist.

Bin ich beim Turm, bin ich sicher.

Wenn ich traurig bin, komme ich hierher. Zwischen all den Menschen sitze ich im Gras und betrachte ihn, staune, wie schön er ist.

Heute ist mir jedoch nicht nach Staunen. Heute bin ich verzweifelt. Entsetzt über mich selbst.

Ich sehe weder den Turm – noch die Menschen.

Durch Tränen geht das nicht. Alles verschwimmt.

Ich weine sehr selten.

Doch wenn, dann meist an einem Ort, wo mich keiner sieht.

●

Am Abend ist meine Tür geschlossen – ich will ganz für mich sein. Ein Signal für Davide, das er eigentlich achtet. Jedoch nicht heute.

»Darf ich?«, fragt er leise, nachdem er geklopft und sie im Anschluss geöffnet hat.

Davide darf alles.

»Cecilia schickt dich«, weiß ich, ziehe meine Knie an, mache ihm störrisch etwas Platz. Nicht so viel wie sonst. Meine Tränen sind getrocknet. Vermutlich sieht man sie mir trotzdem an. Ich fühle sie zumindest noch.

»Stimmt«, bestätigt er meinen Verdacht. Sein Lächeln ist vorsichtiger als sonst. »Sie hat mir geraten, nach dir zu schauen. Du warst auf einmal verschwunden. Ist alles okay?«

Wie soll ich darauf antworten?

»Was meinst du wohl?«, erwidere ich mürrisch, doch stelle ich gleichzeitig fest, dass es mir guttut, dass er in meiner Nähe ist.

Wir schweigen, sitzen nur so da. Ich lausche unserem Atem.

Dann sage ich irgendwann: »Erinnerst du dich, dass ich dir mal gesagt habe, dass ich Autos hasse?«

Nun schaut er etwas verblüfft.

»Rucola, Regen, Autos, Katzen … dein Leben …«, zählt er auf. »Da gibt es so einiges.«

»Meine Mutter ist von einem überfahren worden.«

Davide schaut betroffen zu mir, überrumpelt. »Das …«

Ich spüre, wie der Schmerz wieder aufwallt, wie meine Augen sich mit Tränen füllen.

»Ich hab es einfach *vergessen*«, schluchze ich. »Ich hab *sie* einfach vergessen.«

Davides Hände umfassen meine Knie. Er sieht zu mir. Hilflos. Auch seine Augen haben sich mit Tränen gefüllt.

»Ich habe sie *einfach vergessen*«, wiederhole ich. »Wie kann man jemanden so einfach vergessen?« – und kann es immer noch nicht glauben.

•

Eine halbe Stunde später bin ich in der Lage, Davide von meiner Sitzung bei Cecilia zu berichten.

Ich erzähle ihm, wie sie die Stühle in die Mitte des Raumes gestellt hat, um mich im Anschluss dazu aufzufordern, einen der beiden auszuwählen.

»Und der andere?«, fragte ich irritiert.

»Wir machen jetzt Folgendes«, erklärte Cecilia sachlich, nachdem ich Platz genommen hatte. »Du stellst dir jetzt mal vor, da auf dem leeren Stuhl dir gegenüber sitzt deine Mutter.« Ein aufmunterndes Lächeln. »Wie hieß sie noch?«

»Rebecca.« Es war fremd, den Namen auszusprechen, obwohl er mir nicht selten begegnete.

»Gut! *Rebecca*. Frag deine Mutter, frag Rebecca doch einmal, wie es ihr geht.«

»Meine Mutter ist tot«, erwiderte ich stoisch.

»Versuch es einfach. Wenn es nicht geht, brechen wir sofort ab!«

Also tat ich es.

•

»Ein gestalttherapeutisches Element«, erklärt Davide mitfühlend. »Cecilia erreicht durch diesen speziellen Dialog mit den Stühlen, dass du Dinge aussprichst, die tief in deinem Verborgenen liegen. Ein guter Weg, um innere Blockaden aufzulösen.«

»Das weißt du?«, frage ich erstaunt.

»Ich bin ihr Sohn. Erinnerst du dich – der Einfluss unserer Eltern auf unser Wissen? *Du* – und das Wasser. *Ich* und die Kunst.«

»Ich bin auf die Straße gelaufen«, erzähle ich unvermittelt, nicke, da das Bild vor meinem inneren Auge plötzlich vollkommen präsent ist. Wieder ganz lebendig, als wäre es nie fort gewesen, fünfzehn Jahre lang. »Ein Auto ist mir ausgewichen …«

Ich muss nicht weitersprechen. Davide versteht, was ich ihm sagen will. Er erahnt all die Worte, die ich nicht finde. Denn ich kann es nicht. Einfach, weil sie aufzeigen würden, was ich getan habe. Doch so weit bin ich nicht, das auszuhalten.

Er erkennt meine Schuld.

Ganz sanft ist seine Stimme, als er sagt: »Du warst noch ein Kind.«

Die Wärme seiner Hände auf meinen Knien entspannt mich. Seine Finger streichen beruhigend über meine Beine. Wie oft habe ich mir das gewünscht.

Und so umfasse ich sie, diese Finger.

Als ob ich sie nie wieder loslassen möchte.

●

»Du klingst bedrückt, mein Junge.«

Klar, dass Umberto nichts entgeht. Seine Antennen sind fein justiert. Ich versuche ein Lächeln, auch wenn er es nicht sehen kann. Der Mann spürt so etwas.

»Meinst du, es ist möglich, sich zu ändern? So richtig, meine ich. Vom Wesen her?« Diese Frage beschäftigt mich seit Tagen.

»Was möchtest du ändern?«, fragt er ruhig. Das Buch von Giordano hat er wieder an die Seite gelegt. »Ich würde mir ehrlich gesagt wünschen, du bleibst genau so, wie du bist.«

»Ich tue Dinge, die nicht in Ordnung sind«, antworte ich verhalten.

*Ich vögele mit deinem Sohn und deiner Enkelin, was sagst du nun, alter Mann?*

»Das ist doch nicht kompliziert«, antwortet Umberto und er lacht. »Lass die Dinge sein, die nicht in Ordnung sind, und fahr mit all dem fort, was gut für dich ist.«

*Wenn es so einfach wäre …*

Einen Moment sitzen wir nur so zusammen. Wir können das, ohne dass es beklemmend oder komisch wird zwischen uns. Umberto hat es mal als »Qualität« bezeichnet.

Dann sagt er auf einmal: »Cecilia war bei mir.«

Für einen Moment bin ich irritiert. Dann schießt mir eine Ahnung durch den Kopf.

Etwas zu hektisch will ich wissen: »Was wollte sie von dir?«

*Hat sie Fragen über mich gestellt? Ahnt sie, dass da etwas am Laufen ist mit Andrea, will sie …*

»Sie hat mich gebeten, auf dich aufzupassen. Sie macht sich Sorgen um dich.«

»Sie handelt gegen ihre Schweigepflicht«, erwidere ich abrupt.

»Sie hat nichts weiter gesagt, was dich angeht. Also hat sie nicht gegen ihre Schweigepflicht verstoßen.«

»Hat sie doch!«, halte ich dagegen. »Allein schon damit, dass sie mit dir über mich spricht.«

Umberto lächelt. »Allein schon, dass sie dich therapiert, widerspricht eigentlich jeglicher Professionalität, so nah, wie ihr euch kommt. Aber was soll's, wenn es dir doch hilft.«

Unrecht hat er da nicht. Und ich kann erleichtert sein. Vielleicht kann ich noch alles geradebiegen, hoffe ich.

»Ich habe einiges über mich herausgefunden«, gebe ich zu. »Und ich habe heftig reagiert, denke ich mal. Darum macht sie sich Sorgen.«

»Willst du mir sagen, was du herausgefunden hast, Tullio?«

Wer, wenn nicht er, sollte das über mich wissen, überlege ich. Davide und Umberto. Wenn es sie nicht gäbe – wo wäre ich da?

Also erzähle ich es ihm.

●

Umberto gibt beeindruckt zu, dass er ihr das nicht zugetraut hätte.

»Cecilia ist ein schwieriger Mensch, aber eine gute Therapeutin«, versichere ich.

»Schwierig ist sie in jedem Fall.«

»Lässt du dich deswegen nicht bei der Familie blicken?«

Er schließt für einen Moment die Augen. Er wirkt erschöpft. Das hat zugenommen in der letzten Zeit.

»Es gab Differenzen«, sagt er leise. »Das hat aber nichts mit Cecilia zu tun. Sie beschert einem enervierende Momente, doch damit hat es sich auch.«

»Dann geht es um Andrea?«, bohre ich nach.

»Vor allem geht es *nicht* um mich in diesem Moment, sondern um dich.«

Umberto ist aufgestanden, langsam zu seinem Kühlschrank geschlurft, hat ihm zwei Flaschen Peroni entnommen und mir eine davon in die Hand gedrückt.

»Ich komme klar«, versichere ich.

»Und wie?«

»Ich habe Davide«, sage ich fest.

Ein süßer Stich in meiner Brust.

Umberto betrachtet mich abschätzend, so als ob er mich tatsächlich sehen könnte.

Ich erinnere mich, wie Davide an jenem Abend einfach bei mir geblieben ist. Seite an Seite sind wir eingeschlafen. Seinen Arm hatte er schützend um mich gelegt.

Wir haben uns nicht ausgezogen – da war nichts, das nicht so hätte sein sollen.

Er hat mir einfach seine Geborgenheit geschenkt. Weil er gespürt hat, wie einsam, wie verloren ich in diesem Moment gewesen bin, vermutlich.

Nein – sicher!

»Ich habe Davide«, wiederhole ich fest.

Und weiß, dass es stimmt.

# 5.

Andrea ist schon seit einigen Sitzungen bei der Feinarbeit angekommen. Keine großzügigen Pinselstriche mehr. Die Schichten sind aufgebracht, die Strukturen geben nun die Richtung vor. Ich habe ihn schon beim Arbeiten in der Fakultät beobachten dürfen.

Es hat mich sehr beeindruckt. Seine Konzentration ist bemerkenswert, vor allem aber, dass er genau zu wissen scheint, was zu tun ist. Das fertige Bild befindet sich bereits in seinem Kopf.

Sonne fällt durch die linke Fensterfront. Sie zeichnet tanzende Schatten, die von einer Tamariske herrühren. Dass dieser Baum so heißt, weiß ich durch Davide. Alles, was ich über Pflanzen gelernt habe, kommt von ihm.

Ich sitze wie gehabt nackt auf meinem Stuhl, blicke in den Spiegel und betrachte mich.

Carla hat schon recht. Liefe ich mir über den Weg, so würde ich wohl hinter mir herschauen. Plötzlich bin ich hübsch geworden.

●

»Dein Körper ist eine Offenbarung«, gab Andrea mir eines Tages zu verstehen. Auch er hatte das erkannt mit dem Hübschsein. »Ich muss dich malen!«, lautete sein Fazit.

›Ich muss dich *haben*‹, meinte er wohl eigentlich, denn kurz nachdem ich eingewilligt hatte, ihm Modell zu sitzen, begann es mit den Avancen seinerseits.

Da war ein neues Lächeln. Dann hatte er seine braunen, dichten Locken aus der Stirn gestrichen. Und er war mit seinem rechten Daumen über meine Lippen gefahren. So lange, bis ich ihm zögernd Einlass gewährte. Auch da hatte ich nackt auf diesem Stuhl gesessen. Bei unserer zweiten Sitzung muss das gewesen sein. So genau erinnere ich mich nicht mehr.

Nur eine Woche später spürte ich das erste Mal in meinem Leben einen anderen Menschen in mir.

In meinem Mund, meinem Rektum.

Zu Beginn ein verstörendes, grundverkehrtes Gefühl, doch mit der Zeit fühlte es sich richtig an. Ich registrierte seine Zuneigung. Und ich konnte auf diesem Wege etwas zurückgeben. Darüber war ich froh. Es erschien mir gut so. Gerecht.

●

»Ich beende das jetzt mit uns«, höre ich mich sagen. Etwas gebrochen klingt meine Stimme. Es ist mir schwergefallen, es auszusprechen, so klar und eindeutig.

»Was meinst du?«, fragt Andrea. Er schaut lächelnd hinter seiner Leinwand hervor, einen Pinsel hinter das Ohr geklemmt, einen weiteren in seiner Hand.

Er hat mich nicht verstanden. Das erkenne ich an seiner Reaktion. Zu versunken war er in seinem Tun, als dass er meinen Worten Gehör geschenkt hätte.

Ich wiederhole sie lauter. Da nimmt er die Pinsel, gibt sie zum Wasser in ihren Halter und tritt hinter der Leinwand hervor.

»Habe ich etwas falsch gemacht?«, fragt er irritiert. Sein Gesicht drückt Betroffenheit aus, während er auf mich zukommt.

Ich schüttele den Kopf, senke den Blick. »Das ist es nicht«, antworte ich leise.

Einen Moment steht er nur vor mir, dann hebt er mein Kinn an, sodass ich ihm in die Augen sehen muss. Tiefbraune Augen, ganz wie die von Davide. Sie mustern mich eindringlich.

»Wir sind noch nicht fertig, Tullio«, erklärt er sachlich, als sei das von Bedeutung. »Der Prozess ist noch nicht abgeschlossen.«

»Wann ist er das?«, frage ich erstaunt. Das eine hat mit dem anderen nichts zu tun für mich. Für ihn scheinbar schon.

»Drei, vier Sitzungen etwa. Maximal sechs. Und gerade diese finale Phase ist von so großer Bedeutung.«

»Aber was hat das *damit* zu tun?«, frage ich nun tatsächlich.

»Es hat *alles* damit zu tun«, erklärt er entschieden. »Der ganze Schaffensprozess ist geprägt durch – uns!«

Enttäuscht wendet er sich ab.

»Drei, vier Mal?«, frage ich leise.

»Maximal sechs.« Andrea nickt.

»Also gut«, höre ich mich sagen. »Das geht in Ordnung.«

Erleichterung spiegelt sich in seinem Gesicht.

»Danke«, sagt er bestimmt. »Du wirst es nicht bereuen. Das Ergebnis wird bemerkenswert. Es wird etwas ganz Besonderes.«

●

»Du machst also Schluss mit mir?« Carla sieht mich an, als rede ich wirr.

»Es tut mir leid«, beteuere ich, »aber es ist besser so.«

Ich habe die Hoffnung, dass sie mich versteht. Carla ist offen für die Empfindungen anderer.

»Ich hatte den Eindruck, du hast deinen Spaß«, sagt sie, ohne dass ich erkennen kann, wie sie es meint.

»Den hatte ich auch«, versichere ich. »Aber darum geht es mir nicht. Ich wünsche mir eigentlich etwas …«

»Ja?«

Ja, was genau? Wonach sehne ich mich eigentlich?

»Nach etwas Geborgenem«, spreche ich es aus. »Nach etwas, das sich wie … ja, wie ein Zuhause anfühlt. Mit einem Menschen, der das genau so empfindet.«

Einen Moment betrachtet sie mich ruhig. Dann nickt sie.

»Das sind schöne, gute Wünsche, Tullio.« Sie denkt nach. »Das ist etwas, das wir dir nicht geben konnten«, stellt sie fest. »Vielleicht, weil wir so etwas selbst nicht besitzen, auch wenn wir versucht haben, es hinzubekommen, wirklich.«

»Umberto«, sage ich.

Sie nickt. »Der alte, liebe Narr. Ja! Der hat es sicher geschafft. Ich habe mich damals so sehr gefreut darüber. Für euch beide.«

Erleichtert registriere ich ein Lächeln.

»Dann muss ich dich wohl ziehen lassen, mein Schöner.« Sie streicht mir sanft durchs Haar, gibt mir einen Kuss auf meine Stirn.

»Du wirst mir fehlen«, flüstert sie in mein rechtes Ohr, während ihre linke Hand ein letztes Mal spielerisch meinen Schritt aufsucht.

Sie lacht. Ich seufze.

»Du mir auch, mia bella Carla.«

Wird sie wirklich, weiß ich.

●

Viel später liege ich im Dunklen auf meinem Bett und starre an die Decke.

Erste, wichtige Schritte sind getan, hin zu einem Leben, wie ich es mir wünsche. Da bin ich sicher. Ich möchte ab nun alles richtig machen. Ohne Menschen dabei zu verletzen.

Nun muss ich mich nur noch auf die Suche begeben nach dem Glück.

Ob Davide mich ein Stück weit begleitet, wird sich zeigen.

Ich darf ihn lieben, denn ich verlange nichts.

Diese Sicht stammt aus einem der Bücher, die ich Umberto vorgelesen habe. Weder der Titel noch die Handlung ist in meiner Erinnerung. Aber dieses Dürfen des Liebens – das habe ich mir gemerkt. Es gefällt mir. Passt in mein eigenartiges Leben.

Mit diesen Gedanken an Davide schließe ich die Augen.

Ich hoffe, mit ihnen einzuschlafen.

Manchmal glückt es mir.

Doch nur wenig später weckt mich das Öffnen der Tür.

Es ist Carla. Sie hat getrunken, braucht Trost, weiß ich. Ich kenne das schon. Carla ist nicht sehr glücklich gerade. Es läuft nicht so, wie sie es will. Ihr Leben besteht aus viel Gegenwind. Nicht, dass sie nicht auch ihren Anteil daran hätte …

»Erinnerst du dich an heute Nachmittag? Unser Gespräch?«, frage ich leise, hoffend, dass es so ist, während sie zu mir ins Bett kriecht.

»Stell dich nicht so an«, murmelt sie.

Da begreife ich.

Und eine Ahnung lässt mich nicht mehr los.

●

Die Erdgeschosswohnung duftet fein.

Cecilia verteilt regelmäßig kleine Fläschchen mit Essenzen, die durch schlanke Holzstäbe an die Luft weitergegeben werden. Etwas Fruchtiges ist es diesmal.

Andrea hat Sprechstunde an der Fakultät, Cecilia Termine in ihrer Praxis.

Auch nach all den Jahren fasziniert mich ihr Zuhause. Niemals zuvor sind mir Räume begegnet, in denen es so viel Kostbares zu entdecken gibt. Allein die Kunst.

Inzwischen weiß ich mehr darüber, habe Andrea oft gebannt gelauscht, wenn er mir die Geschichten zu den einzelnen Werken erzählt hat. Ich erahne nun auch die Werte, die hier versammelt sind. Koonz, Carrà, Kiefer, Balla oder Thiebaud sind keine Fremden mehr für mich.

Da das Klima der Räume von Sensoren gemessen und nach Bedarf optimiert wird, ist es immer etwas kühl bei den Dessis.

Andrea hat sein Studio nicht abgeschlossen. Wenn wir arbeiten, ist das anders. Daran denkt er.

Es ist ein wolkenfreier Tag. Durch die Ostfenster fällt fahles Sonnenlicht. Hier herrscht ein anderer Duft vor. Der von Farbe und Tinkturen, die sich vor allem im hinteren Bereich, bei der Druckpresse, sammeln.

Malt Andrea, bevorzugt er Acryl. Die Wasserlöslichkeit daran gefällt ihm, aber auch die Beschaffenheit der Textur.

Ich betrachte seine Staffelei, habe mir vorgenommen, Vertrauensbruch zu begehen. Da ist dieser Verdacht, der mich nicht loslässt seit der letzten Nacht. Der mich drängt, Klarheit zu schaffen.

Ich will es wissen.

Also ziehe ich das Laken von der Staffelei.

# DAVIDE

## 1.

Meine Schritte hallen eigenartig in seinem Zimmer. Dabei hat er gar nicht so viel ausgeräumt. Schrank und Bett befinden sich da, wo sie immer gestanden haben.

Wie oft saßen wir uns darin gegenüber und haben uns über unser Leben erzählt. Es fehlen ein paar Bilder, ein Stapel Leinwände als auch seine klappbare Staffelei. Vor allem aber fehlt Tullio.

Nun klingt der Raum anders. Leer irgendwie.

Verlassen.

Was er ja auch ist.

Jetzt wohnt Tullio nicht mehr bei uns, zumindest nicht in unserer Etage.

Ich trete ans Fenster, sehe hinab in den Garten. Es hat geregnet. Plötzlich ist die Welt eine Nuance dunkler.

Ich bin immer froh, wenn es regnet, denke dann an die Pflanzen, an all ihre mikrofeinen Kapillare, die sich öffnen, um so viel an Feuchtigkeit aufzunehmen, wie es ihnen möglich ist.

Tullio hasst Regen.

Nun – dafür lebt er im richtigen Land.

Tullio hasst, wovon ich träume.

Ich öffne das Fenster, lehne mich hinaus und atme tief ein.

Es duftet auch dunkler. Intensiver. Süßlich, nach dem Staub der Stadt, doch auch würziger durch die herabgefallenen Nadeln der Schirmpinien in unserem Garten.

Vielleicht sollte ich tatsächlich mal umsiedeln. Meinen Dschungel verlassen, weg von der Straße, hin zur Aussicht in den freien Himmel.

Zeit für Veränderung.

●

»Komm rein!«

Ob Tullio sich darüber freut, mich zu sehen, kann ich nicht sagen. Ich hoffe es zumindest. Sein verhaltenes Lächeln verrät es mir nicht. Im Anschluss jedoch seine Worte. »Schön, dass du dich blicken lässt.«

Sein Zimmer ist wirklich klein. Etwas größer als das meine, aber dafür dunkel, das lässt es winzig wirken.

»Du fehlst mir da oben«, gestehe ich, »aber nun denke ich tatsächlich über einen Raumtausch nach. Ich hab da so viel Zeit mit dir verbracht. Fühle mich mittlerweile heimisch dort …«

Wieder landen wir auf dem Bett, einander gegenüber wie gehabt, und betrachten uns. Tullio schweigt beharrlich.

»Wie geht es dir?« Ich hatte gehofft, er erzählt es von sich aus. Doch es erstaunt mich nicht, dass er es sein lässt. Ich kann ihn mittlerweile ganz gut lesen, kenne seine verschlossenen Phasen.

»Geht so«, antwortet er, vermeidet dabei, mich anzusehen. Auch das überrascht mich nicht. »Brauche Zeit für mich«, erklärt er schließlich. »Es ist gerade alles etwas viel.«

Was ihm zu viel ist, sagt er nicht. Und seine Haltung signalisiert mir, dass ich es auch nicht von ihm erfahren werde. Selbst wenn ich nachhaken würde. Zwar lächelt er, doch auf eine Weise, die mir sagt: Bohr nicht nach.

»Und Umberto«, frage ich stattdessen. »Wie geht es ihm?«

»Nicht gut. Er sitzt fast den ganzen Tag im Sessel und schläft.«

»Hat er Schmerzen?«

»Er sagt, *Nein – habe er nicht.* Aber ich bezweifele, dass er mir die Wahrheit sagt. Er will nicht, dass ich mir Sorgen mache. Und mit den Augen ist es schlimmer geworden. Ich denke, er ist so gut wie blind. Darum ist es wichtig, dass ich hier bei ihm bin.«

»Die Familie ist dir dankbar«, versichere ich.

»Ach! Ist das so?«

Sein Tonfall irritiert mich. »Natürlich!«, antworte ich entschieden. Und dann schuldbewusst: »Wir haben uns zu wenig um ihn gekümmert. Du hast recht.«

Doch Tullio schüttelt den Kopf. »Er hat es so gewollt. Das hat er mir selbst gesagt.«

Einen Moment sehen wir uns nur an, mustern uns. Als müssten wir uns neu entdecken.

Ich denke, es ist an der Zeit, dass Tullio etwas über uns erfährt.

»Wusstest du, dass das ganze Gebäude mal Umberto gehört hat?«, frage ich ihn. Erneutes Kopfschütteln.

»Er hat es von seinem Vater geerbt. Und dann sofort an Andrea abgetreten. Bis auf diesen Keller hier. Der gehört nach wie vor ihm.«

»Warum hat er das gemacht?«

Die Frage habe ich mir auch oft gestellt. Ich kann sie ihm nicht beantworten.

»Wir reden nicht viel über Umberto. Ich meine ... wir reden ja generell nicht viel miteinander.«

»Da hast du allerdings recht.«

Unser Gespräch gleitet in eine eigenartige Stimmung. Schwer für mich auszuhalten. Es ist, als färbe die Düsternis der Räume auf Tullio ab. Dass diese Gefahr besteht, ist mir bewusst.

»Da fällt mir ein«, komme ich auf den eigentlichen Grund meines Besuches zu sprechen, »Dienstag ist Familientag.«

»Ja, ja, ich weiß.« Er klingt gleichgültig.

»Aber was du nicht weißt«, trumpfe ich auf, »die feierliche Enthüllung deines Porträts steht auf dem Programm.«

Nun strafft sich sein Körper. Interessiert beugt er sich vor, schaut in meine Augen. Erleichtert registriere ich, dass sie ein wenig aufblitzen, trotz der Dunkelheit.

»Wie läuft so was ab?«, fragt er neugierig.

»Nun, wir versammeln uns alle im Foyer, Champagner anstelle des Proseccos, dann die feierliche Enthüllung.«

»Enthüllung? Es wird also verhangen sein wie im Atelier?« Tullio lacht abfällig. »Ein wenig theatralisch, oder nicht?«

»Lass ihn doch. Es macht ihm Spaß. Und es ist wirklich etwas Besonderes. Er hängt es den Abend zuvor auf, sodass man es sich schon mal verdeckt anschauen kann – und dann, am nächsten Tag: Taddaah!« Eine theatralische Handbewegung.

»Ich komme«, versichert Tullio.

Eine andere Antwort hätte ich auch nicht akzeptiert.

# 2.

Den Orto botanico suche ich nur noch selten auf. Vermutlich wird die Zukunft ihn für mich noch mehr entfremden, denn Paolo steht kurz davor, in den Ruhestand zu gehen. Er, der diesen speziellen Garten zu etwas ganz Besonderem für mich hat werden lassen.

Lang ist es her, dass hier die letzte Bestattung vollzogen worden ist.

Eine Taube. Überfahren. Ausgerechnet überfahren.

Tullio brauchte damals seine Krücken nicht mehr nach dem Sturz. Er konnte wieder gehen, doch er hatte Schmerzen bei jedem Schritt. Nicht, dass er etwas in diese Richtung gesagt hätte: Ich sah es seinem Gesicht an. Eine gewisse Stelle beim Abrollen des linken Fußes. So etwas wie ein Stich, der sich in seinen Mundwinkeln widerspiegelte. Ein Zucken, ganz kurz nur.

Verbissen trainierte er seine Muskulatur. Er ließ sich von Massimo medizinische Ratschläge geben, und er begleitete mich, wann immer es möglich war. Es ging ihm nicht gut in dieser Zeit. Ganz und gar nicht. Das sah ich. Und das spürte ich.

Nun schlendere ich den Kiesweg entlang, der die Beete säumt. Die Bank unter dem Ginkgo ist mein Ziel.

Ein wenig habe ich ihn noch, diesen ganz speziellen Ort. Auch wenn ich ihn nur selten aufsuche. Es ist einfach nicht mehr nötig, stelle ich fest.

Doch heute ist es anders.

Etwas hat sich verändert, und ich kann es nicht greifen. Da ist keine Idee, nur eine vage Ahnung. Und es betrifft nicht nur Tullio. Es betrifft – alles irgendwie.

Ich habe Sensibilität eingebüßt, stelle ich fest. Mein Umfeld zieht berührungslos an mir vorbei. Carla zum Beispiel: Ihre miese Laune ist schleichend zu meinem Alltag geworden. Mein Vater. Dessen zur Schau gestelltes Desinteresse lässt ihn fast unsichtbar für mich werden. Ich habe das längst akzeptiert. Schon lange bin ich nicht mehr Davide-Schatz für Cecilia. Einfach, weil es tatsächlich so ist. Und Umberto? Ich könnte ihn nicht einmal beschreiben, so lange ist es her, dass ich ihn besucht habe.

Doch dass ich gerade dabei bin, Tullio zu verlieren, ist mir bewusst. Schmerzlich bewusst. Wenn für mich auch nicht greifbar ist, woran das liegen könnte.

So viel erkenne ich: Seine Augen sind traurig geworden, das ist mir aufgefallen. Seine Haltung gebeugter. Ein Lächeln blitzt nur noch selten auf und er sucht meine Nähe nicht mehr. Er will sie nicht, habe ich den Eindruck.

Das tut weh, gebe ich zu. Mir fehlt seine Aufmerksamkeit. Da ist kein Interesse zu spüren.

Mir ist klar, dass meine Welt ihn nicht fesselt. Von Beginn an hat er sich auf meine botanischen Exkurse eingelassen, mir zugehört, gelächelt, wenn ich ausschweifend über Fauna und Flora, über dies und das zu schwärmen begann, mich dabei angesehen, auf eine ganz besondere Weise, so als wären meine Worte tatsächlich von Bedeutung für ihn. Doch sie waren es nicht.

All das fehlt mir, denn all das ist verschwunden.

Plötzlich?

Ich weiß es nicht.

Und das ist es, was mich beschäftigt.

●

»Kann ich dich kurz sprechen, Mutter?«

Cecilia sieht von ihrer Zeitung auf, betrachtet mich einen Moment, nickt und weist mit der Linken auf die nachtblaue Brokat-Chaiselongue ihr gegenüber.

»Es geht um Tullio«, sage ich, nachdem ich mich gesetzt habe.

Nun faltet sie die Zeitung geräuschvoll zusammen, legt sie zur Seite und sieht mich im Anschluss aufmerksam an.

»Du weißt, dass ich dir keine Auskünfte über ihn geben darf und kann«, sagt sie einleitend.

»Natürlich weiß ich das. Ich möchte nur wissen, ob dir auch aufgefallen ist, dass er sich verändert hat.«

»Inwiefern verändert?«

»Keine Gegenfragen!«, durchbreche ich ihre Taktik, kenne das Spiel zu gut. »Also – ist dir etwas aufgefallen?«

»Hat er mit dir über unsere letzten Sitzungen gesprochen?«, fragt sie, und ergänzt: »Das ist jetzt keine Gegenfrage, Davide. Diese Information brauche ich, um zu wissen, was ich dir antworten kann.«

»Er hat mir von seiner Mutter erzählt«, sage ich. »Dass er sich verantwortlich fühlt. Dass er glaubt, ihren Tod herbeigeführt zu haben.«

»Und da wunderst du dich, dass er eine Veränderung durchlebt?« Sie betrachtet mich, als sei ich ein Phänomen, das es zu studieren gilt.

»Er grenzt mich aus«, erkläre ich. »Seit er wieder im Keller lebt, grenzt er mich aus.« Meine Stimme kippt etwas.

»Woran machst du das fest?«, will sie wissen. Nun hat sie sich vorgebeugt. Ihre Fingerspitzen liegen aneinander. Ich besitze ihre volle Aufmerksamkeit.

»Er sieht mich nicht mehr so an wie früher«, antworte ich leise.

»Wie hat er dich denn angesehen?«

Ich hätte an ihrer Stelle wohl dieselbe Frage gestellt, doch fällt es mir dennoch schwer, sie zu beantworten.

»Es ist … nah … gewesen«, sage ich nach einer Zeit des Nachdenkens. »Er hat mich irgendwie *nah* angesehen. Ich konnte in ihn hineinsehen, durch seine Augen. So in etwa. Kannst du damit etwas anfangen?«

Ihrem Gesichtsausdruck nach konnte sie.

»Du bist sein einziger Freund, wenn ich richtigliege.«

»Genau. Und er ist es für mich. Doch jetzt ist es, als hätten wir gestritten, nur dass das eben nicht passiert ist. Zwischen uns ist nichts vorgefallen. Er hat sich einfach nur verändert.«

Cecilia lehnt sich zurück. Sie scheint nachzudenken, so als wäge sie ab, eine Frage zu formulieren oder eben nicht. Schließlich sagt sie: »Könntest du dir vorstellen, dass er in dir mehr sieht als nur den guten Freund?« Sie lächelt.

Zunächst verstehe ich nicht, was sie mir damit sagen will. Dann folgt das Begreifen. Und unmittelbar in Folge die Erkenntnis, dass ich darauf nicht antworten kann.

●

Ich stehe vorm Spiegel und betrachte mich.

Nun hat sie etwas in mein Hirn gepflanzt. Einen Verdacht.

Eigentlich ist es mehr als das. Sie hat einen Vorhang beiseitegezogen.

Jetzt ist der Blick freigegeben.

Auch auf mich selbst.

Immer denke ich über all das nach, was ich in meinem Umfeld wahrnehmen kann. Doch nie denke ich an all das, was in mir selbst ist.

Was nehme ich überhaupt wahr?

Was filtere ich?

Mein Blick tastet meinen Körper ab. Spiegelbilder sind trügerisch. Das, was ich sehe, ist falschrum.

Ich erkenne die Struktur eines Sommerblühers, nehme die schubhaften Wachstumsphasen des Schachtelhalms wahr, doch was ist mit mir selbst?

Meine Schultern fallen flach herab, meine Haltung ist wenig kraftvoll. Ich senke den Kopf zu sehr, ohne jedoch darüber nachzudenken.

Was ist mit Gefühlen?

Die kann man nicht sehen. Nicht in einem gewöhnlichen Spiegel. Aber was ist mit ihnen? Mit den meinen, mit denen der anderen. Spüre ich Ängste? Erkenne ich Sehnsüchte? Bin ich dazu überhaupt in der Lage?

Was, wenn *ich* es bin, der sich verändert hat, nicht Tullio? Wenn der sich nur schützt. Vor mir! Vor meinen Erwartungen, vor all dem, was ich nach außen sende.

Aber was sende ich?

Die Gedanken zu Tullio sind freundschaftlich, meine Zuneigung zu ihm brüderlich. Da ist kein Begehren. So bin ich einfach nicht.

Meine Fantasie malt mir Mädchenkörper in den Kopf, wenn überhaupt. Meist finden sie zwischen all den Pflanzen keinen Platz.

Darüber habe ich mir schon Gedanken gemacht. X-mal. Immer wieder habe ich mich gefragt, ob ich eigentlich normal bin.

Bin ich nicht, lautet die Antwort. Schon klar.

Ich wende mich vom Spiegel ab, lege mich auf mein Bett.

Liebe ist für mich ein Buch mit Siegeln. Meine Hoffnung liegt darin, dass ich hinterherhinke, ich es in meinem Leben einfach nur später öffnen werde, dieses Buch, und ich dann umso leidenschaftlicher darin blättere und lese.

Dann komme ich auf einen anderen Gedanken.

Was, wenn Tullio tatsächlich …

Würde mich das stören? Hätte ich damit Probleme?

Seine Blicke …

All das, was nicht ausgesprochen wird von ihm.

Ich will nicht darüber nachdenken.

Will nicht, dass so etwas zwischen uns steht, uns womöglich sogar trennt.

Ich will meinen Freund zurück.

Mehr will ich nicht. Mein Blick in den Spiegel hat mir das bestätigt.

# 3.

»Der Schaffensprozess zu diesem Bild war in der Tat ein außerordentlicher«, sagt Andrea und er lächelt vielsagend in Tullios Richtung.

Der versprochene Champagner blinkt in den Gläsern, Gänsestopfleber ziert Canapés, Austern locken im Eisbett.

Tullio beobachtet ernst das Szenario. Den Blick in sich gekehrt, nippt er am Glas.

Seine Anspannung führe ich auf die ungewohnte Situation zurück.

Die Enthüllung eines Gemäldes von Andrea Dessi entspricht grundsätzlich einem Ereignis. So handhabt er es seit jeher.

Stunden hat Andrea darauf verwendet, die Hängung über dem Kamin zu perfektionieren.

Tullios Porträt wurde nicht einfach nur in Folge rechts zu den anderen platziert. Voraussetzung war eine Symmetrie, die neu hergestellt werden musste.

Verhängt wartet das Bildnis nun auf seinen Moment.

»Weiß, die Farbe der Reinheit, der Unschuld, der Unsterblichkeit, vor allem jedoch – die des Lichts! …«, doziert Andrea. Ich höre nur mit halbem Ohr zu, beobachte Tullio, der gleichgültig seiner Rede folgt.

Selbst Massimo ist zu diesem Anlass erschienen. Er drückt sich neuerdings vor den Dienstagen, zieht es vor, überraschend und dann meist nur auf unserer Etage zu erscheinen.

»… In diesem Sinne erfüllt es mich mit Stolz und Freude, diese Arbeit der Familiengalerie hinzufügen zu können.« Spricht's, um mit einer fließenden Bewegung den Stoff vom Rahmen zu entfernen.

Die Familie erstarrt.

Das Bild ist wirklich bemerkenswert. Ein fantastischer Dessi. Voll von Ausdruck, Kraft und Licht. Es ist eine der stärkeren Arbeten meines Vaters. Hingebungsvoll, einem Engel gleich, blickt Tullio in die Weite, seine Lippen zu einer Verheißung geformt, die Brust stolz präsentiert, gerade Schultern …

Es ist jedoch der Schnitt, einmal direkt durch das Bild geführt, der die Familie erstarren lässt.

Lucio Fontana!

Zerstörung – um Freiheit zu erlangen.

Eindeutig zitiert, durch die Arbeit meines Vaters.

»Ich …«, sagt Andrea erschüttert. Er sieht begreifend zu Tullio, schüttelt kaum merklich den Kopf, während dieser ausdruckslos seinen Blick von ihm abwendet. Er stellt sein Glas achtlos auf einer Intarsienkommode ab, dreht sich noch einmal zu uns, um mit gesenktem Blick das Szenario zu verlassen.

Es ist Cecilia, die als Erste ihre Fassung wiedererlangt. Mit einem Schritt ist sie bei Andrea.

Ihre Hand holt weit aus – der Schlag trifft unseren Vater mitten im Gesicht.

Sie belässt es dabei, folgt Tullio.

●

Nichts habe ich verstanden. Doch Ungeheuerliches muss vorgefallen sein.

»Was war das?«, frage ich Carla, doch die wendet sich ab.

»Verschwinde aus meinem Zimmer«, sagt sie grob.

»Aber ich …«

»HAU AB!« Tränenerstickt kommt sie auf mich zu, schlägt die Tür hinter mir ins Schloss.

Massimo steht fassungslos in unserer Küche. Es geht ihm wie mir. Er versteht das alles nicht.

»Was sagt uns das jetzt?«, fragt er ratlos. »Hat Tullio das angerichtet, mit Andreas Bild?«

»Muss er wohl«, stelle ich fest.

»Aber warum?«

Schweigend sitzen wir uns gegenüber.

Schließlich sage ich. »Es hat etwas von Bestrafung.«

»Aber auch eine Botschaft«, ergänzt Massimo. »Zumindest scheint Cecilia sie verstanden zu haben.«

»Aber wie lautet sie?«

Darauf haben wir keine Antwort.

# 4.

»Was ist da vorgefallen, Vater?«, will ich am nächsten Morgen wissen. Ich erwische ihn in der Küche. Er trinkt Kaffee, isst ein Hörnchen, macht sich fertig für die Universität. Er wirkt angespannt.

»Es ist nichts«, sagt er einfach, weicht meinem Blick aus und fügt hinzu: »Nichts, dass sich nicht aus der Welt schaffen ließe.«

»Und wofür die Ohrfeige?«, frage ich, während ich mir eine Tasse aus dem Schrank nehme, sie unter die Gaggia schiebe und den Knopf betätige.

»Für eine Dummheit, mein Junge. Mehr muss dich nicht interessieren.«

»Tullio hat dein Bild zerstört«, mutmaße ich. »Warum sollte er das tun?«

»Ja!«, antwortet er nun heftig. »Die Frage stelle ich mir auch. Das ist etwas, das es noch zu klären gilt. Aber darum kümmere ich mich.«

»Das Bild hängt immer noch«, lasse ich nicht locker. »Willst du es etwa hängen lassen, nach all dem?«

Andrea seufzt. Er stützt sich am Küchentresen ab und schaut direkt in mein Gesicht.

»Ich werde es restaurieren und wieder an seinen Platz hängen, Davide. Ich werde mit Tullio sprechen und auch mit deiner Mutter. Und dann ist die ganze leidige Geschichte eben dies – Geschichte nämlich. Aber bis dahin möchte ich, dass du damit aufhörst, mir Löcher in den Bauch zu fragen. Es ist alles in Ordnung, *verstanden?* Es ist alles in Ordnung!« Mit einem Zug trinkt er seinen Kaffee aus, stellt die Tasse in die Spüle und verlässt, ohne mich eines weiteren Blickes zu würdigen, die Küche.

●

Nichts ist in Ordnung.

Ich kann mich nicht auf die Vorlesung konzentrieren. Dabei stehen Prüfungen an. Und »Klima am Abgrund« ist ein komplexes Feld.

Innerhalb der Familie ist die Kommunikation vollends abgestorben. Cecilia beruft sich darauf, nichts sagen zu dürfen, Andrea weigert sich beharrlich es zu tun und Carla macht dicht.

Ich fühle mich ausgeschlossen, während um mich herum alles zusammenzubrechen droht. Vielleicht bilde ich mir das auch nur ein, aber – verdammt – es ist ja niemand bereit, mich aufzuklären.

Nach einer halben Stunde gebe ich auf, verlasse die Vorlesung, schwinge mich auf mein Rad und fahre zur Fakultät der Künste.

Die Bildhauerateliers sind mein Ziel.

Mittwochs, früher Nachmittag. Tullios Seminar dort.

So was merke ich mir. Ich habe ihn schon von dort abgeholt, ihn in die Stadt entführt, damit er mich beim Hosenkaufen berät. Die Erinnerung bereitet mir einen Stich. Schmerzhaft. Heile Welt eben.

Tullio ist mit der Gussform für eine Bronze beschäftigt. Hoch konzentriert arbeitet er den Gips nach. Als er mich wahrnimmt, blickt er nur kurz auf, um sich sogleich wieder seiner Arbeit zuzuwenden. Das verletzt mich. Dann sehe ich es.

»Da ist Blut«, sage ich betroffen und zeige auf sein T-Shirt.

Tatsächlich ist dem so. Tullio sieht an sich herab, schüttelt dann den Kopf.

»Das ist nichts«, sagt er ebenso leise wie ich. »Mach dir keinen Kopf. Was willst du, Davide? Ich habe zu tun.«

Um uns herum spüre ich die Neugier seiner Kommilitonen. Eine eigenartig gespenstische Stille für ein Bildhaueratelier. Alle sind mit ihren Gussformen beschäftigt.

»*Mach dir keinen Kopf?*«, reagiere ich nun etwas aufgebrachter. »Wie soll das gehen? Hast du eine Vorstellung davon, was ich gerade durchmache? Niemand spricht mit mir.«

Tullio legt den Staubpinsel beiseite, deckt die Form sorgfältig mit einem Tuch ab und erhebt sich. »Komm mit«, sagt er und deutet zur Tür.

Wir verlassen das Gebäude, gehen nach draußen. Dort zündet er sich eine Zigarette an, betrachtet mich und wartet ab.

»Was war das gestern?«, will ich wissen.

»Frag deinen Vater.«

»Habe ich. Er gibt mir keine Antwort.«

»Hm …« Tullio denkt nach. »Hast du mit Cecilia gesprochen?«

»Habe ich.«

»Aber sie sagt dir nichts?«

»Richtig.«

Sein Gesicht nimmt einen traurigen Ausdruck an. »Kannst du nicht einfach so tun, als wäre nichts, Davide? Wirklich, glaub mir. Das wäre besser so.«

»Kann ich nicht! Nein!« Aber es macht mir etwas Angst, was er sagt.

Einen Moment stehen wir nur so da, im Schatten, Tullio raucht, ich warte ab, Zeit verstreicht. Schließlich sagt er: »Andrea hat sich nicht an eine Abmachung gehalten, die wir getroffen hatten. Ich habe ihn daran erinnert. Mehr ist nicht.«

»Und da zerschneidest du sein Bild?«, frage ich außer mir. »Schon etwas drastisch dieser Schritt, oder?«

»Es war eine drastische Abmachung.«

»Die da wäre?«

»Das willst du nicht wissen, Davide. *Bitte*.«

»Ich will es wissen.«

Einen Moment scheint er nachzudenken, dann sagt er: »Andrea und ich, wir hatten ein Übereinkommen. Es betraf den Zeitraum, in dem mein Bild entstanden ist. Ein körperliches Übereinkommen, wenn du verstehst. Und obwohl ich ihn irgendwann gebeten habe, es einzustellen, hat er weitergemacht. Er hat falsche Tatsachen vorgetäuscht und sich an mir bedient. Er hat sich nicht an die Absprachen gehalten.« Tullio versenkt die Zigarettenkippe in einem sandgefüllten Aschenbecher, schaut kurz in den Himmel und dann zu mir, fest in meine Augen. Ein Flackern erkenne ich darin.

»So – nun weißt du es!«, sagt er sehr leise – und dann noch: »Warte hier. So kannst du nicht nach Hause. Ich hole meine Sachen und begleite dich.«

# TULLIO

## 1.

Ich begutachte den Schorf, pule ein wenig an ihm herum und blicke mir schließlich ins Gesicht.

Eine Menge Trotz sehe ich.

Als ich das Messer an meinem Brustbein angesetzt hatte, um es langsam und gerade bis zum Nabel durchzuziehen, da habe ich kaum etwas gespürt. Gut – ich habe nicht tief geschnitten, aber doch so, dass es blutete.

Ich tat es als Rechtfertigung für den Schnitt ins Bild. Es geht mir nicht darum, mich zu spüren. Solche Probleme habe ich nicht. Ich bin nicht abgestumpft. Vermutlich spüre ich viel zu viel: Das ist es eher.

Nein, ich tat es, um ein Zeichen zu setzen. Mich künftig zu schützen. Eine Art geschnittenes Tattoo, welches unerwünschte Handlungen von mir fernhalten soll.

Eine Narbe wird bleiben. Daran arbeite ich. Darum habe ich es schließlich getan – der Sichtbarkeit wegen. Der Schnitt wird mich demnach noch eine Weile beschäftigen, bis ich mit seiner Optik zufrieden bin.

●

Dass Cecilia mir gefolgt ist, hat mich überrascht. Plötzlich stand sie in meinem Zimmer.

»Hier wohnst du also«, hatte sie gesagt und sich ein wenig erschüttert umgesehen. Kein Wort zu dem Bild.

»Es ist nur übergangsweise«, sagte ich vorsichtig. »Was das Bild betrifft …«

»Dich trifft keine Schuld, Tullio«, versicherte sie rasch. »Aber wenn möglich, würde ich mit dir darüber reden wollen. Nicht heute, sicher nicht morgen, aber zeitnah, in meiner Praxis.«

Ich verstand, was sie mir damit sagen wollte. Die Wohnung war für mich tabu, vorerst.

»Ich bin gekommen«, erklärte sie abschließend, »um dir zu versichern, dass das Bild an seinem Platz hängen bleiben wird. Dafür werde ich sorgen.«

Daran muss ich denken in diesem Moment. Sie straft Andrea ab. Mir soll es recht sein.

Eigentlich tut er mir leid.

Er hätte einfach nicht lügen sollen. Ich war irgendwie einverstanden gewesen mit unserem Abkommen.

*Bis das Bild fertig ist.* Doch er hatte schon längst an etwas anderem gearbeitet, als er mir dieses Versprechen abrang.

Das macht mich zu etwas Benutztem.

Damit ist nun Schluss.

●

Umberto verlässt kaum noch das Bett.

Ich habe es anstelle des Sofas in seine Wohnecke gestellt, sodass er etwas von der Sonne abbekommt, die durch die schmalen Fenster scheint. Sehen kann er sie eh nicht mehr. Aber ihre Strahlen tun ihm gut, ihre Wärme, sagt er. Unsere Gespräche sind selten geworden. Es strengt ihn sehr an. Aber ich lese ihm Geschichten vor, auch wenn ihm immer wieder die Augen dabei zufallen.

Er trinkt wenig und isst kaum noch. Er will es so.

»Du musst hier raus«, sagt er mir in regelmäßigen Abständen. »Unter junge Leute. Mädchen kennenlernen, mal feiern gehen, dich mit Freunden treffen.«

»Du weißt, dass ich keine Freunde habe«, erzähle ich dann immer. »Ich habe dich und Davide. Und es gefällt mir so. Außerdem habe ich die Kunst.«

»Dann richte dir hier ein Atelier ein«, fordert er mich auf.

Tatsächlich denke ich darüber nach.

Es ist eigenartig – am besten kann ich nachts arbeiten, wenn Ruhe ist. Dann erwacht in mir die Lust, zu Farbe und Pinsel zu greifen. Helligkeit ist also keine zwingende Option für mich, ein Atelier zu gestalten.

»Meinst du das ernst?«, habe ich ihn schließlich gefragt, bereit, sein Angebot anzunehmen.

»Du machst mich glücklich, wenn du es tust!«, hatte seine matte Antwort gelautet.

Also beginne ich damit, mich einzurichten.

Ich entrümpele Umbertos Werkstatt, entferne die Holzverkleidung, tauche die steinernen Wände in ein helles, kühles Grau, lackiere den Boden weiß und bringe an den Wänden Strahler an.

Mein Atelier. Im Keller.

Mit einem sterbenden, alten Mann im hinteren, sonnigen Abschnitt.

Dem Leben sehr nah.

Doch auch dem Tod.

●

»Wie geht es dir?«

Sonst ist es Davide, der mir diese Frage stellt, doch seit einiger Zeit haben wir die Rollen getauscht.

Er lächelt, antwortet jedoch nicht. Sein Blick ist müde.

Ich trete zu ihm, fahre durch sein Haar, nehme ihn behutsam in den Arm und wir verharren so. Meine Hand streicht über seinen Rücken.

»Willst du ein Bier?«, fragt er über meine Schulter. Wir stehen in seiner Küche.

Ich lasse von ihm ab, lächele.

»Ich will dich einladen«, sage ich – und erinnere mich schlagartig, dass ich dies schon einmal getan habe. Alles hat sich dadurch geändert.

»Zu was?«, fragt Davide erstaunt.

»Zu meiner Ateliereinweihung«, antworte ich ein wenig stolz, bin etwas aufgeregt. »Ich koche uns was und wir trinken Wein – wie findest du das?«

Davide nickt. »Wann?«

»Morgen?«

»Am Familiendienstag.« Ein schiefes Grinsen. »Perfektes Timing – ich komme gerne!«

Stimmt – daran hatte ich gar nicht gedacht.

Ein Monat ist vergangen seit den Einschnitten in unsere Leben.

●

Es ist nicht leicht für Davide.

Nachdem ich ihm von unserem Abkommen erzählt habe, folgte nach anfänglichem Unglauben Fassungslosigkeit. Plötzlich passt alles für ihn zusammen. So ist es ja auch.

Fragen prasselten auf mich ein, die ich versuchte so ehrlich wie möglich zu beantworten. Das war ich ihm schuldig.

»Warum hast du dich darauf eingelassen?«, war eine davon.

»So genau weiß ich das auch nicht«, lautete die Antwort. »Irgendwie fügte es sich. Andrea hat eine ziemliche Strahlkraft, weißt du. Und sicher war auch Neugier mit im Spiel.«

»Du *wolltest* das?«

»Nein, aber ich hielt es für richtig. Es war meine Chance, etwas zurückzugeben. Mich dankbar zu zeigen. So sah ich das zumindest am Anfang.«

»Aber das ist falsch. Er hat dich ausgenutzt. Er hat dich schamlos ausgenutzt.«

»Zumindest, nachdem er unser Abkommen nicht mehr eingehalten hat«, gab ich ihm recht.

Oder diese Frage:

»Bist du …?« Ein verlegener Blick.

Ich lächelte. »Ob ich auf Jungs stehe, willst du wissen?«

Verhaltenes Nicken.

»Auch«, lautete meine Antwort, was Staunen zur Folge hatte.

Ich bin erleichtert, dass er sich nicht von mir abgewendet hat. Ob er ahnt, wie ich für ihn empfinde, kann ich nicht sagen. Doch er geht mir nicht aus dem Weg, das ist so wichtig für mich. Tatsächlich lässt er sogar ein Stück weit Nähe zu. Bis zu diesem Mittwoch, nach der Enthüllung, hatte ich es nicht gewagt, ihm nahezukommen, ihn zu berühren – das ist nun anders.

Ich weiß, dass ich mir ein Bett aus Träumen baue, dass wir nicht zusammen sein können, da es einfach nicht passt. Aber Träume sind nicht das Schlechteste. Sie lassen mich lächeln, wenn ich an ihn denke, dann und wann seufzen, wenn ich die Augen schließe, oder auch aufstöhnen, in Momenten, wo ich nicht allein sein will, ich ihm in Gedanken nah bin, ihn streichele, ihn schmecke.

Beinahe ist es so, als spüre ich ihn dann tatsächlich.

●

Nach wie vor besuche ich Andreas Seminar.

Er hat mich aufgefordert, das sein zu lassen. Beim ersten Mal sind ihm fast die Augen aus dem Kopf gefallen, als ich wie üblich meinen Platz an der Staffelei einnahm.

»Das ist jetzt nicht dein Ernst«, zischte er mir zu bei seinem begutachtenden Rundgang durch das Atelier, um im Anschluss etwas lauter meine Arbeit zu loben.

»Ich will von dir lernen«, sagte ich aufrichtig und meinte es auch so. »Darum bin ich hier.«

»Nach dem Seminar – in meinem Büro!«

Ich nickte zustimmend, setzte meine Studie fort. Ein Pferdeschädel neben einer Fahrradkette. Keine besondere Herausforderung.

●

»Du hast mein Vertrauen missbraucht«, warf Andrea mir vor, nachdem ich die Tür hinter mir geschlossen hatte. Das fand ich nun doch etwas stark.

»Du hast *mich* belogen«, erwiderte ich ruhig. »Du warst es, der Versprechen gebrochen hat.«

»Doch nur, weil ich dich wirklich sehr mag, Tullio.« Er wies auf den ledernen Freischwinger gegenüber seinem Schreibtisch. »Kannst du dir vorstellen, was zu Hause los ist? Was du mir damit angetan hast?«

Ich konnte. Ein langes Gespräch mit Cecilia lag hinter mir. So saßen wir einander gegenüber, sahen uns an, musterten uns. Irgendwann nickte ich.

»Als ich entdeckt habe, dass du an einem anderen Bild arbeitest und mein Porträt schon lange fertig ist, was meinst du, wie ich mich da gefühlt habe? Ich war dir doch völlig egal«, sagte ich, versuchte so ruhig wie möglich zu bleiben. »So wie Cecilia dir völlig egal ist, oder Davide, dein Vater – alle eigentlich. Hauptsache, du konntest mich haben! Das ist mir da klar geworden. Und ich wollte, dass du das fühlst. Dass du weißt, dass ich es weiß.« So, es war raus. »Mir warst du nicht egal«, fügte ich noch hinzu.

»Und du mir nicht, Tullio. Aber du hast alles zerstört.«

»Ich habe einen Schnitt gezogen«, sagte ich leise, schob dabei mein T-Shirt nach oben und gab den Blick frei auf mein frisch vernarbtes, teils verschorftes Gewebe. Fertig war ich noch nicht mit der Arbeit. Andreas Entsetzen gefiel mir. Es war echt, keine Zurschaustellung.

»Das sieht heftiger aus, als es ist«, beruhigte ich ihn. »Wenn es verheilt ist, wird einfach nur ein Strich zu sehen sein.«

»Du bist ja krank«, entfuhr es ihm. Dennoch konnte ich Scham heraushören.

»Auf dem Weg der Besserung«, versicherte ich. »Aber dazu gehört, dass ich auch weiterhin dein Seminar besuchen kann.«

»Wir sind noch nicht fertig miteinander«, erwiderte er statt einer Antwort.

»Genau das meine ich«, sagte ich, äußerlich ganz ruhig.

Dann verließ ich sein Büro.

»Es ist wirklich eigenartig, aber gut geworden«, lobt Davide mein Atelier. Er flüstert, um Umberto nicht zu wecken.

Ich habe in den Eingangsbereich unter den Fensterstreifen einen Tisch gestellt. Von dort hat er mich immer beobachtet. Da sitzen wir nun, trinken Weißwein, den Davide mitgebracht hat, und essen Muscheln. Ich habe sie mit Tomaten, Kräutern und Knoblauch geschmort.

»Du kannst mit normaler Lautstärke sprechen«, versichere ich. »Umberto hat Kopfhörer auf und hört Hörspiele. Das hat er sich angewöhnt, damit ich mich nicht gestört fühle. Außerdem schläft er die meiste Zeit.«

»Hat sich mal jemand von der Familie hier unten sehen lassen?«, fragt er. »Ich meine, um nach ihm zu sehen.«

»Ich glaube, niemand will das von euch, oder? Selbst jetzt, wo du hier bist, gehst du nicht zu ihm.«

Er schweigt betroffen.

»Wieso ist das so?«, will ich wissen. »Umberto spricht nicht darüber, deine Eltern verhalten sich, als wäre er nicht existent …«

Schweigen.

Endlich sagt Davide: »Donna Maria …«

Ich warte ab, sehe, dass er versucht etwas zu formulieren.

»Donna Maria war unsere Großmutter, Umbertos Frau«, erklärt er leise.

Ich höre zum ersten Mal von ihr. Weder hat Umberto sie je erwähnt, noch existiert ein Bild oder Foto von ihr.

»Was ist mit ihr passiert?«, will ich wissen.

»Sie starb, als wir noch Kinder waren.« Nun flüstert er. »Hier hinten, im Garten. Ein Schlaganfall.«

»Und?«

»Damals wohnten die beiden noch in der Wohnung der Fubinis. Umberto machte Andrea und Cecilia Vorwürfe, nicht schnell genug reagiert zu haben. Man muss wissen: Die beiden waren mit ihr im Garten.«

»Sie haben nicht sofort reagiert?«, frage ich verblüfft.

»Sie haben die Lage wohl falsch eingeschätzt«, bestätigt Davide, »haben es als Schwächeanfall eingestuft. So was bekam Donna Maria schon mal von Zeit zu Zeit.«

»Und Umberto kann ihnen nicht verzeihen«, schließe ich aus alldem.

»Ganz genau.«

»Aber hier ist nicht mal ein Bild eurer Großmutter zu finden«, stelle ich erstaunt fest. »Nichts, was darauf schließen lässt, dass es sie je gegeben hat.«

»Weil er nicht erinnert werden möchte. Es tut ihm zu sehr weh, verstehst du? Darum möchte ich dich auch bitten, nicht mit ihm darüber zu sprechen.«

Das verspreche ich ihm.

»Und wieso habt *ihr* euch nicht bei ihm blicken lassen? Seinen Enkeln kann er ja wohl keinen Vorwurf daraus machen?«, bohre ich weiter.

»Das hat er nie getan. Dennoch war es beklemmend, ihm zu begegnen. Über einen langen Zeitraum. Allein wie er uns angesehen hat. Dann sein Umzug in den Keller … Wir haben die Nähe zu ihm daraufhin nicht mehr gesucht.«

»Und seitdem wohnt er hier?«

»Seitdem wohnt er im Keller. Und die Fubinis in der ersten Etage.«

Nun sehe ich etwas klarer.

»Wie ist es denn oben? Die Stimmung, meine ich.«

Davide windet sich, spüre ich.

»Du siehst ja, dass ich hier bin – nicht beim Familienabend.« Er zupft eine Muschel aus ihrer Schale, schlürft sie mit dem Sud. »Der existiert nicht mehr«, erklärt er. »Cecilia und Andrea gehen getrennte Wege, wenn ich das richtig einschätze.«

»Aber sie wusste von Andreas Vorlieben«, versichere ich erstaunt. »Das hat sie mir selbst gesagt. Darum verstand sie ja auch sofort meine Botschaft. Sie hat eigentlich nur geärgert, dass es Überschneidungen mit ihrem Lebensraum gab.«

»Sie *wusste* das?«, fragt er fassungslos.

»Sie war sogar ganz froh darüber. Als ein entspanntes Nebeneinander bezeichnete sie das Ganze.«

»Aber …«

»Und was ist auch schon dabei? Mal ehrlich.«

»Aber du bist ein … ihr seid … Wie sagt man …?«

Ich weiß nicht, was er meint, hebe ratlos die Schultern.

»Abhängigkeitsverhältnis!«, sagt er schließlich. »Ihr steht in einem Abhängigkeitsverhältnis zueinander.«

»Stimmt«, gebe ich ihm recht, »das macht es kompliziert. Dennoch – ich bin erwachsen.«

Ich schenke Wein nach, fülle Wasser in entsprechende Gläser. Wir stoßen an.

Nach einiger Zeit traue ich mich, ihm meine Frage zu stellen. Lange habe ich überlegt, wie ich es anstelle. Im Grunde ist es recht intim. Ich würde verstehen, wenn er ablehnt. Aber fragen muss ich ihn. Er ist der Einzige, den ich das fragen möchte.

»Könntest du dir vorstellen, dich von mir malen zu lassen?«, frage ich also. »Ein Porträt?«

Einen Moment stutzt Davide.

»Warum?«, fragt er nach einem Moment.

»Weil ich hier unten ziemlich alleine bin«, gestehe ich. »Ehrlich gesagt hätte ich dich gerne bei mir. Und sei es zum Angucken.«

»Dann komm doch wieder rauf«, schlägt er vor. »Dein Zimmer steht leer.«

»Und Umberto? Es ist richtig, dass ich hier unten bin. Mir fehlt nur mein Freund, verstehst du?«

Sein Blick senkt sich. »Und wie ich das verstehe«, antwortet er rasch, mit scheuem Lächeln. Es verzaubert mich ein wenig. Ich hatte solche Angst vor seiner Reaktion.

»Wenn ich mich darauf einlasse«, fragt er, »kannst du mir dann auch was versprechen?«

Ich bin gespannt, nicke.

»Malst du mir ein Selbstporträt? Damit ich da oben auch nicht so alleine bin?«

Ein wenig verliebt klingen wir schon, finde ich.

Aber ich weiß, dass es nicht so ist.

Denn das würde ich spüren.

Und ich spüre nichts.

●

»Dies wird ein persönliches Gespräch, Tullio, keine Sitzung.« Cecilia steht mir gegenüber wie gehabt, nur dass wir uns in ihrer Praxis in der Innenstadt befinden. Eine feine Gegend. Ich blicke aus dem Fenster, habe einen schönen Blick auf den Arno. Ihre Einrichtung ist hier in sanften Grüntönen gehalten. Wahrscheinlich sollen sie beruhigen. Davide würde es hier gefallen.

»Andrea hat mit mir gesprochen«, fährt sie fort, nachdem wir uns gesetzt haben. »Zeig mir bitte deinen Oberkörper.«

Okay, das kann jetzt anstrengend werden, weiß ich. Das hatte ich nicht einkalkuliert. Ich ziehe mein T-Shirt über den Kopf, lege es über meine Schulter.

»Ich mache das nicht, um mich zu spüren«, erkläre ich vorbeugend. »Ich bin nicht abgestumpft.«

»Ganz gleich, warum du das tust, Tullio – es ist nicht gesund. Und es steckt etwas dahinter«, versichert sie. »Etwas Zerstörerisches.« Einen Moment betrachtet sie mich mit einer Mischung aus Widerwillen und Faszination. »Zieh dich bitte wieder an«, fordert sie mich auf, und dann verkündet sie: »Wir werden den Familiendienstag wieder einführen.«

Ich sage nichts dazu. Es überrascht mich auch nicht weiter. Den Wunsch nach Normalität kann ich gut nachvollziehen.

»Eine neue Form der Transparenz wird künftig dafür sorgen, dass wir als Gemeinschaft einander vertrauen können, denn das sind wir: Familie ist eine Gemeinschaft. Auch in Zeiten, die es nicht danach aussehen lassen.«

Ich nicke nur.

»Tullio, ich muss dich bitten, dich künftig von Davide fernzuhalten.«

Das hat sie jetzt nicht gesagt.

»Ich werde auch nicht mehr deine Therapeutin sein können. Dazu haben sich die Umstände zu sehr verändert. Aber ich werde dich …«

»Davide ist mein Freund«, sage ich eindringlich. »Mein einziger Freund!«

»Ich weiß.« Nun klingt sie mitfühlend. »Aber Davide ist auch mein Sohn. Und als seine Mutter – und als diese sitze ich hier – als seine Mutter muss ich darauf achten, dass es ihm gut geht. Ich muss ihn beschützen. Das verstehst du doch?«

»Ich würde Davide niemals schaden«, versichere ich aufgebracht. »Das würde ich nie tun.«

»Aber schau dich doch einmal an«, sagt sie sanft. »Es ist nicht normal, was du tust. Es ist destruktiv. In hohem Maße destruktiv. Du vegetierst in einem dunklen Keller, mit einem sterbenden, alten Mann. Du schneidest dir ganz gezielt deinen Oberkörper auf. Sag mir – wie klingt das für dich?«

Jetzt, wo sie es so beschreibt, muss ich ihr recht geben.

»Niemand kümmert sich sonst um Umberto«, führe ich an, wissend, dass es zwecklos ist.

»Wir werden das übernehmen«, versichert sie. »Umberto ist am Ende seines Lebens angekommen. Wir werden dafür sorgen, dass er umfassend versorgt wird. Palliativ. Etwas, dass du auf Dauer nicht leisten kannst.«

Wieder hat sie recht.

»Und ich?«, frage ich leise.

»Du wirst ausziehen. Wir werden für dich etwas Passendes finden und dich auch weiterhin unterstützen, aber du wirst ausziehen und unser Haus verlassen.« Sie zieht mir den Boden unter den Füßen weg.

Nichts anderes hat sie gerade getan. Und ich kann es sogar verstehen, irgendwie.

●

Tags darauf stehe ich vor der Akademie, rauche und denke verzweifelt über mein Leben nach.

Ich werde den Kurs bei Andrea nicht mehr besuchen. Eigentlich wäre das von vornherein die klügste Entscheidung gewesen. Wie er arbeitet, habe ich verstanden. Warum also weiterhin seine Nähe suchen? Denn irgendwie tue ich das. Trotz allem fühle ich mich ihm immer noch nah. Ich verstehe mich selbst nicht.

Nun hat er mir alles genommen. So fühlt es sich zumindest an.

Cecilia hat aus ihrer Sicht richtig gehandelt. Himmel, ich führ mich auf wie ein Psychopath. Wie soll sie anders auf mich reagieren. Schlimm wird es, mich von Davide zu verabschieden. Da habe ich noch keine Idee, wie ich das hinbekommen soll. Vielleicht können wir uns heimlich treffen oder unter Auflagen.

Es wird sich zeigen.

Mir gegenüber auf der Bank sitzt Ilario. Er raucht ebenfalls, bläst gelangweilt Ringe gen Himmel, folgt ihnen mit seinem Blick. Wir besuchen zwei gemeinsame Kurse, er und ich. Grafik und Medien.

Ilario ist mir aufgefallen, weil er einen anderen Blick auf die Welt hat. Sowohl in seiner Kunst als auch von seinem Auftreten her.

Dass er mir überhaupt aufgefallen ist, überrascht mich.

Eigentlich passiert mir so was nicht.

Plötzlich lächelt er mir zu, als habe er gespürt, dass ich über ihn nachdenke.

Verlegen sehe ich weg.

Cecilia hat recht. Etwas stimmt nicht mit mir.

So wie mit meinem Vater etwas nicht gestimmt hat. Und ein Verdacht kehrt zurück. Einer, der schon länger an die Oberfläche will.

Bin ich wie er?, frage ich mich. Und dann denke ich rasch an etwas anderes. Zu schlimm ist diese Vorstellung für mich.

●

»Das können sie nicht tun«, sagt Umberto leise zu mir. Ich habe ihm etwas Obst aufgeschnitten. Obst isst er noch ganz gerne. Im Hintergrund läuft Rigoletto. Die Oper liebt er.

»Doch, sie können«, sage ich ihm. »Und vielleicht ist es so das Beste. Für dich ist es das sicher!«, bekräftige ich.

»Was das Beste für mich ist, kann am besten immer noch ich selbst entscheiden. Und das, was Cecilia sich da ausgedacht hat, ist ganz sicher nicht das Beste für mich. Aber das meine ich auch gar nicht.«

»Was meinst du dann?«, will ich wissen, befördere ein Stück Ananas zwischen seine Lippen.

»Sie können dich nicht aus dieser Wohnung werfen«, antwortet er. Tatsächlich bezeichnet er den Keller als Wohnung, was mich irgendwie berührt. »Sie können es nicht, weil sie ihnen nicht gehört.«

»Ja«, sage ich, »sie gehört dir.«

»Besser, mein Junge, sie gehört *dir*. Schon recht lange gehört sie dir. Diese Wohnung und die der Fubinis.«

*Die der Fubinis.*

Ich lasse das auf mich wirken. Sage nichts, starre einfach nur auf das klein geschnittene Obst auf dem Teller vor mir.

»Ein Jahr nachdem ich die Pflegschaft für dich übernommen habe, habe ich das veranlasst«, plappert Umberto munter weiter. »Eine Zeit, in der meine Geschäftstüchtigkeit sicher nicht infrage stand.« Sein raues Lachen geht mir unter die Haut.

»Du bist anders, Tullio. Das macht dir das Leben schwerer als anderen«, fährt er fort und er drückt meine Hand dabei. »Aber lass dir nicht einreden, dass du verkehrt bist. Genau das ist nämlich nicht der Fall. Du bist genau richtig so, wie du bist.«

Ich sage nichts, nehme die Informationen auf und versuche sie in letzter Konsequenz zu begreifen.

Tränen sammeln sich, die ich nicht am Überlaufen hindern kann. Ich will es auch gar nicht.

Denn sie tun mir gut.

Wollen raus.

# 2.

Davide hat damit begonnen, Umberto zu besuchen.

Und mich.

Nachdem Cecilia es ihm untersagt hat, mich zu sehen.

Da hat er sie über sein Alter, seine Rechte und seine Ansichten aufgeklärt. Nun droht sie, ihn vor die Tür zu setzen.

Könne sie gerne machen, hat er ihr da gesagt. Dann würde er halt zu mir in den Keller ziehen.

Darüber haben wir dann gesprochen. Und sehr gelacht dabei.

Familie ist mir fremd, stelle ich fest. Ihre Verlogenheit vor allem.

Das mit den Fubinis haben sie ihm auch immer anders erzählt.

Er freut sich, dass die Wohnung mir gehört. Soweit er weiß, ist sie die schönste im Haus. Bel Etage eben.

Wie ich ihn liebe für das alles.

●

Nun sitzt er gerade bei Umberto, streicht über seinen Handrücken und flüstert ihm etwas zu. Ein Bild, das guttut. Ich merke, dass es mich entlastet. Umberto freut sich. Er ist aufgeregt. Was mich nicht wundert. Es ist lange her, dass ihn jemand besucht hat. *Uns* besucht hat. Cecilia hat schon recht: Es ist eigenartig, was ich hier abziehe. Aber ich bin glücklich damit. Mein Leben verläuft halt in anderen Bahnen. Nicht das Übliche eben. Na und?

Betrachte ich mir das ihre, erscheint es mir auch nicht feierwürdig.

Und Davide hat sich für mich entschieden – nicht für sie und Andrea. Nicht für die Familie. Das dürfte ihr ziemlich zusetzen.

»Wollen wir beginnen?«, fragt er über seine Schulter in meine Richtung.

Ich nicke, warte nur darauf. Anstelle von Leinwand habe ich mich für ein Brett entschieden. Holz nimmt Farbe anders auf als grundiertes Leinen. Es ergibt eine feinere Struktur. Eine, die besser zu mir passt – auch zu Davide, wie ich finde.

Behutsam legt er Umbertos Hand in dessen Schoß, sagt noch etwas zu ihm, dann steht er auf und begibt sich zu dem Stuhl, auf dem ich ihn malen möchte. Er zieht sein Hemd aus, legt es sorgsam über eine Stuhllehne und setzt sich.

»Es ist eigenartig, auf einmal hier zu sitzen und du stehst vor der Staffelei«, sagt er, schaut direkt in mein Gesicht und lächelt.

»Wie war es damals, für Andrea zu posieren?«

»Anstrengend.«

»Ich werde versuchen, es so kurz wie möglich zu halten«, verspreche ich. Modell zu sitzen ist tatsächlich nicht angenehm. Es erfordert Geduld und eine entspannte Muskulatur, sonst verhärtet man sehr rasch.

»Lass dir Zeit«, sagt er leise. »Es ist nicht wie damals.«

»Was hat dich da gestört?«, frage ich neugierig.

»Es war nicht wirklich freiwillig«, antwortet er nach kurzem Nachdenken. »Da war dieser Ehrgeiz, diese Familiengalerie aufzubauen, sein eigenartiges Konzept des entkleideten Porträts, seine spezielle Art, mich zu übersehen – selbst beim Malen. Er sah immer an mir vorbei.«

Wie war es möglich, Davide zu übersehen, frage ich mich sofort. Seine wunderbare Halslinie überträgt sich gerade als feiner Strich auf meine Holzplatte. Diese Schönheit einzufangen ist für mich die Herausforderung, die ich mir gewünscht habe.

Andrea muss blind gewesen sein. Oder aber …

Natürlich!

Der eigene Sohn – ein selbst auferlegtes Tabu. Plötzlich verstehe ich. Und ich verstehe sogar sehr gut.

Aus Andreas Sicht die einzig richtige Konsequenz. Meiden statt begehren.

Welche Kraft muss es ihn gekostet haben, enthaltsam zu malen.

»Er hat dich nicht übersehen«, höre ich mich sagen. »Er hat bewusst weggesehen.«

Einen Moment stehen die Sätze einfach so im Raum. Dann spiegelt sich Begreifen in seinem Gesicht. »Du meinst …«

Ich nicke.

Betreten schaut Davide zu Boden. Keine einfache Erkenntnis, wird mir klar. Eine, die das eh schon komplizierte Gefüge weiter belasten wird.

»Was wirst du nun tun?«, frage ich vorsichtig.

»Ich weiß es nicht. Er hat es ja richtig gemacht, in meinem Fall.«

»Wenn es überhaupt stimmt«, räume ich ein.

»Ich gehe ihm eh schon aus dem Weg, weißt du. Beiden, genau genommen. Sie sind mir fremd geworden.«

»Es ist eigenartig«, sage ich schließlich. »Da zeigen sie auf einmal, wer sie wirklich sind, so als ob sie aus einem Nebel treten – und dann sind sie einem plötzlich fremd.«

»Und andere«, ergänzt Davide, »die in einer Art Nebel verschwinden, werden einem ganz vertraut und nah.« Er schaut zu Umberto, lächelt traurig und schließt die Augen für einen Moment.

»Wollen wir Schluss machen für heute?«

Davide schüttelt den Kopf. »Wir haben doch noch nicht mal angefangen.«

# 3.

Ilario schaut über meine Schulter auf den Druck, den ich zum Trocknen an die Seite gelegt habe. »Was hast du dir dabei gedacht?«

Erschrocken fahre ich herum. Angesprochen zu werden, bin ich nicht gewohnt.

»Tierbestattung«, antworte ich etwas abwegig. Im nächsten Moment fällt mir ein, dass er mit dieser Aussage nichts anfangen kann. Sein Gesichtsausdruck bestätigt das.

»Als Junge habe ich mit meinem Freund Davide tote Tiere eingesammelt und beerdigt. Ich rekonstruiere die Erinnerungen daran. Komisch, oder?«

»Eigentlich nicht«, antwortet er mit einem Lächeln. »Blockflöte spielen ist komisch, trockenen Kuchen backen vor allem – das ist nicht nur komisch, das ist sinnlos, aber das hier …« Er vertieft sich in meinen Druck, beäugt ihn genauer. »Ein Vogel?«

»Eine Drossel. Von einer Katze gerissen. Wir haben ihn Ernesto getauft.« Schräg – an so etwas erinnere ich mich.

»Wo habt ihr sie beerdigt?«

Ich erzähle es ihm. Sein Lachen wird breiter. »Eine gute Geschichte. Und eine spannende Serie. Du hast noch mehr davon?«

Ich nicke verhalten. »In meiner Mappe.«

»Kann ich sie sehen?«

Ich gehe zu meinem Platz, hole sie, klappe sie auf und zeige Ilario zwei weitere Drucke. »Die anderen habe ich zu Hause«, erkläre ich ihm.

Er betrachtet sie genauer. Esmeralda – Davides Eidechse von unserem ersten Tag, sowie eine mumifizierte Ratte namens Toni.

»Die sind gut«, versichert Ilario. Das ist ein Kompliment, denn seine Arbeiten sind außergewöhnlich. Was mich nicht wundert. Er verbringt sehr viel Zeit in dieser Werkstatt.

»Danke«, sage ich etwas verlegen.

»Du rauchst?«

Die Frage irritiert mich – er kennt doch die Antwort. Also nicke ich nur.

»Wollen wir?« Er hält mir lächelnd seine Schachtel hin, bietet mir eine von seinen Zigaretten an. Selbst gedreht.

Ich lächele zurück.

Also gehen wir eine rauchen.

Rauchen mit Ilario.

●

Ich habe einen zweiten Freund.

Ein bisschen fühlt es sich so an. Das Fahrrad fährt sich leichter als sonst, der Himmel zeigt sich eine Spur blauer.

Wir haben geraucht und gelacht. Ilario erzählt gerne. Er hat Fantasie und er hat Humor. Der ist nicht bissig wie der von Carla, eher komisch, sodass ich tatsächlich lachen muss. Einfach so.

Im Anschluss hat er mir auf seinem Handy einen Film gezeigt, den er gedreht hat. Da verbrennt er ein Brautkleid. Er tanzt drum herum wie ein Indianer. Es ist lustig und doch irgendwie tragisch. Gelungen, finde ich.

Darüber denke ich nach, während ich auf dem Rad sitze.

Er möchte meine restlichen Drucke sehen. Also habe ich ihm angeboten, dass ich sie mitbringe, da hat er gefragt, ob er sie sich bei mir anschauen kann.

Besuch.

Einen Moment habe ich gezögert, dann habe ich ihm gesagt, dass ich mich freue, und ihn eingeladen. Tatsächlich wäre das mein erster Besuch.

Ich bin schon wirklich eigenartig.

Egal.

Bin halt so.

●

Vor unserem Haus begegnet mir Carla.

Vor *unserem* Haus. Tatsächlich kann ich das so sagen.

Ich habe sie lange nicht gesehen.

Wir stehen uns gegenüber, wissen nicht so recht, wie wir reagieren sollen. Ich zumindest nicht.

»Wie geht es dir?«, fragt sie schließlich. Ein verstecktes Lächeln taucht in ihrem linken Mundwinkel auf.

»Gerade jetzt, im Moment, wirklich sehr gut«, sage ich, lächele zurück und freue mich über unser Zusammentreffen. Ich hatte ein bisschen Angst davor gehabt. »Und du?«

»Das Übliche. Ich habe das Töpfern satt, sehe mich gerade nach einem neuen Job um, überlege vielleicht zu studieren, Kunsttherapie oder so was.« Sie holt tief Luft, schaut die Fassade des Hauses hinauf. »Die Familie ist komplett auseinandergebrochen, selbst Davide und ich sind zerstritten – aaaber …« Nun strahlt sie, blickt mir in direkt die Augen. »… ich habe einen Freund! Karabo. Er kommt aus dem Sudan, ist schwarz wie die Nacht und wunderschön. Mit uns läuft's eigentlich wirklich gut.«

»Darum sieht man dich nicht mehr so oft«, mutmaße ich.

»Davide haust da oben in seinem kleinen grünen Loch quasi alleine. Es ist jetzt auch immer ganz sauber da oben.« Ein Grinsen. »Davide eben. Ich glaube, dass du ihm fehlst.«

»Umberto braucht mich«, erkläre ich.

»Wie geht es ihm?«

Ich erzähle es ihr.

»Bin ich ein schlechter Mensch, weil ich mich nicht kümmere?«, will sie wissen. »Ich bekomme schon vom Geruch alter Menschen fiesen Ausschlag.«

»Er riecht nicht komisch«, stelle ich richtig. »Ja – er ist alt, blind und müde. Wir kommen aber gut klar. Du musst kein schlechtes Gewissen haben.«

»Dafür würde ich dich jetzt am liebsten küssen, doch das lasse ich lieber.«

»Ja, *lass* das bitte!«

»Hey, es war ein Scherz, Tullio«, und dann: »Stimmt es, dass du dich aufgeschlitzt hast?«

»So haben sie es dir erzählt?« Ich schiebe mein T-Shirt nach oben, zeige ihr den Schnitt. Der Schorf ist mittlerweile verschwunden. Geblieben ist ein roter Strich. Mir gefällt er.

»Warum hast du das getan?«, fragt sie betroffen. Tatsächlich will das mal jemand wissen.

»Ich bin verletzt worden«, antworte ich ruhig. »Ich wollte, dass man das sieht. Der Schnitt steht für einen Neuanfang. Genau wie bei Fontana. Weißt du, der Maler?«

»Ich habe dich verletzt.«

Ich nicke. »Ja, aber du wusstest es nicht.«

Sie erwidert nichts, schaut mich nur lange an. Schließlich reicht sie mir ihre Hände. Beide!

»Ich weiß es ganz genau!«, sagt sie. »Seit jenem Familienabend, Tullio. Wenn dich noch mal jemand verletzt, komm bitte zu mir. Ich bin dann für dich da, okay? Als Entschädigung, quasi.« Sie küsst meine Finger.

Ein kostbares Angebot. Gerade von ihr. Ich lächele und gebe nickend mein Einverständnis, küsse zurück.

»Vergiss es nicht!«

Ich verspreche es.

●

»Wir bekommen Besuch«, berichte ich Umberto. Es ist schön, ihm das zu erzählen.

»Ein Mädchen?«, fragt er breit lächelnd, die Augen geschlossen. Ich weiß, er wünscht sich mich verliebt. Ich glaube jedoch, dass er mit meiner Art, dies zu tun, so seine Schwierigkeiten hat, drum behalte ich mein Herz unter Verschluss.

»Nein, kein Mädchen. Er heißt Ilario«, erzähle ich. »Er studiert mit mir. Ilario ist ein Ass in der Grafik. Er will sich meine Arbeiten ansehen.«

»Ist es ordentlich genug bei uns?«, will er wissen.

Ich muss lachen. »Du machst dir ja Sorgen. Es ist picobello hier.« Das stimmt. Ich bin penibler, als Umberto es vermutlich je war.

»Magst du ihn, diesen Ilario?«, fragt er matt.

Was für eine eigenartige Frage. »Ja, er ist nett«, antworte ich. »Und ich kann mir vorstellen, von ihm zu lernen. Er ist wirklich gut.«

Aber da ist Umberto schon weggedämmert. Das passiert immer häufiger in der letzten Zeit.

Also beginne ich tatsächlich damit, noch etwas sauber zu machen, Geschirr abzuwaschen und vor allem mein Zimmer aufzuräumen, eine Decke über das Bett zu werfen, meine Bücher zu stapeln und mich einen Moment hinzulegen, um auszuruhen.

●

»Du bist ein Sohn vom Dessi?«, fragt Ilario mich verblüfft. Das Klingelschild hat ihn darauf gebracht.

Ich erkläre es ihm. Als er unseren Keller betritt, spüre ich Skepsis, die ihn überkommt. Sein Blick fällt auf Umberto, der wieder eingeschlafen ist. Ein Klavierkonzert spielt leise im Hintergrund. Fragend sieht Ilario mich an.

Auch das mit Umberto erkläre ich ihm.

»Der Vater des großen Professore wohnt im *Keller*?«, staunt er.

»Weil er es so will«, stelle ich klar. »Es war seine Entscheidung. Und nun kümmere ich mich um ihn. So wie er sich um mich gekümmert hat.«

»Du bist 'ne seltene Pflanze, Tullio.«

Da gebe ich ihm recht.

»Möchtest du etwas trinken?«, frage ich etwas verlegen.

»Was hast du da?«

Zehn Minuten später sitzen wir auf meinem Bett und trinken Peroni. Ilario war es etwas unheimlich, sich gemeinsam mit Umberto in einem Raum aufzuhalten.

Es ist ein befremdliches Gefühl, nicht Davide, sondern jemand ganz anderem, ja Fremdem, in dieser vertrauten Haltung gegenüberzusitzen.

Zwischen uns liegen meine Radierungen.

Ilario betrachtet sie genau. Ich habe viel Zeit auf Details verwendet – das ist es wohl, was ihm gefällt. Federn, Schuppen und Fell haben wunderbare Strukturen. Die habe ich versucht einzufangen und abzubilden. Ilarios Augen sind dunkle Mandeln, so dunkel wie sein Haar. Sie haben etwas Spöttisches an sich, wenn er zu mir schaut. Seine Haut ist beinahe so hell wie die meine.

»Ich habe mir Gedanken dazu gemacht«, eröffnet er. »Ich mag deinen Mikrokosmos. Du machst das sichtbar, was andere übersehen. Und die Geste der Bestattung berührt mich.«

Röte steigt mir ins Gesicht. Komplimente sind nicht so meins.

»Wie fändest du es«, fragt er, »die Skelette der Tiere im Orto Botanico auszugraben und gemeinsam mit deinen Arbeiten auszustellen?« Er strahlt. »Wie findest du das?«

Er kann nicht wissen, dass ich erst mal keine Meinung zu Dingen habe. Also nicke ich einfach und lächele ebenfalls.

»Du könntest es als Semesterabschlussarbeit präsentieren«, schlägt er vor.

»Wieso machst du das für mich?«, frage ich ratlos. »Wieso?« Ich verstehe es einfach nicht.

Er zieht verblüfft seine Augenbrauen nach oben. »Es ist mir in den Sinn gekommen, einfach so«, antwortet er erstaunt. »Doch wenn ich dir damit zu nahe trete …« Nun wirkt er skeptisch.

»Nein, nein. Es ist nur«, sage ich rasch, »dass noch nie bislang …« Ich weiß nicht weiter.

Ilario lächelt. Sein spöttischer Blick ist einem achtsamen gewichen. Er streift mich neugierig.

»Wenn ich darf, würde ich das gerne mit dir machen«, sagt er leise. »Als dein kleiner Privatkurator, wenn du so willst.«

Das ist natürlich fantastisch. Aber ich kann es nicht wirklich glauben. Weil ich es nicht verstehe, darum. Meine Arbeiten sind nicht schlecht, das stimmt. Aber sie sind weit entfernt von dem, was Ilario so produziert.

»Danke«, sage ich. »Sehr gerne.«

Beim Rausgehen fällt sein Blick auf die Staffelei.

»Wer ist das?«, fragt er, tritt einen Schritt auf die Arbeit zu und betrachtet sie genauer. Konturen sind zu erkennen, Gesichtszüge, seine gerade Haltung. Die innere wie die äußere. Das ist mir gelungen.

»Mein Freund Davide«, sage ich etwas stolz. »Der, mit dem ich die Tierbestattungen gemacht habe.«

»Der Sohn vom Dessi?«

Ich nicke.

»Schön!«, sagt Ilario nur. Dann wendet er sich zu mir, mustert mich mit diesem dunklen Blick und fragt: »Wir haben eine Verabredung?«

»Haben wir«, versichere ich.

Und ich freue mich darüber.

•

Eine weitere Sitzung.

Davide hat seine Position eingenommen. Das Bild ist wirklich gelungen – Ilario hat recht. Davide ist schön. Anders als Andrea lasse ich ihn am Entstehungsprozess teilhaben, zeige ihm das Ergebnis am Ende jeder Sitzung. Auch er ist zufrieden mit meiner Arbeit.

Ich erzähle ihm von Ilarios Besuch, von unseren Plänen.

»Warum wollt ihr das tun?« Begeistert klingt er nicht.

»Es sind doch nur noch Skelette übrig«, entgegne ich. »Was spricht dagegen, sie auszugraben?«

»Wir haben sie doch extra beerdigt, um ihnen etwas Würde zu geben.«

Gut – da hat er recht.

»Wenn ich sie mit meinen Radierungen präsentiere, dann würdige ich sie doch auch, auf gewisse Weise.«

»Du stellst sie zur Schau!«

»Wir waren fünfzehn – es sind Ratten, Eidechsen, Mäuse und Vögel, die sonst einfach so vergammelt wären, Davide. Wo ist das Problem?« Er übertreibt maßlos, finde ich. Außerdem will ich, dass das klappt, mit Ilario.

»Es war unser gemeinsames Projekt. Und jetzt zerstörst du es mit jemand anderem.«

»Wüsste ich es nicht besser«, hören wir plötzlich Umberto aus seiner Ecke sagen, leise, doch deutlich, »dann würde ich behaupten, du bist eifersüchtig, Davide.«

Das hat er noch nie gemacht – sich einfach so in ein Gespräch eingemischt.

Betretenes Schweigen.

Und da wird mir klar – er könnte ja recht haben.

Ein Grinsen kann ich mir nicht verkneifen.

Davide schweigt. Das Thema ist vom Tisch.

Danke, alter Mann!

# DAVIDE

## 1.

DANKE, Umberto!

Ganz GROSS!

Ich sitze in meiner Küche.

Schäme mich.

Es ist verdammt still um mich herum geworden.

Tatsächlich sehne ich mich in den düsteren Keller, weil dort mehr Leben stattfindet als hier oben. Und das, obwohl dort gerade gestorben wird. So fühlt es sich zumindest für mich an.

Ich bewundere Tullio für seine Hingabe. Umberto geht es richtig gut damit. Die beiden haben sich auf berührende Weise arrangiert.

Und nun stelle ich mir die Frage, warum mich Tullios Ankündigung, die Tierskelette für seine Kunst zu verwenden, so betroffen macht.

Die Idee ist gut. Sehr gut sogar.

Vor mir steht ein Glas Wein.

In Würfel geschnittene Fenchelsalami.

Seit Wochen esse ich allein. Und meist dasselbe.

Ich sitze meine Zeit in den Hörsälen ab, besuche die Pflichtseminare, studiere Gehölze, Sträucher, Bäume, befasse mich mit Stauden, Frühblühern, erforsche Pilze, Korbblütler, Flechten, Wettereinflüsse, Schädlingsbefall.

Und dann?

Die zwei Höhepunkte in der Woche sind die Sitzungen bei Tullio.

Nun hat er also einen neuen Freund. Einen, zu dem er aufschauen kann, wie es scheint. Einen, der ihn unterstützt, ihn fördert.

Tatsächlich versetzt mir das einen Stich.

Jedoch nicht, weil ich Eifersucht in mir spüre. Das fänd ich nicht mal so schlimm.

Es ist schmerzhafter.

Denn ich fühle mich nun plötzlich verlassen. Verlassener, als ich es eh schon bin.

Das macht mir zu schaffen.

Damit komme ich nicht klar.

●

»Darf ich?«

Cecilia als Bittstellerin. Es gibt Zeiten für Wunder. Dass sie sich dazu herablässt, mich aufzusuchen, ist eines davon.

Ich lasse sie herein, weise mit meiner Hand zum Tisch und frage mich, was sie von mir will.

»Es geht deinem Vater nicht gut«, leitet sie ihr Anliegen ein.

»Ach?«, sage ich vielleicht etwas zu desinteressiert, beobachte, wie sie sich setzt.

»Ja, es geht ihm nicht gut!«, wiederholt sie nun etwas griffiger. »Was wirfst du Andrea eigentlich konkret vor, Davide? Das würde mich doch mal interessieren.« Sie betrachtet mich aufmerksam. »Ich hatte gehofft, wir hätten dich zu einem aufgeschlossenen, vorurteilsfreien Menschen erzogen. Sollte ich mich da so in dir getäuscht haben?«

»Du meinst, es stört mich, dass mein Vater unser Geschlecht dem deinen vorzieht? Meinst du das?« Ich war vorbereitet auf dieses Gespräch, hatte mir selbst die Frage gestellt. Wohl Hunderte Mal. Und ich war zu einem Ergebnis gekommen. Ich greife zu einer Karaffe mit Wasser, schenke uns ein, dann setze ich mich ihr gegenüber und sage: »Es tut mir leid für euch beide. Du hast dir dein Leben mit Andrea sicher auch anders vorgestellt, kann ich mir denken. Und – nein! Ich habe diesbezüglich keine Vorurteile in mir. Dahin gehend hat eure Erziehung also einwandfrei funktioniert. Hat sie übrigens bei uns allen. Massimo und Carla sehen das ganz genau so.«

Cecilia schweigt. Sie nippt an ihrem Wasser und beobachtet mich aufmerksam. Wie üblich.

»Das, was ich ihm vorwerfe – und nicht nur ich«, fahre ich fort, »ist der eklatante, systematische Machtmissbrauch an Tullio. Ich werfe Andrea vor, dass er sich an meinem besten Freund gegen dessen Willen vergangen hat. Immer und immer wieder.«

Cecilia schüttelt den Kopf. Recht ausdauernd tut sie das.

»Es geschah im Einvernehmen«, sagt sie dabei. »Glaubst du nicht, mein Freund, dass ich es mitbekommen hätte, wenn das, was du da sagst, auch nur im Ansatz zutreffen würde? Immer wieder habe ich mit Tullio zusammengearbeitet. Natürlich wäre es mir aufgefallen. Natürlich hätte ein Missbrauch Spuren hinterlassen. Spuren, die ich herausgehört hätte.« Sie lehnt sich weit zurück, atmet tief durch, sieht an die Zimmerdecke. »Es geschah einvernehmlich«, wiederholt sie nun leiser.

»Und der Schnitt?«, frage ich. »Der Schnitt im Bild, der Schnitt durch ihn selbst, an sich selbst?«

Cecilia schweigt.

Dazu kann auch sie nichts sagen.

»Du siehst«, schlussfolgere ich, »etwas in ihm ist kaputtgegangen.« Auch ich lehne mich zurück, verschränke die Arme vor der Brust und betrachte sie, registriere ihre schmalen Lippen. Sie sind nur noch ein feiner Strich in ihrem Gesicht. Ihre Daumen kneten einander.

»Es braucht kein Psychologiestudium, um das zu erkennen«, fahre ich fort. »Fontana befreite sich seinerzeit mit seinem Schnitt durch die Leinwand von der traditionellen Malerei. Tullio befreite sich so von meinem Vater, deinem Mann. Und jetzt sag mir – wie soll ich das finden? Was soll mir dazu einfallen? Und eine weitere Frage drängt sich da auf.« Ich lehne mich vor, sehe fest in das Grün ihrer Augen. »Wie viel hast du davon gewusst? Wie hoch ist *dein* Anteil an Andreas Vergehen? Welche Mitschuld trägst du?«

●

Ich habe die Hand nicht kommen sehen.

Es ist das erste Mal, dass sie mich schlägt.

Süßer, brennender Schmerz. Ich kann es sogar verstehen.

Ein Kontrollverlust.

Das ist es wert.

Fast so etwas wie ein Sieg.

●

Ein heißer Tag folgt, den ich nur im Schatten verbringen will.

Ich warte auf der Bank unter dem Ginkgobaum.

Zwei kleine Schaufeln und eine Grabegabel mit vier Zinken habe ich mir von Paolo geliehen.

»Ihr wollt sie wieder ausgraben?«, hatte er staunend gefragt. »Wozu soll das gut sein?«

»Kunst«, antwortete ich schlicht. »Tullio macht Kunst daraus.«

Da schaute er irritiert und schlurfte kopfschüttelnd von dannen.

Sie kommen zu zweit.

So sieht also Ilario aus, stelle ich fest. Und so ein glücklicher Tullio.

Ilario mustert mich, nickt dann. »Das Porträt wird dir gerecht«, sagt er lächelnd.

*Dich zu malen, wäre auch lohnend*, denke ich beeindruckt, sage aber nichts dazu. Seine Augen sind besonders, die Proportionen seines Gesichts nahezu makellos.

Tullio öffnet einen Rucksack und bringt diverse Kartons zum Vorschein. Er hat sie mit Watte ausgefüttert, sodass die zarten Skelette keinen Schaden nehmen.

Es folgt eine schweigsame Dreiviertelstunde. Konzentriert arbeiten wir in den infrage kommenden Beeten, heben behutsam die Erde ab und legen nach und nach, Stück für Stück die Kleintier-Gerippe frei. Filigrane Meisterwerke. Da wir sie in Kisten begraben hatten, sind die meisten noch gut erhalten.

»Ein Glück, dass hier nie umgegraben wurde«, stellt Ilario fest.

»Darum hat Paolo mir diesen Erdstreifen zugewiesen«, erkläre ich. »Zwischen die Gewächshäuser wird prinzipiell nichts gepflanzt.«

»Du wirst mal Biologe?«

»Mit Schwerpunkt Botanik. Ja, genau.«

»Eigentlich ist er es schon«, erklärt Tullio lachend. »Er ist so auf die Welt gekommen.«

Da fällt mir auf, dass ich das lange nicht gehört habe – sein Lachen.

Und wie mir das gefehlt hat.

Nur dass es dieses Mal nicht mir gilt.

●

Wir betrachten unsere Funde.

Nebeneinander aufgereiht wirken sie etwas gespenstisch.

»Die Erde muss vollständig trocknen, dann könnt ihr vorsichtig mit dem Pinsel arbeiten«, erkläre ich.

Zusammen mit den Radierungen wird es eine eindrucksvolle Präsentation.

»Genau genommen müssten wir sie gemeinsam ausstellen«, sagt Tullio gerade, und er meint mich damit. »Schließlich sind es deine Tiere. Du hast sie gefunden und beerdigt.«

»Es ist euer Projekt«, lehne ich das ab. »Ich bin nur der Bestatter.«

»Doch die Empathie, die hinter dieser Idee steht, ist die deine«, sagt Ilario. »Mir hat der Gedanke sehr gefallen: Zwei, die durch die Gegend ziehen und sich Gedanken um die Würde von Kadavern machen, an die sonst niemand denkt.« Er zeigt auf die Vielzahl unterschiedlicher Knochenstrukturen. Winzige, in sich komplett perfekte Geschöpfe. »Einen verwesenden Menschen würde man nicht einfach auf der Straße liegen lassen«, stellt er fest. »Bei einer Ratte stört man sich nicht daran.«

So gesehen hat er recht.

»Na ja«, sage ich, »ob wir über die Würde der Kadaver nachgedacht haben, sei mal dahingestellt. Mir gefiel das Ritual daran.«

»Mich hat der Tod dieser Tiere schon beschäftigt«, wirft Tullio ein. »Manchmal war es die Art, wie sie gestorben sind, manchmal der Ausdruck, den sie hatten.«

Tullio und der Tod.

Dass ich darüber nicht früher nachgedacht habe. Ungewollt ist es sein Thema. Immer wieder.

»Darum die Radierungen. Und darum der Keller«, sage ich leise, mehr gemurmelt.

Erneut stelle ich fest, wie sehr ich mich verlassen fühle bei solchen Gedanken. Sie sind mir fremd, wenngleich sie mich faszinieren.

Ich schaue zu Tullio, wie er gedankenverloren unsere Funde betrachtet.

Er hat einen besseren Freund verdient als mich.

Es tut weh, so zu denken. Aber es stimmt doch.

Ich schaue zu Ilario.

Wie es scheint, hat er ihn ja gefunden.

# 2.

Ich habe den Familien- in einen Carla-Massimo-Davide-Tag umgewandelt.

Gekrönt wird er von mir mit einem Zitronen-Hahn und Tomatensalat.

»Er hat es tatsächlich getan«, berichtet Carla gerade fasziniert. »Ich habe es gesehen.« Sie spricht von Tullios Schnitt. Auch so ein Thema, mit dem ich ihn allein gelassen habe. Im Grunde bin ich die ganze Zeit damit beschäftigt zu verdrängen, was passiert ist.

»Wie sieht es aus?«, frage ich nun, obwohl ich es eigentlich nicht wissen will.

»Wie ein Reißverschluss. Vom Brustbein bis zum Nabel. Eigenartig.«

Ich schließe die Augen, versuche es mir vorzustellen. Warum habe ich nicht mit ihm gesprochen? Warum habe ich nichts gemerkt, all die Monate?

»Kommen die beiden da unten im Keller einigermaßen klar?«, will Massimo wissen.

Ich nicke. »Ziemlich gut sogar«, versichere ich. »Das erstaunt mich auch. Aber Umberto ist eigentlich nur sehr müde und blind. Tullio versorgt ihn mit Essen, kauft ein und er liest ihm regelmäßig was vor. Sie reden miteinander.«

»Das ist schon mal eine gute Nachricht.«

»Aber eine, die auf Dauer so nicht funktionieren kann.« Carlas Lippen glänzen vom Hahn. Sie genießt es, was mich freut. Die letzte Zeit war schwierig gewesen zwischen uns.

»Was können wir tun?«, frage ich ratlos.

»Eigentlich wäre Andrea in der Pflicht. Schließlich ist es sein Vater.« Massimo trinkt Wasser, wir Wein. Er hat Bereitschaftsdienst in der Klinik.

»Eine Pflege finanzieren«, schlägt Carla vor. »Geld verteilen kann er ja ganz gut. Dabei wird auch niemand verletzt.«

Ich notiere das. Es soll ein Protokoll geben, welches wir Andrea und Cecilia zukommen lassen wollen. Sie sollen ruhig mitbekommen, dass wir uns Gedanken machen – ohne sie.

»Ist das ein Beschluss von uns?«, frage ich.

Sie bejahen das.

»Wie soll es mit unseren Eltern weitergehen?«, will ich wissen. Von Cecilias Besuch habe ich ihnen berichtet.

»Es liegt an ihnen«, meint Massimo. »Ihre Haltung ist entscheidend. Aber ich rechne mit wenig Bewegung.«

»Mir sind sie egal«, stellt Carla klar. »Mutter eigentlich schon immer, und Vater – nun ja …«

Ich wünschte, das könnte ich auch von mir behaupten. So ist es aber nicht.

»Ich werde mit ihm reden«, kündige ich an. »Ich will mir zumindest anhören, was er zu sagen hat.«

»Sie haben versucht, Tullio aus dem Haus zu werfen, ihn für alles verantwortlich zu machen, und du willst mit ihm reden?« Massimo ist erstaunt. »Was versprichst du dir davon? Andrea ist dir rhetorisch weit überlegen.«

»Na und?«, erwidere ich. »Ich will mit ihm keinen Debattierclub durchziehen, ich will seine Meinung hören. Glaubst du nicht, dass ich in der Lage bin, seine Worte filtern zu können?«

Massimo schiebt seinen Teller beiseite, lehnt sich über den Tisch, stupst mit seinem Zeigefinger gegen meine Brust und sagt: »Ich habe einfach die Befürchtung, dass er dich manipulieren könnte. Darin ist er gut, Davide. Und daran solltest du denken, wenn du auf ihn triffst. Er manipuliert. Beide tun das. Immer schon.«

Da hat er nicht unrecht.

»Ich werde daran denken«, verspreche ich.

●

»Dich interessiert also meine Sicht der Dinge?« Andrea hängt sein graues Leinensakko auf einen Bügel, geht in die Küche, schnappt sich aus dem Kühlschrank eine Flasche Campari Soda, öffnet sie und sieht mich fragend an. »Du auch?«

Ich schüttele den Kopf.

Er lässt zwei, drei Eiswürfel in sein Glas kullern, füllt es, trinkt und atmet tief ein.

»Aaah guuut!«, sagt er. »Ich bin erstaunt, dass dich meine Sicht überhaupt interessiert.«

Er geht an mir vorbei, Richtung Salon, lässt sich dort entspannt ins Sofa fallen und gibt mir zu verstehen, es ihm gleichzutun.

»Deine Ansichten haben mich immer interessiert«, erkläre ich, nachdem ich mich ihm gegenübergesetzt habe. »Du hast nur irgendwann aufgehört, sie mir mitzuteilen.«

»Ist das so?« Er scheint erstaunt.

»So empfinde ich es.«

»Das ist bedauerlich. Was also möchtest du wissen von mir?«

»Warum hast du Tullio das angetan?«, frage ich geradeheraus.

»Ich habe ihm nichts angetan«, widerspricht Andrea. »Alles, was zwischen uns geschehen ist, ist im Einklang miteinander geschehen. Das Bild, welches ich von ihm gemalt habe, spiegelt genau das wider. Hast du dir es dir mal angesehen, Davide? Hast du seine Schönheit bemerkt?«

Natürlich habe ich das. Nach wie vor hängt es im Foyer. Andrea hat es restauriert, neu gespannt und die ›Narbe‹ mit Farbe kaschiert. Es ist nichts mehr vom Schnitt zu erkennen. So, als hätte er nie existiert.

»Niemals wäre mir dieser Ausdruck seines Gesichts gelungen, wenn da nicht diese unfassbare Hingabe zu sehen gewesen wäre. Es ist ein reines Abbild dessen, was zwischen uns geschehen ist, Davide. Nicht mehr, nicht weniger.«

»Nur dass er dich irgendwann gebeten hat, damit aufzuhören.«

»Gut«, gibt Andrea zu. »Da habe ich einen Fehler gemacht. Ich war so gefangen von seiner Anmut …«

»Dass du ihn belogen hast? Du hast ihn benutzt und ausgenutzt.«

»Ich habe nichts weiter getan als das, was wir all die Wochen und Monate in vollkommenem Einverständnis miteinander getan haben. Als erwachsene Männer. Ja, sicher, es war falsch! Aber dass es solche Folgen für ihn haben würde, war doch nun wirklich nicht abzusehen. Was zum Beispiel, wenn ich tatsächlich noch an seinem Porträt gearbeitet hätte? Nach Tullios Logik wäre dann alles in Ordnung gewesen. Es ging also gar nicht um den praktizierten Akt der Lust, der ihn verstörte.« Er trinkt einen Schluck, lehnt sich zurück, fährt sich durch die Locken. »Es ging lediglich darum, dass ich ihm nicht die ganze Wahrheit gesagt habe. Ich habe eine kleine Lüge benutzt, ja, das stimmt. Es tat mir so gut, was wir da hatten, gemeinsam! Es gefiel mir. So einfach ist das.« Sein Blick wird sehr ernst, als er fragt: »Würdest du dir den Körper aufschlitzen, wenn dir jemand eine einfache Lüge erzählt? Wäre das deine Entscheidung, Davide?«

Nein. Das würde ich nicht. Natürlich nicht.

Ich sage es ihm, erkenne die Erleichterung in seinem Blick.

»Tullio braucht Hilfe, Davide«, sagt Andrea nun. »Hilfe, wie wir sie ihm nicht mehr zukommen lassen können. Ich sowieso nicht, aber auch Cecilia ist an ihre Grenzen gekommen.«

»Sie hat verlangt, dass er das Haus verlässt«, erwidere ich.

»Um ihm ein Umfeld zu verschaffen, welches frei von traumatischen Erinnerungen ist – und damit meine ich nicht unser Übereinkommen. Du brauchst ja nur aus dem Haus zu gehen und über die Straße zu schauen, die Fassade hinauf.«

»Wir sind seine Familie!«

»Das waren wir vielleicht einmal. Aber davon kann ja nun keine Rede mehr sein, oder?«

Und da wird es mir auf einmal klar.

»Weil du ihn nicht wie ein Familienmitglied behandelt hast. Du hast sein Trauma benutzt, hast Dankbarkeit von ihm verlangt, hast seinen desolaten Zustand einfach ausgenutzt, um …«

»Ich habe nichts dergleichen getan«, unterbricht mich Andrea. Etwas Campari spritzt auf seine Hose. »Wenn sich hier jemand dargeboten hat, so war es Tullio. Dass das ein für alle Mal klar ist.«

Ich weiß, dass er lügt. Ich sehe es ihm an – säße ich direkt neben ihm, so könnte ich sie vermutlich sogar riechen, die Lüge.

Beinahe hätte er mich gehabt.

Ich denke an Massimo, danke ihm innerlich für seine Warnung.

Hier bin ich fertig.

# TULLIO

## 1.

Eine Katze!

Ich erstarre, bleibe im Rahmen der Tür, während sie Ilarios Beine entlangstreift, ihren Kopf an ihm reibt.

Es scheint ihm nichts auszumachen.

»Sie lebt hier auf den Dächern«, erklärt er auf meinen Blick hin. »Irgendwann ist sie durchs Fenster zu mir gekommen. Jetzt gehöre ich ihr.« Er lacht.

Ich rühre mich nicht, starre nur.

Nun schaut Ilario irritiert. »Hast du eine Allergie?«, will er wissen.

Das weiß ich nicht. Noch nie bin ich einer Katze so nah gekommen wie in diesem Moment. Nicht in geschlossenen Räumen.

»Sie tut nichts«, versichert er mir. Das ist mir im Grunde auch klar. Und trotzdem.

Gut. Ich gehe einen Schritt auf ihn zu, versuche die Katze einfach auszublenden, so als ob sie nicht da wäre. Und ich stelle fest: Es klappt einigermaßen. Nach drei Schritten stehe ich neben Ilario. Er lächelt. Seine Augen forschen in den meinen.

»Es ist eine liebe Katze«, versichert er nochmals. »Sie wird dir nichts tun.«

Ich schaue auf den Tisch vor uns. Er ist riesig, aus dunklem Holz. Dieser Tisch hat schon viel gesehen. Er hat Kerben, Flecken und Risse. Geschichten, die dahinterstehen. Ich mag so was.

Der Raum, in dem wir uns befinden, ist in einem dumpfen Blaugrau gestrichen. Ein bisschen ist es wie bei mir im Keller, dunkel eben, nur dass wir uns unter dem Dach befinden, einen Stadtteil von meinem entfernt. Es ist eine Mischung aus Küche, Atelier, Ess- und Wohnzimmer.

Auf dem Tisch liegen drei meiner Radierungen. Davor hat er unterschiedlich große Plexiglaskisten angeordnet, in denen sich jeweils ein Skelett befindet. Sie sind gereinigt, von Erde und Staub befreit.

»Du hast alles schon vorbereitet«, stelle ich erstaunt fest.

»Ich wollte dir zeigen, wie es aussehen könnte«, erklärt er. greift einen der Behälter und reicht ihn mir. »Es gibt sie bei Pieraccini. Ich finde sie praktisch. Die Exponate verstauben nicht und die Dinger sind bezahlbar. Noch dazu sieht es edel aus.«

»Das gefällt mir«, sage ich überzeugt.

Sein Lächeln zeigt mir, dass das wiederum ihm gefällt. »Schöne Rahmen haben sie auch bei Pieraccini. Wenn du willst, fahren wir zusammen hin und sehen uns mal um.«

Eine gute Idee.

●

»Hat die Katze einen Namen?«, frage ich später. Ilario steht am Herd und brät Steaks. Ich sitze an einem kleinen roten Blechtisch ihm gegenüber und beobachte sein Tun. Die Katze ist verschwunden, was ich angenehm finde.

»Katzen brauchen keinen Namen«, sagt er, während er das Fleisch wendet. »Sie hören eh nicht drauf. Diese hier lebt die meiste Zeit auf dem Dach. Ich stelle ihr Wasser und Futter auf die Fensterbank. Wenn sie was braucht, kommt sie. Aber meist ist sie unterwegs. Alles, was nerven könnte, erledigt sie draußen.«

Es freut mich, das zu hören.

»Du hast irgendein Ding am Laufen mit Katzen, ja?« Die Steaks landen auf zwei Brettern.

»Ich hasse sie«, sage ich, weil es ja nun mal so ist.

Ilario serviert.

»Dann bist du traumatisiert?«, fragt er. Sein Blick erforscht intensiv den meinen. Das kann er wirklich gut.

»Eigentlich nicht«, gebe ich zu. »Es ist halt so. Ich mag sie nicht. Aber ich mag auch Regen nicht, und trotzdem gehe ich raus, wenn es regnet. So gesehen …«

Ilario lächelt. Er scheint sich über mich zu amüsieren.

Das Steak ist unglaublich gut. Innen noch blutig, außen kross. Er hat einen Salat dazu gemacht, bitteren hauptsächlich, und eine selbst gemachte Pfefferbutter steht auf dem Tisch.

»Du kannst kochen«, stelle ich fest.

»Ja, Steak!«

»Nur Steak?«

»Nur Steak!«, bestätigt er grinsend. »Muss man mehr können?«

Das mit dem *Müssen* ist so eine Sache, finde ich.

»Nein, du hast recht. Es ist toll, wenn man eine Sache richtig gut kann.«

»Was kannst du richtig gut?« Ein forschender Blick, neugieriges Lächeln. Wieder eine von diesen Fragen, die ich nicht beantworten kann.

»Ich weiß eher, was ich nicht kann«, antworte ich daher.

»Du kommst mit dem alten Mann im Keller klar«, stellt Ilario fest.

»Sehr gut sogar«, bestätige ich. »Das liegt aber auch an ihm.«

»Sicher aber auch an dir. Und du machst es eben. Ich schätze dich als jemanden ein, der sich Gedanken macht«, holt er aus. »Deine Arbeiten sagen mir das, aber auch deine ganze Art. Du wirkst auf mich, als ob du die Welt enträtseln möchtest.«

Das ist sehr nett, was er da über mich denkt, und ich muss lächeln. Etwas verschämt vermutlich.

»Wie bist du zu den Dessis gekommen?«, fragt er auf einmal.

Das kann ich ihm unmöglich erzählen. Es ist zu kompliziert, stellt mich außerdem anders dar, als ich es eigentlich bin.

Ich schüttele mit dem Kopf, will nicht darüber reden.

»Es ist zu kompliziert«, sage ich.

Und dann sehe ich es!

Als ob es genauso sein soll in diesem Moment: Ich sehe die vielen feinen, weißen Linien auf seinem Oberarm. Sie ergeben ein Muster. Ich ahne, was das ist, woher sie stammen. Und zum ersten Mal in meinem Leben stelle ich fest, dass ich wirklich dringend etwas wissen möchte. Dass es mir wichtig ist, mehr darüber zu erfahren. Aber ich frage nicht. Aus demselben Grund, aus dem ich nicht bereit bin, ihm zu antworten. Es ist zu persönlich.

Aber eines ist passiert: Ich bin ihm nah, plötzlich.

So fühlt es sich zumindest an.

●

Wieder zu Hause, liege ich noch lange wach.

Beim Abschied hat er meine Hand gegriffen. Sein Daumen strich vorsichtig über meinen Handrücken, sein Blick war tief und offen. Dieses Bild schwebt wie eine Projektion vor meinem inneren Auge. Es will nicht verblassen. Soll es auch nicht. Er hat gelächelt dabei, so, als wüsste er mehr.

Ich hingegen weiß nichts – bin einfach nur aufgeregt. Verwirrt durch das, was da gerade geschieht.

Es ist neu, dieses Gefühl. Ein bisschen tut es weh, ein bisschen tut es gut. Aber vor allem verwirrt es mich.

## 2.

»Ich möchte mich bei dir entschuldigen«, sagt Davide am kommenden Tag zu mir.

Ich stehe vor der Staffelei, habe mit dem Farbauftrag begonnen. Angenehme, warme Farben. Ich würde ihn nie nur in Grün abbilden, wie Andrea es getan hat. Immer auch in Erdtönen. Er ist vor allem der nahrhafte Boden, das wird ihm gerecht.

»Wofür entschuldigen?«, frage ich nun staunend. Es ist alles in Ordnung.

»Dafür, dass ich dich im Stich gelassen habe mit Andrea. Mit allem eigentlich«, sagt er betroffen. Und so sieht er mich auch an.

»Aber das konntest du doch nicht wissen«, versichere ich ihm. »Ich habe dir nichts davon erzählt. Ganz bewusst habe ich das nicht getan.«

Davide schüttelt den Kopf. »Ich hätte es spüren müssen. Freunde spüren so etwas doch.«

»Ich bin ziemlich gut im Verbergen«, sage ich – lächele – und merke mir die Antwort, um das Ilario mitzuteilen. Darin bin ich wirklich ziemlich gut.

»Und der Schnitt?«, fragt Davide betroffen. »Der Tag, als ich zu dir gekommen bin, in die Akademie, um dich zur Rede zu stellen? Da war Blut auf deinem Shirt.«

Ich erinnere mich, nicke, sage: »Ja, stimmt.«

»Genau!«, bestätigt er. »Und was mache *ich? Ich* sehe nur mich. Wie immer. Ich setze dich unter Druck, obwohl es dir da sicher hundsmiserabel ging.«

Ich lasse den Pinsel sinken. Sein Gesichtsausdruck ist zu verzweifelt, als dass ich ihn so malen könnte.

Also trete ich hinter der Staffelei hervor und zeige ihm meine Narbe.

»Siehst du«, sage ich beruhigend. »Gar nicht schlimm, oder?«

»Furchtbar schlimm«, widerspricht er mit dünner Stimme. »Du hast dich verletzt!«

»Weil ich verletzt war«, erkläre ich. »Doch nun ist es verheilt. Alles ist gut.« Ich schaue an mir herab. »Eigentlich finde ich sie sogar schön«, gebe ich zu. »Sie macht mich einzigartig.«

»Aber du *bist* einzigartig, Tullio!« Davide erhebt sich, stellt sich mir gegenüber und schaut mir in die Augen. »Das muss dir doch klar sein«, sagt er leise.

Nein, ist es mir nicht.

Eigenartig, ja! Aber einzigartig?

»Es ist alles gut!«, sage ich beschwichtigend. Ich weiß nicht, wie ich ihm helfen kann. Mehr, als das immer wieder zu beteuern, fällt mir nicht ein. »Du hast nichts falsch gemacht.«

Davide senkt seinen Blick, wendet sich um und geht wieder zu seinem Stuhl.

Wie ein gefallener Engel sitzt er da.

Ein wunderbares Motiv. Der Schmerz in seinem Blick, lockengerahmt.

Das ist es wert, festgehalten zu werden.

Da meldet sich Umberto heiser zu Wort.

Und schlagartig wird mir klar, dass er all das, was wir eben besprochen haben, mitbekommen hat.

Wir haben ihn einfach vergessen. Ihn schlafend oder unter Kopfhörern gewähnt.

•

Er ertastet meine Narbe. Er hat von mir verlangt, sie ihm zu zeigen. Er ist aufgebracht. Maßlos aufgebracht. Er zittert. Er hat Davide wutentbrannt nach oben geschickt und weiter von mir verlangt, ihm alles zu erzählen, was Andrea betrifft.

Ich bin hilflos.

Natürlich weigere ich mich, das zu tun, aber er ahnt etwas, das spüre ich. Und schließlich sagt er tatsächlich: »Ich kann mir denken, was vorgefallen ist.«

Ich nehme seine tastende Hand von meinem Bauch und ziehe mich wieder an.

»Es ist alles gut«, wiederhole ich mich. Einfach, weil es für mich so stimmt.

»Und was ist mit dem Nächsten, Tullio?«, fragt er sehr direkt. »Für den ist vielleicht nicht alles gut.«

Nun weiß ich, dass er es weiß. Daran, dass es immer so weitergehen könnte, mit anderen, daran habe ich überhaupt nicht gedacht.

»Er hat dich gemalt«, sagt Umberto und er klingt verbittert. »Da hätte ich es wissen müssen. Er hat seine *Technik* angewendet, der Bock!«

»Hat er«, bestätige ich. »Aber ich war einverstanden damit.«

»Was deine Narbe ja eindrucksvoll bestätigt.«

Es ist zu kompliziert, ihm das auseinanderzusetzen. Ich will es auch nicht.

»Was das angeht«, versuche ich es dennoch, »da bin ich vielleicht einfach so. Seit ich gesprungen bin, mache ich eigenartige Dinge.«

Umberto schaut blicklos in meine Richtung.

Dann sagt er es!

»Du bist nicht gesprungen!«, sagt er. »Wer redet dir nur ein, dass du gesprungen bist?«

»Aber ich *bin* gesprungen«, beharre ich.

»Nein, Tullio. Bist du nicht!« Er schüttelt den Kopf. »Du bist gestürzt. Aber gesprungen bist du nicht!«

# III. NARBEN

# TULLIO

## 1.

Ich trete in die Pedale, als wären sie hinter mir her.

Dann nehme ich immer drei Stufen auf einmal, bis ganz nach oben.

Atemlos strecke ich Ilario eine Flasche Prosecco entgegen. »Nach einem Unfall bin ich bei den Dessis gelandet. Sie haben mich aufgenommen, weil meine Familie nicht dazu in der Lage war.«

So! Nun hat er seine Antwort!

Er lächelt, nimmt mir die Flasche ab, tritt zur Seite und lässt mich zu sich.

Ich habe noch nicht mal gewusst, ob ich ihn überhaupt antreffe, wird mir plötzlich klar, bin so unfassbar froh, dass es so ist.

•

Der Prosecco ist warm. Ilario sagt, das ist egal. Es gibt Eiswürfel, dann stoßen wir an.

Sein Blick streift mich neugierig. Ich erkenne Freude darin. Freude, mich zu sehen. Himmel, er *freut* sich. Diese Augen verbergen nichts. Auch seine Lippen nicht. Das sollen sie auch nicht, verstehe ich. Sie lächeln gerade.

»Es gab eine Zeit«, erzählt er mir jetzt, »in der mein Leben für mich kein richtiges Leben war. Ich konnte mich gerade mal erahnen.«

Wir sitzen an diesem kleinen roten Blechtisch. Ich frage mich, warum er mir das genau in diesem Moment erzählt, vor allem, was es bedeutet. Seine dunklen Augen tauchen in die meinen, tief hinein.

Kurz schließt er sie. »Du hast mir meine Frage beantwortet«, erklärt er, »darum habe ich das nun auch getan.«

»Aber ich habe nicht …«

»Oh doch, du hast. Und wie!« Seine Hand streicht über die feinen weißen Striche an seinem rechten Arm.

121

Ich musste wohl gestarrt haben, wird mir peinlich bewusst. »Es ist wirklich schön«, versichere ich, »wie ein Muster.«

*Süßer Schmerz.* Diese Idee geht mir durch den Kopf.

»Ich habe mir Mühe damit gegeben«, bestätigt er lächelnd.

Also stimmt sie vielleicht sogar, meine Theorie mit dem Schmerz, der Süße. Sein Lächeln wird breiter.

»Heute ist alles gut?«, frage ich – und erkenne im nächsten Moment, dass nicht *alles* gut ist, doch vieles sehr viel *besser*, als es früher bei ihm war. So ganz ohne Worte. Nur durch diese dunklen Augen verstehe ich das. Ilario und seine Augen. Damit kann er Dinge tun. Das ist noch so neu für mich. Ich löse meinen Blick, betrachte seine Narben, ihre Schönheit.

Er lehnt sich zurück, trinkt einen Schluck, genießt.

»Warum hast du dich für die Kunst entschieden?«, fragt er nach einer Weile.

Da muss ich nicht überlegen. »Weil Andrea Dessi zu mir gesagt hat, dass ich es machen soll«, sage ich. So war es halt gewesen.

»Machst du immer, was man dir sagt?«

»Eigentlich schon«, bestätige ich. Wieder, weil es so ist. Nun verändert sich sein Blick. Die Antwort scheint ihn zu beschäftigen.

Meine Hände spielen beiläufig mit einer Kerze, bringen das Wachs durch Kneten immer wieder zum Überlaufen.

»Und warum studierst *du* Kunst?«, will nun ich wissen.

Ilario dreht Zigaretten, schiebt eine davon über den Tisch.

»Ich bin schon immer auf der Suche nach Antworten«, erklärt er mir. »Das, was ich mit meiner Arbeit erschaffe, sind die Fragen dazu.« Er gibt mir Feuer. »Kunst kann Fragen stellen, aber auch Antworten liefern. Ich bin der mit den Fragen. Du hingegen tendierst mit deiner Arbeit zu den Antworten.«

Jetzt bin ich baff. Ilario lacht, als er das erkennt.

»Was beantworte ich denn?«, will ich irritiert wissen.

»Die Relation von Bedeutung«, erklärt er, ohne dass ich ihn verstehe. »Du würdigst die kleinen, unscheinbaren Dinge. Und dadurch erscheinen sie gewaltig, verdeutlichen, dass wir unsere Wahrnehmung überprüfen müssen. Das liebe ich so sehr daran. Oft gibt sich Kunst respektlos. Das ist auch gut, reißt Wunden auf. Du machst jedoch das Gegenteil, gibst unscheinbaren Nichtigkeiten eine Plattform. Illustrativ zwar, doch durch die Wahl der Motive und deine Technik hoch künstlerisch. Du bildest nicht ab, du trittst nicht zu, du hebst hervor, transportierst eine Botschaft. Und die lautet: Alles ist ein Teil von allem. Alles gehört zusammen.« Er zieht an seiner Zigarette, beobachtet mich.

Ich denke vor allem nicht viel darüber nach, fällt mir auf. Ilario lacht, als ich ihm das gestehe. »Intuition«, sagt er mir ins Gesicht. »So wie ich intuitiv deine Nähe gesucht habe.«

Einen sehr stillen Moment lang betrachten wir uns einfach nur.

Einer den anderen.

Rauchen …

»Wieso hast du das getan?«, frage ich leise. Es interessiert mich so sehr, denn ich habe mich schon gewundert.

Da nimmt er meine Hand, ganz behutsam, seine Augen suchen mich. »Einfach, weil du mich berührst, Tullio. Darum.«

Er legt seine andere Hand auf die meine, streicht darüber.

Ich beginne zu zittern.

»Wenn ich dich jetzt bitte, heute bei mir zu bleiben«, sagt er, und ein wenig kehrt das Spöttische in seinen Blick zurück, »würdest du es dann tatsächlich tun – und bei mir bleiben – oder hörst du immer nur auf Andrea Dessi?«

Sein Lächeln nimmt einen verspielten Zug an, dann einen zarten.

Ich schließe die Augen, gebe keine Antwort, spüre einfach nur, was er tut.

●

Wir stehen uns gegenüber.

Ich hatte zuvor mein T-Shirt über den Kopf gezogen – er das seine. Verhalten haben wir es getan.

Nun betrachten wir verblüfft, was uns eint, begreifen es nicht. Starren einander fast an.

Ilario streckt zaghaft seine Hand aus, streicht behutsam, fast erstaunt über meine Narbe. Ganz sanft, immer und immer wieder.

Irgendwann wage ich, es ihm gleichzutun.

Zart, rot und sichelförmig sind die seinen unterhalb seiner Brust. Zwei Schnitte.

Sie erzählen eine Geschichte, die ich nicht verstehe.

Vorsichtig fahren meine Finger die feinen Linien nach, versuchen zu ertasten, was hier geschehen ist.

Da tritt er auf mich zu, lächelt verstohlen, sucht meinen Blick, taucht sehnend ein und fährt mit seinen Lippen behutsam über die meinen.

»Willst du immer noch bleiben?«, flüstert er in meinen Mund.

Ich beiße zart in seine Oberlippe, küsse sie, da lächelt er, beißt zurück, erwidert den Kuss – er ist glücklich, spüre ich.

●

Still liegen wir beieinander. Ilario ist wunderschön. Er ist so wunderschön. Immer wieder denke ich das, spreche es aus, zeige es ihm, indem ich seine Küsse erwidere, ihn ertaste.

Auch als Gina war er es. Ich habe Fotos gesehen – und dann verstanden.

Ilario, strahlend auf meinem Bauch sitzend, nur in was Knallbuntem untenrum, in einer Foto-Kiste wühlend, sein Leben auf meiner Brust ausbreitend.

Ich bin ein Kind ohne Fotos, fällt mir da auf. Niemand hat je Fotos von mir gemacht. Ich nehme mir vor, die Fotos zu malen, die nie von mir gemacht wurden.

Verträumt schaue ich in Ilarios Gesicht. Seine Augen, sie suchen immer wieder *mich*, zeigen mir stürmisches Glück, lassen mich die meinen schließen.

●

Als ich am kommenden Morgen die Tür zum Keller aufschließe, muss ich schlucken. Mich überkommt ein schlechtes Gewissen. Zumindest hätte ich ihn anrufen müssen, denn ich weiß, er hat sich Sorgen gemacht.

Gerade nach dem Gespräch, das wir hatten.

Doch er wirkt ganz aufgeräumt, als ich an sein Bett trete.

»Wie geht es dir, Junge?«, fragt er, ohne dass ich Ärger oder Wut aus seiner Stimme heraushören kann. Himmel, wie soll ich diese Frage beantworten, ohne ihn in vollkommene Verwirrung zu stürzen. Ich weiß es ja selbst nicht genau.

»Flatterig«, antworte ich ihm, da es mir passend erscheint.

»Flatterig?« Nun lächelt er. »Ist das gut oder schlecht?«, will er wissen. Neugierig klingt er und fügt dann hinzu: »Meinem Eindruck nach eher gut, schätze ich.«

Mein verschämtes Grinsen gibt ihm vermutlich recht.

»Wenn du reden möchtest, Tullio, dann rede. Wenn du schweigen möchtest, dann schweige. Aber würdest du mir einen Kaffee machen und eine Brioche bringen? Das wäre ganz wunderbar.«

»Du bist mir nicht böse?«, frage ich erleichtert.

»Warum sollte ich dir böse sein?« Er sieht mir in die Augen, auch wenn er das eigentlich nicht kann. »Du bist erwachsen, Tullio. Und du bist frei.

124

Dass du dein Leben mit einem alten Mann im Keller verbringst, macht mich glücklich und tieftraurig zugleich. Aber es erfüllt mich mit allergrößter Freude, wenn ich mitbekomme, dass mein Schützling die Nacht über einfach mal ausgeflogen ist.« Er grinst. »Geflattert, meinetwegen.«

Das sind liebe Worte. Dennoch entscheide ich mich für sein Angebot, zu schweigen.

# 2.

»Du bist nicht gesprungen?« Davide ist irritiert.

»Ich bin nicht gesprungen«, wiederhole ich.

Wir sitzen uns auf seinem Bett gegenüber, essen Mortadella-Panini und trinken Chinotto aus ein und derselben Flasche. »Spucketauschen« nennen wir das.

Davide ist in mein ehemaliges Zimmer umgezogen. Eigenartig vertraut ist es dadurch.

»Ich bin nicht gesprungen, ich bin gestürzt!«, erkläre ich. »Umberto hat es mir erzählt. Er hat mir gesagt, was mein Vater wiederum ihm gesagt hat. Wie er ins Zimmer gekommen ist. Etwas, das er nie zuvor getan hat. Einfach in mein Zimmer zu kommen. So etwas tat er nicht. Er hat erzählt, wie ich mich erschrocken habe darüber, wie er mir gegenübergestanden hat, wie ich den Halt verlor – und dann abgestürzt bin. Ich bin nicht gesprungen. Es war ein Unfall.« Ich schließe für einen Moment erleichtert die Augen. »Ein Unfall, der meinen Vater seine Nerven und mich fast mein Leben gekostet hat. Aber ich bin nicht gesprungen!«

Davide betrachtet mich fasziniert.

»Ich habe immer geglaubt …«

»Ich doch auch!«, versichere ich. »Alle haben ja behauptet, dass es sich genau so abgespielt hat, dass ich gesprungen wäre.«

Ein Moment Stille, Blicke, die wir tauschen, als müssten wir uns neu sortieren, etwas verstehen.

»Aber was hast du auf der Fensterbank zu suchen gehabt?«

Ich nicke.

»Es war mein Lieblingsplatz«, gebe ich Umbertos Erzählung weiter. »So hat er es mir gesagt. Auf der Fensterbank saß ich am liebsten und habe von da in den Himmel geschaut. Mein Vater hat ihm das erzählt. Ich muss es sehr geliebt haben.«

Wieder schweigen wir einen Moment, sehen uns nur an. Nachdenklich, aber auch erleichtert.

»Wie fühlt sich das nun an?«, fragt er schließlich. Das ist mir aufgefallen, sein plötzliches Interesse. Auf einmal ist es wieder da. Es erinnert mich an früher, an die Zeit auf der Straße, die Zeit vor dem *Sturz*.

»Es fühlt sich sehr, sehr gut an«, versichere ich. »Ich bin sicher nicht ganz normal, das ist mir klar. Aber zumindest bin ich nicht völlig neben der Spur. Und schon gar nicht lebensmüde.«

Davide betrachtet mich zweifelnd. »Was macht deine Narbe?«

Ich zeige sie ihm. »Narben sind etwas Gutes«, erkläre ich. »Wunden sind schlecht, Narben sind gut. Hast du Narben, ist etwas verheilt.«

»Ist das so bei dir?«

Ich lächele. »Oh ja!«

Einen Moment scheint er nachzudenken, dann spiegelt sich Begreifen in seinen Augen wider. »Ilario?«, fragt er leise.

Ich bin so glücklich, endlich mal darüber reden zu können. Dennoch nicke ich nur, bin immer noch sprachlos, lächele einfach.

Davides Gesicht bleibt ausdruckslos. Ich kann nicht darin lesen, stelle ich fest.

»Er ist nett«, sagt er gerade, blickt auf das gewebte Muster der Decke, auf der wir sitzen.

»Er ist viel mehr als das«, sage ich. »Wir ergeben eine Symbiose.«

Davide lacht. »So, so, eine Symbiose.« Nun schaut er mir direkt in die Augen. »Große Worte für einen Tullio Tebaldi.«

»Gar nicht«, erwidere ich. »Es sind genau die richtigen. Du verstehst sie nur nicht, weil du sie nicht verstehen kannst.«

»Wie meinst du das?« Jetzt klingt er angriffslustig.

»Um etwas voll und ganz zu verstehen, muss man die Hintergründe kennen. Das ist in der Botanik so wie in der Kunst. Und auch im Leben ist es so. Nun kennst du die Hintergründe aber nicht. Und darum kannst du es eben nicht verstehen.«

»Das Leben ist keine Wissenschaft.«

»Wenn etwas eine Wissenschaft ist, dann das Leben«, erwidere ich. »Alles funktioniert nach Mustern. Passt du nicht ins Raster, wirst du aussortiert. Oder benutzt, so wie ich. So funktioniert Leben. Nach einer Formel. Und Formeln sind Wissenschaft.«

»Dann erklär mir eure Formel«, fordert er mich auf.

»Irgendwann vielleicht mal«, stelle ich in Aussicht, ärgere mich über mich selbst, über meine Andeutungen.

»Dann eben nicht.« Verletzt blickt Davide aus dem Fenster.

»Es tut mir leid«, entschuldige ich mich. »Aber ich möchte ganz vorsichtig sein. Und eben war ich nicht vorsichtig. Prompt läuft es schief.«

Nun lächelt Davide.

»Weißt du, was wichtig ist?«, frage ich ihn. »Was wirklich ganz wichtig ist?«

»Na?«, will er wissen.

»Dass man gesehen wird. Und dass man sieht! Nicht die Hülle, nicht das Äußerliche, sondern den Kern, das Innere!«

»Und Ilario sieht dich?«

»Absolut!«, sage ich stolz. »Und ich sehe ihn.«

●

Das mit den Wunden …

»Erzähl mir deine Geschichte«, hatte Ilario mich morgens gegen halb sechs gebeten. Seine Finger strichen dabei die Narbe auf und ab. Umschlungen und zerküsst, war ich für einen Moment weggedöst.

Also begann ich, sie zu erzählen.

Zum allerersten Mal tat ich das.

Ich erzählte von Andrea, von seiner *Technik,* seinem Verlangen und Fordern. Von seiner Art, wie er mich nahm. Nämlich so, wie er wollte. Ich erzählte von Carla, der ich zur Zerstreuung diente, die mir nie eine Frage gestellt hatte, sich nahm, was sie wünschte, die dachte, mir damit einen Gefallen zu tun.

Von Davide erzählte ich, dessen Einsamkeit ich füllte, sie mit ihm teilte. Auch von meiner Liebe zu ihm. Und von der Ferne, die sich daraus ergab.

Und ich erzählte von Cecilia, zu deren Projekt ich wurde, die mir ein Muster verpasste, nach dem ich mich zu richten und zu verhalten hatte.

»Dann ist da im Grunde nur dieser alte Mann im Keller«, erkannte Ilario, und ich sah, wie sehr ihn das bestürzte.

»Ein Mensch kann reichen«, versicherte ich ihm.

Er nickt. »Schon«, sagte er leise, »aber es ist wichtig, wahrgenommen zu werden!«

Da schmiegte ich mich tiefer in Ilarios Arme.

Er sieht mich.

Das spüre ich.

Und ich sehe ihn.

# DAVIDE

## 1.

Seit ich in Tullios Zimmer umgezogen bin, fühle ich mich nicht mehr ganz so verloren, einfach, weil der Raum mit Erinnerungen angefüllt ist. Und es tut gut, nicht auf Fassade zu sehen, sondern in den Himmel zu schauen – oder auch mal in den Garten.

Der ist ziemlich verwildert.

Umberto kümmert sich nicht mehr darum, weil er es nicht mehr kann, Cecilia, weil sie es nicht mehr will. Und mich zieht nichts mehr in die unteren Etagen.

Carla wird zurückkehren. Das hat sie angekündigt. Mit ihrem Karabo ist Schluss. Er hat sich für eine andere entschieden. Noch quält sie ihn ein bisschen mit ihrer Gegenwart, aber schon in dieser Woche kann ich mit ihr rechnen.

Das heißt, ich kann mich auf wirklich miese Stimmung einstellen.

Jetzt, wo das Semester zu Ende geht, muss ich mich fragen, was wird.

Ich überlege zu wechseln, Pisa den Rücken zu kehren. Mein Leben schreit förmlich nach Veränderungen – gerade weil ich innerlich so verstummt bin.

Rom!

Die Akademie hat einen fantastischen Ruf.

Tullio so glücklich zu sehen, ist nicht einfach für mich. Er fehlt mir, mein Freund.

Ist das ein Mangel an Empathie? Ich vermute es fast.

Ich weiß nun, was er für mich empfunden hat. Und es schmeichelt mir. Begehrt zu werden, ist ein erstaunlich aufbauender Zustand.

Betrachte ich es genauer, so hat Tullio eigentlich unter mir gelitten. Ohne es zu ahnen, habe ich ihn am ausgestreckten Arm verhungern lassen, emotional betrachtet.

Ich habe Hoffnungen genährt durch mein Verhalten. Immer wenn er versucht hat, sich von mir zu lösen, Abstand von mir zu gewinnen, bin ich einen Schritt auf ihn zugegangen. Nicht bewusst. Ich habe das wirklich nicht bewusst getan. Aber rückblickend eben unbewusst.

Tullio hat sich benutzt gefühlt, sagt er. Und er sagt es ganz zu Recht.

Selbst jetzt fällt es mir nicht leicht, sein Glück auszuhalten, versetzt es mir einen Stich, ihn lachen zu sehen, weil sein Herz es tut. Weil es nicht ich bin, mit dem er lacht.

Wie kann ich nur so sein?

●

»Kommst du zur Präsentation?«

Ich sitze auf dem vertrauten Stuhl, vom Shirt befreit, in der üblichen Pose. Laut Tullio ist dies eine der letzten Sitzungen. Das Bild spricht dafür. Es entwickelt sich. Im Gegensatz zu Andreas Schichttechnik hat Tullio eine sehr feine, diffizile Methode für sich gefunden. Eine, die mich an die Malerei des Realismus erinnert. An Courbet, Dix oder Millet. Es passt zu ihm. Es wirkt so gewissenhaft.

»Ich komme gerne«, versichere ich ihm.

Die Semesterausstellung: Ich sehe sie mir jedes Jahr an, begleitete bis dato Andrea. Dieses Mal also an Tullios Seite. Halt! Nein, falsch! Ich bin sein Gast. Ilario an »seiner Seite«, und dann sage ich: »Vermutlich werde ich mich an der Universität in Rom einschreiben, Tullio.«

Ich weiß nicht, warum ich das tue, kann nur erahnen, wie seine Reaktion aussehen wird. Er tritt hinter der Staffelei hervor und sieht mich groß an.

»Warum?«, fragt er sichtlich betroffen.

»Die Fakultät ist ausgezeichnet«, erkläre ich halbherzig, »Aber es hält mich hier auch nichts mehr.«

»Daran bin ich schuld.« Tullio lässt den Pinsel sinken. Er betrachtet mich mit hängenden Schultern.

Gut – das wollte ich jetzt wirklich nicht hören. Auch nicht sehen.

»Wenn hier jemand Schuld auf sich geladen hat«, erkläre ich, »dann wir, die Familie. Jeder auf seine Weise. Und das weißt du ganz genau. Du hast es mir selbst zu verstehen gegeben.« Ich greife nach meinem Shirt, ziehe es mir über und sage entschieden: »Nein, Tullio, ich würde es für mich machen. Hier sehe ich keine Perspektive. Nicht in diesem Haus, nicht mit diesen Menschen. Und auch nicht an dieser Universität. Das, was mir wirklich fehlen würde«, gebe ich offen zu, »bist du. Du bist der Einzige. Und davor habe ich auch etwas Angst.«

Hilflos hebt Tullio die Arme.

»Und ich auch!«, sagt er leise. »Du bist doch mein einziger Freund, Davide.«

Das lässt mich verharren, trifft mich bis ins Mark.

»Da ist Ilario«, sage ich verhalten.

»Ja, sicher. Aber das ist doch etwas ganz anderes«, erklärt er überzeugt. »Nicht miteinander zu vergleichen.« Er wendet sich von mir ab. »Du warst immer an meiner Seite«, sagt er leise.

Ich trete auf ihn zu, lege meine Hand auf seine Schulter, sodass er sich mir zuwendet, dränge ihn sanft in den vorderen Bereich des Kellers, sodass wir ungestört reden können.

»Ich wünschte, es wäre so gewesen, Tullio«, sage ich leise, »aber wann habe ich dir schon mal beigestanden?« Ich schließe die Augen. »Allein diese Tatsache macht es mir schwer, zu bleiben. Verstehst du? Ich kann mir ja kaum im Spiegel begegnen.«

»Ist das wahr?«, fragt er bestürzt.

Ich nicke.

»Aber so musst du nicht empfinden«, versichert er mir. »Wir haben unsere Einsamkeit miteinander geteilt. Erinnere dich. Immer schon! Weißt du, wie kostbar das ist? Dadurch waren wir nicht so alleine. Und hätte ich deine Unterstützung gebraucht, dann hätte ich dich darum gebeten.«

»So siehst du das?«

»Genau so! Und das habe ich dir auch schon mal so gesagt. Ich bin gut im Verbergen – erinnerst du dich? Ich wollte nicht, dass du von alldem etwas mitbekommst.«

Er hat recht, ich erinnere mich.

»Wenn du gehen musst«, erklärt er abschließend, »dann nicht meinetwegen.«

Ich nicke, werde über seine Worte nachdenken. Das verspreche ich ihm.

»Und Ilario?«, frage ich nach einem Moment.

»Was ist mit ihm?«

»Meinst du, es hat Zukunft?«

»Ich hoffe es«, sagt er verhalten.

Ich lächele, kann mich in diesem Augenblick plötzlich freuen, für ihn. Ja, ich wünsche es ihm sogar, dieses Glück.

»Habt ihr schon …«, frage ich etwas verlegen, um im nächsten Moment fassungslos festzustellen, was ich da gerade von mir gegeben habe.

Tullio sieht mich groß an. »Welche Rolle sollte das spielen?«, will er zu Recht wissen.

»Entschuldige, ich …«

»Nein, haben wir nicht«, erklärt er nüchtern. »Aber werden wir viel-leicht. Vielleicht auch nicht. Es ist nicht wichtig. Er ist kein Dessi, verstehst du? Es ist unwichtig.«

Ich senke den Blick, verstehe tatsächlich.

Dennoch muss ich lächeln.

Seine Antwort gefällt mir. Der Trotz darin.

●

»Wieso treffen wir uns hier?« Cecilia hat so eine Art, auf andere herabzu-blicken, die schon beeindruckt, auf gewisse Weise. Ich sitze auf meinem üblichen Platz unter dem alten Ginkgo, habe sie gebeten, dorthin zu kommen.

Ich weise neben mich.

»Unser Haus erscheint mir ungeeignet dafür. Zu viel Gift, das ver-sprüht worden ist in letzter Zeit.«

Sie setzt sich, betrachtet mich abschätzend durch ihre Sonnenbrille.

»Also?«

»Ich möchte versuchen zu retten, was zu retten ist«, sage ich aufrichtig. »Aber dazu müsstest du auch bereit sein, mitzuspielen.«

»Ich spiele grundsätzlich nicht, Davide. Das müsste dir eigentlich klar sein.«

Ich übergehe das.

»Kürzlich hatte ich ein Gespräch mit Andrea«, beginne ich. »Ein für mich sehr aufschlussreiches.«

»Er hat mir davon berichtet.«

»Was hat er gesagt?«

»Dass du nur glauben kannst, was du glauben willst. Er ist der Ansicht, wir haben dich verloren.«

»Ich glaube, was ich sehe«, erwidere ich. »Und ich wäge ab zwischen dem, was ich erfahre, und dem, was offen liegt.«

»Und?«

»Bei der Präsentation von Davides Porträt«, fahre ich fort, »da hast du ganz genau gewusst, was gespielt wird. Die Ohrfeige kam nicht von un-gefähr.«

Cecilia schweigt.

»Du hast dich damals klar auf die Seite von Tullio gestellt, bist ihm sogar nachgegangen. Das war eine starke Haltung! Und du hattest uns auf deiner Seite, Mutter, denn was du getan hast, hat uns allen imponiert. Was hat sich geändert seitdem?«

»Was willst du, Davide?«, fragt Cecilia ungehalten. Ich spüre ihre Unsicherheit. Etwas, das sie nur selten zulässt.

»Ich will zumindest einem Elternteil in die Augen sehen können. Ist das so schwer zu verstehen?«

Als wolle sie ein Zeichen setzen, schiebt sie ihre Sonnenbrille auf die Stirn.

»Und was wäre daraus resultierend die Konsequenz, Davide? Erwartest du, dass ich deinen Vater verlasse? Ist es das, was du willst? Soll unserer Familie restlos auseinanderbrechen? Strebst du das an mit diesem Treffen?«

»Du vereinsamst neben diesem Mann«, prophezeie ich. »Du wirst seinen Bedürfnissen nie genügen können. Das muss dir doch klar sein. Von Umberto weiß ich, dass Andreas Verhalten nicht neu für dich sein kann. Es hat Methode. Tullio ist kein Einzelfall.«

»Und doch befinde ich mich in einer Abhängigkeit, Davide.«

Diese Aussage überrascht mich.

»Ja, siehe mich ruhig so an. Aber so einfach ist es eben nicht. Natürlich bestehen da Abhängigkeiten – und ich spreche von zwischenmenschlichen, emotionalen Abhängigkeiten.«

Sie lässt ihre Hände sinken, schaut in die Baumkrone hinauf, dann zu mir, blickt mir direkt in meine Augen.

»Ich liebe deinen Vater, Davide. Bei allem Wissen um seine gravierenden Schwächen liebe ich ihn. Und eigentlich müsstest du das auch verstehen können, denn bei all den Fehlern, die er zweifellos besitzt, ist er ein Mensch mit Charisma, Charme, Witz und Eloquenz.«

Tatsächlich berühren mich ihre Worte.

Sie sind so überraschend menschlich.

»Und was ist mit uns, Mutter? Was ist mit mir?«

»Was soll mit dir sein, Davide?«

»Bin ich dir denn völlig egal?«, will ich wissen.

»Natürlich nicht«, sagt sie ganz klar, doch irgendwie auch ohne jede Regung. »Nur – zu dir besteht einfach keine Abhängigkeit, verstehst du?« Sie lächelt traurig. »Dich habe ich schon vor langer Zeit losgelassen. Du hast es nur noch nicht bemerkt.«

Doch, denke ich, natürlich habe ich das.

Nur – das hast *du* noch nicht bemerkt.

●

Die Abschlusspräsentationen.

Jedes Mal ist es spannend zu erleben, wie die angehenden Künstler zu ihren Arbeiten Stellung beziehen. Mir ist klar, wie schwer es Tullio fallen muss, in diesem Prozedere nicht unterzugehen, die richtigen Worte zu finden. Das ist nicht seine Welt. Sprache nicht sein Werkzeug.

Umso überraschter stelle ich fest, dass er dem Ganzen gelassen entgegensieht.

Obwohl die Halle durch Studenten und Besucher gut gefüllt ist, macht Tullio einen entspannten Eindruck. Lächelnd blickt er mir aus seiner Koje entgegen.

»Du bist gekommen«, stellt er erfreut fest.

»Das hätte ich mir niemals nehmen lassen.«

Unsere Begrüßung fällt unbeholfen aus, etwas linkisch, mit einer missglückten Umarmung.

Tullio trägt Schwarz. Das ist ungewohnt für mich, aber es steht ihm, passt. Das klare Blau seiner Augen tritt so stärker in den Vordergrund.

Ich sehe mich um, betrachte mir seine Radierungen erstmals genauer.

Die Detailverliebtheit, mit der er die Kadaver reproduziert hat, beeindruckt mich. Ebenso die Wirkung der gesäuberten Skelette. Präsentiert auf mattschwarzen Stelen, geschützt unter Plexiglaswürfeln.

Seiner Arbeit haftet etwas Wissenschaftliches, fast schon Biologisches an. Es muss mir also gefallen. Überdimensionierte Studien des Zerfalls. Selbst der Ausdruck der toten Augen ist ihm geglückt, dieser gebrochene, für ewig verlorene Blick.

»Dürer hätte seine helle Freude an dir gehabt«, versichere ich nach einem Moment des Studierens.

Als ich mich ihm zuwende, entdecke ich Andrea, der uns vom Eingang der Nische aus beobachtet.

»Eine gelungene Präsentation«, lobt er ebenfalls, ohne erkennbare Regung. Dann sagt er: »Ich habe das Talent immer gesehen, habe immer versucht es zu fördern.«

Tullio verharrt in der Bewegung. »Und dafür bin ich dir dankbar«, erwidert er ruhig.

Andrea lächelt. »So *dankst* du also«, sagt er leise.

»Was willst du?«, frage ich direkt, vor allem jedoch gut hörbar, um der Situation eine andere Färbung zu geben.

»Nun«, erwidert Andrea etwas herablassend, »ich gehöre zum Lehrkörper der Fakultät, begutachte die Leistung meiner Studenten, teile ihnen meine Ansicht zu Ihren Arbeitsergebnissen mit – was unter anderem zu meinen Aufgaben gehört. In diesem Fall kann ich zufrieden bestätigen, dass sich dieser ganze Aufwand mit Tullio gelohnt hat.«

*Dieser ganze Aufwand* – das ist jener Moment, stelle ich fest, in dem mein Vater mich das erste Mal in meinem Leben anekelt. Wie er da steht, in seiner Selbstgefälligkeit, lächelnd, sich seiner Position ganz und gar bewusst, auf Tullio herabblickend, so als sei er ein Ding, ein *Etwas,* das er benutzt und abgelegt hat. Eine beklemmende Erkenntnis.

Beherrscht sage ich: »Geh doch einfach!«

»Mein Sohn sagt mir als Gast in meinem eigenen Haus, was ich zu tun und zu lassen habe?« Seine Hand weist einen weiten Bogen in die Halle.

»Dieses Haus ist auch Tullios Haus«, erinnere ich ihn.

Andrea setzt an, darauf etwas zu erwidern, überlegt es sich jedoch anders. Mit einem letzten, abschätzenden Blick auf Tullio wendet er sich um und schickt sich an, die verbleibenden Kojen zu inspizieren.

Tullios Selbstsicherheit ist dahin.

Ich sehe es. In seinen Augen erkenne ich es.

Aufkeimender Hass gesellt sich zum Ekel.

Und so etwas wie bittere Entschlossenheit.

●

Ilarios Arbeit überrascht mich.

Eine Videoprojektion.

Sie zeigt ihn.

Sein Gesicht.

Ilario weint.

Tränen fließen aus seinen Augen, unaufhörlich.

Sie sind jedoch nicht klar, wie Tränen es sind. Sie sind weiß. Weiß wie Milch.

Ilario weint Milch.

Die Arbeit berührt mich. Sie schmerzt regelrecht. Trauer und Qual sind zu sehen. Verzweiflung womöglich. Es ist nicht leicht, sich das anzuschauen, und ich stelle fest, dass es nicht nur mir so geht damit.

Menschentrauben haben sich versammelt, um das Projekt zu verfolgen. Tullio, dicht an Ilarios Seite, beobachtet gebannt die Sogwirkung, die die Projektion erzeugt.

Ergänzt wird sie von einem Plätschern.

Stille …

Gebannte Stille.

»Was erkennen wir, wenn wir in ein Gesicht schauen?«, fragt Ilario irgendwann. »Sehen wir tatsächlich den Menschen in seiner Gänze oder sehen wir nur die Fassade, vielleicht die Maske, die er gerade trägt? Bemühen wir uns überhaupt, unser Gegenüber wahrzunehmen? Sehen wir nur, was wir sehen wollen? Oder schauen wir hinter die Kulisse? Geht das überhaupt?«

Er tritt einen Schritt zur Seite, sodass die Blicke ungehindert Zugang auf die Projektion haben, weist auf den Bildschirm, auf das sich wiederholende Schauspiel dort, die milchigweißen Tränen, die nicht aufhören, aus seinen Augen zu quellen.

»Augen sind die Spiegel der Seele, heißt es«, sagt Ilario. »Diese Arbeit zeigt ein intimes Stück von mir, das im Verborgenen bleibt. Verständlich ist sie nur für jene, die mich sehr gut kennen – oder für jene, die sich bemühen hinter die Maske zu schauen, die interessiert sind, nicht gleichgültig oder voreingenommen«, erklärt er.

»Weiße Tränen«, stellt ein Besucher fest, »Als Symbol für Unschuld und Reinheit?«

»Ich gebe keine Antworten durch meine Arbeiten«, erklärt Ilario. »Wenn du mich als rein und unschuldig einschätzt, dann ist das für dich der Fall. Dann bin ich das für dich. Doch worum weine ich? Um diese Unschuld? Weil ich sie verloren habe? Ich denke, nur wenige kennen die Auflösung. Da mich nur wenige ohne meine Maske kennen. Nur wenige aber auch versuchen, mich zu sehen.«

»Ist sie selbstkritisch oder als Kritik zu verstehen?«

»Weder noch.« Er tritt einen Schritt vor. »Sie zeigt mich einfach. Es geht nicht um einen Verlust, vielmehr um eine Sehnsucht, die niemals gestillt werden kann. Es geht um mich, der ich bin – und doch nie sein werde.«

»Ejakulierende Augen«, stellt ein Kommilitone fest. »Ich sehe darin ejakulierende Augen.« Er sagt es klar, deutlich, überzeugt.

Nur das Plätschern ist zu hören.

Jetzt, wo er es sagt …

»Wenn das für dich der Fall ist …«, wiederholt Ilario seine These, »… dann ist es so. Dann bin ich das für dich.« Seine Stimme kippt etwas. »Doch worum weine ich dann?«

Ein Lächeln seines Gegenübers. »Sag du es mir!«

Ilario schüttelt still den Kopf, endet an dieser Stelle. Dann tritt er einen Schritt zurück, gibt so zu verstehen, dass er am Schluss der Präsentation angekommen ist.

Da fällt mein Blick auf Tullio. Wie erstarrt steht er da, beobachtet, wie der Fragensteller durch die Halle auf Andrea zugeht. Ihr Lächeln füreinander wirkt verstohlen.

Etwas in Tullios Blick sagt mir, dass ich gerade Zeuge einer eigenwilligen Darbietung geworden bin.

Einer jedoch, die sich mir nicht erschließt, die Fragen aufwirft.

Fragen, von denen ich nicht weiß, ob ich die Antwort darauf überhaupt kennen möchte.

# TULLIO

## 1.

»Ich bin nicht alleine«, sage ich leise. »Ich habe Ilario mitgebracht.«

Umberto hat gerade einen Schluck Wasser getrunken, stelle ich mit Erleichterung fest. Mit dem Trinken tut er sich schwer, weil er es einfach vergisst. Und ich kann nicht immer daran denken.

Er lächelt wissend, schließt die Wasserflasche, stellt sie zur Seite. »Das Grafik-Ass«, erinnert er sich.

»Genau! Wir hatten heute Präsentation an der Akademie«, erzähle ich. Und dann berichte ich ihm davon, beschreibe ihm, wie ich meine Arbeit vorgestellt habe, dass es gut geklappt hat und was ich für die Zukunft plane.

»Was hast du dir da vorgenommen?«, will Umberto von mir wissen.

»Ich werde all die Fotos malen, die nie von mir gemacht wurden«, erkläre ich ihm. »Denn es gibt keine. Ich bin ein Mensch ohne Fotos und ohne Erinnerungen. Deswegen muss ich sie für mich selbst reproduzieren. Das ist mein Ziel.« Dabei schaue ich zu Ilario. Er hält sich etwas im Hintergrund, findet das mit uns hier im Keller immer noch etwas suspekt.

»Ich bin nicht mehr allein«, traue ich mich zu sagen. Ich will, dass Umberto es weiß. Seine Hand sucht die meine. Er drückt sie vorsichtig, lächelt und sagt: »Das habe ich mir schon gedacht.«

Mein Mut geht noch weiter. »Ilario wird heute bei uns übernachten«, erkläre ich einen Moment später. Nun ist es raus.

Er zieht seine Hand nicht weg, stelle ich erleichtert fest. Im Gegenteil, er drückt sie etwas fester, auf eine gute Weise, einem Einverständnis gleich.

»Auch das habe ich mir gedacht«, sagt er leise. »Deine Stimme verrät so einiges über dich, wenn du erzählst.«

Ich erwidere nichts, bin aufgewühlt, ja vielleicht sogar überwältigt. Gut ist es in jedem Fall.

Ilario verfolgt all das ohne Regung. Aber ich bin sicher, er weiß, wie wichtig das Gesagte für mich ist.

●

*»Ich bin nicht mehr allein«*, wiederholt er nachdenklich meine Worte. Wir liegen auf meinem Bett und betrachten die Decke. Ich habe dort Skizzen von meinen Bildern angeheftet. In diesem Falle von Fischen. Lauter Karpfen. So ist es, als ob wir uns unter Wasser befinden.

Unsere Hände umfassen sich. Ilarios Daumen streicht immer wieder über meinen Handrücken.

Nie zuvor hat das jemand bei mir gemacht.

»Ja!«, sage ich leise. »So fühlt es sich an. Wie *gemeinsam*.«

Er dreht sich auf die Seite, stützt sich mit dem Ellenbogen ab und schaut mich an.

Ernst und durchdringend, so, als würde er in mir nach etwas suchen.

»Du meinst es wirklich ernst, oder?«

Ich verstehe die Frage nicht, sage ihm das.

»Na, das mit mir«, erklärt er. »Es ist dir ernst mit mir. Dass du es vorhin deinem Umberto erzählt hast, zeigt mir, dass du es tatsächlich ernst meinst.«

»Ja sicher«, antworte ich erstaunt. »Du denn nicht?«

»Ich bin ein sehr vorsichtiger Mensch, Tullio«, sagt er verhalten. »Solche Entscheidungen kann ich nicht binnen so kurzer Zeit treffen. Wir kennen uns ja kaum.«

»Schon, aber wie soll ich dich kennenlernen, wenn wir uns dafür nicht die Zeit nehmen?«, frage ich ihn. »Alles, was ich von dir weiß, gefällt mir bislang.«

»Und was weißt du schon über mich?« Nun lächelt er vorsichtig. Seine Augen blicken neugierig, während er beiläufig über meinen Arm streicht.

»Du siehst mich«, sage ich leise, genieße die sanfte Berührung. »Du achtest auf mich. Und das möchte ich auch für dich tun. Dich sehen und auf dich achten.«

Sein Haar streift meine nackte Schulter.

»Oh Mann, Tullio«, sagt Ilario leise. »Du hättest mir jetzt hundert andere Antworten geben können und keine davon wäre die richtige gewesen. Aber du hast die eine gefunden.«

Nun muss ich lächeln, denn ich wusste nicht, dass ich so was kann.

Einen Moment betrachtet er mich ernst, so als sähe er mich zum ersten Mal. Dann senkt er den Kopf, lässt sacht seine Lippen über die meinen wandern. Ganz zart.

Zwischen den Küssen fragt er: »Gibst du mir etwas Zeit, Tullio?«

Ich antworte ihm nicht. Denn eigentlich habe ich das ja gerade eben getan. Ich habe ihm gesagt, dass ich ihn achte.

Lieber erwidere ich seine Küsse.

Immer schmecken sie etwas nach Rauch.

Das liebe ich.

●

Am kommenden Morgen habe ich die letzte Sitzung mit Davide.

So ist es verabredet.

Ilario und ich leisten Umberto Gesellschaft, als er die Stufen in den Keller hinabtritt. Wir trinken gerade Kaffee und essen mit Butter bestrichene Brioche.

Ilario hatte sich irgendwann ein Herz gefasst und sich getraut, Umberto gegenüberzutreten. Er hat ihm die Hand gegeben und ihm seinen Namen genannt. Es war mir wichtig, dass sie sich kennenlernen.

»Du hast eine schöne Stimme«, hat Umberto da zu ihm gesagt und nicht geahnt, wie wunderbar dieses Kompliment für Ilario ist.

Es ist noch nicht so lange her, dass sie ihm gefällt, seine Stimme.

Das habe ich in der letzten Nacht erfahren, wie glücklich er ist über ihre Veränderung. Wie sich ein Kratzen hineingeschlichen hatte, sie dunkler wurde, rauer, eben zu *seiner* ureigenen Stimme – das und noch so viel mehr hat er mir erzählt. Ich glaube, er beginnt mir zu vertrauen. Also habe ich ihm auch von mir erzählt.

Von meinem Vater habe ich erzählt, von Sofia und ihrer Qualmerei. Ich habe ihm von meiner Mutter erzählt, und dass ich lange Zeit Schuld für ihren Tod empfunden habe. Ich habe wieder von Davide erzählt, was er mir bedeutet und wie groß der Platz in meinem Herz für ihn ist.

»Ohne Davide«, erklärte ich mit Überzeugung, »wäre ich nicht der, der ich heute bin.«

●

Jetzt steht er da also, mein Davide, wunderschön, wie er nun mal ist. Er zieht sein Shirt über die Locken und nimmt auf dem Stuhl Platz, auf dem ich ihn male, kommt nicht zu uns, will die Situation wohl nicht stören, vermute ich.

Da streiche ich durch Ilarios Haar, küsse es, genieße diesen Duft, erhebe mich und gehe auf Davide zu, begrüße ihn mit einem Lächeln. Er schaut etwas scheu an mir vorbei, kennt mich einfach noch nicht in solchen Situationen. Für mich ist es ja auch neu.

»Tullio *liebt*«, sagt er leise zu mir und es klingt gut, *wie* er es sagt.

»Es ist so schön«, sage ich ebenso leise zurück. »Umberto weiß es jetzt auch und er hat kein Problem damit.«

»Hattest du Angst, dass nicht?«

Ich nicke. »Er ist alt. Ich war mir nicht sicher.«

»Ilario ist ein Glücksfall«, sagt Davide und ich höre heraus, dass er es auch so meint.

Ich schließe die Augen, nicke und freue mich, dass er es so sieht.

»Wollen wir?«

Die Arbeit geht mir leicht von der Hand. Wie auch nicht?

Alle, die ich wirklich liebe, befinden sich in diesem Raum. Ganz leise höre ich Ilario und Umberto miteinander sprechen. Sie mögen sich. Das erleichtert mich. Dazu im Hintergrund Musik von Umbertos Plattenspieler: Klaviersonaten von Franz Schubert.

Davide, vor mir, stolz den Kopf erhoben – und im Zentrum des Ganzen: ich selbst, glücklich, mit meinem Pinsel in der Hand, das Bild auf dem Brett vollendend.

Es wird wunderschön.

Das weiß ich einfach.

●

»Ah – Tullio!«

Unvermittelt stehen wir Cecilia im Treppenhaus gegenüber. Sie kommend, wir gehend. Ihr Blick schwenkt zu Ilario, tastet ihn ab. Ich kenne das schon. Ein Scannen. Sofort beginnt sie zu sortieren, zu kategorisieren, ein- und zuzuordnen, sich eine Meinung zu bilden. Ihr schmales Lächeln sagt mir, dass sie ahnt, vermutlich sogar verstanden hat.

»Wie geht es Umberto?«, fragt sie sanft. Ich glaube nicht, dass sie es wirklich wissen will, doch Cecilia ist geübt darin, Konversation zu betreiben. Es ist ihr Talent. Sie macht es gern. Und sie macht es gut.

»Besser«, berichte ich, weil es stimmt. »Er isst und trinkt wieder. Er lacht auch wieder mehr.«

»Ich möchte dir sehr dafür danken, dass du dich um ihn kümmerst«, sagt sie tatsächlich. »Trotz allem, was vorgefallen ist. Du unterstützt mich damit mehr, als du ahnst.«

»Ich mache es für ihn«, stelle ich klar. »So wie er für mich da war, bin ich es nun für Umberto.«

Einen Moment betrachtet sie mich. Ihr missfällt, dass ich ihre unerwartete Zuwendung nicht entsprechend honoriere. Das erkenne ich an ihren Mundwinkeln. Sie ziehen sich dann immer etwas zusammen und der Lippenstift kräuselt sich.

»Tja«, erwidert sie jetzt, in gänzlich anderer Tonlage. »Es hat sich ja letztlich auch gründlich für dich ausgezahlt, wenn ich das richtig sehe.«

Ich nicke. »Du hast deinen Blick auf die Dinge«, sage ich ruhig, »Umberto hat den seinen. Ich war einfach für ihn da, weißt du? Und wir verstehen uns gut. Er mag mich und ich liebe ihn. Wir respektieren uns und wir sind ehrlich zueinander, so wie Davide und ich. Das ist das ganze Geheimnis.«

»Dir ist schon klar, dass du letztlich meine Kinder um das ihnen zustehende Erbe bringst? Dass du Davide aus der Bahn wirfst mit deiner sogenannten *Liebe* zu ihm, Tullio?«

Davide tritt hinter uns aus der Kellertür. »Womit wirft Tullio mich aus der Bahn, Mutter?«, fragt er direkt.

Gut – *das* ist jetzt peinlich.

»Ich will es mal so formulieren«, fängt sie sich rasch. »Versuch dir einfach vorzustellen, welche Entwicklung dein Leben hätte nehmen können, Davide – ohne Tullios Einfluss. Denk einfach mal darüber nach.« Und mit diesen Worten wendet sie sich ab, schließt die Tür zu ihrer Wohnung auf und verschwindet darin.

Ihre Worte versetzen mir einen Stich. Es ist ihr gelungen, mit einer einzigen Äußerung uns beiden zuzusetzen.

Für einen kurzen Augenblick sehe ich ihr hinterher, kann noch vor dem Schließen der Tür einen Blick auf mein Porträt über dem Kamin werfen.

Es ist unversehrt.

Dann schaue ich zu Davide. Er ist es nicht.

Er denkt über ihre Frage nach.

Und ich kann nichts tun dagegen.

# 2.

»Miststück, egozentriertes!«, stellt Ilario klar. Zum wiederholten Mal.

Leidenschaftlich wendet er unsere Steaks. Ich liebe es, ihn dabei zu beobachten.

Ganze drei Tage verbringen wir schon unter seinem Dach. In der *Höhle*, wie er es nennt. Ilario braucht das. Diesen Rückzugspunkt. Die Dunkelheit. Für ihn bedeutet es, geborgen zu sein. Da lebt er nun, direkt unter dem Himmel, und bräuchte im Grunde meinen düsteren Keller. So wie ich mich eigentlich nach seinem lichten Himmel sehne. Etwas dazwischen wäre schön.

*Gemeinsam.*

Davide hat versprochen, nach Umberto zu sehen, sodass ich mir keine Sorgen machen muss. Er unterstützt mich. Das ist immer noch neu für mich.

Nun regt sich Ilario also maßlos über Cecilias Auftritt auf. Er brät Steaks und regt sich auf. Seit dem Zusammenstoß im Treppenhaus geht das so. Dabei kennt er sie ja durch meine Erzählungen.

»Sie ist eine Gefahr!«, behauptet er gerade. »Das, was sie mit euch praktiziert, ist infam. Manipulativ und infam.«

Ilario ist zärtlich zu mir. Und er weiß genau, was er mag. Er zeigt es mir. Mit einem Lachen, so intensiv, dass es mich ansteckt, mich einfach nur glücklich macht.

Es ist nur wunderschön. Ich weiß nicht, wie er es hinbekommt, aber das kann er einfach. Geschlafen haben wir bislang nicht miteinander. Aber das macht nichts. Ich finde es irgendwie gut. Dennoch freue ich mich darauf. Zum ersten Mal würde ich mich wirklich darauf freuen. Ich glaube, er sich auch. Aber wir warten noch ab. Auf einen besonderen Moment vielleicht. Ich weiß es nicht genau. Vielleicht will er es auch nicht. Wäre auch in Ordnung. Ich werde es wissen, wenn es so weit ist. Falls es je dazu kommt.

Seine Hände auf meinem Körper tun mir gut. Ich liebe seine fordernden Küsse, diese forschende Zunge, seinen rauchigen Geschmack. Ganz besonders liebe ich jedoch seine Blicke. Sie tauchen tief in mich ein. Direkt in meine Seele schaut er dann.

Das ist das eine.

Ich genieße es aber ebenso, abends mit ihm durch die Straßen zu ziehen, Hand in Hand. Die Beine über das Ufer des Arnos baumeln zu lassen, mein Kopf auf seiner Schulter liegend, seiner Stimme lauschend, die von Ideen erzählt, von Träumen, die Bilder malt, aus welchen sich mehr und mehr Ilario herausschält. Es ist ein Geschenk! Ich brauche das, merke ich.

Nie zuvor hatte ich so etwas. Dieses Zarte, ganz Vorsichtige. Den Duft der Haut des anderen wahrnehmend, seine Wärme. Worte wie ein Streicheln.

Wir gehen fein essen, in einer kleinen Trattoria, versteckt im Hinterhof. Er lädt mich ein, führt mich aus, bestellt Muscheln, Garnelen und weißen Wein, über dessen Gläser wir uns lächelnd Blicke zuwerfen. Ilario verwöhnt mich. Wie im Film.

Ich liebe Ilario.

Ihm das anzuvertrauen, steht mir nicht zu. Er muss es zuerst sagen. Das ist die Zeit, die er sich erbeten hat. Die braucht er. Das mit dem Vertrauen ist nicht leicht für ihn. Und betrachte ich mir die unzähligen Narben an seinem Körper, verstehe ich es. Jede einzelne davon erzählt eine Geschichte. So wie die meine auch.

Jeder Schnitt ist ein besonderer Moment, bin ich mir sicher. Einer, in dem er sehr allein war.

»Es war vor allem der Geschmack des Blutes«, erklärte er mir, als ich ihn danach fragte. »Der konnte mich beruhigen, verstehst du?«

Auf meine Weise konnte ich das tatsächlich.

Gestern, nach dem Besuch in der Trattoria, trat er auf mich zu. Er schob wortlos mein Shirt nach oben und begann still und konzentriert damit, meine Narbe mit einem Öl einzureiben. Er massierte sie vorsichtig und ausdauernd. Als ich etwas sagen wollte, verstummte er mich mit einem Kuss, massierte einfach weiter.

Es ist das Liebevollste, was jemals jemand für mich getan hat.

Das kann ich nie mehr vergessen.

Ilario heilt mich. Das ist fantastisch.

●

Diesmal hat er Scamorza auf die Steaks getan und das Ganze unter den Grill in seinen Backofen geschoben. Geschmolzener Käse auf Steak – das ist neu für mich – einfach genial.

Nun liegen wir satt und rauchend auf seinem Bett. Die Katze ist wieder aufgetaucht. Ilario hat recht, sie ist nur sehr selten da und sie stört nicht.

Ab und zu streicht sie um seine Beine, manchmal versucht sie es auch bei mir. Aufs Bett darf sie nicht, also ist es scheinbar besonders interessant, das zu versuchen. Die Folge ist, dass Ilario sie durchs Dachfenster wieder nach draußen bugsiert. Ich denke, er tut es mir zuliebe.

Er achtet mich absolut. Und er hat einen besonderen Blick auf die Dinge.

»In Wirklichkeit verbringen ja nur wir selbst unser ganzes Leben mit uns, oder?«, fragt er irgendwann. »Du das deine, ich das meine.« Seine Augen mustern mich ernst. »Deshalb müssen wir es schaffen, uns selbst zu lieben. Vor allem müssen wir lernen mit uns selbst wirklich klarzukommen.« Er ascht in die gesprenkelte Keramikschale auf meinem Bauch.

»Wenn es so einfach wäre«, sage ich in Gedanken.

Er streicht mir durchs Haar, als sorge er sich um mich. »Ja, es ist nicht einfach, da hast du recht. Und das ist auch einer der Gründe, warum ich mich über Cecilia so aufrege. Ihre Worte bewirken genau das Gegenteil. Sie will euch schwächen«, erklärt er. »Es gibt kaum etwas Schlimmeres, was man einem Menschen antun kann: ihn bewusst zu schwächen. Und sie weiß ganz genau, was man dafür tun muss. Ihr fällt es leicht, das Selbstbewusstsein anderer zu brechen. Sie hat die Mittel dazu. Das macht es so perfide.«

*Perfide* – ein Wort, das ich noch nie benutzt habe.

Ich denke an die Therapiesitzungen bei Cecilia zurück. Da hatte ich immer das Gefühl, das sie mich aufbauen will. Aber da war ich auch noch nicht ihr Feind. Eigentlich bin ich das bis heute nicht, doch sie sieht es offensichtlich anders.

So ziemlich alles sieht sie anders.

Im Grunde tut sie mir leid.

●

Am fünften Tag kehre ich in den Keller zurück.

Es fällt mir schwer, Abschied zu nehmen. Ilario will etwas Zeit für sich haben, sagt er. Er brauche das.

Meine Frage, ob zwischen uns alles in Ordnung sei, bejaht er. Er habe einfach dieses Bedürfnis, auch Zeit für sich zu haben. Zum Nachdenken und Alleinsein eben. Dennoch wirkt er auf mich bedrückt. So, als sei etwas passiert, das ich nicht mitbekommen habe. Aber eigentlich ist dem nicht so. Eigentlich habe ich alles mitbekommen, glaube ich zumindest. Das beschäftigt mich. Denn ich befürchte, einen Fehler gemacht zu haben.

»Nein! Hast du wirklich nicht«, versichert Ilario auf meine Sorge hin, besiegelt seine Worte mit einem flüchtigen Kuss. »Ich bin nur manchmal kompliziert, launisch, zurückgezogen und etwas schwer. Akzeptier das bitte. Das muss ich mit mir selbst ausmachen, verstehst du?«

Nein. Aber es würde ja auch nichts ändern.

Wenn ich ehrlich bin, habe ich plötzlich Angst, dass ich Ilario zu viel werde.

●

Im Keller finde ich alles so vor, wie es sein muss. Allerdings ist es dunkel. Umberto braucht kein Licht, also brennt auch keins, wenn ich nicht da bin. Das ist ein eigenartiges Gefühl. Ein beklemmendes. Es macht mir deutlich, in welcher Situation sich Umberto befindet. Immer, ohne Ausnahme. Jeden Tag, für den Rest seines Lebens. Kein Licht mehr!

Sein Willkommenslächeln nimmt mir etwas die Sorge um ihn – und auch die Sehnsucht nach Ilario.

Ich mache jede Lampe an, die ich finden kann, stelle Kerzen auf und koche uns Pasta. Umberto liebt Sahnesoßen, also mache ich uns eine »Alfredo« mit viel Parmesan und Butter.

»Erinnerst du dich, dass ich dir mal gesagt habe, dass da Magie in dir steckt, Kleiner?«, fragt er, nachdem wir fertig gegessen haben. Ich bin gerade dabei abzuräumen. Brot wurde zuvor noch durch die Teller gezogen. Es hat ihm geschmeckt. Zwei eiskalte Peroni wandern vom Kühlschrank auf den Tisch.

»Ich erinnere mich«, sage ich.

»Es ist so weit, habe ich das Gefühl.« Sein Lächeln wirkt richtig gelöst und glücklich, als er mir das mitteilt.

Ich bezweifele das allerdings sehr stark, fühle mich gerade wenig magisch. Hätte er mir den Satz vor einer Woche gesagt, hätte ich ihm vielleicht geglaubt. Aber so …

»Wie kommst du darauf?«, frage ich matt.

»Du folgst deiner inneren Stimme«, antwortet er ruhig. »Und du hast dich für einen Menschen entschieden. Ich habe so darauf gehofft.«

»Wenn, dann hat *er* sich für mich entschieden«, sage ich verhalten. »Er ist auf mich zugekommen. Und so klar ist das noch nicht mit dem *entschieden*.«

»Dann lass deine Magie spielen.«

Er geht mir auf die Nerven mit seiner Magie.

»Ilario ist anders als die anderen«, erkläre ich. »Da ist nicht viel mit Magie zu machen. Könnte ich ihn verzaubern, dann würde ich das tun, sofort! Aber er hat seinen eigenen Kopf.«

Umberto lacht.

»Ja, sicher hat er den. Sei froh, dass es so ist.« Er trinkt einen Schluck Bier. »Gib ihm die Zeit, die er braucht, und übe dich in Geduld«, sagt er zum Abschluss. »Und hör auf deine innere Stimme!«

Ja klasse! Die ist gerade verstummt.

Vollkommen verschwunden.

Und nun?

●

Ich erreiche Ilario nicht. Immer wieder wähle ich seine Nummer, doch er geht nicht ran. Ich lasse es klingeln und nichts passiert. Ich schreibe ihm WhatsApps, doch sie werden nicht gelesen. Ich habe Angst, dass ihm was passiert ist.

Nach drei Tagen setze ich mich auf mein Rad und fahre zu ihm.

Nichts!

Weder öffnet er die Tür, noch ist etwas aus der Wohnung zu hören. Niemand ist da.

So langsam begreife ich, dass er nichts mehr von mir wissen will.

Ich bin ihm zu viel geworden.

Das mit der Nähe kann ich nicht so gut. Ich bin ungeübt in Sachen Nähe.

Scheinbar habe ich etwas falsch gemacht.

Auch einen Tag später nehme ich mein Rad, fahre zu ihm, hoffe sehr, ihn zu treffen.

Dieses Mal stelle ich fest, dass sein Briefkasten voll ist. Ich wollte ihm etwas von mir dalassen, eine kleine Zeichnung von seinen Augen, die ich für ihn angefertigt habe. Okay, das kann bedeuten, dass er weggefahren ist. Das, oder ihm ist was zugestoßen.

Das will ich nicht glauben, versuche den Gedanken beiseitezuschieben, doch vergeblich. Er nistet in meinem Kopf, lässt mich nicht in Ruhe.

●

Wieder zu Hause, lenke ich mich mit Kochen ab. Einen Auflauf wird es geben, mit Pasta, Tomaten, Schinken und Eiersahne.

Da fällt mein Blick auf die Post: ein Brief für mich. Ich atme tief ein, bin so erleichtert, denn ich erkenne die Handschrift auf dem Umschlag. Wenngleich ich mich nicht traue, ihn zu öffnen. Denn ich habe Angst vor seinem Inhalt.

# DAVIDE

## 1.

»Du hast mir eine Frage gestellt, Mutter. Ich bin gekommen, um sie dir zu beantworten.« Sage es, steuere die Küche an, ohne Cecilia groß zu beachten. Der Besuch kostet mich Überwindung.

»Davide, warte!«, ruft sie, folgt mir schließlich, beobachtet verstört, wie ich mir ein Wasser einschenke, in großen Zügen trinke – mir nachschenke.

»Im Grunde ging es dir neulich im Treppenhaus ja nur darum, Tullio zu verletzen mit dieser Frage«, sage ich geradeheraus. »Nun – ich habe mir trotzdem so meine Gedanken gemacht, habe mir überlegt, wie mein Leben wohl verlaufen wäre ohne ihn.«

Zunächst hatte sie die Arme vor der Brust verschränkt – trotzig, verärgert über mein Eindringen in ihr Refugium –, jetzt, nach meinen Worten, ändert sie ihre Strategie.

»Und?«, fragt sie eher behutsam, streicht sich ihr Haar aus der Stirn, wartet ab.

»Ich wäre vermutlich so einsam geblieben, wie ich es war, bevor ich ihm begegnet bin«, stelle ich fest. »Das ist zumindest die wahrscheinlichste aller Thesen für mich.« Auch das zweite Glas leere ich in einem Zug, fülle es wieder auf. »Tullio ist mein bester Freund, Mutter. Nach wie vor ist er das. Und er ist nach wie vor mein einziger wirklicher Freund. Vielleicht ist das traurig, kann sein, vielleicht ist das auch egal, aber so sieht es nun mal aus.«

Ich stelle das gefüllte Glas in die Spüle.

Cecilia kommt einen vorsichtigen Schritt auf mich zu.

»Weißt du, was ich richtig traurig finde, Davide, was mich ernsthaft bedrückt in diesem Moment?«, fragt sie nun, weniger angespannt.

Ich weiß es nicht, warte ab.

»Dass du damit nicht ein einziges Mal zu mir gekommen bist.« Sie legt ihren Kopf schräg, wie sie es handhabt, wenn sie darauf aus ist, Verständnis zu signalisieren.

Da muss ich lachen, kann nicht glauben, dass sie das sagt.

»Um was zu tun?«, will ich wissen. »Um auf deiner Couch zu landen? Zu einem *Fall* zu werden, wie du es mit Tullio praktiziert hast?«

»Ich habe versucht, ihm zu helfen«, sagt sie verletzt.

Das glaube ich ihr sogar.

»Anfangs sicher. Aber – Hand aufs Herz – dir war auch klar, was es für die Tullios dieser Welt bedeutet, von Andrea auf seine ganz spezielle Weise gemalt zu werden? Wir hatten das schon! Laut Umberto wusstest du ganz genau, was für sie die Folgen waren, was er mit Jungen macht. Du hast es billigend in Kauf genommen. Hattest so deine Ruhe vor Andrea. Und in Tullios Fall obendrein ein Versuchsobjekt, an dem du dich abarbeiten konntest.«

Nun stützt sie sich an der Kücheninsel ab, wendet den Blick von mir, Richtung Spüle, zu dem gefüllten Glas. Jetzt: Betroffenheit!

»Eine haltlose, schäbige Unterstellung!«, sagt sie leise.

Da hat sie recht. Und doch erkenne ich an ihrer Reaktion, dass ich richtig damit liege.

»Wie dem auch sei«, erkläre ich. »So wäre mein Leben ohne Tullio wahrscheinlich verlaufen. *Das* war es, was du wissen wolltest. Ich bin unendlich dankbar dafür, ihn kennen und lieben zu dürfen!«

Für einen Moment schweigen wir. Jetzt lotet sie ihre Möglichkeiten aus, weiß ich. Ein Strategiewechsel ist es, womit ich rechnen darf.

»Nun«, erwidert sie schließlich. »Wenn ich nicht völlig falschliege, ist deine Position zurzeit eher eine geschwächte. Das konnte ich zumindest aus den Blicken lesen, die Tullio seinem Mitbringsel zugeworfen hat.«

*Mitbringsel*!

Jetzt schäme ich mich für sie.

»Und wieder liegst du komplett daneben, Mutter. Wie so oft.« Tatsächlich macht mich ihr Versuch, einen weiteren Keil zu treiben, traurig.

»Zum einen: Wer bin ich denn, mir anzumaßen, über ihn und seinen Freund zu richten? Ist es so undenkbar für dich, dass ich mich vielleicht sogar für ihn freue? Ist es nicht das, was eine wirklich innige Freundschaft ausmacht? Zum anderen kann mir niemand den Rang ablaufen, Mutter«, erkläre ich ruhig. »Ilario und Tullio gehören zusammen. Er macht ihn glücklich. Ich hingegen bin sein bester Freund. Vielleicht vermag ich dasselbe hinbekommen, ihn auf meine Weise glücklich zu machen. Ich wünsche es mir so sehr – aber es sind nun mal verschiedene Ebenen. Wir lieben unterschiedlich. Und trotzdem steht uns nichts im Wege. Fast nichts, zumindest.« Ich sehe sie eindringlich an, dann aus dem Fenster, ich will zum Ende kommen. »Es freut mich für die beiden«, versichere ich. »Endlich habe ich erkannt, wie wunderbar sich alles entwickelt hat, und kann mich einfach nur für sie freuen.«

Ich betrachte Cecilia, spüre ihre Missgunst, erkenne, dass meine Worte sie treffen.

»Tullio hatte es immer schwerer als andere, das weißt du ganz genau. Weil er nun mal nicht so stromlinienförmig tickt wie die Norm. Ist es da so schwierig, ihm nun das zu gönnen, was für andere völlig selbstverständlich ist?«

Cecilia senkt den Blick, stelle ich überrascht fest.

»Geh jetzt«, sagt sie leise.

Der Aufforderung folge ich unmittelbar.

Ob ich etwas bewirkt habe? Ich weiß es nicht.

Eigentlich ist es mir auch egal.

Alles ist gesagt.

•

Am Abend klopft es.

Tullio steht in der Tür. Er lächelt wund.

»Alles in Ordnung?«, frage ich besorgt. Es sieht für mich nämlich nicht so aus.

»Ja, alles in Ordnung«, antwortet er jedoch. »Ich wollte dir nur das hier vorbeibringen.« Er streckt mir ein Blatt Papier entgegen. Eine Skizze seiner selbst. Nur einige feine Striche, die tatsächlich all jenes eingefangen haben, was ihn ausmacht.

»Das ist nur vorläufig«, sagt er und er klingt gedankenverloren dabei. »Ich hatte dir ja ein Porträt versprochen, dafür brauche ich aber den passenden Moment.«

»Willst du reinkommen?«, frage ich.

»Hast du denn Zeit?«

»Nee, wir sitzen hier gerade zu zehnt – schauen Fußball!« Ich verdrehe die Augen. »Verdammt, Tullio – *natürlich* habe ich Zeit! Was, wenn nicht das?«

Da muss er lachen.

»*Fußball?*« Er grinst versteckt.

Ich öffne uns eine Flasche Wein, schenke ein, setze mich und warte ab.

»Ich erreiche Ilario nicht mehr«, rückt er schließlich raus. Er hat sich mir gegenübergesetzt und trinkt.

»Was heißt das?«, will ich wissen. So wie er es sagt, kann es vieles bedeuten.

»Ich habe versucht ihn anzurufen, aber er geht nicht ran«, erklärt er. »Ich bin bei ihm vorbeigefahren, aber niemand öffnete.« Nun höre ich auch die Verzweiflung aus seiner Stimme.

»Ich wusste nicht, ob er da ist oder ob ihm was passiert ist«, erzählt er weiter. »Und ich wusste auch nicht, was ich nun tun soll?«

»Und?«

»Heute kam *das*«, sagt er bedrückt, kramt in seiner Hosentasche und schiebt mir einen zerknitterten Zettel über den Tisch.

Ein Brief, stelle ich fest.

Ich entfalte ihn, beginne zu lesen.

»Milano?«, frage ich verständnislos.

Tullio nickt traurig. »Er hat gesagt, dass er Zeit für sich braucht. Und dass alles in Ordnung ist zwischen uns.«

»Und doch fährt er nach Milano, ohne dir davon etwas zu sagen?«

»Nun ja, er hat ja den Brief geschrieben.«

Dennoch kommt es mir eigenartig vor. Immerhin haben sie die ganzen letzten Tage miteinander verbracht. Da wäre genug Zeit gewesen, ihm davon zu erzählen. Und aus den Zeilen geht nur hervor, dass er sich in absehbarer Zeit wieder bei Tullio melden wird.

»Ich habe einfach Angst, dass er denkt, dass ich nicht der Richtige für ihn bin. Vielleicht habe ich etwas falsch gemacht.« Er senkt den Blick. »Ich weiß es halt nicht.«

Ich schenke uns nach, überlege, wie ich ihm helfen kann, komme aber zu keinem Ergebnis.

Da lehnt auf einmal Carla im Türrahmen. Ich hatte ihre Anwesenheit völlig ausgeblendet, bin es immer noch nicht gewohnt, dass wir wieder zusammenleben. Sie durchquert die Küche, streicht Tullio beiläufig durchs Haar, greift sich ein Glas, setzt sich zu uns und bedient sich. Aufmerksam studiert sie den Zettel.

»Das ist nicht normal!«, sagt sie bestimmt.

»Was meinst du?«, fragt Tullio. Etwas Hoffnung schwingt in seiner Stimme.

»Wenn es so ist, wie du befürchtest, dann wäre er konkreter geworden. Du hättest von ihm einen Abschiedsbrief bekommen – so macht man das!«, versichert sie. »Dies Geschreibsel hier enthält keine Botschaft. Er wusste einfach nicht, was er dir schreiben soll. Absolut schräg. Du must abwarten. Das hier ist – *nichts*!«

Ich sehe zu Tullio, erkenne seine Betroffenheit.

Und wieder ist es mir nicht möglich, ihm zu helfen.

Es ist wie ein Fluch zwischen uns.

●

Später am Abend steht Carla in meiner Tür. Sie schaut zu mir, der ich auf dem Bett liege und lerne.

»Weißt du, was mir gerade durch den Kopf geht, Kleiner?«, fragt sie nachdenklich.

Ich lege mein Buch zur Seite, setze mich auf und verneine.

»Immer wenn Tullio etwas passiert, das ihn aus der Bahn wirft, ist einer von uns Dessis daran beteiligt.«

Jetzt, wo sie es sagt, muss ich ihr recht geben.

»Was«, fragt sie weiter, »wenn es diesmal nicht anders wäre?«

»Wie meinst du das?« Mir will kein konkretes Szenario in den Sinn kommen.

»Dieser Ilario studiert doch zusammen mit Tullio?«, sinniert sie.

»Ja, stimmt.«

»Tja. Dann denk mal darüber nach!«

Und mit diesen Worten schickt sie mich in eine schlaflose Nacht.

●

Gegen Mittag haben wir einen Plan.

Er sieht vor, unseren Vater zur Rede zu stellen.

Den ganzen Morgen haben wir darüber gesprochen, überlegt, welche Strategie wir anwenden wollen. Zu zweit werden wir auftreten, sodass wir uns gegenseitig stärken können.

Cecilia verbringt den Vormittag üblicherweise in ihrer Stadt-Praxis, Andrea arbeitet unter Hochdruck in seinem Atelier. Dazu bleibt ihm nur die semesterfreie Zeit.

»Wir überrumpeln ihn«, entscheidet Carla nach unserem dritten Kaffee. »Ich spreche, du nickst!«

Der Plan gefällt mir. Carlas Direktheit hat wunderbar entwaffnende Folgen. Das war schon immer so. Dafür beneiden sie selbst unsere Eltern.

»Und wenn es ist, wie wir vermuten?«, frage ich besorgt.

»Dann gibt's einen Einlauf!«

Carla!

Auch den werde ich ihr gerne überlassen, sollte es dazu kommen.

152

In so was ist sie nicht zu schlagen.

●

Andreas Smartphone liegt auf dem Küchentresen.

Da er beim Arbeiten keinesfalls gestört werden will, konnten wir wie sicher davon ausgehen, dass wir es dort finden werden.

Sie steckt es ein, braucht es, macht es zu unserer Waffe, damit unsere Strategie aufgehen kann.

Jetzt wird also in die Tat umgesetzt, was wir den ganzen Morgen über in der Theorie durchgespielt haben.

●

»Wenn ihr es wagt, mich bei meiner Arbeit zu unterbrechen«, poltert er aufgebracht, »muss es sich wohl mal wieder um unser Dauerbrenner-Thema handeln, nehme ich an?« Verärgert legt Andrea Farbe und Spachtel beiseite. Dennoch wirkt er verunsichert. Die Leinwand, an der er arbeitet, ist von gigantischem Format. Ein rollbares Gerüst, auf dem er hantiert, ermöglicht es ihm, sie in ganzem Umfang zu bearbeiten.

Noch ist nicht zu erkennen, welches Motiv sie einmal tragen wird. Er ist mit dem Auftragen unterschiedlicher Farbschichten zugange. Weiß scheint es ihm wirklich angetan zu haben.

»Warum, zum Teufel, hast du das getan?«, klagt Carla an. Laut und wütend spannt sie den Bogen.

»Wenn es jetzt schon *wieder* um Tullios Unterstellungen …«

»*Ilario und Milano!*«, schießt sie ihren Pfeil ab.

Wir wissen, dass er treffen muss.

Wir haben nur diesen einen.

Andrea erstarrt.

Er erstarrt und er schweigt.

»*Wieso?*«, wiederholt Carla scharf. Sie zieht sein Smartphone aus der Tasche, hält es anklagend in die Höhe.

Nun sackt er in sich zusammen.

Treffer!

»Wieso also?«

Für einen Moment steht die Zeit still.

Dann die Antwort:

»Weil Tullio … weil er, verdammt noch mal, spüren soll, wie es ist, wenn im eigenen Leben rumgepfuscht wird!« Andrea setzt sich auf das Gerüst, starrt durch die verglasten Wände in den Garten hinaus. »Ich wollte, dass er sich *einmal* so fühlt wie ich. Dass er die Ohnmacht spürt, wenn dir die Kontrolle einfach so entzogen wird.«

Gebannt schaue ich zu Carla. Sie hatte recht. Mit allem hat sie recht gehabt. Und ihre Strategie geht auf.

»Womit genau hast du Ilario unter Druck gesetzt?«, frage ich leise.

Nun schaut er zu uns, erst zu Carla, dann zu mir. Nun wird es ihm klar.

Er legt seinen Kopf in den Nacken, starrt an die Decke. Dann fängt er an zu lachen.

»Ihr wisst überhaupt nichts Genaues, oder?« Er schüttelt den Kopf, lacht weiter leise in sich hinein. »Ihr wisst nichts! Gar nichts wisst ihr!«

Carla tritt einen Schritt auf ihn zu, wedelt mit dem Smartphone.

»Wir wissen genug!«, erklärt sie uneingeschüchtert. »Du hast Ilario gedroht, hast ihn unter Druck gesetzt! Wie es deine Art ist. Du hast mal wieder manipuliert.«

Andrea schüttelt den Kopf, verschränkt die Arme vor der Brust.

»Ich habe ihm aufgrund meines Einflusses lediglich eine wissenschaftliche Mitarbeit an der Akademie in Milano ermöglicht. Wenn du das als *unter Druck setzen* bezeichnen möchtest – bitte sehr.«

»Nicht *das!*«, beharrt Carla. »Du hast ihm gedroht! Freiwillig ist er nicht gegangen.«

Immer noch schüttelt Andrea den Kopf, so als ob dadurch all dies einfach von ihm abperlen könnte.

»Ich habe ihm schlicht verdeutlicht, dass eine künstlerische Perspektive sowohl für ihn selbst als auch für Tullio von seiner Entscheidung maßgeblich geprägt sein würde. Nicht mehr. Ilarios Aussichten in Milano sind mehr als vielversprechend, dank meiner Intervention.«

»Und Tullios Zukunft ist auf Gedeih und Verderb *dir* ausgeliefert«, fügt Carla hinzu.

»Ich habe es Tullio überhaupt erst ermöglicht, so weit zu kommen«, rechtfertigt Andrea sich. »Ich würde ihm doch niemals schaden.«

»Ihm nicht – *schaden*?« Sie sieht direkt in sein Gesicht. Ihre Wut, ihre Enttäuschung, doch vor allem all ihre Verachtung liegt in diesem einen Blick.

»Ich kenne dich nicht mehr«, sagt sie kaum hörbar. Und dann noch: »Bring das in Ordnung, hörst du? *Bring das in Ordnung! Sonst …*«

Sie bricht ab, wirft ihm sein Smartphone zu und verlässt ohne ein weiteres Wort das Atelier.

Ein Blick auf Andrea zeigt mir, dass er getroffen ist.

Gut.

Mit dem Gefühl, das Richtige getan zu haben, folge ich Carla.

Sie feiern für das, was sie erreicht hat.

●

Sie weint.

Es ist das erste Mal in meinem Leben, dass ich Carla weinen sehe.

Meine starke, wundervolle Schwester.

Sie sitzt an unserem Küchentisch und die Tränen fließen nur so aus ihr heraus. Hemmungslos.

Als ich auf sie zutrete, hält sie abwehrend ihre Hand von sich. »Lass!«

Sie verbirgt ihr Gesicht vor mir.

Betroffen setze ich mich auf die andere Seite des Tisches. Drei Meter Abstand schätzungsweise.

»Du warst grandios«, sage ich leise.

Sie schüttelt den Kopf. »Es ist so furchtbar«, schluchzt sie.

»Ist es!«, bestätige ich. »Aber du hast das Richtige getan.«

Carla nickt.

»Ich war es ihm schuldig …«

Und dann beginnt sie, mir davon zu erzählen: Sie erzählt mir, dass auch sie eine Geschichte hat mit Tullio. Dass auch sie nicht darauf geachtet hat, was das mit ihm macht. Dass sie Mitschuld trägt, an dem Schnitt, an seinem Körper. Dass sie sich einfach nur bedient hat, geblendet von seiner Schönheit, sie ihn benutzt hat, weil er dem nichts entgegensetzen konnte. Weil er nicht dazu in der Lage war. Weil er nun mal war, wie er ist.

Weil er dankbar war.

Tullio eben.

Bestürzt schließe ich die Augen.

●

Am Abend klingeln wir an der Tür unserer Eltern.

Carla, Massimo und ich.

Als Cecilia uns öffnet, betreten wir wortlos das Foyer. Nacheinander nehmen wir unsere Porträts von der Wand.

Auf die Frage unserer Mutter erklärt Carla, was an diesem Tag vorgefallen ist.

Sie reklamiert, dass die Zeit gekommen sei, Veränderungen vorzunehmen, dass Andrea für sie nicht mehr existent ist. Nicht mehr existent sein *kann.*

Im gewissen Sinn liefert sie eine Art Unabhängigkeitserklärung ab, die an Deutlichkeit und Trauer nur schwer zu überbieten ist.

Sie spricht für uns drei. Dafür bin ich ihr dankbar.

Andrea steht am Durchgang zum Salon. Regungslos folgt er ihren Worten. Ein Gesicht wie in Stein gemeißelt.

Ich stehe betreten vor Tullios Abbild, ergriffen von dessen Schönheit – und nehme es von der Wand.

Da Andrea Cecilia und sich selbst mittig gehängt hat, kann aus ästhetischen Gesichtspunkten alles so bleiben, wie es ist.

Nun sind sie allein.

Was sie eigentlich immer schon waren.

Gewollt allerdings.

Jetzt sind sie es ungewollt, was einen Unterschied macht.

Das sehe ich ihren Gesichtern an.

Sie haben nun nur noch sich selbst.

# TULLIO

## 1

Betreten schaue ich mich um.

Da, wo sein Bett gestanden hat, befindet sich jetzt wieder das durchgesessene Ledersofa.

Viele Spuren sind nicht geblieben von Umberto. Sein Radius hat sich stark verengt die letzten Monate. Der meine hingegen ist gewachsen. Das Atelier, die Küchenzeile: Alles trägt mittlerweile meine Handschrift, nicht mehr die Umbertos.

Ganz allmählich verschwindet auch sein Geruch. Nicht, dass er unangenehm gewesen wäre, aber eben typisch. Jeder Mensch prägt seine Räume durch seinen Geruch.

Nun riecht es nach mir, Tullio!

Zum ersten Mal in meinem Leben besitze ich eine eigene Wohnung.

Ich hätte auch nach oben ziehen können, zu Carla und Davide, aber etwas in mir hat sich dagegen gesträubt.

Nach wie vor besuche ich Umberto jeden Tag.

Er ist jetzt in einem Heim untergekommen. Nicht weit von hier.

Prima gehe es ihm dort, versichert er mir immer wieder, und das, was ich mitbekomme, gibt seinen Worten recht. Sie kümmern sich dort gut um ihn. Das Essen schmeckt und er hat sogar ein paar Menschen gefunden, mit denen er gerne Zeit verbringt.

»Bliebe ich«, hatte er mir offenbart, »dann würde ich nichts anderes machen, als dir deine Freiheit zu nehmen. Ich würde dich benutzen. Anders als Andrea es getan hat, aber letztlich liefe es auf dasselbe hinaus. Ich weiß doch, dass du nur meinetwegen bleibst – und das darf nicht sein.«

Meine Beteuerungen, dass ich das gerne für ihn tue, ließ er nicht gelten.

»Ich mache mich an dir schuldig, Junge, versteh das doch«, erklärte er wiederholt.

157

Nun habe ich es begriffen.

Ich habe so einiges begriffen.

●

Ilario!

Unser erstes Telefonat verläuft hilflos.

»Du hast dich nicht gemeldet und auf meine Anrufe nicht reagiert«, sage ich und meine es nicht vorwurfsvoll. Ich schildere nur, was war. Dennoch fühlt er sich schuldig. Das höre ich aus seiner Stimme heraus.

»Es tut mir wirklich leid«, sagt er leise. »Ich wusste nicht, wie ich es dir sagen sollte. Ich hatte Angst davor. Und es kam alles so überstürzt. Ich musste sofort reagieren. Das war die Bedingung. Es war alles zu viel. Ich …«

Seine Stimme zu hören, versetzt mir einen Stich. In meiner Brust brennt es.

»Wie geht es dir?«, will ich wissen.

»Ich komme kaum zum Luftholen. Aber ich habe eine kleine Wohnung gefunden, wieder unter dem Dach. Und ich habe sie wieder in mein Blau getaucht.«

»Mit Katze?«, frage ich.

»Ohne Katze! Noch …« Ein leises Lachen. »Und du? Wie geht es dir?«

Er sagt, dass er seine Wohnung in sein Blau getaucht hat.

Was er nicht sagt, ist: Komm zu mir, oder: Ich möchte dich wiedersehen. Schau dir mein Blau an. Das sagt er nicht.

Er hat kein Interesse daran.

Aber er muss es sagen. Ich kann es nicht tun. Das habe ich ihm versprochen. Ich handele nach seinen Wünschen, dränge ihm die meinen nicht auf.

Ich sehne mich so unglaublich sehr nach ihm.

»Es geht so«, antworte ich auf die Frage nach meinem Befinden. »Umberto ist ausgezogen. Ich wohne nun allein.« Und füge noch hinzu: »Das ist so seltsam.«

»Kann ich mir vorstellen. Du, ganz allein, in diesem Keller.«

Ich sage nichts, warte einfach ab.

»Tullio?«

»Ja?«

Einen Moment höre ich ihn nur atmen.

»Kannst du mir verzeihen?«, fragt er vorsichtig.

»Ich möchte, dass es dir gut geht«, versichere ich ihm. »Deine Wünsche achten. Das habe ich dir doch versprochen, erinnerst du dich?«

*»Ja, natürlich tue ich das. Aber das beantwortet meine Frage nicht.«*

Doch, denke ich. Eigentlich schon.

»Es gibt nichts zu verzeihen«, sage ich bestimmt, irritiert darüber, dass er es nicht begreift.

*»Danke, Tullio.«*

Es gibt nichts, wofür er sich bedanken muss.

Doch so wie es aussieht, will er mich nicht.

Nichts weist darauf hin, dass es anders sein könnte.

Und dabei wird es wohl bleiben.

●

All das erzähle ich Carla.

Wir sitzen zusammen bei mir, hinten in der Wohnecke, trinken Wasser und reden.

Seit Neuestem machen wir das. Eigentlich, seit die Bilder abgehängt wurden.

Als Wahlfamilie bezeichnet Carla uns gerne von da an. Das gefällt mir. Denn es fühlt sich auch so an.

Nun betrachtet sie mich ernst, trinkt einen Schluck und sagt: »Es ist jetzt wirklich an der Zeit, Tullio, dass auch du mal deine Wünsche aussprichst, weißt du? Es ist wichtig für all die, die dich mögen und lieben, um zu verstehen, was du eigentlich willst.«

»Aber er hat mir gesagt, dass er Zeit braucht. Ich kann ihn nicht einfach unter Druck setzen.«

»Na, Zeit hatte er ja nun reichlich.« Carla verdreht ein wenig die Augen. »Und was kann schlimmstenfalls passieren, na?«

»Dass er nichts mit mir zu tun haben will«, antworte ich leise.

»Und davon gehst du zurzeit ja sowieso aus.«

Da hat sie irgendwie recht.

»Ich vermute vielmehr«, sagt sie nachdenklich, »dass er es nicht wagt, seine Wünsche zu äußern. Ganz genauso wie du.«

»Wie meinst du das?«

»Nun – er ist gegangen. Ohne ein Wort. Wie lässt ihn das dastehen? Vielleicht hat er einfach nur ein schlechtes Gewissen deswegen. Er hat Angst davor, was du über ihn denken könntest, deswegen. Und dann, am Telefon, erwähnst du ihm gegenüber nicht ein einziges Mal, wie sehr er dir fehlt.« Sie beugt sich etwas vor, so, wie Cecilia es immer getan hat während ihrer Sitzungen.

»Verdammt, das würde mich irremachen an seiner Stelle«, sagt sie eindringlich. »Und ich würde mich furchtbar schämen, denn ich würde glauben, dass ich dieses Verhalten verdient habe.«

So habe ich das noch gar nicht gesehen, stelle ich fest. »Aber es blieb ihm doch gar nichts anderes übrig«, wende ich ein.

»Nun ja – so siehst du es. Aber er hat jetzt eine bessere Position als zuvor, ist die Treppe hinaufgefallen, wenn man so will, Andreas Raffinesse sei Dank. Und er hat dich auch noch bei ihm gelassen, ausgerechnet bei ihm, von dem er weiß, was er dir angetan hat.«

»Ja, aber doch gerade, um mich zu schützen. Das ist der Grund, warum er gegangen ist«, beharre ich auf meiner Sicht.

»Ja, prima, Tullio. Völlig richtig! Dann ist doch auch alles bestens. Sag ihm das. Zeig ihm, dass du erkannt hast, warum er so gehandelt hat.« Sie lächelt voller Zuneigung. »Sag ihm, wie wichtig er für dich ist. Zeig ihm, wie sehr du ihn *liebst*, ja überhaupt – *dass* du ihn liebst. Menschen müssen so etwas ab und zu mal gesagt bekommen. Sie müssen es wissen, sonst vereinsamen sie.«

Das ist wichtig.

»Ich glaube, Ilario ist sehr einsam«, sage ich leise.

Ich denke an seine Schnitte.

Sie sind in Einsamkeit entstanden.

Anders ist es nicht vorstellbar für mich, denn bei mir ist es genauso gewesen.

Vielleicht sind wir uns ähnlicher, als ich denke.

»Danke«, sage ich leise.

Nun weiß ich plötzlich, was ich zu tun habe.

●

Ich stehe am geöffneten Fenster, befinde mich in Davides altem Zimmer.

Es ist jetzt in kühlem Weiß gestrichen. Eine Bedingung von Cecilia, die Wohnung bei Auszug einheitlich zu hinterlassen.

Rom …

Für Davide ist es Rom! Die Kartons sind gepackt, müssen nur noch verladen werden. Pflanzen hauptsächlich.

Ich selbst besitze eigentlich nur meinen Kasten, jenen, den mir Umberto einst gezimmert hat. Mehr habe ich nicht mitgebracht und mit mehr werde ich dieses Haus auch nicht verlassen.

Ich lehne mich etwas hinaus, schaue nach unten.

Ein Kribbeln, verloren geglaubt und doch sehr vertraut.

Vorsichtig setze ich meinen linken Fuß auf die Fensterbank.

Sie ist breit.

Ich muss keine Angst haben.

Es folgt der rechte.

So kauere ich einen Moment. Genieße dieses Kribbeln, ein schaurig-schönes Gefühl, das mich durchdringt.

Nun strecke ich das linke Bein etwas, lasse mich langsam auf der Fensterbank nieder.

Schließlich baumeln meine Beine im Freien, befinde ich mich sicher zwischen Zimmer und Abgrund.

*Stimmt!*

Umberto hat recht.

Das habe ich geliebt. So konnte ich immer am besten denken, *fühlen* …

Ich schaue auf die Fassade gegenüber. In mein altes Zimmer. Eine Familie lebt dort. Ein Mädchen hat, wo ich es nie erlebt habe, ein Zuhause gefunden.

Sie weiß nicht, dass aus ihrem Fenster mal ein Junge gefallen ist, der ihr nun gegenübersitzt und sie beobachten kann. Hoffentlich ist sie glücklich.

Die Straße da unten ist meine Straße! Ich habe sie besessen, für eine Zeit lang, und so mein Glück gemacht.

Meine Finger umfassen das Fensterbrett fester.

Sicherheitshalber.

»*Tullio?*«

Davide steht im Raum.

Er klingt besorgt.

»Ist alles in Ordnung?«

Ich nicke.

Mit einem Mal umschließen seine Hände von hinten meinen Bauch, sodass er mich halten kann, mich schützt.

Ein wunderschönes Gefühl. Wie habe ich mich danach gesehnt, früher.

»Alles bestens!«, versichere ich ihm.

Irgendwann ruht sein Kopf auf meiner Schulter. Schweigsam schauen wir gemeinsam hinaus. Über die Dächer, denn das geht von hier.

»Zeit, Abschied zu nehmen«, sagt er irgendwann leise. Ich spüre seinen Atem auf meinem Hals.

»Schauen wir Richtung Süden«, stelle ich fest, »schauen wir in deine Richtung. Schauen wir Richtung Norden, dann schauen wir ab nun in die meine.«

»So was nennt man Zukunft, Tullio.«

Da hat er recht.

Wir schauen einfach. Schauen hinaus.

Irgendwann fragt Davide: »Freut er sich?«

Ich wende mich ihm zu. »Er sagt ja«, antworte ich lächelnd. »Und dann ist das so«, ergänze ich. »Und du? Du bist jetzt ganz allein ab nun.«

Ein leises Lachen. »Ich bin ja nie allein, Tullio. Ich hab doch meine Pflanzen.«

Stimmt ja. Richtig!

*Grástis-Davides.*

So gerne würd ich davon kosten.

Und dann tue ich es.

Ich tue es einfach!

All meinen Mut nehme ich zusammen.

Ich lege meine Lippen auf die seinen.

Ganz zart.

Überraschung ist zu spüren.

Doch dann …

… er gibt sich hin, schließt die Augen.

Ich lasse meine Zunge anklopfen, behutsam.

Einmal zumindest will ich es wissen.

Will wissen, wie er schmeckt, mein Davide.

… da fehlt eine Spur von Rauch.


# FINE

# DANKE

Mein Dank gilt Tanja Nusser, Simone Mahrenholz, Sandra Gernt und Louis Opgen-Rhein, den ich zitieren durfte. Ein ganz besonderer Dank geht an Heike Reinecke, die mich beim Schreibprozess unterstützt und begleitet hat.

Ohne euch wäre es ein anderes Buch geworden.

Und dann wäre da noch Antonio Kuklik.

Ohne dich würde es das Buch überhaupt nicht geben.

# Ella Maillart

# Verbotene Reise

### Die Expedition einer unerschrockenen Frau
### durch Zentralasien

*Mit einem Vorwort*
*von Romy Pabel*

## WILHELM HEYNE VERLAG
## MÜNCHEN

HEYNE SACHBUCH
Nr. 19/2007

Titel der französischen Originalausgabe:

OASIS INTERDITES

De Peking au Cachemire
Editions Bernard Grasset, Paris 1937

Ins Deutsche übertragen von Hans Reisiger

5. Auflage

Ungekürzte Taschenbuchausgabe
im Wilhelm Heyne Verlag GmbH & Co. KG, München
Copyright © 1988
by Weitbrecht Verlag in K. Thienemanns Verlag,
Stuttgart – Wien
Printed in Germany 1996
Umschlagfoto: Silvestris Fotoservice, Kastl/Obb.
Umschlaggestaltung: Atelier Adolf Bachmann, Reischach
Druck und Verarbeitung: Ebner Ulm

ISBN 3-453-05231-5

# Inhalt

*Dem Andenken meines Vaters*

# Unstillbare Neugierde

Ein halbes Jahrhundert ist verstrichen, seit Ella Maillart ihre »Verbotene Reise« von Peking nach Kaschmir unternahm. Abenteurer und Wissenschaftler, Pilger, Kaufleute und Krieger waren vor ihr die Karawanenwege entlang der alten Seidenstraße gezogen: Männer wie Xuan Zang, Marco Polo, Dschingis Khan, Bento de Goes, Pater Huc und Aurel Stein.

Die Schilderung Ella Maillarts hat in diesen gut fünfzig Jahren kein Körnchen Staub angesetzt, sie ist frisch und lebendig, als sei sie gerade eben erst geschrieben worden. Das liegt nicht nur am Stil der Autorin, sondern auch daran, daß in Zentralchina das Rad der Zeit stillgestanden schien und weite Gebiete eben jene fünfzig Jahre von der westlichen Welt hermetisch abgeriegelt waren.

Vor Ella Maillart war es Sven Hedin als letztem Europäer gestattet worden, mit Pkws und Lastwagen bis Urumtschi im Norden der Provinz Sinkiang zu fahren. Als er bereits den Rückweg aus den von Bürgerkriegen geschüttelten Landstrichen antrat, machte sie sich auf, die über 7 000 Kilometer lange Strecke zu bewältigen, zu Fuß, mit Pferden, Kamelen und Jaks – eine Leistung, die nur ermessen kann, wer das Reich der Mitte aus eigener Anschauung kennt. Wohlgemerkt: ohne die Bequemlichkeiten, die heute Gruppenreisenden geboten werden!

Ich könnte nur wenige Frauen nennen, deren außergewöhnliche Leistungen mit denen Ella Maillarts vergleichbar sind: Alexandra David-Néel zum Beispiel, die Anfang dieses Jahrhunderts das damals noch völlig unzugängliche Tibet erforschte. Oder die Missionarinnen Mildred Cable und Francesca und Evangeline French, die 1926 als erste Frauen die Gobi durchquerten und dieses Wagnis in zwölf Jahren fünfmal wiederholten.

Die Südroute der berüchtigten Wüste Takla Makan blieb selbst Sven Hedin bei seiner (letzten) China-Reise versperrt – Ella Maillart aber gelang es, auf dem Weg Marco Polos in »Chinas Wilden Westen« vorzudringen. Dann fiel der Bambusvor-

hang, und erst fünfzig Jahre später öffnete er sich für diese Strecke wieder einen Spalt breit, einen Spalt, durch den unsere kleine »Expedition Seidenstraße« schlüpfen konnte. Es war die erste Fahrt mit Pkws, bei der die »Langnasen« selbst steuern durften, quer durch China von Ost nach West. Wir konnten auch als erste »weiße Teufel« den Khunjerab-Paß mit unseren Wagen überqueren, den Zusammenschluß der gewaltigen Gebirgsketten des Himalaja, Karakorum und Hindukusch am Pamir-Knoten. Auf der gesamten Strecke folgten wir – ohne es zu wissen – Ella Maillarts Spuren. Das ist verblüffend, denn es führen nicht nur viele Wege nach Rom, sondern auch viele Zweige der Seidenstraße nach Kaschgar.

Noch verblüffender war für mich die Duplizität vieler Ereignisse und der immer wiederkehrende Gleichklang unserer Empfindungen. Am Papierkrieg hat sich nichts geändert, die Schwierigkeiten und Probleme vor dem Start und unterwegs sind gleich geblieben. Noch immer sind die Chinesen Weltmeister im Erfinden von Ausreden, wenn es gilt, Sonderwünsche neugieriger Langnasen abzubiegen, ohne dabei einen Gesichtsverlust zu erleiden! Denn noch immer wiegt nichts schwerer als die Verantwortung auf den Schultern desjenigen, der diese Last zu tragen glaubt.

Ella Maillart hat in ihrem Buch einen bemerkenswerten Satz geschrieben, der eine wichtige Erkenntnis in sich birgt: »Beharrlichkeit, auch die des bloßen Wünschens, hat magische Kräfte.« Dasselbe haben wir erfahren. Es gab Situationen während der mehr als einjährigen Vorbereitung unserer China-Durchquerung, in denen die Männer so verdrossen waren, daß sie fast aufgeben wollten. Natürlich entmutigten mich die Absagen und Fehlschläge kaum weniger, aber ich wünschte mir gerade diese Reise so sehnlich wie Ella Maillart sich die ihre, und das beharrliche Wünschen, das Durch-nichts-sich-abweisen-Lassen strömt tatsächlich magische Kraft aus. Mein Wahlspruch war: »Nothing is impossible!« – und Ella Maillart blieb beim Verwirklichen ihrer Pläne ebenso zäh »am Ball«.

Neben unserer gemeinsamen Hartnäckigkeit überraschte mich immer wieder der Gleichklang der Empfindungen unterwegs: »Ich liebe dieses ursprüngliche Leben«, schrieb sie, »das Leben, bei dem man wieder den rechten Hunger bekommt, den

jeden Bissen zu einem herzhaften Genuß macht, bei dem man wieder die gesunde Müdigkeit verspürt, durch die der Schlaf zu einer unvergleichlichen Wonne wird.«

In vielem ergeht es mir wie Ella Maillart, auch in den kleinen, profanen Dingen unterwegs. Sie haßt Nähen – und ich steche mich in den Finger, wenn ich eine Nähnadel nur anschaue! Sie wünscht ihrem Pferd Slalom Schwimmhäute an die Hufe – und ich unsren Wagen Schwimmflossen beim Durchqueren der Flüsse. Sie ist ebenso enttäuscht von der Oase Khotan wie wir – der Zauber und die Romantik vergangener Tage sind verweht. Und bei kulinarischen Träumereien in der Wüste schweben weder ihr noch mir besondere Köstlichkeiten vor. Sie denkt mit knurrendem Magen schlicht an Berge von Kartoffelpüree mit gebratenen Würstchen und ich (noch barbarischer) an Corned beef aus der Dose!

Worin liegt nun das Verlockende solcher Reisen auf eigene Faust, was ist es, das Ella Maillart und mit ihr viele unverbesserliche Globetrotter immer wieder hinaustrieb – hinaustreibt – in die Welt, mit Sehnsucht erfüllt, bewegt, ein bequemes Dasein hinter sich zu lassen, auf vieles zu verzichten, Strapazen und Entbehrungen auf sich zu nehmen? Weshalb, wofür?

Mit Abenteuerlust allein ist das nicht zu erklären, schon eher mit der unstillbaren Neugierde auf die Begegnungen mit den Menschen unterwegs, auf ihre Kulturen und Traditionen, in denen viel Wertvolles für unser eigenes Leben steckt. Die Lust, immer wieder Neues zu erfahren und daraus zu lernen. Es sind die Abenteuer des Herzens und der Seele, die diese Art des Reisens so reizvoll und kostbar machen. Ein weiterer, wichtiger Grund ist die Freude am Erfolg langwieriger Bemühungen, die Genugtuung, Schwierigkeiten zu meistern, Hindernisse zu nehmen – kurz, die chinesische Mauer zu überwinden, wenn auch nur symbolisch.

Seit Ella Maillarts »Verbotener Reise« haben sich viele Grenzen in der östlichen Welt verschoben und wurden neu gezogen. Der riesige indische Subkontinent jenseits des Pamir wurde in einem unendlich leidvollen Prozeß aufgeteilt in Pakistan und Indien, hermetisch voneinander abgeriegelt, mit geschlossenen Schlagbäumen in Richtung Kaschmir. So trennten sich unsere Wege zuletzt doch noch von denen Ella Maillarts, obwohl inzwi-

schen längst Fahrstraßen von Skardu in Pakistan nach Srinagar gebaut wurden.

Bei den Menschen Zentralasiens aber hat sich wenig geändert in einem halben Jahrhundert, weder an der lächelnden Ungezwungenheit der Han-Chinesen noch an dem selbstbewußten Stolz der Turkvölker im Westen des Reiches der Mitte. Ihr Dasein ist in manchem besser und leichter geworden, als es war. Wohlhabender wurden sie nicht – und dennoch sind sie reicher als die meisten Menschen des Abendlandes. Für sie zählen noch Werte, denen wir wenig Gewicht beimessen.

Bei ihrer Rückkehr in die Heimat bedrückte Ella Maillart nicht nur die Enge des europäischen Kontinents, sondern auch die Uneinigkeit zwischen den Völkern und die Unzufriedenheit ihrer Bewohner – dabei »haben sie doch alle frisches Wasser und Gras in ihren Ländern!«

Und *das* – das ist wohl einer der Hauptgründe, die immer wieder die Sehnsucht nach der Ferne aufkeimen ließen in dieser ungewöhnlichen Frau und sie hinauszogen in ihr bescheidenes, armes und zugleich reiches Nomadenleben.

*Romy Pabel*

# Erster Teil

# *Peking*

Januar 1935: Peking, ein Tag mit starkem Westwind, der eine undurchsichtige gelbe Sandwand vor sich hertreibt. Ich bin unterwegs, um Nachrichten zu sammeln, die zuerst nicht besonders ermutigend lauten.

Im chinesischen Geologischen Institut kann der Pater Teilhard de Chardin, der mit der Citroën-Expedition im Jahre 1931 Asien durchquert hat, meine Befürchtungen nur bestätigen.

Szetschuan, verwüstet durch den Bürgerkrieg, ist unzugänglich und Chinesisch-Turkestan mehr »tabu« denn je. Es ist unmöglich, ein Einreisevisum zu bekommen, und würde ich mich auf der Route der Karawanen einschmuggeln, so würde ich unweigerlich zur Küste abgeschoben werden wie so viele andere.

Übrigens können die wenigen Europäer, die sich in Urumtschi, der Hauptstadt der Provinz, befinden, trotz aller Bemühungen ihrer Gesandtschaften nicht heraus; die dortige Regierung macht sich ein boshaftes Vergnügen daraus, die paar Deutschen oder Schweden, die wegen irgendwelcher Geschäfte dorthin gereist sind, hinter Schloß und Riegel zu halten. Die Citroën-Expedition selber konnte von Glück sagen, daß sie, dank prächtiger Geschenke an den Gouverneur Tschin-Shu-jen, nur drei Monate dort festgehalten worden war.

Was Sir Aurel Stein, diesen Fürsten der Archäologie in Zentralasien, betrifft, so war er gezwungen worden, Turkestan im Jahre 1931 zu verlassen, und er durfte nicht dorthin zurückkehren. Sogar der berühmte Sven Hedin, der gewandte Schwede, hatte mit den Leitern der Provinz ein Hühnchen zu rupfen gehabt. Er war im Auftrag der chinesischen Regierung, die Autostraßen bauen wollte, hingefahren und hatte dank diesem Vorwand seine Forschungen in Zentralasien fortsetzen können. Schließlich ist auch noch der Italiener Orlandini, der bereits ein Jahr in China verbracht hat, soeben über die Grenze Sinkiangs (chinesische Bezeichnung für Turkestan) gejagt worden; er hat mit dem Fahrrad – ein ideales Verkehrsmittel in Zentralasien – große Strecken zurückgelegt und erzählt eine kuriose Ge-

15

schichte, wonach man ihn in der Inneren Mongolei, weil man ihn für einen Spion hielt, zu vergiften versuchte.

Ein junger Deutscher, ein Straßenbaumeister, ist ebenfalls kürzlich in Peking angekommen. Mit Gewaltmärschen und auf Umwegen, nach mehreren mißglückten Versuchen, ist er aus Urumtschi entronnen, verweigert aber jede Auskunft, solange es seinen zwei Landsleuten nicht geglückt ist, aus diesem Gefängnis auszubrechen.

Und seit ziemlich langer Zeit ist man ohne Nachrichten von dem jungen Hanneken, der wahrscheinlich während seiner Expedition im Süden von Hami in Sinkiang getötet worden ist.

Warum umgab eine solche »chinesische Mauer« diese Provinz? Ich erfuhr, daß es sich wieder einmal um eine Prestigefrage handelte. Die Staatslenker von Nanking halten daran fest, daß Sinkiang (der Name bedeutet »neue Grenze«) ihrer Regierung untersteht, und legen keinen Wert darauf, daß jemand an Ort und Stelle die Nichtigkeit ihrer Macht am eigenen Leibe erfährt. Da sie andererseits die Verantwortung für die in jenen fernen Regionen jederzeit möglichen Entführungen oder Ermordungen scheuen, verbieten sie lieber den Ausländern ganz das Reisen in den inneren Provinzen. Und dem Gouverneur von Sinkiang seinerseits liegt auch nichts daran, sich in die Methoden hineinschauen zu lassen, nach denen er eine chinesische Provinz regiert, ohne sich um die Verordnungen der Hauptstadt zu kümmern... Es liegt nicht so sehr an den eigentlichen Reiseschwierigkeiten, sondern vielmehr an der Politik der Männer, daß diese Gebiete so unzugänglich sind.

Endergebnis: Niemand weiß, was seit vier Jahren in Sinkiang vorgeht, dieser riesigen Provinz, die an Tibet, an Indien, an Afghanistan, an die UdSSR grenzt und wo die Interessen dieser Länder in geheimem und ständigem Kampf miteinander liegen.

Immer mehr drängte sich mir der Wunsch nach einer Expedition in dieses Gebiet auf, und allmählich wurde mir auch klar, nach welchen Grundsätzen sie zu verwirklichen sei.

Man mußte vor allem die bekannten Wege meiden, wo man ganz bestimmt abgewiesen werden würde. Man mußte unversehens nach Sinkiang vorstoßen, an einer Stelle, wo es noch keine Verordnungen für Ausländer gab, mußte dann möglichst schnell Kaschgar im Norden des Pamir erreichen und sich dort unter

den Schutz des englischen Konsuls stellen, damit man nicht, wie alle Ausländer, als Spion behandelt und verhaftet wurde.

Konnten die großen, ausgedehnten Wüsten des Tsaidam im Norden Tibets mir nicht einen Zugang auf Umwegen bieten?

## Neuigkeiten aus dem Tsaidam

Da machte ich die Bekanntschaft eines jungen Geologen, der ebenfalls am Institut arbeitete. Im Auftrag Sven Hedins hatte Erik Norin das Tarim-Becken und den Norden Tibets mehrere Jahre lang bereist.

Er war in den südlichen Oasen Sinkiangs gewesen, als fanatische Mohammedaner sich erhoben, auf ihrem Zug den Heiligen Krieg und den Fremdenhaß predigten und jedermann zwangen, sich zum Islam zu bekehren. Norin, der notgedrungen fliehen mußte, natürlich unter Vermeidung der bekannten Wege, gelangte in 3000 Meter Höhe auf das riesige Tsaidam-Plateau. Einen Monat später erreichte er die Stadt Sining in der Nähe des Kuku Nor, eines großen Salzsees ohne Abfluß, und damit auch die Straße nach China. Im Tsaidam, erzählte er, findet man jeden Abend Wasserstellen. Für ein paar Franken kann man dort auch Kamele mieten. Seinen Führer bezahlt man mit etlichen Ellen Stoff oder mit Teeziegeln.

Reichlich gerechnet brauchte ich sechs Monate bis nach Kaschgar. Der Neuschnee versperrt die Himalaja-Pässe erst im Oktober. Jetzt haben wir Januar. In einem Monat, sagte ich mir sofort, muß ich schon unterwegs sein, wenn ich nicht in der Kaschgarei überwintern will.

Ich hatte aber erst acht Stunden Chinesisch-Unterricht genommen und mußte befürchten, daß mir meine Unkenntnis der Sprache unterwegs hinderlich sein würde. Da erzählte Erik Norin mir von einem russischen Ehepaar, das um dieselbe Zeit wie er aus dem Tsaidam habe fliehen müssen. Die Smigunows, die gern zu den Mongolen, unter denen sie gelebt hatten, zurückkehren wollten, würden mir als Führer und als Dolmetscher für Chinesisch, Mongolisch, Tibetanisch und Turkestanisch dienen... Er wollte ihnen sofort schreiben, daß sie sich mit mir in Verbindung setzen sollten.

Das Schicksal, so schien es, hatte für alles vorgesorgt. Peking, und was mich bisher interessiert hatte, rückte nun mit einemmal in den Hintergrund meiner Gedanken. Die einstige Hauptstadt, diese unvergleichliche Stadt, mochte vor dem behutsam tastenden Vorrücken der Japaner zittern oder es herbeisehnen – meine Freunde mochten Wunderdinge der Kunst, Reliquien der großen Dynastien der Vergangenheit entdecken – die Botschaften mochten nach Nanking umziehen – das ging mich nichts mehr an: alles in mir war jetzt eingestellt auf Zentralasien.

## Geheimnis um Turkestan

Obwohl Peking durch eine dreimonatige Karawanenreise von Urumtschi getrennt ist, liefen hier doch bis vor kurzem noch alle Berichte über Turkestan ein. Jetzt aber ist alles verändert, die Straßen sind gesperrt, und ich bekomme nur noch unzuverlässige und widerspruchsvolle Nachrichten zu hören. Wer kämpft dort gegen wen? Wer ist Sieger? Wer schürt die Unruhen? Sind es die Chinesen oder die Sowjets, die ihr Protektorat über diese unermeßlichen Gebiete, die China nicht zu regieren vermag, auszudehnen trachten? Sind es die fanatischen Turkis, vielleicht in Englands Sold, oder die Dunganen[1], die sich unter der Führung des jungen und gefürchteten Ma Tschung-jing empört haben? Und wohin ist dieser verschwunden, nachdem er die Gegend verwüstet hat? Und soll man wirklich glauben, daß seine Leute von einem japanischen panislamitischen Geheimbund unterstützt werden? Auf alle diese Fragen – keine Antwort. Nur eins ist gewiß: der Gouverneur, der die Citroën-Expedition empfangen hat, ist gestürzt und sitzt im Gefängnis... Und die Hauptstadt selbst wäre um ein Haar den Rebellen in die Hände gefallen.

An der kleinen Bar des Hôtel du Nord, wo ich über meine Pläne nachgrübelte, lernte ich einen Schweden namens Tannberg kennen, der ganz in Leder gekleidet war, eine Pelzmütze trug und chinesisch und deutsch sprach. Seine Kameraden und er verschlangen literweise Bier vor dem Aufbruch ins Innere, wo dieses Getränk nicht zu haben ist. Von Sian ab, der Endstation der Eisenbahn, gedachte Tannberg mit fünf Lastautos weiterzu-

fahren. Stolz, ein moderner Jason, rühmte er sich, der einzige zu sein, dem es gelingen werde, nach voraussichtlich wochenlanger Suche zwar nicht das Goldene Vlies, aber dafür eine wertvolle Ladung von Därmen[1] heimzubringen, die von einer amerikanischen Gesellschaft aufgekauft und dann durch den Krieg irgendwo aufgehalten worden waren.

Tannberg sprach von den Oasen Kansus, als ob sie innerhalb der Bannmeile Pekings lägen.

»Schade, daß ich grundsätzlich nie Frauen mitnehme«, sagte er beim Abschied. »Aber Sie werden andere Wagen finden, die Sie bis Lantschau bringen werden. Und wenn Sie keine grauen Haare bekommen wollen, fahren Sie von Sian ab mit Popzoff und weisen chinesische Chauffeure ab . . . Ah, und vor allem darf Nanking nichts von Ihrem Vorhaben wissen, sonst wirft man Ihnen Knüppel in den Weg.«

Mein Plan klärte sich also. Ich würde mich nach Sian begeben, wie Tannberg, und dann in den Tsaidam. Dort würde ich, mit Hilfe der Smigunows, eine Möglichkeit ausfindig machen, nach Kaschgar zu gelangen.

Ich teilte das, was ich erfahren hatte, Peter Fleming mit, einem jungen Schriftsteller, den die »Times« sich für ein Bombenhonorar gesichert hatte, um die Zustände in Mandschukuo zu erkunden. Fleming war ein großer Reisender; er hatte schon Brasilien unter den ungewöhnlichsten Umständen durchquert und vor zwei Jahren Südchina auf den Spuren der Kommunisten durchpirscht.

Er hatte ursprünglich von Peking durch die Mongolei und über Urumtschi nach Europa zurückkehren wollen, zum Teil angeregt durch das vortreffliche Buch von Owen Lattimore[2], dem letzten Ausländer, dem es im Jahre 1927 geglückt war, von China bis nach Indien zu gelangen. Nach einem Besuch in Shanghai und Tokio in Peking angekommen, hatte Fleming jedoch bald eingesehen, daß sein Reiseplan unausführbar war. Als er mich jetzt vom Tsaidam und von den Smigunows reden hörte, sagte er kaltblütig:

»Ja, auf diesem Weg reise ich nach Europa zurück. Wenn Sie wollen, können Sie ja mitkommen . . .«— »Entschuldigen Sie«, antwortete ich, »das ist meine Route, und ich werde Sie mitnehmen, wenn ich das für vorteilhaft halte.«

Die Streitfrage ist bis heute noch nicht entschieden.

Vor sechs Monaten, als ich in London Informationen über China einzog, hatte ich Peter Fleming kennengelernt. Er hatte mir geraten, mich mit ein paar hundert Visitenkarten und Briefpapier mit pompösem Vordruck zu versehen, was sehr nützlich sei, wenn man an die Behörden eines kleinen Dorfes schreiben müsse.

Dann hatten wir uns in Charbin wieder getroffen. Fleming, von Wladiwostok kommend, war dort in äußerst schlechter Laune gelandet, weil es ihm nicht gelungen war, den sibirischen Tiger, den ihm der »Intourist« versprochen hatte, zu erlegen. Man hatte ihn sechs Tage lang in Dörfern umhergeführt, wo niemand ihm zu diesem Zeitvertreib verhelfen konnte.

In Mandschukuo, wo wir beide unserem Berichterstattergewerbe nachgingen, hatten die gleichen Fragen unser Interesse erregt, und da die Japaner uns die gleichen Einführungsschreiben mitgegeben hatten, hatten wir uns zusammengetan, um unter anderm zu erkunden, was eigentlich mit den Mongolen von Barga geschehen war. Ich hatte dabei Peters glänzende Intelligenz schätzen gelernt, seine Fähigkeit, alles zu essen und überall zu schlafen, sowie die Sicherheit, mit der er den Kern einer Situation, das Wesentliche einer Debatte erfaßte. Noch mehr hatte ich seinen Abscheu gegen jegliche Entstellung der Tatsachen und die angeborene Sachlichkeit, mit der er sie darstellte, bewundern gelernt. Ich wußte auch, daß Fleming weder unter meinem Falschsingen noch unter meiner primitiven Kochkunst leiden würde. Ich wußte schließlich, daß ich nicht unverträglich sein würde hinsichtlich der drei einzigen Fragen, die ihn aus der Ruhe bringen konnten: seine Pfeife, die Jagd und seine Ansichten übers Theater.

Aber würden wir uns auf die Dauer verstehen? Ich erinnerte mich, wie sehr ich mich, nachdem ich mit ihm die Mandschurei bereist, gefreut hatte bei dem Gedanken, nun wieder allein auf Weltentdeckung auszuziehen. Und Peter klärte mich darüber auf, daß seine affektierte Stimme, sein nöliger Oxforder Akzent seinen letzten Reisegefährten fast wahnsinnig gemacht hätten. Ich wiederum warnte ihn vor meiner Brummigkeit, die schon bei so mancher Segelfahrt meinen Kameraden auf die Nerven gegangen war . . .

Man mußte diese Zweifel der Zukunft anheimstellen.

Ein ernsteres Bedenken ergab sich aus unseren Plänen. Peter wollte möglichst schnell reisen, weil verschiedene Verpflichtungen ihn nach England zurückriefen, und ich wollte nach meiner Gewohnheit trödeln, als wenn ich die Ewigkeit vor mir hätte.

Auch darüber mußten die kommenden Ereignisse entscheiden.

Die Abreise wurde also festgesetzt.

Wir wollten die Reisekosten der Smigunows und allenfalls auch die Unannehmlichkeiten der Gefangenschaft teilen. Meine Kenntnis des Russischen, die fortgeschrittener war als die Peters, konnte von Nutzen sein beim Umgang mit Führern, die keine europäische Sprache beherrschten. Dafür war es, falls wir Kaschgar erreichten, um dann über den Himalaja nach Indien vorzudringen, von größtem Vorteil für mich, mit einem Engländer zu reisen.

Schließlich – und das war ausschlaggebend für mich – war Peter nach allem, was ich von seinem Leben wußte, unter einem guten Stern geboren.

## Vorbereitungen

Unverzüglich kamen die Smigs (wie wir sie bald nannten) von Tientsin herbei. Nina, sehr rundlich, mit großen grauen Augen, war charmant. Als Tochter eines russischen Arztes aus Urumtschi, ein echtes Kind der Steppe, hatte sie immer in Zentralasien gelebt; sie konnte Brot backen, die Pferde versorgen, ja, sogar ein Zelt bauen, denn sie hatte viele Monate bei den Kirgisen verbracht, deren Sprache sie fließend sprach.

Er, Stefan, ein ehemaliger Kosak, hatte nach dem Rückzug Annankows Zuflucht in Turkestan gesucht. Er hatte mehr als fünf Jahre im Tsaidam gelebt und Hunderte von Kilometern zurückgelegt, um Wolle und Pelze, die er exportierte, zu sammeln. Er freute sich darauf, dieses Leben, das er so liebte, wiederaufzunehmen. Um mich zu überzeugen, daß er der beste aller Führer sei, kramte er alles aus, was er wußte, und entflammte meine Phantasie. Seine gelben Augen funkelten, als er die unbekannten Täler Tibets heraufbeschwor, wo er den wilden Jak

gejagt hatte; er kannte goldreiche Flüsse am Fuß gewaltiger Schnee- und Eisgebirge; er sprach sogar davon, Skier zu zimmern, falls wir eine Besteigung machen wollten; er war gut Freund mit den Mongolen und kannte alle ihre Legenden, die sie abends am Argolfeuer[1] erzählen. Fast ohne Zögern schlug er sogar vor, uns bis an die Tore von Lhasa zu bringen, wenn sich herausstellen sollte, daß der Bürgerkrieg uns den Weg nach Westen versperrte.

Wir mußten dieses aufregende Gespräch aber abbrechen, um die Liste der Lebensmittel und der Gegenstände, die wir in den Provinzen des Inneren nicht bekommen würden, aufzustellen. Kaffee, Kakao, Marmelade, Schokolade, Curry, Makkaroni, Porridge, Mostrich, nicht zu vergessen sechs Flaschen guten Kognak für besonders kalte Tage, oder für Stunden der Niedergeschlagenheit ... und vier Riesenschachteln Tabak für die Pfeifen der Herren der Schöpfung.

Was unsere Lagerausrüstung und unsere Kleidung betrifft, so hatten wir schon Schlafsäcke, Pelzmützen, dicke Wollanzüge und schwere Wintermäntel; ich kaufte noch eine Lederweste – ein recht nützlicher Schutz gegen die tobenden Stürme Zentralasiens – und derbe Stiefel, um in den Tsaidam-Sümpfen herumpatschen zu können.

Inmitten dieser Vorbereitungen erteilte Smig seelenruhig allerlei Ratschläge, bei denen ich Augen und Mund aufsperrte:

»Wir brauchen Brillen mit starken Gläsern, um unsere Augen vor den Kieselsteinen zu schützen, die der Wind aufwirbelt.«

Oder, als wir davon sprachen, das wirkliche Tibet zu erforschen:

»Sie müssen einen Revolver bei sich haben, weil die Bären so neugierig sind, daß sie es einem morgens oft unmöglich machen, aus dem Zelt herauszutreten.« Ich bewaffnete mich demgemäß schon jeden Morgen im Hof der französischen Botschaft mit einem Colt, um ein Dutzend leere Flaschen zu köpfen.

Was die Medikamente, namentlich Baldrian zur Nervenstärkung, Amaratinktur gegen Bergkrankheit und Digitalis zur Anregung des Herzens, betrifft, so bemerkte er noch dazu:

»Vergessen wir nicht Menthol zum Einatmen für die Pferde, damit sie leichter schnaufen können, wenn's über einen Paß hinauf geht.«

Ich wagte nicht, über irgend etwas mein Erstaunen zu äußern, denn ich hatte ihm, um etwaige Befürchtungen zu zerstreuen, frischweg erzählt, daß ich Zentralasien sehr gut kenne, weil ich unter den Kirgisen der Himmelsberge gelebt hätte.

Wir mußten auch noch an Geschenke für die Häuptlinge denken, von denen unser Schicksal oft abhängen würde. Wir hatten Feldstecher und ein Fernrohr, die wir auf dem Flohmarkt von Peking gekauft hatten, Taschenlampen und Taschenmesser, Füllfederhalter für die gebildeten Lamas, Halsketten, Spielkarten und Bonbons vorgesehen.

## *Läusezucht*

Ich kümmerte mich ferner um den Schutz unserer Gesundheit. Da das Ungeziefer mich während meiner mandschurischen Streifzüge nicht verschmäht hatte (Typhus wird durch Läuse übertragen), wollte ich diesmal nicht von der Gnade eines Parasiten abhängig sein, zumal ich damit rechnen mußte, daß ich mich vielleicht länger in China aufhalten würde, als ich dachte.

Seit zwei Jahren werden die Missionare gegen den Exanthem-Typhus immun gemacht durch einen neuen Impfstoff, der ausschließlich in Peking hergestellt wird.

Bevor ich mir von Doktor Tschang ungefähr 4 oder 5 Milliarden Keime, gewonnen aus etwa 200 Läusen, in drei Behandlungen einspritzen ließ, nahm ich mir die Muße, das Laboratorium der Fujen-Universität zu besichtigen. Es gelang mir nur mit großer Mühe, Peter mitzuschleppen, denn er behauptete, daß niemals eine Laus wagen würde, seine Haut anzugreifen, die »hart wie Leder« sei. Ich machte ihn darauf aufmerksam, daß ich ihn, wenn er krank würde, pflegen müßte und daß er mir also Gehorsam in diesem Punkt schuldig sei.

Der Weigl-Impfstoff wird nach einem so sonderbaren Verfahren hergestellt, daß ich ein paar Worte darüber sagen möchte. Man spritzt einem Meerschweinchen das Blut eines Typhuskranken ein. Nach vierzehn Tagen, wenn das Meerschweinchen bereits sehr krank ist, betäubt man es, öffnet ihm die Hirnschale und nimmt die hochvirulante Gehirnmasse heraus.

Nun muß man die Krankheit aber noch auf Läuse übertragen,

bevor man einen auf Menschen anwendbaren Impfstoff gewinnen kann, und deshalb besitzt das Laboratorium von Peking eine auf der ganzen Welt einzigartige Zucht dieser Insekten.

Zwecks Ernährung der Läuse kommen eine Anzahl Chinesen, die vom Typhus geheilt und folglich immun sind, zweimal am Tage hin, um dem Ungeziefer als Weide zu dienen. Eine halbe Stunde lang saugen die Läuse so viel Blut, wie sie brauchen. Jeder Mann füttert an seinen Beinen zweihundert Stück, verteilt in kleinen Schachteln mit einem Gazenetz an der Seite, mit der sie an der Haut anliegen. In diesen Schachteln, auf einem Stoffbezug, werden die Eier gelegt, die man sammelt, um eine gleichaltrige Brut zu erhalten.

»Diese Läusefütterer«, schreibt der Pater Rutten, »sind oft Bettler in Lumpen; sie sind angenehm überrascht, daß sie jetzt auch noch Geld bekommen für die Ernährung von Parasiten, die sie früher Tag und Nacht unentgeltlich beherbergt hatten.«

Wenn die Läuse zehn Tage alt sind, ist es Zeit, sie zu infizieren. Mittels einer winzigen Kanüle spritzt man ihnen etwas Gehirnsubstanz von dem typhösen Meerschweinchen in den Darm ein; ein paar Tage später wimmelt es schon von Mikroben. Nun zerlegt man mit Hilfe eines Seziermessers die Läuse. Ihr Darm wird in Karbolwasser gelegt; die Flüssigkeit wird gerührt, geklärt, eine halbe Stunde auf 70 Grad gehalten ... und der Impfstoff ist fertig.

Aber wir wollen zu unserer Reise zurückkehren. Wir mußten nun noch Waffen, Geld und Pässe besorgen.

Peter verschaffte sich von einem Freund in Shanghai einen kleinen Karabiner, Kaliber 22. Diese Waffe, aufgehalten durch eine Zugentgleisung, kam erst am Tag unserer Abreise an, was meinen Gefährten aber nicht hinderte, sich in einer Rekordzeit den nötigen Jagdschein zu besorgen. Um unsere Verproviantierung zu sichern, nahm er auch noch eine Winchesterbüchse Kaliber 44 mit.

Damit wir nicht eine schwere Last mexikanischer Silberdollars (die Münze, die in China in Umlauf ist) mit der Bahn und im Lastauto befördern mußten, besorgte Fleming beim Generalpostmeister einen Scheck auf das Postamt von Sining, der letzten Stadt vor den unbewohnten Gegenden des Kuku Nor. Was würden wir von da ab tun? Wir hatten keine Ahnung. Nach

Owen Lattimore nehmen die indischen Kaufleute von Khotan, die ihr Kapital nicht ausführen dürfen, in Indien zahlbare Schecks mit Freuden an. Im letzten Augenblick, beim Gedanken an den Himalaja, kaufte ich indessen noch zehn Pfund Sterling, um nicht mit leeren Händen in Indien anzukommen...

Grundsätzlich sind nur die von Nanking ausgestellten Pässe gültig, aber da wir ja wegen des heimlichen Charakters unserer Reise unbemerkt durchschlüpfen wollten, konnten wir uns diesen Gang sparen. Bei den Verhören, die uns erwarteten, konnten wir ja immer die Passierscheine vorzeigen, welche die Gesandtschaften ihren Schutzbefohlenen aushändigen.

Als man mich auf der französischen Gesandtschaft (bei der ich zuständig war, da es keine Schweizer Gesandtschaft in Peking gibt) danach fragte, welche Provinzen in meinem Paß genannt werden sollten, beschränkte ich mich darauf, mit gleichgültiger Miene zu bitten, daß man möglichst viele angeben möge. Wie groß aber war mein Erstaunen, als ich entdeckte, daß man auch Sinkiang eingetragen hatte – den chinesischen Namen der verbotenen Provinz Turkestans! Das konnte mir vielleicht noch eines Tages dazu dienen, meinen Anspruch durch eine – echt chinesische! – Beweisführung zu erhärten.

Was Fleming betrifft, so weiß ich nicht, ob seine Botschaft besser über die bestehenden Verbote unterrichtet war, aber Sinkiang fehlte jedenfalls auf seinem Ausweis.

»Mein Lieber«, sagte ich lachend zu ihm, »ich sehe schon den höchst trauervollen Tag kommen, an dem ich Sie unterwegs werde verlassen müssen, weil Ihr Paß Ihnen die Weiterreise nicht gestattet.«

Mit den Smigunows war, wie wir glaubten, alles in Ordnung. Sie hatten nicht nur schon dort unten gelebt, sondern sie waren auch chinesische Untertanen, seit man ihr Gesuch um Naturalisierung in Urumtschi vor einigen Jahren genehmigt hatte...

Plötzlich ist der Abend der Abreise da.

Nachmittags habe ich von den kaiserlichen Palästen, diesen Wundern der »Verbotenen Stadt«, noch Abschied auf Nimmerwiedersehen genommen, denn eine Rückkehr nach Peking könnte nur eine Schlappe bedeuten, woran man nicht denken darf. Ich bin im Begriff, der Zivilisation den Rücken zu kehren,

der Zivilisation und allem, was dazu gehört: Kunstschätze, Luxus, Komfort, Betten, Bäder, Zeitungen mit Nachrichten aus aller Welt, Klubsessel, Obst, Postboten, Ärzte, saubere Wäsche und feine Strümpfe. Ich breche ins Mittelalter auf, ja sogar ins Bronzezeitalter.

Ein Taxi, beladen mit unserem Gepäck, will nicht von der Stelle – ein böses Vorzeichen –, und wir schieben alle vier mit Leibeskräften. Ich bin sehr marode infolge einer Erkältung, noch dazu mit Fieber (sind das die Folgen der Impfung?); aber ich muß lächeln und mich bedanken bei unseren Freunden, die um elf Uhr nachts zum Bahnhof gekommen sind, trotz des Windes, der um die geschweiften Dächer der Stadt pfeift.

Da ist Norin, der mir seinen Wasserkompaß bringt, den ich dankbar annehme; er hatte vergebens versucht, uns zu bewegen, ein Hypsometer, einen Theodoliten, was weiß ich, mitzunehmen. Er ist betrübt, weil wir nun nicht imstande sein werden, wissenschaftliche Beobachtungen anzustellen, und würde viel darum geben, wenn er mit uns fahren könnte.

Unsere Freunde haben gerade einen Kostümball für einen Moment verlassen, und ihre Apachenkostüme bringen eine heitere Note in die trübselige Stimmung des Bahnsteigs. Allerlei Witze werden gerissen. Man spottet darüber, daß Peters letztes Buch sich »Mit mir allein« und das meinige sich »Turkestanisch Solo« betitelt und daß wir also ganz gegen unsere Prinzipien zusammen reisen.

Aber die Tätigkeit meines Landsmanns Boßhard bringt mich auf andere Gedanken. Als Bildberichterstatter macht er unaufhörlich Blitzlichtaufnahmen von uns. Vielleicht sieht man uns hier das letztemal. Es ist schon öfter vorgekommen, daß abenteuerlustige Ausländer einfach verschwunden sind, nachdem sie die großen Küstenstädte verlassen hatten...

Wir fahren angeblich auf Jagd und zum Photografieren nach dem Kuku Nor. Der Zug setzt sich in Bewegung.

Ein neues Leben beginnt.

# Inner-China

Bei der Abfahrt überschlug jeder von uns die Aussichten der Reise. Peter sagte zu mir, wir könnten stolz sein, wenn wir jemals indischen Boden betreten würden. Dieses Ziel schien uns aber so traumhaft, daß wir nicht mehr davon sprachen bis zur turkestanischen Grenze. Fürs erste galt es nur, Tschengtschau und dann Sian mit der Bahn zu erreichen, hierauf Lantschau mit dem Lastauto, dann Sining auf Maultieren und schließlich aufs Geratewohl mit Karawanen die Jurte der Smigunows im Innern des Tsaidam. Hinter dieser Etappe war alles ungewiß. Man darf nichts verstandesmäßig vorausberechnen in China, wo das Sprichwort besagt: Herr Vielleicht hat Frau Nur-sachte geheiratet, und ihr Sohn heißt Wird-schon-gehen!

In der Nacht überqueren wir den Gelben Fluß. Wenn alles gut geht, werden wir ihn weiter oben wiedersehen, diesen 4500 Kilometer langen Strom, der durch seine Überschwemmungen und die Veränderungen seines Bettes manchmal Millionen von Menschen vernichtet. Aber augenblicklich sind wir erst in Tschengtschau. Auf dem Bahnsteig beauftragen wir die Kulis, unser Gepäck in den Sian-Expreß zu bringen. Wir haben nur ein paar Minuten Zeit zum Umsteigen. Und da wollen diese Schlingel uns einfach nicht verstehen und führen uns zum Ausgang. Von der Überführung aus sehen wir unseren Zug ohne uns davonrattern.

Unsere Chinesen, die offenbar im heimlichen Einverständnis mit dem Gastwirt stehen, sind entzückt und empfehlen uns sofort ein Hotel ganz in der Nähe. Aber Peter haßt Warten, und so werden wir ihnen den Gefallen nicht tun: Wir beschließen, nachts mit dem Bummelzug zu fahren.

Smigunow flucht. Bisher hat Peter ihn walten lassen. Jetzt, da wir in Wind und Nacht auf unseren Koffern sitzen, räsonniert er:

»Smig versteht nicht, mit Chinesen umzugehen ... Er regt sich auf, und damit erreicht man nie bei ihnen, was man will. Eigentlich müßten wir doch jetzt beim Stationsvorsteher sitzen und Tee trinken, mit allen Ehren empfangen, wie es vornehmen Fremden gebührt.«

Und ich denke an Rußland zurück. Wir hocken hier auf unseren Koffern nach russischer Manier, wie einfache Sowjetreisende am andern Ende des Kontinents. Smig dürfte das ganz natürlich finden.

In China haben die Weißen seit dem Chaos, seitdem der Krieg die europäische Solidarität zerstört hat, »das Gesicht verloren« – und verlieren es von Tag zu Tag mehr. Man fürchtet uns nicht, man macht sich über uns lustig. Was also tun in einem Land, wo die Leute lieber sterben, als »das Gesicht verlieren«!

## Dritter Klasse in China

Ein Zug fährt vorbei. Warten...

Der nächste, der mehr einem Güterzug gleicht, ist für uns. Die Wagen scheinen überfüllt, aber Peter schwingt sich hinein, entdeckt eine Ecke, bringt diejenigen, die er stört, irgendwie zum Lachen (sollten seine vier Worte Chinesisch tatsächlich verständlich sein?), und wir reichen ihm unsere Gepäckstücke.

Dieser Wagen dritter Klasse enthält vier der Länge nach aufgestellte Bänke, zwei an den Wänden und zwei in der Mitte, Rücken an Rücken. Vor Übermüdung schlafe ich, eng zusammengekuschelt, bis in den Morgen hinein.

Über mir ist ein kleines Schiebefenster wie ein Guckloch, und kniend betrachte ich die Landschaft. Die schokoladenfarbene Erde der Felder läßt schon – ein starker Kontrast – junge Triebe von tiefem Blaugrün hervorbrechen.

Aufenthalt in Lojang – der schöne Name einer alten Hauptstadt Chinas; aber diese Ruinen sind nicht für uns, denn wer in die Ferne will, hat keine Muße. Auf dem Bahnsteig tummelt sich das ewig gleiche China. Eine Frau in Hosen, mit wettergebräuntem Vollmondgesicht und straff zurückgekämmtem Haar, kommt mit kleinen, steifen Schritten auf ihren winzigen, dreieckigen Füßen angetrippelt; hinter ihr bauscht der Wind die wallenden Gewänder eines Mannes, der ein kleines, rundes, schwarzes Seidenkäppchen trägt.

Wir sind in der Provinz Honan, schon weit entfernt von der Unendlichkeit der mandschurischen Ebenen. Der Boden steigt in Terrassen an. Am Ende jeder Abstufung gähnen die armseli-

gen Wohnhöhlen von Bauern, aus denen der Herdrauch aufsteigt, das Felsgestein über dem Eingang schwärzend.

Von Zeit zu Zeit wird meine Betrachtung durch ein Gefühl von Unruhe gestört. Auf jedem Bahnhof sehen wir Züge voller Soldaten in dickgefütterter grauer Leinenuniform, mit der Kuomingtangsonne auf den Mützen. Es sind die Leute der Nankingregierung. In ihren Wagen sitzend, essen sie ihren Reis, und einer von ihnen wäscht sich sogar die Füße in einer Schüssel. Die männliche Bevölkerung auf dem Bahnsteig stiert sie an. Einige Zuschauer tragen pelzgefütterte Seidenklappen über den Ohren, um sich vor Frostbeulen zu schützen.

Wohin man kommt, überall der drohende Krieg – selbst im Herzen des pazifistischen China, wo bisher der Soldatenberuf als der niedrigste galt! Der moderne Krieg, die Notwendigkeit, zu rüsten, das Land zu militarisieren, damit es seine Unabhängigkeit verteidigen kann, das ist das Geschenk, das der Westen dem Fernen Osten gebracht hat. Um 400 Millionen friedlicher Chinesen zu einigen, damit man sie dann wirksam militarisieren kann, muß man den Haß gegen ein Nachbarvolk säen, denn das ist der einzige Hebel, der mächtig genug ist... Ein schöner Fortschritt!

Fahren wir dem Kriege entgegen? fragen wir uns sorgenvoll. Ist der Weg vor uns versperrt? Sollten die chinesischen »Kommunisten«, die Herren von Szetschuan weit im Süden, bis hierher vorgedrungen sein?

Aber wie soll man irgend etwas herausbekommen? Bei wem sich erkundigen? Ach, diese Frage! Wir sollten sie uns nun monatelang jeden Tag stellen.

In unserem Wagen, wo wir an die siebzig sind, reisen zwei Soldaten mit ihren Eßnäpfen und ihren spitzen Hüten aus geöltem Stroh.

»Wir ziehen in den Krieg gegen die *tu-feis*«, antworten sie uns.

Davon sind wir nicht klüger als zuvor; *tu-fei* bedeutet Räuber und kann sich auf jedermann beziehen.

Endlich eine Ablenkung. Der Kontrolleur hat zwei Taugenichtsen, die er in voller Fahrt außen am Wagen festgeklammert erwischt hatte, die Tür geöffnet. Struppige Buben; die Kleider zerlumpt, die Hände schwarz, die blanken Augen funkelnd in schmutzigen Gesichtern. Zum zweitenmal haben sie sich heute

erwischen lassen. Wie ein geprügelter Hund knabbert der jüngere an einem Stück Zuckerrohr, und alle betrachten ihn mitleidig. Väterlich zankt der Kontrolleur sie aus, wobei er den ganzen Wagen zum Lachen bringt, und ich denke schon, der Zwischenfall sei erledigt... Aber nein, die Lektion geht weiter: Man muß nach den Vorschriften des »Neuen Lebens« leben, muß sauber sein, muß sich den Verordnungen fügen – und unsere Jungen zahlen schließlich eine kleine Scheinbuße.

Diese beiden Burschen sind die Zwillingsbrüder der russischen *besprisorni*. Übrigens erwecken alle in diesem Wagen zusammengepferchten Chinesen gewisse Erinnerungen an Rußland: Sie haben über sich, in den Gepäcknetzen, ihre mit Bindfaden verschnürten Bündel und ihr zusammengerolltes Bettzeug, und bei jedem Aufenthalt laufen sie, notdürftig in ihre gestrickten Schals gehüllt, den Bahnsteig entlang, um sich etwas zum Essen zu holen, dampfende *pao-tse,* eine Art von gekochten Ravioli, die an die *pelmenje* des russischen Bauern erinnern.

Unsere chinesischen Mitreisenden, eine namenlose Masse, in der ich niemanden unterscheide, halten uns für Missionare. Das sind wohl die einzigen Fremden, die heutzutage noch in das Innere reisen.

Aber nun sitzen wir in Tungkuan fest. Oh, welche Überraschung, der Stationsvorsteher spricht französisch:

»Le prochain train direct pour Sian ne part que demain aprèsmidi[1].«

Die Lunghai-Linie hier ist von französischen Ingenieuren gebaut worden.

Durch die Menschenmenge bringen unsere Rikschas uns in die alte, von einer viereckigen Mauer umschlossene Stadt hoch über dem Gelben Fluß. Das monumentale Festungstor wird überragt von einem fünfstöckigen, teilweise zerfallenen Turmbau, wo der Himmel durch die Reihen leerer Fenster blickt.

## Tungkuan

Im »China Inland Travel«, einem Gasthof europäischen Stils, vermag ein Portier mit einer Mütze, die der Firma Thomas Cook würdig wäre, nicht einmal den Streit mit unseren Kulis zu

schlichten. Die kleinen Eisenbettstellen haben durchgelegene Matratzen, und der eiserne Ofen verbreitet nur eine illusorische Wärme.

Peter will, um Zeit zu sparen, den ersten Bummelzug nach Sian nehmen und dort den Arzt der baptistischen Mission aufsuchen, damit wir bei der Ankunft wenigstens gleich wissen, wo wir unterkommen können.

Ich gehe spazieren. Am Rande des breiten Gelben Flusses, der Eisschollen mitführt, ragt der Mastenwald der Dschunken in den farblosen Himmel. Meine Seemannsinstinkte regen sich; ich möchte eine solche Dschunke einmal betreten und sehen, wie sie gebaut ist. Da ich erst den sehr ausgedehnten Strand, der mich von den Booten trennt, überqueren muß, gehe ich flugs den Spuren nackter Füße nach... aber beim ersten Schritt versinke ich bis an die Knöchel im weichen, bläulichen Schlamm. Mit großer Anstrengung und mit Herzklopfen arbeite ich mich heraus; meine Stiefel sind zentnerschwer vom Schlick. Zweifellos ist das Tauwetter schuld an diesem üblen Spaß...

In der Hauptstraße, wo jeder in einer Bude unter freiem Himmel sein Gewerbe ausübt, könnte ich fast glauben, ich sei in einer altfranzösischen Kleinstadt, wäre nicht die seltsame Schweifung der Ziegeldächer und zuweilen ein steinerner Löwe, ein Herdgott, der neben einer armseligen Schwelle wacht... oder auch irgendein Träger mit seiner Balancierstange auf den Schultern, die sich bei jedem Schritt zu einem Bogen krümmt, dessen Enden gegen den Himmel weisen.

Die Frauen haben schöne ebenmäßige Gesichter und tragen um den Kopf einen turbanartig geschlungenen schwarzen Schleier. Sie gehen alle in derselben Richtung, und ich folge ihnen.

Beim Anblick ihrer verkrüppelten Füße, die wie spitze Stümpfe aussehen und dumpf über den Boden tappen, krampft sich mir das Herz zusammen. Es wirkt beim Gehen fast so, als ob ihre Knie gelenklos seien; eine groteske Nachahmung von Spitzentänzerinnen.

Heute muß irgendein Feiertag sein, denn sie tragen alle ein Paket Räucherstäbchen in der Hand. Trotz der rundköpfigen Pflastersteine, von denen dieser steile Weg starrt, trippeln sie rasch auf zwei kleine Tempel zu, die hoch über der Stadt liegen.

Wie fern fühle ich mich hier oben von allem mir Bekannten. Ein kleiner zahnloser Priester in einem weiten, schmutzigen schwarzen Kimono bewundert von seiner Terrasse aus die Gebirgsaussicht und die zinnengekrönte Mauer, die im Zickzack über die Hügel läuft. Sein aufgesteckter Zopf ist verborgen unter einer brettartigen, schräg ansteigenden Kopfbedeckung, die er über seiner Mütze trägt. Er bittet mich in die kleine Stube neben dem Heiligtum mit den goldenen Buddhas; der *k'ang* (ein erhöhter Estrich, der als Lager dient), ein Tisch und zwei Stühle bilden die ganze Einrichtung; ein Stück Stoff ersetzt die Tür; an der Wand kleben rote Papierfetzen, Erinnerungen an erhaltene Geschenke, und unzählige, von den Fliegen beschmutzte Visitenkarten.

Wir trinken Tee in Gesellschaft eines trübsinnigen Soldaten, der mich überhaupt nicht beachtet. Das alte Männchen dagegen fragt mich allerlei, und ich empfinde die gegenseitige Sympathie, die unsere Geschicke für einen Augenblick vereint, als etwas sehr Schönes. Ich lache, da ich seine Worte nicht verstehen kann, und ich selbst kann ihm in seiner Sprache nur ein paar Brocken sagen:

»Französin ... Ja, ich komme aus Peking. Schöne Stadt, kennen Sie sie? Danke, keinen Tee mehr.«

Dann, nachdem ich ihm, meine Hände ineinander legend, den Höflichkeitsgruß erwiesen habe, überreiche ich ihm meine zweisprachige Visitenkarte, auf der mein Name als Ma Ja Ngan[1] ins Chinesische übertragen ist, und nehme – vorschriftsmäßig rückwärts gehend – Abschied.

Draußen im Hof legen die Frauen ihre Räucherstäbchen in die Bronzeurne, sinken auf die Knie und beten. Im geschützten Winkel sind zahlreiche Gottheiten mit verschiedenen Eigenschaften; der Gott der Fruchtbarkeit trägt ein ganzes Bündel rosiger Kindlein unter dem Arm.

Ringsherum tollt die wirkliche Kinderschar, und manches kleine Hinterteil guckt durch den klaffenden Hosenboden. Das Gesicht eines dieser Rangen ist tätowiert, ganz ohne Zweifel, damit die bösen Geister nicht sehen sollen, wie hübsch es ist. Er sieht aus, als sei sein Gesicht mit roten und weißen Zuckerplätzchen bestreut, und eine Kokarde von Troddeln macht sich prächtig an seiner Mütze.

*Läusefütterer in Peking*

*Der kleine Priester in Tungkuan*

Fast betäubt von den süßlichen Weihrauchschwaden, vergesse ich, daß die Zeit ja verfliegt, und muß nun zu den Smigs zurückeilen, so schnell mich meine großen, durchaus unchinesischen Füße tragen, damit wir nicht den Zug verpassen.

# Sian-Fu

Beim Dunkelwerden treffen wir auf der Endstation der Bahn ein, auf freiem Feld, vor dem Stadttor, wo Peter schon auf uns wartet.

Kulis und Rikschaleute balgen sich um unser Gepäck.

Peter hat unterdessen, wie es der Brauch ist, seine Visitenkarte einem Soldaten überreichen lassen; dieser öffnet das massige Tor einen Spaltbreit, und wir ziehen in Sian ein. Oh, Überraschung! Hinter den Mauern sind wieder nur Felder und Ödlandflächen.

Wir kommen aber bald zur Mission, einer ansehnlichen Gruppe von Häusern und Hospitälern, umhegt von einer neuerbauten Mauer, und hier werde ich von einer reizenden englischen Krankenschwester gastlich aufgenommen.

Die allgemeine Lage ist ernst; vor ein paar Tagen wäre die Stadt beinahe den Kommunisten in die Hände gefallen. Man ist ohne jede Nachricht von zwei Missionarsehepaaren, die im Frontabschnitt leben, und man kann nichts für sie tun... Diese Sorgen sind um so schwerer, als die Stadt schon unter der Hungersnot vor einigen Jahren schrecklich gelitten hat. Auf dem Feld hinter unserm Haus häuften sich damals die Leichen und machten die Gegend völlig unbewohnbar. Im Verlauf der sechs Monate währenden Belagerung sollen Hunderte von Toten täglich von den Ausgehungerten verspeist worden sein. Da der Bürgermeister nichts anderes sonst zu tun wußte, ließ er das ganze Geld der Stadtkasse unter die Bevölkerung verteilen.

Ich lache viel an diesem Abend, während ich mit meiner Wirtin plaudere. Sie war entrüstet, als sie hörte, daß dieser Herr Fleming, mit dem ich angekommen war, niemand anderes sei als der Verfasser des Reisebuches »Mit mir allein«:

»Und er besitzt noch die Unverfrorenheit«, sagte sie, »unsere Gastfreundschaft in Anspruch zu nehmen, nachdem er die Missionare dermaßen lächerlich gemacht hat!«

Der nächste Tag ist reichlich ausgefüllt. Wir müssen unbedingt ein Lastauto auftreiben, um Lantschau – mehr als 600

Kilometer entfernt – zu erreichen, bevor das Tauwetter die Lehmstraßen unbefahrbar macht.

Verschiedene Autobesitzer wollen mit der Ankündigung einer Abfahrt noch warten, bis Fahrgäste in ausreichender Zahl beisammen sind. Mit den Smigs zusammen besuchen wir eine ganze Anzahl Garagen und beschauen uns prüfend Räder und Motoren. Da Popzow, der einzige europäische Chauffeur, unterwegs ist, fordert Peter von einem Chinesen aus Siam einen Garantievertrag, demzufolge wir binnen sechs Tagen an Ort und Stelle gebracht werden sollen und außerdem berechtigt sind, im Fall einer Panne einen andern Wagen zu nehmen. Der Platz kostet fünfundzwanzig mexikanische Dollar pro Person.

Hierauf statten wir dem Gouverneur der Provinz einen Besuch ab, um, wenn möglich, einen Paß von ihm zu bekommen, der unsere mangelhaften Passierscheine vorteilhaft ergänzen würde.

Shao Li-Tze ist ein freundliches Männchen in chinesischer Tracht. Er hat im Jahr 1916 ein paar Tage in Paris verbracht und kann noch ein paar Worte Französisch radebrechen. Er empfängt uns in einem Zimmer von spartanischer Einfachheit. Seine junge, sehr energische Frau spricht fließend russisch, da sie einige Zeit in Moskau gelebt hat, und in dieser Sprache tauschen wir die üblichen Höflichkeitsfloskeln aus:

»Schon in Peking hat man uns erzählt, wie ausgezeichnet Seine Exzellenz das Land regiert.«

Und der Gouverneur gesteht mir schmeichelhafterweise, daß er in den Zeitungen von meiner Ankunft in China gelesen habe...

Shao Li-Tze und seine Gattin sind für die Nanking-Regierung und für die Bewegung »Neues Leben«; im übrigen mißtrauen sie dem allmächtigen Militärgouverneur, der niemanden an sich heranläßt und der letzthin, wie man sich erzählt, beinahe mit der ganzen Garnison zum Feind übergelaufen wäre. Deswegen ist Shao Li-Tze auch sehr erbaut von der kürzlichen Durchreise Tschiang Kai-scheks, des Militärdiktators von Nanking, dem es zu verdanken ist, daß die in der Provinz stationierten 100 000 Mann nunmehr in ihrer Regierungstreue gefestigt sind.

General Tschiang hat sogar erwogen, ob man nicht Sian, eine Stadt mit 150 000 Einwohnern, zur Hauptstadt Chinas machen

solle, denn Nanking ist zu sehr den ausländischen Kanonenbooten preisgegeben, solange das exterritoriale Regime aller Welt gestattet, den Jangtse hinaufzufahren.

Die Banditen, von denen wir gehört haben, sind zwar vorhanden; aber da demnächst eine Strafexpedition aufbrechen wird, werden wir voraussichtlich grade in eine ruhige Periode hineinkommen.

Ganz wider Erwarten sind die hiesigen Bemühungen Tschiang Kai-scheks nicht umsonst gewesen. Die Ordnung kehrt allmählich wieder ein, die neuen Straßen tragen zur Verringerung der Lebenskosten bei, die Kinder gehen in immer größerer Zahl zur Schule... Und allenthalben zeigt sich wieder einmal, daß die Verbesserung der Lebensbedingungen die beste Propaganda gegen den Kommunismus ist.

Während der Gouverneur zu uns spricht, beobachte ich die junge Frau, die mit ihren schlanken Fingern ein paar Birnen für uns schält, und frage mich dabei, ob sie nicht mit kommunistischen Ideen aus Rußland zurückgekommen ist, ob sie nicht vielleicht insgeheim wünscht, daß Schensi in die Gewalt der Roten fällt. Das wäre ein großer Fortschritt in Richtung auf die Vereinigung der Sowjetkräfte, die vorerst noch in der Äußeren Mongolei, in Sinkiang und im aufständischen Szetschuan zerstreut sind, und diese Vereinigung würde uns höchstwahrscheinlich den Weg abschneiden. Wir müssen die Berge also möglichst schnell erreichen[1].

Beim Aufbruch überreicht der Gouverneur uns einen großartigen Paß mit chinesischen Schriftzeichen, den wir dankbar annehmen, obgleich wir wissen, daß bei etwaigen Unruhen einzig und allein ein militärischer Ausweis von Wert sein würde. Zum Beweis der Hochachtung, die er vor der »Times« und Fu-Lei-Ming (chinesische Umschreibung von Fleming) hat, begleitet der Gouverneur uns durch die drei großen Höfe seines Jamen, obwohl wir ihn an jedem Portal, immer vor ihm rückwärts gehend (ein höflicher Brauch oder vielleicht auch eine überlieferte Vorsichtsmaßregel), ausdrücklich bitten, sich nicht zu bemühen.

Seit dem Bau der Bahn wird die Stadt zusehends modern. Amerikanische Sitten dringen über das Kino ein, und die jungen Mädchen unterziehen sich der Tortur, sich ihr glattes Haar dauerwellen zu lassen. Die Verkehrspolizisten sind eifrige Anhän-

ger des »Neuen Lebens«. Sie haben Peter sogar schon zweimal verboten, seine ewige Pfeife auf der Straße zu rauchen ... Peter wirkt allerdings verdächtig, wenn er in seinem weiten, langen, beigefarbenen Mantel, den er in Samarkand in Russisch-Turkestan erstanden hat, mit Riesenschritten umherstiefelt. Man muß bei seinem Anblick wirklich an einen Sowjetoffizier denken. Schon während seiner Reise durch die ganze Mandschurei hatte er – stillvergnügt über die Aufregung, die er verursachte – immer eine ganze Meute von argwöhnischen kleinen Japanern auf den Fersen.

Mich aber zieht es nach der alten Stadt, und mit Vorliebe gehe ich zu dem großen, verlassenen Konfutse-Tempel, der verträumt inmitten der riesigen, von kreischenden Elstern umschwärmten Zypressen liegt. Gleich daneben befindet sich ein einzigartiges Museum, dessen Tür ich gewaltsam öffne; es ist eine Einfriedung, in der ein Wald von uralten Stelen ragt ... Die Grabsäulen, errichtet auf symbolischen Schildkröten, weisen hunderterlei Sprüche, Ahnentafeln und Verherrlichungen der Toten auf, darunter solche, die zwanzig Jahrhunderte alt sind. Eine Stele, mit der Jahreszahl 781, hat eine syrische und chinesische Inschrift; es ist die berühmte nestorianische Tafel, die das Kruzifix zeigt und beweist, wie lange die christliche Mission schon im Herzen Chinas tätig ist.

In diesem wunderbaren Sian, der Hauptstadt der Han- und der Tang-Dynastie und dem Kreuzungspunkt aller Religionen, betrete ich auch die älteste Moschee Chinas. Der Fußboden der großen Bethalle ist geschwärzt an der Stelle, wo ihn die Stirnen so vieler Generationen berührt haben. Nach dem Fünfuhrgebet begegne ich hier chinesischen Mohammedanern mit weißen Turbanen. Ihre engverbundenen Gemeinden sind nicht nur im Nordosten Chinas, sondern überall im Land verbreitet, bis zum fernen Junnan. Ganz Asien nennt diese chinesischen Moslim Dunganen; nur in Kansu heißen sie Hui-Hui[1].

Wegen ihres kriegerischen Charakters und ihrer fortwährenden Aufstände sind sie gefürchtet. Ich bin erstaunt, in China einen solchen Typ zu treffen; kaum eine Andeutung von Schlitzaugen, buschige Brauen unter einer viereckigen Stirn, gerade Nase mit feingemeißelten Flügeln, schön geschwungene Lippen,

ein krauser, das Unterkinn hervorhebender Vollbart – welcher Gegensatz zu dem bartlosen, ovalen Gesicht der Chinesen! Diese stolzen Charakterköpfe erinnern mich an die mehr als 6000 Kilometer weit entfernten Basare Samarkands. Sollten die Vorfahren der Dunganen etwa aus dem Abendland eingewandert sein?

Bei den Ausländern, die in Sian leben, Schweden, Deutschen und Engländern, höre ich häufig das Wort Ungewißheit. In dieser chinesischen Welt, die der europäischen Pünktlichkeit und Logik so konträr ist, weiß man nie etwas ganz gewiß. Immer ist man in Sorge, jeden Tag erwartet man etwas – Banditen, Krieg oder die Möglichkeit, die Geschäfte wiederaufzunehmen ... Anläßlich eines Gespräches über das verbotene Sinkiang erinnert mich Herr Rehder, ein sympathischer Ingenieur, der für eine Tientsiner Firma arbeitet, an das traurige Los seines jungen Kollegen Dorn, der seit Monaten in Urumtschi, zusammen mit seinem Landsmann Georg Wasel, ohne jeden Grund gefangengehalten wird.

Vor ein paar Tagen ist Sven Hedin, begleitet von Joe Söderbom, auf der Rückreise von Sinkiang hier fast unbemerkt durchgekommen. Wegen des Bürgerkrieges haben er und seine Lastwagen zahlreiche Schwierigkeiten zu überwinden gehabt.

Am nächsten Morgen, seit acht Uhr, steht unser Auto bereit, und wir thronen hoch oben auf unserem Gepäck. Die Stunden vergehen, wir starten nicht und bedrohen schließlich ergrimmt, mit dem Vertrag in der Hand, den Garagenbesitzer. Da sehe ich zum erstenmal einen Chinesen toben. Als er endlich aufhört, wie ein Rasender mit den Füßen aufzustampfen, glauben wir zu verstehen, daß einer der Fahrgäste seine Schulden nicht bezahlt hat, weshalb der Straßenaufseher uns nicht abfahren lassen will.

Das gab uns, zu Peters Verdruß und zu meinem Entzücken, die Gelegenheit zu einem Frühstück in dem chinesischen Gasthaus, wo die Smigs schon eingekehrt waren, und zufällig trafen wir dort den ehemaligen Koch unseres Freundes Norin, der mit dem Ethnographen Bökkenkamp aus dem Norden angekommen war.

Von ihm erfuhren wir, daß Smigs Kompagnon noch im Tsaidam war. Also war die Gegend ruhig, und unser Russe durfte hoffen, dort seine Jurte[1] wiederzufinden.

Aus der Gefangenschaft in Hami war Bökkenkamp dank einer großartigen Kriegslist entronnen. Da sein Wächter entzündete Augen hatte, träufelte er ihm ein paar Tropfen unter das Lid, verband ihm dann den Kopf und erklärte, er würde das Augenlicht verlieren, wenn er nicht drei Tage lang in völligem Dunkel bliebe.

Gegen Abend zwingen wir, trotz des Protestgeschreis der Chauffeure, die noch in der Stadt schlafen möchten, alle zur Abfahrt. Peter will nicht nur seinem Spitznamen »Kilometerfresser« Ehre machen, sondern wir befürchten auch, daß Herr Vielleicht und Frau Nur-Sachte uns morgen ähnliche Streiche spielen könnten. Unser Wille wird mit folgender Begründung durchgesetzt:

»Wir würden das Gesicht verlieren, wenn wir unsere Brüder aus dem Abendland, nachdem wir ihnen heute morgen doch schon für immer Lebewohl gesagt haben, heute abend nochmals um ihre Gastfreundschaft bitten würden.«

# Im Lastauto

Die Woche, die wir bis Lantschau, der Hauptstadt Kansus, brauchten, gehört zu den anstrengendsten, an die ich mich erinnere. Während der ersten drei Tage hatte ich das Glück, neben dem Chauffeur zu sitzen; da atmete ich zwar die schlecht verbrannten Motorgase ein, war aber geschützt vor der Kälte, die meine drei Gefährten auf dem Wagen erstarren ließ.

Unsere Pannen waren ebenso zahlreich wie ärgerlich. Wir blieben im Dreck stecken, wir versanken in einem Fluß, dessen Eisdecke unter unserem Gewicht geborsten war, und ganz gewöhnliche Reifenpannen hielten uns stundenlang auf. Dann warf der Chauffeur jedesmal seinen Schafspelz über den Kühler und rackerte sich ab, während die Fahrgäste der drei Wagen, verbunden durch das gemeinsame Unglück, große Reden hielten, herumstapften und unermüdlich Ratschläge erteilten, wobei sie es an halberstickten »Ei-jahs!« hinter den gestrickten Halstüchern nicht fehlen ließen. Im übrigen hüteten sie sich wohlweislich, nach der Schaufel zu greifen oder beim Herausziehen des versackten Wagens mitzuhelfen.

An meiner Seite saß noch ein bevorzugter Fahrgast. Es war ein europäisch gekleideter Kantonese mit schimmernden Zähnen und lachenden Augen, der eine kleine elegante Pfeife rauchte. Er wollte sich als Sohn eines reichen Kaufmanns die Welt nur zum Vergnügen ansehen und erzählte mir, als ob das so ganz einfach wäre:

»Ich fahre nach Urumtschi, auf Einladung eines Freundes, der General ist. In Lantschau werde ich das Flugzeug nehmen.«

»Hören Sie, es gibt keinen Flugverkehr mehr, und Sie werden niemals hinkommen«, antwortete ich lachend, meiner Sache sicher, doch ohne ihm das Geheimnis meiner Route zu enthüllen. »Ist Ihnen denn nicht zu Ohren gekommen, was für schlimme Erfahrungen selbst Lo Wen-kan gemacht hat?« Es handelte sich um einen Minister aus Nanking, der den unglücklichen Einfall gehabt hatte, auf dem Flugplatz von Urumtschi zu landen, und der dann nur im weiten Bogen durch Sibirien wieder nach China

zurückgelangt war. Auf die Frage des Kantonesen sagte ich ihm, daß wir das berühmte Lamakloster von Kumbum besuchen wollten. Plötzlich aber zuckte mir ein entsetzlicher Gedanke (der übrigens nicht zutraf) durch den Kopf: Hatte man den Mann nicht vielleicht mitgeschickt, um uns zu bespitzeln? Die anderen Mitreisenden waren lauter bescheidene Leute; er allein reiste mit einigem Komfort und packte jeden Abend in der Herberge sein Feldbett und Konservenbüchsen aus. Wir andern hatten nur unsere Schlafsäcke, die wir auf dem K'ang aufrollten, dieser erhöhten, von unten her heizbaren Plattform aus Lehm, dem einzigen Einrichtungsgegenstand der chinesischen Häuser.

Wir kamen langsam vorwärts.

Auf den Feldern, wo schon ein paar grüne Triebe unter dem blaßblauen Himmel sproßten, standen hie und da Holzsärge wie Strandgut herum, nach dem uralten Brauch des chinesischen Bauern, der sich damit begnügt, seine Toten auf (nicht unter) der Erde seiner Väter zu bestatten. Hie und da schien eine schlamm-überkrustete Säule oder eine Reihe archaischer Steintiere, die einst zum Grab eines Reichen geführt hatte, nur noch darauf zu warten, daß der Dunst des Horizonts heranzöge und sie ver-hülle ...

Für die erste Nacht machten unsere Wagen ganz nahe bei Sian halt, in einem schmutzigen, stockfinsteren Dorf. Nachdem wir beim Garkoch an der Ecke einen undefinierbaren Kleister hin-untergewürgt hatten, schliefen wir für ein paar Pfennige zwi-schen teilweise eingestürzten Lehmmauern; ein Baumwoll-docht, schwimmend auf Öl in einer zerbrochenen Schale, sorgte für eine Art Notbeleuchtung.

Am zweiten Abend suchten wir in einem Marktflecken mit überfüllten Herbergen einen italienischen Pater auf, der gerade inmitten seiner Schäflein zu Abend aß, als wir ihn überfielen. Er war untröstlich, daß er uns nicht beherbergen konnte, und schenkte uns – welcher Luxus! – eine Dose mit Butter, die von den Franziskanerinnen zu Hopei zubereitet worden war. Seit Jahren verlief sein Leben hier in ständiger Aufopferung; bei Hungersnöten oder Überfällen durch Räuber betreute er für-sorglich die Christen. Noch lange werde ich mich an die große lächelnde Madonna erinnern, die in ihrem Goldrahmen die ganze Höhe einer Wand des Refektoriums bedeckte ...

41

Abends am dritten Tag war ich nicht wenig erstaunt, als ich in der Ferne eine Kirche emporragen sah, eine richtige Kirche wie bei uns – ein ungewohnter Anblick in diesem Erdteil, wo sonst nichts über ein Stockwerk hinausgeht. Die Chinesen sehen diese Spitztürme nicht besonders gern, weil sie nach ihrem Glauben die guten Geister durchbohren und sie daran hindern, auf die Erde herabzukommen. Das war Kientschau. Auf der Hauptstraße plauderten die Bewohner miteinander und rauchten dazu ihre langen Pfeifen mit dem winzigen Kopf. Der Boden war so glitschig, daß die Chinesinnen mit den verkrüppelten Füßen sich auf lange Stöcke stützen mußten.

Der Missionar von Kientschau und seine Gattin setzten uns ein köstliches Abendbrot vor. Im Gegensatz zu den Patres kehren die Pastoren regelmäßig nach Europa zurück, und unsere Gastgeber waren gerade im Begriff, nach Norwegen heimzukehren. Dieser frohlaunige, kräftige Mann hatte die hohe Kirche, die der Stolz seines Lebens war, selbst gebaut, und seine Gattin, Frau Gjelseth, erzählte uns, daß sie und ihre Mädchenschule bei der letzten Plünderung des Dorfes verschont worden waren, weil sie früher einmal den Banditenführer gepflegt und ihm das Leben gerettet hatte. Sie gestand, daß sie seit vier Jahren keine Nacht mehr ruhig geschlafen hatte. Für die ausgestandenen Ängste fühlte sie sich aber, wie ich mit Rührung vernahm, unter anderm durch die Genugtuung entschädigt, daß sie hier zur Abschaffung der Folter der gewickelten Füße beigetragen hatte. Die neue Straße – dieselbe, die wir benutzten – hatte eine langsame Wandlung der Anschauungen in einer der rückständigsten Provinzen Chinas zur Folge.

## Höhlenbewohner

Die armen Bauern von Schensi wohnen, genau wie die von Honan, in Höhlen, die sie in die steilen Abhänge der gelben Lößberge graben. Ihre Felder sind dürftig; jeder Regen schwemmt Erde fort, die dann das weit entfernte Bett des großen Gelben Flusses auffüllt, was nach und nach die verheerenden Veränderungen seines Laufes bewirkt. Um den von den Regengüssen angerichteten Schaden zu beheben, schleppen die Män-

ner unermüdlich, wie Ameisen, Erde in den an ihren Tragstangen hängenden Körben herbei. Nirgends steht mehr ein Wald, der das Klima mildern oder die Erdrutsche verhüten könnte; im Lauf der Jahrhunderte haben die Söhne Hans, um sich ein wenig zu wärmen, die ganze Gegend abgeholzt. Kein Baum ist übriggeblieben.

Diese lockere Erde gibt der chinesischen Landschaft ihr Gepräge. Sie fließt unter einem Platzregen davon, sie rieselt sogar durch das Geflecht der Körbe, in denen die Bauern sie herbeitragen, und der bloße Begriff eines Felsens oder eines Steins scheint hier zu einem andern Planeten zu gehören.

Diese Zerflossenheit scheint sich auch auf die Sprechweise der Chinesen übertragen zu haben; lauter weich modulierte, gedämpfte oder singende Vokale, so daß das Ohr gespannt auf das seltene Vorkommen eines gediegenen Konsonanten lauscht, wie um sich daran festzuhalten.

Selbst die chinesische Küche paßt sich durchaus dieser Natur an. Die weichliche, für den Gebrauch von Eßstäbchen zubereitete, feingehackte und in delikaten Saucen mehr als gar gekochte Kost kommt breiförmig in kleinen Häufchen, worin nichts Festes mehr ist, auf den Tisch. Und die einzige Nahrung von Millionen Bauern, das *too-fu*, ist ein bräunlicher, kraftloser Fladen aus Bohnenmehl.

Die tägliche Bestellung eines solchen Bodens, der tägliche Genuß einer solchen Nahrung und der tägliche Gebrauch einer solchen Sprache – erklärt das alles nicht zur Genüge den eigentümlichen chinesischen Volkscharakter?

## *Pingliang*

Bei der Ankunft in Pingliang, am vierten Tag, teilte der Chauffeur uns mit, daß wir hier auf das Eintreffen eines Ersatzteils warten müßten.

Das taten wir aber nicht; wir hatten jetzt genug von unserem Schneckentempo, nur 90 Kilometer pro Tag, und taten uns kraft unseres Vertrages nach einem besseren Fahrzeuge um. Das war ein wahres Glück, denn von unseren drei Lastautos sollte das eine zehn Tage bis Lantschau brauchen, das andere sogar zwölf,

und das dritte sollte in einer Schlucht des Liu Pan Schan enden, dieses 3000 Meter hohen Gebirgspasses, den wir überwinden mußten.

Das Gasthaus von Pingliang erhob Anspruch auf einen gewissen Komfort. Es gab hier einen Teppich auf dem K'ang, statt der altertümlichen Tonlampe eine Kerze, und außerdem zahlreiche Diener, die uns das Wasser, das wir verlangten, nie brachten.

»Jetzt werden wir bald erlöst sein«, meinte Nina, die sich schon ungeduldig nach ihrer Jurte sehnte, »und Wasser haben, soviel wir wollen.« Ihr Gesicht, schon von der frischen Luft der letzten Tage gebräunt, war prächtig anzuschauen; es hatte die Blässe von Tientsin ganz verloren.

Die spanischen Padres, die sich in der Stadt niedergelassen hatten, waren lustige Jungen von ansteckender Heiterkeit. Es war Sonntag, und da sie ihre Gebete schon verrichtet hatten, wollten sie es sich gerade bei ihrem gewohnten Kakao gemütlich machen, als wir dazwischenkamen. In der ersten freudigen Aufregung wollte jeder uns seinen Platz anbieten, und alle häuften Gebäck auf unsere Teller. Sie schienen sich wirklich über unseren Besuch zu freuen, diese Männer voll überschäumender Jugend, und lachten herzlich über unser lateinisch-spanisches Kauderwelsch und noch mehr, als ich ihnen gestand, daß ich leider keine Katholikin sei. Sie erzählten uns, wie viele Katechumenen sie unterrichteten und wie viele gute Seelen sie darunter entdeckt hätten. Sie fürchteten sich bestimmt nicht vor den Kommunisten.

Wir begaben uns auch zum General Jang Pu-fei. Der vertrocknete, nervöse kleine Mann in einfacher grauer Uniform kommandierte die 61. Division, eine ehemalige Abteilung der berühmten 19. Armee, die sich bei den Kämpfen um Shanghai besonders ausgezeichnet hatte. Dank der Nankingregierung waren seine Soldaten besoldet, beschuht und bewaffnet, was in China nicht immer der Fall ist.

In seinem sauberen und äußerst einfachen Schlafraum in der Kaserne bewirtete uns der General in jovialer Weise mit Tee. Auf unsere Fragen antwortete er, daß er sich den Kommunisten durchaus gewachsen fühle und daß wir getrost nach Lantschau weiterfahren könnten.

# Endlich in Lantschau

Unser neuer Wagen fährt recht flott, aber welche Strapaze für unsere Muskeln! Wir kauern – unserer zwanzig – hoch oben auf dem Gepäck und klammern uns mit Händen und Absätzen an, um nicht von unseren Nachbarn, die selber, von Muskelkrämpfen gefoltert, abzurutschen drohen, mit in die Tiefe gerissen zu werden...

Der Platz neben dem Chauffeur ist nicht mehr frei; übrigens habe ich, um den Kofferberg leichter erklettern und oben besser durchhalten zu können, Männerkleidung angezogen. Es ist kalt, der Neuschnee noch ganz frisch, und wir haben Bremsketten angelegt. Während wir uns in Steilkurven zum Liu Pan Schan emporschrauben, wird einem Chinesen schlecht, und Peter, sein Nachbar, muß sich dauernd mit erhobenem Ellenbogen schützen. Das hindert Smig, den unentwegten Cicerone, indessen nicht daran, uns auf alles, was wir sehen, ausführlich hinzuweisen: die kleinen Forts, die zur Abwehr von Räubern gebaut wurden, einen Feldmesser und dessen Gehilfen, die die Straße vermessen, nackte Kinder, die trotz Frost und Schnee vor einer baufälligen Hütte spielen, und Eselleichen am Wegrand. Der arme Smig kann einem leid tun; sein Mantel aus Sämischleder, den er zu herabgesetztem Preis gekauft hat, platzt bei der geringsten Anstrengung überall, und die Knöpfe reißen ab. Seine Ohrenklappenmütze ist gefüttert mit schwarzem Pelz, der, wenn es schneit, aufs Gesicht abfärbt, und wir necken ihn damit, daß wir ihm versprechen, in Lantschau einen Schirm für ihn zu kaufen.

Anderntags wird die Fahrt zur Schinderei. Zwei neue Mitfahrer haben es fertig gebracht, das Auto zu erklettern – ein Soldat, der von allen angeschrien wird, und ein dickes Mädchen mit einem pilzförmigen grauen Filzhut.

Schlechte Laune herrscht.

Vergeblich hat Smig morgens wie gewöhnlich versucht, uns zwei Stunden vor der Abfahrt zu wecken, damit wir uns die besten Plätze sichern sollten. Jetzt hocken wir ganz hinten, halb erstickt vom Staub, den der Wagen aufwirbelt; ein nagelneuer Eisenofen ist neben uns verstaut, und an den hängen wir unseren

Teekessel, das kostbarste und unersetzlichste aller unserer Gepäckstücke.

Nina hat Fieber; Smig wettert trotz starker Heiserkeit gegen einen Chinesen, der ihn fortwährend anrempelt, ohne es zu merken. Peter hat einfach alles satt, den Staub und die Gliederverrenkung, die ihn daran hindert, wenigstens ein bißchen einzunicken, und nun – furchtbare Katastrophe! – bricht auch noch sein Pfeifenrohr entzwei. Plötzlich überrascht ihn ein Ruck in einer Steilkurve, er schnellt in die Luft, ich erwische ihn gerade noch, setze ihn wieder neben uns – und in diesem kritischen Moment, wo ich ihm das Leben rette, beklagt er sich noch darüber, daß ich ihn grob behandle!

Doch der Streit, der unterdessen mitten im Wagen ausgebrochen ist, ist noch viel komischer. Zwei unserer erbosten Nachbarn sind handgemein geworden und schlagen einander ins Gesicht, bis Blut fließt. Und ich Unschuldslamm hatte bisher geglaubt, es würde sich in China stets ein Dritter finden, um eine Schlägerei als eine Betätigung, die eines zivilisierten Volkes unwürdig sei, rechtzeitig zu verhüten!

# Erste Schwierigkeiten mit den Behörden

Wir sind wirklich froh, als es endlich wieder bergab geht – hinunter zum Gelben Fluß. Dort liegt der Flugplatz der Gesellschaft »Eurasia«! Da sind die Felder mit den Grabsteinen, dort die Mauern von Lantschau! Wir kosten die paar Minuten aus, die wir noch auf dem Lastauto verbringen, unserm letzten modernen Fahrzeug.

Gegen ein ganz bescheidenes Entgelt werden wir alle vier von Mr. und Mrs. Keeble, den Leitern der Innerchinesischen Mission, gastlich aufgenommen. Wie alle Missionare des Inneren, die ich kennengelernt habe, tragen sie beide das faltige, mit Lammfell gefütterte chinesische Gewand. Endlich haben wir einmal eine warme Stube, essen uns satt und schlafen in richtigen Bettüchern, aber dafür – o Schrecken! – ist die Straße nach Westen für Ausländer gesperrt. Die Polizei kommt und fragt uns nach unserem Reiseziel; wir müssen Formulare ausfüllen, und man nimmt uns unsere Pekinger Pässe weg.

Nach Smigs Meinung verheißt diese neue Manier, wie man hier mit Fremden umgeht, nichts Gutes, und der schweigsame Mr. Keeble sagt, daß die Weiterreise unmöglich sein dürfte.

Jedoch, wir wollen uns vorerst nicht aufregen, sondern abwarten, bis man uns unsere Papiere zurückgibt, und uns trösten mit dem Gedanken, daß man es in China nie eilig haben darf.

Wir sind nun zwölf Tagereisen von der Küste entfernt, und die landläufige Meinung der Shanghaier ist, daß die Bewohner der Provinz Kansu Halbwilde sind. Die Menschen sind aber großgewachsen und kräftig und haben länglich geschnittene, oft recht schöne Gesichter; und kann denn überhaupt eine Stadt mit einer halben Million Einwohner so schlechtweg barbarisch sein?

Vor kurzem hat man hier sogar elektrisches Licht angelegt, das allerdings noch ziemlich bläßlich ist; Schulen und Universitäten sind überfüllt, und man ist der Hoffnung, daß der Boxerfonds 500 000 Dollar für die Gründung einer Bibliothek und

eines wissenschaftlichen Laboratoriums stiften wird, was sehr zu wünschen wäre.

Das erzählt mir der äußerst sympathische Herr C. C. Shui, der Unterrichtsminister, dessen Sohn ich in Peking kennengelernt habe.

Die Straßen Lantschaus sind breit, und auf beiden Seiten stehen Bretterbuden, in denen die Angestellten sich hinter den Ladentischen zu schaffen machen; einige Steingut- oder Tuchläden mit Schaufenstern zur Straße, statt des altmodischen, mit weißem Papier bespannten Holzgitters, verdienen sogar die Bezeichnung »Kaufhaus«.

Auf dem Hauptplatz vor der Residenz des Gouverneurs (der uns die Unterredung, um die wir ersuchen, nicht gewähren will) regelt ein Polizist den Verkehr von hochbeladenen Maultieren, Radfahrern, die noch sehr besorgt um ihr Gleichgewicht sind, Rikschas und allen möglichen Karren.

Die Gebildeten, die über dem langen blauen Gewand ein kurzes schwarzes Seidenjäckchen tragen, lesen jeden Tag auf dem Platz die an der Mauer angeschlagene Zeitung; es ist das »Tageblatt des Nordwestens«, das die letzten Nachrichten vom kommunistischen Vormarsch bringt.

In einer wackligen Baracke ist sogar ein Kino; ich habe freilich den starken Verdacht, daß hier noch mit der Hand gekurbelt wird. Die Projektion einiger völlig zerschrammter Bilder aus Shanghai ist sehr blaß, und mein Interesse ist, offen gestanden, mehr darauf gerichtet, zu verstehen, was unser Nachbar, ein gewisser Herr Wang, in schlechtem Englisch voller versteckter Andeutungen erzählt. Er scheint jedenfalls, ob er nun zur Polizei gehört oder nicht, zu wissen, daß man Erkundigungen über uns in Peking einzieht und daß wir vielleicht in fünf bis sechs Tagen unser Schicksal erfahren werden.

Mein Lieblingsspaziergang während dieser erzwungenen Muße führt mich meist hinter den Wasserträgern her; in den vollen Eimern, die an den Enden der Balancierstange schaukeln, schwimmt immer ein Stück Holz, das das Überschwappen des Wassers verhütet. Umherziehende Gewerbetreibende, von denen jeder seinen besonderen Ruf ausstößt, Barbiere oder Geschirrflicker, Verkäufer von kandierten Birnen oder dicker Bohnensuppe, in der Mandeln schwimmen, gehen vorbei. Straßen-

jungen mit bequem geschlitzten Hosen und kleinen, fast wie Rattenschwänzchen abstehenden Zöpfen trippeln dahin.

Als ich stehenbleibe, um den geheimnisvollen kleinen Kasten, meine Leica, wieder zu laden, umringen mich alle diese Bengel wie ein Mückenschwarm, stürzen sich auf den Filmstreifen, den ich ihnen überlasse, und der teilnahmslose Polizist spielt für einen Augenblick den wilden Mann und versucht sie zu verscheuchen.

Die Männer tragen alle eine weite Hose, unten am Fußgelenk mit einem Bändchen zusammengeschnürt, was ihnen das Aussehen von Skiläufern gibt; die Arbeiter haben keinen Überrock an, sondern nur eine kurze, mit Schafpelz gefütterte Jacke. Den Wasserträgern folgend, spaziere ich durch das Nordtor, das wie ein Tunnel durch die hohe Stadtmauer führt und von einem Pavillon mit drei abgestuften Stockwerken überhöht ist, und nun befinde ich mich in der Stille, am Ufer des großen Flusses, in einer weiten und friedlichen Landschaft. Am Steilufer trocknet ein Floß aus zwölf Schläuchen, gegen sein Ruder gestützt, in der Sonne und wartet, bis ein Mann allein es auf seinen Schultern wieder zu seinem viele Tagereisen stromaufwärts gelegenen Heimatdorf trägt. Etwas weiter im Hintergrund erblickt mein Auge das staunenswerte Gerüst eines Wasserrades, das sich unbeweglich gegen den blaßgelben Himmel abhebt; bei dem niedrigen Stand des Flusses werden die Schöpfeimer, zumal sie ziemlich weit vom Wasser entfernt sind, wohl noch lange stillstehen.

Weiter oben überspannt eine eiserne Brücke den Strom; und dort gegenüber an dem abschüssigen Hang führt eine Reihe kleiner Tempel, ähnlich wie bei uns ein Passionsweg, zu einer mehrstöckigen Majolikapagode.

## Werden wir weiterreisen können?

Jeden Abend, wenn wir in die Mission zurückkehrten, erwartete uns dieselbe Antwort: Ihre Pässe sind noch nicht da.

Smig hatte einige Woll- und Lederhändler aufgesucht und sich bei ihnen nach den letzten Kursen erkundigt. Er hatte aber auch erfahren, daß man ungefähr fünfzehn russische Emigran-

ten, die vor einem Monat angekommen waren, um hier zu arbeiten, wieder zur Küste abgeschoben hatte, und zwar infolge einer neuen Verordnung Nankings, die allen Leuten russischer Abstammung den Aufenthalt im Nordwesten verbot. Der antikommunistische Feldzug war der Anlaß zu dieser Maßnahme. Mußten wir also gewärtig sein, schon jetzt, da wir die Reise noch kaum begonnen hatten, unsere Dolmetscher zu verlieren? Auch was von der Polizeistation gerüchtweise verlautete, ließ es vermuten. Offenbar sprach die Tatsache, daß die Smigs chinesische Untertanen waren, nicht für sie, sondern gegen sie; sie schienen verdächtig, weil ihre Naturalisierungsurkunde in Urumtschi, dieser inzwischen unter die Sowjetherrschaft geratenen Stadt, ausgestellt war.

»Herr Fleming«, sagte Smig beängstigt, »Sie tun nicht alles, was Sie für uns tun könnten.«

Doch der Gouverneur ließ sich durch nichts umstimmen, nicht einmal durch ein fürstliches Geschenk; er war ein »moderner Mann«. Eine heimliche Abreise hingegen konnte leicht alles verderben. Ach, wenn wir dieses Lantschau doch vermieden hätten und einfach querfeldein gezogen wären!

Dennoch begaben wir uns ein letztes Mal zur Polizei, wo Peter sich schon öfters beschwert und die Argumente, die wir uns ausgedacht hatten, schon bis zum Überdruß vorgebracht hatte: Wollte man uns denn wirklich um unser »Gesicht« bringen, indem man die Smigs, unsere treuen Helfer, zurückschickte? Und würde es dem Gouverneur etwa angenehm sein, wenn unsere zwei Zeitungen, die bedeutendsten Europas, hernach — schon sehr bald! — von Lantschau sprechen würden als von einer Stadt, wo noch mittelalterliche Sitten herrschten? Wir wurden jedoch nur mit hinhaltenden Antworten abgespeist. Wie konnte man wissen, wer glaubwürdig, wer einflußreich war? Peter, wieder einmal seine Pfeife auf der Straße rauchend (in der Mission war diese Unsitte verboten), machte sich lustig über mich, weil ich alle meine Überlegungen mit den Worten begann: »Man muß unbedingt feststellen...«, wo doch nichts feststellbar war.

Die Unmöglichkeit, einen Einfluß auf die Ereignisse auszuüben oder uns zumindest eine Meinung darüber zu bilden, die Aussicht auf die Schwierigkeit, ja, vielleicht Unmöglichkeit einer Reise ohne Dolmetscher, der rapide Schwund des kleinen

Barvermögens, das wir mitgenommen hatten, das alles stürzte uns zeitweise in einen Abgrund von Mutlosigkeit, die zweifellos ebenso unvernünftig war wie die Hoffnung, zu der wir uns gleich darauf wieder hinreißen ließen. Gemeinsam vor einem Krug *shao-djiu* – dem in China üblichen heißen Sprit – am Tisch sitzend, erinnerten wir uns an die Begeisterung, mit der wir uns geschworen hatten, nach Westen vorzudringen, koste es, was es wolle; und wie um wenigstens einen Anfang zu machen mit der Ausführung dieses Entschlusses, erhoben wir uns auf der Stelle, begaben uns zu einem Goldschmied und kauften für tausend mexikanische Dollar einen kleinen Goldbarren von der Dicke eines Schokoladentäfelchens für unsere Reisebedürfnisse.

»Die Ma Ja-ngans[1] können weiterreisen, die Russen müssen dorthin zurück, wo sie hergekommen sind«, lautet heute der endgültige Bescheid der Polizei.

Nina, auf ihrem Koffer sitzend, weint leise vor sich hin; Smig flucht, tobt, empört sich, beschuldigt alle Welt und kann sich noch nicht trennen von dem Gedanken, in sein Tsaidam-Paradies zurückzukehren.

Es ist ein hartes Los für sie. Was soll nun aus ihnen werden? Werden sie in Tientsin wieder eine bescheidene Stellung finden? Und wir – werden wir denn ohne sie über Sining hinausgelangen können? Smig gibt uns Empfehlungsschreiben an zwei seiner Freunde mit, von denen anzunehmen ist, daß sie uns behilflich sein werden, falls wir sie überhaupt treffen.

Wir beschleunigen unsere Vorbereitungen, da wir abreisen möchten, bevor man uns vielleicht infolge einer neuen Verordnung zurückhält.

Nach dem Frühstück lesen wir zum letztenmal mit unseren Gastgebern einen Bibelspruch und lauschen dann, vor unseren hochlehnigen Stühlen kniend, dem Gebet für alle, die bedürftig sind; für die Missionare, die von den Kommunisten gefangengehalten werden, auf daß ihr Mut gestärkt werde; für die »Bible women« und das »Tent-work«, daß ihnen Hilfe zuteil werde, und dafür, daß es der Mission an den Spenden, von denen allein sie lebt, nie fehlen möge. Freundlicherweise lenkt Mr. Keeble die Aufmerksamkeit des Himmels auch auf »zwei junge Reisende, die vor einer ungewissen Forschungsreise stehen und hier zum letztenmal an unserer Seite sind«.

Vor dem Rundtor des Hofes sind unterdessen unsere drei Maultiere beladen worden. Wir haben sie gemietet in einem der hiesigen Gasthöfe, der Filiale einer der großen Transportunternehmungen, die sich seit Jahrhunderten in dieses Geschäft teilen.

Begleitet von unseren Freunden ziehen wir durch die große, wimmelnde Stadt, wo überall die senkrecht beschrifteten chinesischen Ladenschilder aushängen. Als wir gerade unter dem mächtigen »Tor des Westens« verschwinden wollen, sehe ich einen Europäer inmitten einer Eskorte chinesischer Soldaten daherkommen, und Peter behauptet, der arme Mensch habe ihm im Vorbeireiten zugerufen: »Kaput!« Ist das eine schlimme Vorbedeutung? Die Smigs haben sagen hören, daß an der Grenze von Kansu schon ein Abschiebungsbefehl auf uns wartet.

Nun heißt es Abschied nehmen, und ich tröste Nina...

# Es lebe die Freiheit!

Wir beide ziehen allein mit dem Maultiertreiber Wang los.

Wenn es auch richtig ist, daß die Dienste der Smigs uns arg fehlen werden, so verleiht diese Verlassenheit unserer Unternehmung doch einen gewissen heroischen Anflug. Wieviel begeisternder wird unsere Eroberung der Tatarei sein, wenn wir sie ausschließlich unseren eigenen Anstrengungen verdanken.

Es ist eine Lust, endlich weiterzukommen, wieder unterwegs zu sein und diese Beamtenpest hinter sich zu lassen. Eine Lust, sein eigener Herr zu sein, die Lastautos zu vergessen, wo man zwischen fünfundzwanzig Chinesen durchgerüttelt wurde, das Fächeln des sanften Windes im Gesicht zu fühlen, die warme Ausdünstung des Maultieres zu wittern, das eintönige Getrappel der Hufe auf der Straße zu hören. Von hier bis Sining, der Hauptstadt der Provinz Kuku Nor, wo die Schwierigkeiten zweifellos aufs neue beginnen werden, habe ich sechs Tage Ruhe, in denen ich die Welt wieder einmal neu entdecken kann.

Ich springe von meinem Maultier ab, wo ich auf den Kisten gethront habe, und gehe zu Fuß auf der recht sauberen Straße weiter. Nirgends gibt es eine bessere Straßenreinigung als in China, wo der Mist fortwährend gesammelt, getrocknet und dann als Brennmaterial verwendet wird. Ich bin glücklich und schmettere meine Alpenlieder aus voller Kehle allen Echos zu, indes die Rauchwölkchen von Wangs kleiner schwarzer Zigarre mich an die »Schweizer Stumpen« erinnern und mich wie durch Zauber in einen Wagen dritter Klasse zwischen Lausanne und Bern versetzen.

Mitunter singt Wang ebenfalls und fährt sich gleichzeitig mit dem Peitschenstiel hinten in den Halsausschnitt, um sich besser den Rücken kratzen zu können. Da die Hitze allmählich mit dem Vorrücken des Tages zunimmt, zieht er eine Jacke nach der andern aus und verwandelt dann den schwarzen Tuchstreifen, der ihm als Leibbinde dient, in einen Turban. Auf einer erdfarbenen Mauer kräht ein buntgefiederter Hahn in den blauen Himmel; ein zweirädriger Karren befördert einen in lustigen

Farben lackierten Sarg, der zweifellos der einzige Luxus eines Armen ist. Die Bauern, blaue Tupfen auf den Feldern, holen die jungfräuliche Erde aus tiefen Schächten, eine dunkle Erde, welche die durch fünfzig Jahrhunderte Ackerbau erschöpfte Scholle auffrischen soll.

Wie elend ist das Leben in Kansu! Die Frauen kauern vor ihren dürftigen Lehmhütten und nähen dicke Filzschuhe für ihre Männer. Sie haben ausdruckslose Gesichter und scheinen in ihren staubigen Jacken und Hosen keinerlei weibliche Eitelkeit zu kennen, höchstens die auf ihre verkrüppelten Füße, die in bestickten Stoffschuhen mit kleinen, zierlich geschweiften Holzabsätzen stecken. Manchmal sehe ich, wie am Straßenrand eine Mutter schmutzige Binden wieder um den Fuß ihres Töchterchens, eines armen, still ergebenen Wesens, wickelt. Die bedauernswerten, für ihr Alter schon sehr ernsten Kinder werden ausgenützt, sobald ihre Beinchen kräftig genug sind: Dort ziehen vier einen primitiven Pflug, vor den Augen eines Mannes, der im Dahinschlendern eine Handvoll schimmernder Bauwolle zu einem Knäuel dreht; zu seinen Füßen, im Staub, nähren eine Mutter und eine Hündin, beide gleich menschlich und gleich tierisch, ihre Kleinen.

Jeden Abend kommen wir beim Dunkelwerden in das Dorf, das uns als Rastort dienen soll. Wang öffnet die Flügel eines Doppeltores, und wir betreten einen langen, schmalen Hof, auf den acht bis zehn Zimmer gehen. Das größte, dem Eingang gegenüber, ist besonders vornehmen Gästen vorbehalten, aber wir verzichten darauf, denn seine riesigen Dimensionen, das schadhafte Dach und die geborstenen Fenster machen es zu einer Art Eiskeller. Beim Schein einer Ölfunzel nimmt man die Packsättel ab, während wir uns auf Nahrungssuche begeben.

Oft treiben wir nicht einmal Mien[1] auf und müssen uns daher an den Gemeindevorsteher wenden, um etwas Mehl zu bekommen. In den Kramläden ist nichts zu entdecken außer Hatamen-Zigaretten, Zwiebeln, Kattun und Öl. Eier sind rar; es ist ein unverhofftes Glück, wenn wir ein paar mit ins Wirtshaus bringen, wo die Straßenjungen uns dann zuschauen, wie wir ungeschickt mit den Eßstäbchen hantieren. Es gibt nur ein Mittel, sie zu verjagen: man muß ihnen die »Hörner« zeigen, das heißt, mit ausgestrecktem Zeige- und kleinem Finger auf sie weisen.

Spät nachts suchen wir, trotz unserer Taschenlampen, lange unsere Tür unter all den gleichen Türen. Die Kälte dringt durch, und wir schlafen vollständig angekleidet, weil wir mit dem Unkraut, womit man sonst den K'ang heizt, manch trübe Erfahrung gemacht haben und nicht im Qualm ersticken wollen. Draußen hört man die Maultiere ihr Häcksel oder trockenes Heu kauen. Peter, recht stolz auf seine Findigkeit, hat einen Tuchbeutel entdeckt, in den er seine Schnürstiefel steckt, so daß er in seinen Schlafsack kriechen kann, ohne die Schuhe auszuziehen. Ich mache keinen Hehl aus meiner Mißbilligung einer derartigen Faulheit.

Wang weckt uns vor Tagesanbruch und bringt uns heißes Wasser für den Tee. In der Morgenkälte marschieren wir dann mit gleichmäßigem Schritt weiter auf das Innere Asiens zu und gewinnen einen tüchtigen Vorsprung vor unserer Begleitung. Noch halb verschlafen höre ich zu, wie mir Peter von seinen wunderlichen Träumen erzählt: Das eine Mal ist er in einer fliegenden Postkutsche auf dem Dachgarten eines Wolkenkratzers gestartet und dann irgendwo an der Küste Englands gelandet! Ein anderes Mal sah er sich auf der Bühne, wo er mit schief sitzender Perücke und halb erwürgt von einem lila Seidenschal den Hamlet spielen mußte. Er hat nämlich früher in Oxford, wo er (angeblich zu seinem großen Erstaunen) die höchste Auszeichnung in Literatur erhalten hatte, den Theaterverein geleitet und sehr viele Bühnenstücke inszeniert und darin auch mitgespielt.

Dann wieder sitzen wir mit quälenden Blasen an den Füßen auf den Stufen eines kleinen ländlichen Heiligtums, warten auf unsere Muli und diskutieren über Bernard Shaw, über die Begabung der oder jener Schauspielerin oder über den unverkennbaren Verfall des Theaters. Oder ich hänsele Peter:

»Haben Sie auch richtig gehört, was die Behörden von Lantschau gesagt haben? ›Die Ma Ja-ngans können weiterreisen!‹ Die Leute haben sofort gemerkt, daß ich der Expeditionschef bin und Sie mein Dolmetscher sind. Ich habe zu befehlen: also jetzt wird aufgestanden und etwas von dem Mien gegessen, das bei dem Koch dort drüben an der Straße dampft.«

»Wenn Sie meine Asienerfahrung hätten, würden Sie mit dem Hungrigsein warten, bis wir zum Rastplatz kommen.«

»Aufschneider! Wenn Sie in Asien schon so bewandert wären, hätten Sie jetzt nicht Blasen an den Füßen wie ein kleiner Junge, der aus der Kinderstube ausgekniffen ist.«

Aber so erfreulich ich diese Kameradschaft fand und so sehr sie mir die Trübsal des Wartens in Lantschau erleichtert hatte, bedeutete sie doch auch wieder einen Verlust für mich: Sie brachte mich um das eigentliche Entdecker-Hochgefühl, das das Schönste an meinen früheren Reisen gewesen war. Die prikkelnde Freude, das berauschende Bewußtsein, daß ich mir selbst meinen Weg bahnte, die stolze Genugtuung, daß ich mir ganz allein aus jeder Klemme helfen konnte, dies alles, woran ich so gewöhnt war, ging mir dadurch verloren. Vor allem aber begleitete uns unwillkürlich immerzu ein Stück Europa, irgend etwas Isolierendes, und zwar ganz einfach infolge der Tatsache, daß wir zu zweit waren. Ich fühlte mich nicht mehr von allem mir Bekannten durch viele tausend Kilometer getrennt; ich tauchte nicht mehr in diesem Asien unter, wurde nicht völlig eins mit ihm. Zu zweit lernt man die Sprache nicht so schnell; man wird von den Eingeborenen auch nicht so behandelt, als ob man zu ihnen gehöre, und dringt nicht so tief in das Milieu ein.

Ohne Schwierigkeiten überqueren wir auf einer von Menschen und Tieren überfüllten Fähre nun zum letztenmal den Gelben Fluß und ziehen dann den Lauf des reißenden Sining Ho hinauf, der zur Hauptstadt führt.

Wir nähern uns den Bergen; die Luft wird dünn. Die Felder, auf denen noch nichts grünt, sind bedeckt mit trostlosem, blaugrauem Geröll. Plötzlich bemerke ich, daß ich meinen Revolver in Lantschau vergessen habe. Die Forscherin, ihres wichtigsten Ausrüstungsgegenstandes beraubt, wird also den tibetanischen Bären auf Gnade und Ungnade ausgeliefert sein! Ehrlich gesagt, bin ich recht froh über diesen Verlust; denn an Gelegenheiten, in Harnisch zu geraten, fehlt es auf dieser Reise nicht, und nun bin ich mit einemmal vor allen etwaigen Folgen einer vorschnellen Geste bewahrt.

Am Abend des vierten Tages kommen wir inmitten einer staubbedeckten Schar von Soldaten und Kamelen bis an die Mauern von Nienpai; aber aus Besorgnis, daß die Tore sich morgen zu spät öffnen könnten, kampieren wir in einem Bauernhof inmitten der Felder. Denn Peter – immer der »Kilometerfres-

ser« – hat sich in den Kopf gesetzt, aus den zwei Tagereisen, die
uns noch von Sining trennen, eine einzige zu machen.

Gehorsam hat Wang um Mitternacht die Tiere gefüttert; aber
er weckt mich schon um eins, weil er glaubt, es sei drei. Wütend
schimpfe ich Peter einen schlechten Dolmetscher. Er bekennt
sich schuldig und fügt ganz ernsthaft hinzu:

»Ich verstehe hier überhaupt nichts mehr. Wenn diese Leute
bloß ein bißchen mehr so sprechen würden wie ich!«

Tatsächlich unterscheidet sich der Dialekt des Nordwestens
ganz erheblich von dem Mandarin-Chinesisch Pekings. Wollen
wir Waschwasser haben, so müssen wir »fi« sagen: so hat sich
das Wort »shui« verändert.

Wir brechen bei eisiger Kälte auf. Ein schneidender Wind fegt
durch das öde Tal. Wir haben einen Marsch von mehr als 120 Li,
ungefähr 60 Kilometer, vor uns. Die Sonne geht auf und zaubert
wunderbare Reflexe an den Horizont; aber diese Farbenspiele
sind von kurzer Dauer, und schon vor Mittag mache ich unter
den senkrechten Sonnenstrahlen schlapp. Ich habe mein Maultier wieder bestiegen, um der Versuchung eines Mittagschläf-
chens am Straßenrand nicht zu erliegen, und döse nun so hin.
Wang torkelt wie ein Betrunkener und hält sich, im Gehen schlafend, am Schwanz seines Maultieres fest. Aber Peter, der anscheinend für irgendeinen tibetanischen Marathonlauf trai-
niert, beschleunigt seinen Schritt im feinen Staub. Allerlei Erin-
nerungsbilder huschen mir durch den Sinn: Kanäle mit klarem
Wasser, ähnlich angelegt wie die in Samarkand: ein weißer Tempel, in halber Höhe an einer gewaltigen roten Felswand schimmernd wie ein leuchtendes Auge in der Nacht, eine zwischen
zwei Maultieren mit roten Quasten schwebende Sänfte, in der
ein bleicher alter Mann zusammengekauert hockt ...

Der brausende Fluß wird dunkel wie dicker Kakao, und die
Wogen schaukeln auf ihren Kämmen große Flöße aus geblähten
Ziegenhäuten, von denen die Beinstummel steil emporragen. Sie
tragen die Woll- oder Kohlefrachten nach Lantschau, manchmal sogar bis nach Paotow. Die Schiffer, gestützt auf ihre riesigen Ruder, stoßen von Zeit zu Zeit einen kraftvollen Schrei aus,
der wie Siegesjubel klingt. Ich antworte ihnen mit dem Ruf der
Alpenbewohner, einem hellen Jodler, worauf sie den Kopf wenden und zu unserem Saumpfad herüberblicken. Wer weiß, viel-

leicht werden sie einander von jetzt an nach der Art des Oberhasli-Tals anrufen.

Am Rand kleiner, stiller Buchten, wo das Wasser ruhig fließt, schütteln Goldwäscher ihre Siebe, während eine Kompanie schlecht ausgerüsteter Soldaten auf uns zukommt. Sie sollen die antikommunistischen Truppen verstärken, denn der Karawanenverkehr, die Haupteinnahmequelle der Dynastie der Mâs[1], der Provinzgouverneure, darf durch den Bürgerkrieg nicht lahmgelegt werden.

Diese dunganischen Krieger – chinesische Moslime – fürchten nichts auf der Welt und terrorisieren, scheint es, die friedlichen Söhne Hans. Die Gruppe, an der ich vorbeireite, bemüht sich vergeblich, ein erschöpftes, mit Feldkesseln beladenes Kamel wiederaufzurichten. Um den Leuten zu helfen, versucht Peter einige Seiten der »Croisière Jaune[2]« unter dem Hinterteil des großen apathischen Tiers anzuzünden.

Die Provinz Kuku Nor ist im Jahr 1929 auf Kosten Tibets und Kansus gegründet worden, zur Beschwichtigung der unaufhörlichen Forderungen der Dunganen, die Herren im eigenen Land sein wollten. Gleichzeitig erhielten alle mohammedanischen Truppen den Befehl, sich aus dem tibetanischen Amdo-Gebiet, wo sie verhaßt waren, zurückzuziehen.[3]

Wie aber sollen sich diese Jünger Allahs mit den europäischen Methoden des »modernen Krieges« abfinden, die so ganz gegen alle ihre Gewohnheiten sind? Ein anderes dunganisches Armeekorps ist kürzlich, nachdem es unter dem Befehl eines Mâ – des Ma Tschung-jing – Chinesisch-Turkestan erobert hatte, durch den Abwurf einiger Gasbomben zersprengt worden.[4]

Unwillkürlich denkt man an die grundverschiedene Einstellung der Tibetaner, die sich im Süden ganz in ihrem mystischen Buddhismus abschließen und das 20. Jahrhundert nur tropfenweise bei sich eindringen lassen, um es nach und nach zu verdauen, während andrerseits im Norden Sibirien, angepeitscht durch den zweiten Fünfjahresplan, sich immer mehr mechanisiert. Was wird das noch mohammedanische Zentralasien, zwischen zwei so gegensätzliche Tendenzen eingekeilt, wohl tun? Gegen wen wird es sich auflehnen? Gegen die Priester oder gegen die Vertreter der russischen Fabriken, die das einheimische Handwerk zugrunde richten? Kann es, abwechselnd von

China als Schranke gegen die westlichen Horden und von Rußland als Puffer gegen den wachsenden Imperialismus Japans
benutzt, jemals unabhängig werden und sich selber treu bleiben? Wird ein Mâ hier einmal, nach dem Vorbild von Ibn Saud,
sich zum Herrscher aufwerfen? Und wo verbirgt sich augenblicklich dieser Ma Tschung-jing, dessen Pläne niemand kennt?

Das Tal wird immer breiter; die Felder gehen ineinander über.
Hinter dem zartgrünen Schleier junger Pappeln sehe ich das
liebliche Sining auftauchen – Sining, den Ausgangspunkt der
Karawanen, Sining, von wo aus wir nach dem Tsaidam aufbrechen werden, wenn es sich die Behörden nicht in den Kopf
setzen, uns den Weg zu verriegeln.

Ganz in unserer Nähe steuert ein Junge auf einem Fahrrad
hinter einem wohlbeleibten alten Mütterchen auf einem Esel
her. Er ist ein Neuling in der Radfahrkunst; er fährt im Zickzack, klingelt wie ein Wahnsinniger und streift das Grautier, das
entsetzt zur Seite springt. Die Matrone, laut aufkreischend, pur-
zelt herunter. Ihr Ehemann eilt herbei, holt mühelos den Flücht-
ling inmitten der Schlammlöcher ein und verabfolgt ihm eine
gehörige Tracht Prügel.

Szene aus dem neuzeitlichen Leben . . .

# Unrast in Sining

In der mohammedanischen Stadt, die von der chinesischen durch eine große, nur von einem einzigen Tor durchbrochene Mauer getrennt ist, dringt ein ganz neuer Eindruck auf mich ein. Gewiß rührt er weder von der Hauptstraße her, auf der die Handwerker unter Schutzdächern im Freien arbeiten, noch von den Ziertoren, die dann und wann den Ausblick auf die Straßen umrahmen, noch von den Papierspitzenschildern, die vor den Gasthäusern schaukeln. Nein: in dieser chinesischen Szenerie flutet zum erstenmal etwas wie die Atmosphäre des Islam. Alte Männer, die Seidengewänder tragen wie Mandarine, aber weiße oder gelbe Turbane um den Kopf haben, mischen sich unter die Menge. Diese Dunganen haben eine gewisse Ähnlichkeit mit den spitzbärtigen Kirgisen, und ich erinnere mich zu meinem Erstaunen, daß die Dunganen, denen ich bei den Kirgisen der Himmelsberge begegnete, mir im Gegenteil einen chinesischen Eindruck machten. Die Frauen, die auf struppigen, breitstirnigen Ponys im Herrensitz vorbeigeritten kommen, tragen chinesische Tracht, aber ihr Gesicht ist verhüllt von einem schwarzen Roßhaarschleier, der der *tschedra* in dem 4000 Kilometer entfernten Buchara gleicht.

Da sind endlich, zusammengetrieben wie eine Hammelherde, auch die Karawanenkamele, die mit den über die Ohren zurückgestreiften Futtersäcken in den großen Höfen kauern und wiederkäuend auf das Satteln warten. Mit welchen von diesen großen Tieren werden wir wohl in den grenzenlosen Westen hinausziehen?

In der Chinesenstadt ist die Hauptstraße in den Kuomintang-Farben – weiße Sonne auf blauem Grund in einer Ecke der roten Fahne – geflaggt. Fremdartig barbarische Gestalten stapfen hier mit wuchtigen Schritten einher. Sie kommen aus dem Tsaidam und aus Tibet, jenen Gegenden, in die wir vordringen wollen und wo wir unsere Spuren zu verwischen hoffen.

Ich staune sie an. Vielleicht sind sie über diese Begegnung ebenso verblüfft wie ich, aber sie verbergen ihre Neugier unter

einer gewissen angeborenen Würde. Die Tibetaner mit den geraden Nasen tragen eleganterweise dunkelrote Turbane oder Rotfuchspelze um den Kopf; der breite Aufschlag ihres roten Wollmantels ist mit einem weißen Lammfellstreifen besetzt. Die reichsten tragen Hemden, die am Halse mit Pantherfell gesäumt sind.

Aber die Mongolen aus dem Tsaidam sind noch seltsamer. Sie schlüpfen immer nur in einen Ärmel ihres Lammfellrocks, der mit dem Leder nach außen getragen wird, so daß die Hälfte ihrer braunen Brust freibleibt, auf der eine Silberkapsel hängt, die irgendein Amulett oder irgendeinen tönernen Buddha enthält. Ihr Gewand, das um die Lenden gegürtet ist, fällt wie ein Faltenrock bis auf die Knie. In dem weiten, durch den Gürtel gebildeten Bausch birgt der Mann alle seine Habseligkeiten. Ein großer Säbel hängt an der Hüfte; aus einem der derben Stiefel mit aufgekrümmten Spitzen guckt der kupferne Kopf einer langen Pfeife. Manche Mongolen tragen noch das braune, goldbestickte Käppchen, aber die meisten, verführt von der neuesten Mode, haben sich den trostlosen europäischen Filzhut zugelegt ...

## Unsere Freunde Lu und Ku

Lu Hwa-pu, der am andern Ende der Stadt wohnte, war zu Hause. Ein unverhofftes Glück! Wir richten ihm eine Bestellung von Smig aus. Lu, umgeben von einer Schar von Angestellten und Lehrlingen, handelt – abgesehen von seinem Photographenberuf – auch mit Strümpfen und Schuhen. Er ist ein liebenswürdiger, verschmitzter kleiner Mann, der leidlich Russisch kann, weil er lange Zeit in Urumtschi gelebt hat.

Während wir im Hinterzimmer eine Tasse Tee nach der andern trinken, erklären wir ihm ohne lange Umschweife, daß wir einen Paß mit Sichtvermerk für das Innere der Provinz, eine Karawane nach dem Westen, eine Lagerausrüstung und einen sprachkundigen, bei den Mongolen gern gesehenen Diener brauchen. Lu führt uns, ebenfalls ohne Umschweife, sofort zum Jamen des Gouverneurs, wo er gute Beziehungen hat, und wir übergeben unsere Pässe dem Sekretär Feng, denn der Gouverneur Ma-lin, der Onkel des Generals Ma Bu-fang, ist ein Anal-

phabet. Wir antichambrieren in der geheizten Wachstube und trinken abermals Tee unter den neugierigen Blicken der Subalternen, die ein- und ausgehen. Ich muß lachen, da ich an einer Mauer des Hofes eine witzige Karikatur, einen Bauchredner mit seiner Puppe auf dem Knie, erblicke; das soll Japan und Mandschukuo vorstellen! Aber wir warten vergeblich. Ob wir Erfolg haben werden oder nicht, bleibt im Dunkeln. Wir müssen uns abermals in Geduld fassen und gehen fort.

Peter, sehr unternehmungslustig wie immer, macht sich auf die Suche nach C. C. Ku, für den wir einen Brief von seinem Bruder, einem Studenten in Peking, haben. Ku spricht ausgezeichnet Englisch, da er die Universität Cornell besucht hat. Als Generalleutnant von Nanking herbeordert, hat er es verstanden, sich bei dem »jungen General« Ma Bu-fang in Gunst zu setzen, und er rät uns nun, uns bei diesem das militärische Visum zu besorgen. Unser neuer Freund billigt unsere Absicht, eine Zeitlang als Jäger in der Steppe zu leben (von Kaschgar wagen wir nicht zu sprechen), denn er ist selbst ein leidenschaftlicher Jäger. Da er morgen nach Tangar fährt – dem letzten Dorf vor den Einöden des Westens, eine Tagesreise von hier –, nimmt er sich die Mühe, sofort an den Sekretär Fang, seinen Schulfreund, sowie an den »jungen General« zu schreiben, und teilt ihnen mit, daß wir seine Freunde seien und daß uns geholfen werden müsse.

Alles scheint wieder einmal aufs beste zu stehen auf dieser besten aller Welten, und Peter triumphiert kühn:

»Jetzt sehen Sie doch hoffentlich ein, warum ich den letzten Marsch in der halben Zeit schaffen wollte. Ein Tag später, und wir hätten diesen Ku, den uns die Vorsehung geschickt hat, verfehlt!«

Da machen wir aber die Bekanntschaft der Plymires und der Woods, der pentekostistischen Missionare, die soeben aus Tangar, ihrer evangelischen Station, eingetroffen sind. Sie erzählen uns, daß sie von ihrem Konsul die Aufforderung erhalten haben, zur Küste zurückzukehren, bevor der kommunistische Vormarsch jeden Rückweg abschneidet. Mister Plymire lebt schon lange hier im Lande; im Jahre 1927, bei der letzten behördlichen Ausweisung der Ausländer, mußte er quer durch Tibet nach Indien fliehen, wo er dann kurz vor Lhasa dennoch zurückgewiesen und zum Abmarsch nach Kaschmir gezwungen wurde.

Daher kennt er die Gegend sehr gut, und wir sind sehr betroffen über seine Ratschläge. Was er unter seiner verschlissenen Ledermütze von den überall lauernden, verkappten Spionen des »jungen Generals« in seinen verwahrlosten Bart murmelt, klingt sehr beunruhigend.

»Nein«, antwortet er mir auf meine Frage, »mit einem Geschenk werden Sie nichts bei dem General erreichen ... Aber Sie dürfen nicht zaudern, wenn Sie sich einer Karawane anschließen wollen; die meisten sind schon unterwegs mit ihren Tee- und Mehlfrachten. Übrigens werden Sie in Kumbum besser dran sein als hier.«

Der lächelnde Pater Hesser von der österreichischen Mission ist auch dieser Ansicht. Aber wir erhalten nicht einmal die Erlaubnis zum Verlassen der Stadt. Ich hatte stark gehofft, daß der freundliche Pater irgendwie einen sprachkundigen Führer, einen vertrauenswürdigen Mann, der bereit wäre, uns bis ans Ende der Welt zu folgen, aus dem Boden zaubern würde; aber er kann uns ebensowenig wie Lu irgend jemand empfehlen. Die Frage ist jedoch von größter Wichtigkeit. Alles kann eines Tages davon abhängen, wen wir bei uns haben. Da wir wahrscheinlich auf die Gnade der Mongolen und der räuberischen Tanguten angewiesen sein werden, möchte ich mich nicht auf einen chinesischen Diener, den Sohn einer bei den Nomaden verhaßten Rasse, verlassen.

Man mußte eben abwarten.


## Patiencen

Die Polizei behelligte uns zu jeder Tages- und Nachtzeit, um unsere Waffen und unsere Koffer zu visitieren, oder vielleicht auch nur, um zu sehen, wie unsere Schreibmaschinen funktionierten.

Wir wohnten im mohammedanischen Stadtteil, in einer Karawanserei aus Lehm, wo die Türen nicht schlossen; die Nachbarn besuchten uns oder schlitzten mit zudringlichem Finger das Papier an unserem Fenster auf, um uns zu beobachten. Jeden Morgen wurden wir von einem sonoren Gurgeln geweckt, denn die Chinesen spülen sich stets gründlich den Hals aus.

Schließlich kannte ich die Stadt bis in die verborgensten Winkel, das Hämmern der Huf- und Kesselschmiede und das Fauchen der Blasebälge, die die Küchenjungen wie Schubladen unterm Herd hin und her bewegen. Dazwischen wieder erscholl das ewige Rütteln der Mehlsiebe, einer Art hängender Schüttelvorrichtungen, und der Ruf der Suppenverkäufer. Und am Fluß, auf den kahlen Feldern unterhalb der niedrigen Dämme, grub sich die Sämaschine in die Erde wie ein wunderlich gestalteter Pflug.

Ins Gasthaus zurückgekehrt, wärmte ich mich an einem glühenden Kohlenbecken und las. Peter vertiefte sich in die Kreuzworträtsel der »Weekly Times«, die ihm die Missionare geliehen hatten. Im übrigen brachten uns diese Herren der Innerchinesischen Mission nicht besonders viel Herzlichkeit entgegen. Sie mußten von unseren Schwierigkeiten mit den Behörden gehört haben und vermieden grundsätzlich alles, was irgendwie mit Politik zu tun hatte; sie weigerten sich sogar, uns Dolmetscherdienste zu leisten für den Fall, daß wir zu einer Audienz bei dem General zugelassen würden. Vielleicht fanden sie es auch »shokking«, daß wir keinerlei Tugendwächter bei uns hatten. Leider konnten wir ihnen die Smigs nicht mehr vorstellen!

Peter schlug die Zeit mit Patiencelegen tot; er kannte zwar nur eine, aber sie eignete sich für mancherlei Kombinationen. Wenn sie aufging, was fast unmöglich war, so bedeutete dies, daß Indien unser sein würde. Ebensogut hätte man vom Mond reden können! Blieben zehn Karten übrig, so war uns die Gefangenschaft in Turkestan gewiß. Doch welch ein Triumph, wenn wir überhaupt so weit gelangen würden! Zwanzig Karten, bei denen Schwarz überwog, bedeuteten den völligen Mißerfolg.

Ich hörte diesen entmutigenden Orakeln nur mit halbem Ohr zu: Peter litt unter der erzwungenen Untätigkeit mehr als ich.

»Wenn Sie so viel Asienerfahrung hätten wie ich«, sagte ich ihm immer wieder, »würden Sie wissen, daß es gar nicht anders sein kann.«

Nach außen hin jedoch verstand Peter, seine Gelassenheit und sein lächelndes Gesicht zu wahren: ein unfehlbarer Trumpf gegenüber dem Gastwirt, den neugierigen Polizisten und den Federfuchsern im Jamen. Nie verrieten seine Bewegungen jene Hast, die für Europäer oft so bezeichnend ist.

Zu guter Letzt kannte uns alle Welt, und wenn wir jetzt durch

die Straßen gingen, stürzten die Angestellten nicht mehr aus ihren Läden, um uns anzugaffen. Eines Tages, als wir zwei Emaillebecher in einem Laden kauften, setzte sich ein mohammedanischer Zuschauer für uns ein, indem er den chinesischen Kaufmann zwang, uns Geld herauszugeben.

Unterdessen ging ich mit Lu die Liste alles dessen durch, was wir für unsere »Tsaidam-Tour«, wie wir es bescheiden nannten, brauchen würden. Seine Angestellten ließen ihre Rechenmaschinen stehen, eilten im Laufschritt davon und brachten Proben von Traubenrosinen, einen Zinnkessel, Zeltbahnen und Lammfellen an...

Lu half uns bei allem und vermittelte sogar die Bekanntschaft mit einigen mongolischen großen Herren, die sich auf der Durchreise in Sining aufhielten.

In einem Zimmer, das auf den Hof eines Tischlers ging, erwartete die Fürstin von Barun unseren Besuch. Sie saß neben ihrem kupfernen Teekessel, der auf dem K'ang stand, und einem Teller voll chinesischen Blätterteiggebäcks mit Rosenmarmelade. Sie trug einen Pelz aus Lammfellen, der bis auf den Boden hing, und ihr schönes Gesicht mit den ebenmäßigen Zügen sah uns an, bleich unterm waagrechten Rand des spitzen Hutes, unter dem ihre Haarflechten hervorquollen, die aber sogleich durch eine Art gestickter Stoffröhren auf jeder Schulter zusammengehalten wurden.

Ihre alte Mutter, ebenso gekleidet, aber zerzaust und starrend von Schmutz, hatte ein dunkelbraunes, runzliges Bulldoggengesicht. Ein junges Mädchen mit hundert kleinen Zöpfen, hochmodern, das heißt mit einem europäischen Herrenfilzhut aufgetakelt, schloß die Augen wie eine geblendete Katze. Alle drei trugen riesige, mit Türkisen und Korallen verzierte Halsketten, Ohrringe und Amulettkapseln.

Sie hatten ihre ferne Steppe und ihre Jurte verlassen, um den jungen Prinzen von Barun[1] nach Sining zu begleiten, wo er bis zu seinem Regierungsantritt die Schule besuchen sollte. Dieser Jüngling, in einen grauen Tuchanzug gekleidet, behauptete, er sei schon sechzehn Jahre alt; er hatte das schöne Gesicht seiner Mutter, und seine Mütze barg noch einen langen schwarzen Zopf, der um den Kopf geflochten war wie früher die Zöpfe unserer jungen Mädchen. Er war sehr würdevoll und bedächtig

damit beschäftigt, sich ein Paar umfangreicher Wickelgamaschen um die mageren Beine zu winden.

Die schöne Fürstin und ihre Familie ließen sich von allen Seiten photographieren. Ich nützte das weidlich aus; denn wenn man uns nach Lantschau zurückschickte, ergab sich vielleicht keine Gelegenheit mehr, mit Mongolen zusammenzukommen.

In der nahebei gelegenen Schule, die eigens für die Söhne der mongolischen und tibetanischen Häuptlinge gegründet worden war, gingen die Schüler alle gleich gekleidet. Wenn man einigen von ihnen auch die gute Herkunft ansah, so schauten doch die meisten, mit rutschenden Socken und oft nicht zueinander passenden Schuhen, wie maskiert und recht unglücklich drein. Die schöne Stirn des Lehrers strahlte freilich, wenn er den Blick über seine noch nicht ganz flüggen Küklein schweifen ließ.

»Der Gouverneur muß Ihretwegen nach Nanking telegraphiert haben«, meldet ein Polizist, der soeben zu dem kleinen Hofstaat unseres Freundes Lu gestoßen ist.

Ach, du meine Güte! Wenn die Zentralregierung sich erst um uns zu kümmern beginnt, müssen wir uns auf das Schlimmste gefaßt machen... Wechseln wir also die Taktik. Anstatt den Eindruck zu erwecken, daß wir Nanking fürchten, müssen wir dort im Gegenteil alle nur möglichen Empfehlungen spielen lassen. Um einen offiziösen Bescheid zu erhalten, ob der Waitschapu[1] unsere Pässe mit dem Sichtvermerk versehen wird, telegraphiert Peter an seinen Kollegen Chao, den Reuterkorrespondenten in Nanking, einen der bestinformierten Journalisten. An diesen Mann klammern wir uns nun in Gedanken, und je länger das Warten dauert, desto mehr wächst mein Vertrauen, daß er imstande sein wird, uns alle Wege zu ebnen.

»Visen zweifelhaftest«, antwortet Chao endlich und rät, uns nochmals an die örtlichen Behörden zu wenden.

Haben wir dazu unsere Zeit und unser Geld verloren, um nur bis hierher zu kommen? Theoretisch ist das Recht auf unserer Seite, da auf unserem Paß ja Kuku Nor angegeben ist. Auf gut Glück telegraphiere ich noch an die französische Botschaft und bitte, man möge mich in Nanking empfehlen. Jedenfalls kann es nicht schaden, wenn man von mehreren Seiten zugleich erfährt, daß wir als ehrenwerte Leute bekannt sind.

Eine Schicksalswende? Wenigstens wird unsere Klausur nun aufgehoben. Ein städtischer Beamter läßt bei uns hocherfreuliche Geschenke abgeben: ein Schaf, zwei Büchsen Tee und zwei Pakete Zucker, eingehüllt in rotes Papier (so werden in China alle Geschenke überreicht), und dazu die von uns beantragte Erlaubnis zum Besuch von Kumbum. Ein Wägelchen, begleitet von einem altersschwachen Soldaten zu Pferd, steht zu unserer Verfügung. Wir können abreisen.

# Kumbum

Wir brauchen einen halben Tag bis nach Kumbum, dem größten Kloster des Amdo-Gebietes, das dreitausend tibetanischen, mongolischen und chinesischen Mönchen Obdach bietet. Jedes Jahr ziehen Pilger in großer Zahl dorthin, alle mit reichen Geschenken, die ihnen nach dem Tod einen Platz im Himmel sichern sollen. Es gibt in Kumbum so viel Gold, daß man sogar die großen Kupferdächer der Pagoden vergoldet hat. Die Hauptwallfahrt findet im Winter statt, zum »Blumenfest«, für das die Lamas Blumenschmuck aus hartgefrorener Butter modeln.

Das Kloster wurde auf der Stätte gegründet, wo im Jahr 1358 der Reformator Tsong-Kapa, der Gründer der tibetanischen Gelben Sekte, geboren wurde; der Ort hieß damals Tsong-Ka oder Tal der Zwiebeln. Aus den Blutstropfen von der Nabelschnur dieses auserlesenen Knäbleins, so erzählt man sich, wuchs ein schirmförmiger Baum mit hunderttausend Blättern, die wie Papageienflügel aussahen und deren Duft mehr als 4000 Klafter weit zu riechen war. Jedes Blatt wies das Bildnis Buddhas auf[1]. Der Stamm dieses sagenhaften Baumes, sagen die Lamas, wird noch heute in einem Reliquienturm (*chorten*[2]) unter der großen Pagode des Klosters verehrt.

Auf dem Hinweg überschreitet man einen kleinen Höhenzug, und plötzlich liegt Kumbum vor einem, wie ein Amphitheater in einem weiten, öden Tal, mit den vergoldeten Dächern der Pagoden, die wie Juwelen zwischen den fahlen Terrassen der Behausungen glitzern, und mit den langen, weißgetünchten Mauern, an denen die Wohnungen der Mönche sich zusammendrängen. Das ist der eigentümliche Reiz von Kumbum, dieses leuchtende Weiß inmitten der Pastellfarben, die unter dem hellblauen Himmel sich in sanften Tönen zueinander fügen: das Braungelb der Erde, das Mattgold der Pagoden, das Grau der entlaubten Bäume, dazu die braunroten Tupfen der Lamas in ihren enggeschlungenen Togen, die nur einen Arm freilassen. Aus der Ferne sehen diese heiligen Männer in den mit tausend Falten sich verbreiternden Gewändern wie wandelnde Tulpen aus.

68

Wir klettern durch die tiefe, ausgetrocknete Schlucht, wir kommen an einer stattlichen Reihe von acht Chorten vorbei, die an Pickelhauben erinnern, und auf einem gepflasterten Weg, über dem zwei ungefähr zwölf Meter hohe Heuschober liegen, gelangen wir schließlich in einen durch einen Doppelgürtel von Nebengebäuden und Stallungen geschützten Hof. Es ist die Residenz des weltlichen Sekretärs von Kumbum.

In einem dunklen Zimmer chinesischen Stils glüht ein Kohlenbecken. Ein großer, zahnloser Mann in einer Toga bedeutet uns, auf dem K'ang Platz zu nehmen, und schiebt sein Rechenbrett und sein Schreibzeug beiseite, um uns feierlichst zum Tee einzuladen. Eigentlich müßte man sich nun auch unterhalten, aber das ist nicht möglich, auch nicht mit Hilfe unseres alten Soldaten, der mit glasigen Augen und zitternden Knien dabeihockt. Zweifellos fühlt er sich deshalb so schwach, weil ihm das Opium fehlt, seit wir Sining verlassen haben.

Eine Holzschale neben mir ist angefüllt mit einem grauen Pulver (anscheinend feines Salz), auf dem zwei Butterscheiben nebeneinander aufgerichtet sind. Würdevoll bedeutet uns der Sekretär, uns zu bedienen. Vielleicht ist es eine Sache der Form? Vorsichtig koste ich mit dem Finger etwas von dem rätselhaften Pulver, das sehr fad schmeckt, und danke. Sollte das etwa Asche für irgendeinen frommen Brauch sein? Als die Reihe aber an unseren Alten kommt, greift er tüchtig zu und mischt mit dem Finger geschickt Pulver, Butter und Tee zu einem Teig, woraus er dann eine Kugel knetet. Ah, jetzt verstehe ich, das ist das berühmte Tsamba, die tibetanische Speise, die aus geröstetem Gerstenmehl zubereitet wird. . . . dieses Tsamba, das wir noch als das köstlichste aller irdischen Güter schätzen lernen sollen.

Ein dienender Lama führt uns in den ersten Stock, in ein sauberes Zimmer, zu einem teppichbelegten K'ang, wo ein Teekessel am Rand eines großen, rotglühenden Kohlenbeckens summt. Auf dem Boden steht in einer Ecke eine Schüssel für die Waschungen.

Mitten in der Nacht werde ich durch die dröhnenden Schläge von hellen Zimbeln und dumpfen Gongs und durch den klagenden Ruf von Muschelhörnern geweckt. Ruft man die Gläubigen zum Gebet? Oder vertreibt man solchermaßen die Dämonen der Finsternis? Ich warte in meinem Schlafsack, bis es hell wird.

Unvergeßlich ist das Frühstück unter der geschnitzten Holzgalerie, auf die unser Zimmer geht. Diese Galerie umgibt den Hof auf drei Seiten. Vor uns erhebt sich ein kleiner Tempel, der nicht mehr benutzt wird, und unter der Vorhalle trocknen Hunderte von Pfannenkuchen, die appetitlich nach Schmalzgebakkenem riechen. Die Sonne läßt alle die bunten Farben an der mit geometrischen Figuren überladenen Täfelung der Tempelfassade harmonisch zusammenklingen. Rot, Gold und Braun herrschen vor; Rosetten, Pfeile und tibetanische und nepalische Schriftzeichen fügen sich ineinander wie ein Spitzenmuster. Ein hoher Mast, an dem eine mit frommen Sprüchen bemalte Fahne hängt, ragt in der Mitte des Hofes. Ein vor unser Wägelchen gespanntes Kamel daneben knirscht mit den Zähnen. Und diese ganze Szenerie beherrschend, stufen sich die vielstöckigen Dächer der zwei großen Pagoden am Berghang empor.

Die äußeren Fassaden der Verwaltungsgebäude, in denen wir wohnen, sind dunkelrot angestrichen und haben wunderlich geformte Fenster mit hellen Rahmen, die sich nach unten verbreitern; ihre Dachterrassen ruhen auf drei, vier Balkenlagern, deren Enden vorstehen und ihrerseits wieder mittels runder Reisigbündel, die in gleicher Ebene mit der Fassade beschnitten sind, auf der Mauer ruhen. Unsere ersten Schritte in diesem Irrgarten führen uns zu der geräumigen Festküche, wo drei riesige Kessel, jeder auf einem Herd, nur benutzt werden, wenn große Pilgerzüge kommen, oder wenn ein Gläubiger beschließt, jedem im Kloster eine Schale Tee zu stiften. An der Wand stehen nebeneinander die Holzeimer mit Zinnreifen, die zum Transportieren des Getränkes dienen.

Ein paar Schritte dahinter ist eine Kapelle, in der sich ein ungeheurer, mit Zierat überladener Zylinder befindet. Sichtlich sehr stolz, setzt ein dicker Bauer ihn mühelos in Bewegung; es ist eine Gebetmühle, in deren Innerem endlose Litaneien auf Papierrollen geschrieben sind. Ebensolche Gebilde sind in allen Winkeln des Klosters aufgestellt, manchmal auch zu einer Batterie vereint; sie drehen sich unablässig und senden so die Gebete zu den Göttern empor.

Plötzlich, ohne Übergang, ohne jeden monumentalen Zugang, geraten wir in einen engen Hof, auf den die heiligste Pagode geht und wo ein Ableger des Wunderbaumes mit den buddhistischen

Sinnbildern[1] wächst. Aber es ist Winter, und der Baum ist kahl. Die Pagode ist chinesischen Stils, niedrig, mit hochgebogenen Ecken an den Dächern. Ein Wandelgang von Säulen, die mit gelbem Stoff bespannt sind, und mit einem glattpolierten Holzfußboden, beherrscht die ganze Tempelfront. In diesem Augenblick sind gerade etwa zehn Gläubige da, Lamas in Faltenröcken oder einfache Pilger; sie werfen sich unaufhörlich flach auf den Bauch, richten sich auf den Knien wieder auf, erheben sich, knien nieder und werfen sich wieder hin. Dieser Ritus, wobei die Handflächen mit Filzpolstern versehen sind, damit sie besser auf dem Holz gleiten, vollzieht sich seit so vielen Jahrhunderten, daß der glatte Fußboden von tiefen Mulden durchfurcht ist. Ich trete zwischen die Gläubigen, um die Tür des Heiligtums aufzustoßen, und ein Lichtstrahl fällt auf das vergoldete Antlitz eines großen Buddhas, dessen Arme mit geweihten Schärpen behängt sind. Er thront an derselben Stelle, wo Tsong-Kapa geboren wurde, und hütet den Chorten, in dem der Stamm des heiligen Baumes aufbewahrt wird. Vor ihm ist ein langer Gabentisch aufgestellt, auf dem in vielen Näpfchen fortwährend Butter brennt. Ein paar Lamas, auf den Fersen hockend, murmeln Gebete und geben mir durch ein verbindliches Lächeln zu verstehen, daß ich sie durch mein Photographieren durchaus nicht störe.

Ein großer, schöner, prächtig gepflasterter Hof nebenan bildet den Zugang zur zweiten Pagode, einer geräumigen Bethalle, vor der sich ebenfalls ein mit Stoff verkleideter Säulengang befindet. Das Innere, sehr düster, ist voll von Seidenfahnen, die oft mit frommen Sprüchen bemalt sind. Ganze Wände sind bedeckt mit Regalen, in denen die heiligen Bücher stehen. Am Fuß einer Säule kauert ein Priester mit einem hohen gelben Federbusch auf dem Käppchen. Auf seinen Knien liegt das heilige Buch, dessen Gebete er murmelt und dessen Seiten er der Reihe nach seinen nächsten Nachbarn reicht, Lamas, Novizen und Kandidaten, die in zwei gleichlaufenden Reihen vor ihm kauern; die langen bedruckten Seiten gehen von Hand zu Hand und kehren zu ihrem Ausgangspunkt zurück. Alle diese Lamas mit den geschorenen Köpfen, junge und alte, schmuddelige und elegante, tibetanische Gelehrte mit feingeschnittenen Zügen und Mongolen mit vollen Gesichtern leiden scheinbar überhaupt nicht un-

ter der Kälte, die meine Glieder erstarren läßt; dabei haben sie außer ihrer weinroten Toga und ihrem weiten dunklen Faltenrock nichts weiter an als eine ärmellose Weste, deren reicher Brokatstoff noch hie und da durch die Schmutzschicht schimmert. An den Enden der Reihen hocken die kleinen *chabi,* zehn- bis zwölfjährige Schmutzfinken, die alle Augenblicke den Rotz durch die Nase hochziehen, sich nicht still verhalten können und heimlich Unfug treiben. Ein Tempeldiener mit einem großen Kupfergefäß geht von einer Reihe zur andern; die Gläubigen holen ihren Holznapf aus dem Brustlatz und schlürfen dann, ohne ihre hieratische Stellung aufzugeben, alle gierig ihren Tee mit Milch.

Tempel von geringerer Bedeutung sind in dem ganzen Lamakloster verstreut. Der eine ist ausgeschmückt mit Bildern von Menschen, die bei lebendigem Leibe geschunden werden, und von Göttern, die eine Menschenhaut zum Fußteppich und eine Kette aus Menschenaugen und -gebeinen zum Geschmeide haben. Anderswo sind steinerne Drachen und ausgestopfte Tiere: schreckliche Jaks, Bären, Affen und Tiger. Und alle diese Ungeheuer werden durch fleißiges Salben mit Butter gnädig gestimmt.

Im Kumbum scheint das Leben unwandelbar zu sein. Es verläuft heutzutage noch genau so wie vor hundert Jahren, als der Pater Huc dort vor seiner Reise nach Lhasa Tibetanisch lernte.

# Chinesisch-Wildwest

## Ein Kaufmann in Lusar

Das alles war ein recht begeisternder Anblick für mich, aber es brachte uns nicht weiter. Ich hätte mir sehr gern beim Oberlama, natürlich gegen eine reiche Opfergabe, irgendein Abzeichen oder ein Empfehlungsschreiben an alle seine gläubigen Untertanen besorgt. War das nicht vielleicht das einzige Mittel, um der Obrigkeit von Sining ein Schnippchen zu schlagen? Aber wir wußten nicht, wie wir uns verständigen und an wen wir uns wenden sollten.

Eine Hoffnung blieb uns indessen noch in der Person von Ma Shin-teh, einem reichen mohammedanischen Kaufmann, der in Lusar lebte, einem kleinen Dorf, das eine Karawanenstation war. Von Kumbum gelangten wir zu Fuß in einer halben Stunde hin; die Lehmhütten Lusars mit ihren terrassenförmigen Dächern erinnern an ein marokkanisches Dorf. Man rüstete dort schon zum Empfang des Panchen-Lama, der erst in ein paar Monaten, auf dem Rückweg nach Tibet, durch Kumbum kommen sollte; die Kamele, sagte man, seien bereits für eine große Karawane angefordert worden. Aber wahrscheinlich, fügte man hinzu, würde er nicht über die Grenze kommen, solange 8000 Gewehre als Konterbande in seinem Gepäck verstaut seien.

Uns interessiert freilich nur Ma Shin-teh. Wir kommen mit bescheidenen Geschenken (dem Tee und Zucker, den wir selbst in Sining erhalten haben) bei ihm an und warten in Gesellschaft von einem Dutzend falsch gehender Wanduhren auf den Herrn des Hauses, der zur Fünfuhrandacht gegangen ist. Tee und chinesische Brötchen – oder vielmehr gedämpfte Teigkugeln – werden uns von den Dienern angeboten, die fortwährend ein- und ausgehen, um uns zu beobachten.

Endlich erscheint Ma, ein sympathischer Mann mit hochgewölbter Stirn und listigem Gesichtsausdruck. Peter versucht sich zu verständigen, und ich weiß wirklich nicht, was ich mehr bewundern soll: Mas Geduld oder die Geschicklichkeit meines

Gefährten, der sich lieb Kind macht und sich wegen seines Reiseanzugs entschuldigt, immerzu gewinnend lächelt und erklärt, er sei der Komplimente (die er zu erraten glaubt) nicht würdig. Während einer kurzen Atempause, seine Pfeife anzündend, flüstert er mir zu, daß er »überhaupt nichts kapiert«!

Nun zeigen wir eine Visitenkarte Smigs (bei den Mongolen »Oross Bai«[1] genannt) vor, geben uns für seine besten Freunde aus und erklären, daß wir den Tsaidam besuchen und uns einer großen Karawane anschließen möchten. Ma schuldet, glaube ich, Smig noch Geld und hat also allen Grund, sich gefällig zu erweisen. Da er den größten Teil des Handels im Tsaidam beherrscht, dürfte seine Unterstützung ungemein nützlich sein, und da er außerdem seine Tochter mit dem »jungen General« verheiratet hat, ist er auch nicht ohne Einfluß in Sining. Er stellt uns nunmehr Li vor, einen schüchternen jungen Burschen mit scharfen Augen, einen mongolisch-chinesischen Mischling, der in fünf Tagen mit einer großen Karawane aufbricht und uns bis nach Teijinar bringen kann, wo Smigs ehemaliger Kompagnon sich aufhält. Dann, auf Peters Bitte, willigt Ma ein, an Feng, den Sekretär des Gouverneurs, zu schreiben und diesem mitzuteilen, daß man sich keine Sorge um uns zu machen brauche, da wir ja mit einem seiner Leute reisen würden.

Wieder in Sining angelangt, schicken wir dem Gouverneur einen schönen Brief, der ihn von jeglicher Verantwortung entbindet für den Fall, daß uns etwas zustößt. Der Forscher Dutreuil de Rhins ist nämlich irgendwann in jenem Gebiet getötet worden, und unlängst, im Jahre 1927, sind auch der Franzose Louis Marteau und sein Begleiter Louis Dupont mit Hab und Gut irgendwo im Süden des Kuku Nor spurlos verschwunden[2]. Alle diese unsere Bemühungen tragen endlich Früchte: am nächsten Tag kehrt Peter mit dem so heiß ersehnten Paß aus dem Jamen zurück. Er strahlt wie ein Schuljunge, der plötzlich Ferien bekommen hat; seine phlegmatische, gelangweilte Miene ist einem breiten Lächeln gewichen. Allerdings nötigt man uns eine Eskorte auf, aber nur einen Mann und nur bis Tangar, und wir sind darum nicht weniger überrascht über unseren unverhofften Sieg.

Als ich mich von den österreichischen Schwestern verabschiede, benutze ich die günstige, wenn nicht letzte Gelegenheit,

um mir bei einer von ihnen einen hohlen Zahn plombieren zu lassen. Zahnschmerzen und Blinddarmentzündung sind etwas, wovor mir immer graut, nachdem ich der letzten Stadt den Rücken gekehrt habe. Die mitleidigen Schwestern erlauben mir dann auch noch, daß ich mich mit einem Eimer heißen Wassers in ihrem Laboratorium einschließe, und hier führe ich nun einen regelrechten Vernichtungskrieg gegen das Ungeziefer, das meinen Schlaf fortwährend gestört hat. In der Karawanserei war mir das unmöglich gewesen.

Im chinesischen Speisehaus laden wir Lu, dem wir nie genug für seine Hilfe danken können, ein letztes Mal ein. Im Raum nebenan machen einige Chinesen einen fürchterlichen Krach; sie verspielen beim Domino ihr Geld und trinken wüst dazu. »Kaan pei!« ruft uns Lu zu, der viel vertragen kann. Es ist eine Aufforderung zum Leeren der kleinen Tassen mit Shao-dschin, Kornbranntwein, der heiß getrunken wird und unsere fröhliche Stimmung noch steigert. Wir vertrauen Lu unter dem Siegel der Verschwiegenheit an, daß wir unser möglichstes tun werden, um nicht nach Sining zurückzukehren. Unsere Pläne haben nichts Erschreckendes für ihn, denn er ist viel gereist und hat lange in Urumtschi gelebt.

Unser letzter zivilisierter Abend! Bald werden wir kein leckeres Schweinefleisch, keinen Tisch und kein Dach mehr haben...

## Die letzten Europäer

Unsere zwei Karren legen rasch die 42 Kilometer zurück, die uns von Tangar trennen, und diese Fahrt durch das felsige Tal weckt bei Peter wehmütige Reminiszenzen an das ferne Schottland. Wir überholen eine Karawane. Ein paar Kamele haben gerade Junge bekommen; die wolligen Babies, die man in Körben den Müttern auf den Rücken gebunden hat, wimmern unaufhörlich, vielleicht vor Hunger oder aus Schreck über die Staubwolken. Eine Mutter renkt sich fast den Hals aus, um ihrem klagenden Rücken zu antworten.

Tangar, in 2600 Meter Höhe an der tibetanischen Grenze gelegen, steht in dem Ruf, die schlimmsten Mischlinge Asiens in seinen Mauern zu beherbergen, und darum tut man gut daran,

dort niemandem Glauben zu schenken und alles unter Verschluß zu halten. Es friert stark, und die Wasserläufe sind überzogen von einer dicken Eisdecke, undurchsichtig wie Stearin. Im Gasthaus ist der K'ang ausnahmsweise einmal geheizt (es muß Bäume in der Umgebung geben), und zwar derart geheizt, daß ich trotz der Säcke und Filzteppiche, aus denen ich mir eine Art Unterbett zurechtgemacht habe, nicht schlafen kann. Kein Wunder, daß hier zuweilen Säuglinge lebendig gebraten werden!

Tangar, wo ein Vertreter des Dalai-Lama[1] seinen Wohnsitz hat, ist am Berghang erbaut, und seine steil ansteigenden Gassen erinnern an gewisse Alpendörfer. Der Markt unter freiem Himmel lockt Tanguten (Nordtibetaner) herbei, herrlich struppige Kerle, die einen Goldring am rechten Ohr tragen.

In der Hoffnung, Neues aus dem Westen zu erfahren, suchen wir Herrn Marcel Urech von der Innerchinesischen Mission auf. Diesmal werden wir mit offenen Armen empfangen. Man entführt uns sogar aus unserer schmierigen Karawanserei und bringt uns in Zimmerchen mit cretonne-bezogenen Betten unter.

Herr Urech, mit dem ich deutsch sprechen zu müssen glaubte, antwortet mir auf französisch, daß er diese Sprache nicht beherrsche; er sei Schweizer – aus Neuchâtel! Da das Französisch meines Landsmanns aber, offen gestanden, ein wenig eingerostet ist, setzen wir in Englisch unsere Unterhaltung fort. Er weiß leider nichts aus Sinkiang, das eine gute Dreimonatsreise von hier entfernt ist, denn seit zwei Jahren hat niemand den riesigen Tsaidam durchquert. Andrerseits ist es nicht unmöglich, Jekundo im Süden unten zu erreichen; dorthin geht einmal im Monat die Post ab. Diese Stadt jenseits des 8000 Meter hohen Amnjema-schin, an den Quellen des Jangtse gelegen, ist einer jener Orte auf der Welt, zu denen ich mich hingezogen fühle.

Frau Urech, eine humorvolle Schottin, hatte Mühe, uns ganz ernst zu nehmen: Bildeten wir uns denn wirklich ein, mit so wenig Gepäck ganz Asien durchqueren zu können? – Ich muß freilich zugeben, der Umstand, daß wir keinerlei wissenschaftliche Instrumente, keine Kurbelkästen und Konservenbüchsen mitführten, beeinträchtigte die Stattlichkeit unserer Ausrüstung in bedauerlicher Weise; aber Peter und ich, durch frühere

Reisen eines Besseren belehrt, waren in diesem Punkt vollkommen einig.

Frau Urech hat wirklich ein goldenes Herz. Sie liest mir jeden Wunsch an den Augen ab; sie fühlt, daß ich Nähen hasse, und fertigt selber die Beutel für unser geröstetes Gerstenmehl (Tsamba), den Zucker und das Dörrobst an... Sie geht sogar so weit, einen neuen Boden in die Hose einzusetzen, die mir Peter vermacht hat, seit er, stolz wie ein Pfau, in kurzen »Gamsledernen« herumläuft.

Kommt man zu Missionaren, die meilenweit von allem entfernt leben und oft ein ganzes Jahr lang oder noch länger nur Eingeborene sehen, so liegt es nahe, daß sie einem allerlei Tugenden andichten, die man nicht hat, so glücklich sind sie, ein europäisches Gesicht zu sehen.

Besuche sind in Tangar so selten, daß der kleine Malcolm, der erst drei Jahre alt ist, noch nie einen erlebt hat; deshalb nennt er uns »die Mongolen«, was in seinen Augen soviel bedeutet wie Fremde. Malcolm erntet auch jedesmal einen wohlverdienten Heiterkeitserfolg, wenn er Peter, der durchaus nicht davon entzückt ist, »den alten Maillart« nennt. Frau Urech ist sehr stolz, daß sie sofort durchschaut hat, daß der glänzende Schriftsteller Fleming, von dem sie neulich einen Artikel in »Reader's Digest« gelesen hat, niemand anders ist als der junge Mann, dessen voraussichtliche Ankunft man ihr angekündigt hatte.

»Malcolm«, sagt sie zu ihrem Sohn, »sieh dir den berühmten Mann, den zu bewirten wir die Ehre haben, gut an.«

»Dann ist er also gar kein Mongole?« erwidert der Kleine verdutzt. »Aber er ist doch auch kein Chinese, denn er kann ja nicht Chinesisch...«

»Nein«, kläre ich ihn auf, »er ist, wie man in Europa sagt, ein Sonderberichterstatter, der in den Zeitungen schildert, was er gesehen hat. Er schildert die Dinge freilich auf seine Art und behauptet zum Beispiel, meine Wäsche nehme zuviel Platz weg, obwohl sie nur aus drei Sweatern und drei wollenen Unterhosen besteht. Und dabei pfropft er doch die ganze Zeit meine Koffer mit seinen riesigen Tabakschachteln voll...«

»Meine Liebe«, unterbricht Peter, »wenn Sie nicht aufhören zu meckern, telegraphiere ich der ›Vie Parisienne‹, daß man sie sofort zurückrufen soll.«

»Frau Urech, ich habe ihm schon hundertmal gesagt, daß der ›Petit Parisien‹ etwas ganz anderes ist als die ›Vie Parisienne‹! Und stellen Sie sich vor – nach seiner Ansicht soll ich mich damit begnügen, auf einem Kamel zu reiten, quer durch Asien. Natürlich werde ich mich dadurch nicht abhalten lassen, mir doch ein Pferd zu nehmen, denn ich sehe nicht ein, warum er allein den großen Herrn spielen soll!«

»Na ja«, entgegnete er, »Sie würden sich auf einem Kamel viel wohler fühlen, weil Sie von Ihren andern Reisen schon so daran gewöhnt sind.«

»Nein«, meint Frau Urech, »sie muß doch der Karawane vorausreiten können, um dem Gebieter immer schon ein möglichst gutes Essen zu kochen.«

»Freilich«, stimme ich bei, »ich soll ja auch noch Köchin bei meinem Dolmetscher spielen . . . Peter, ich habe gedörrte Aprikosen bekommen, Zwiebeln . . .«

»Bekommen! Sie haben Frau Urech einfach beraubt, ich kenne diese Piratenmanieren. Geben Sie die Aprikosen zurück, die sind vollkommen überflüssig.«

»Da hören Sie es, Frau Urech; er weiß nicht einmal, was Skorbut ist, und er will Tibet durchqueren!« In diesem Augenblick sehe ich grade, was der chinesische Boy bringt, und rufe unwillkürlich: »Fabelhaft! Zwei Sorten Marmelade heut!«

»Wirklich, Maillart«, rügt Peter, »Sie blamieren die ganze Expedition.«

Schwarz von Staub kommt Peter eines Morgens aus Lusar zurück, wohin er mit Ngan, dem Vertrauensmann der Mission, zurückgekehrt ist, um Erkundigungen einzuziehen. Da wir das Gasthaus verlassen hatten, in dem Li uns treffen sollte, hatten wir befürchtet, ihn zu verfehlen, und andererseits waren wir uns nicht ganz klar über die Vereinbarung mit Ma Shin-teh. Dank der Nachfrage Peters wissen wir nun, daß der Fürst von Dzun, an der Spitze von 250 Kamelen, nach seinen heimatlichen Gefilden im Tsaidam aufgebrochen ist. Wir müssen ihn einholen. Vier gemietete Kamele werden unsere Kisten siebzehn Tage lang befördern, zu einem Preis von 8 Dollar pro Tier. Li, der 10 Dollar im Monat bekommen soll, wird morgen zu uns stoßen.

Peter berichtete mir übrigens noch eine reizende kleine Ein-

zelheit, die trefflich die Art und Weise beleuchtet, wie seine Unterhaltung bei unserer ersten Zusammenkunft mit Ma verlief. Dieser hatte, auf mich blickend, gefragt:

»Wie alt ist sie?«

»Nein, wir sind nur Freunde«, hatte Peter geantwortet.

## Die eigentliche Abreise

Am 29. März 1935, anderthalb Monate nach der Abfahrt von Peking, sind wir reisefertig.

Im Postamt (in wieviel Monaten werden wir das nächste sehen?) haben wir unsere Post nach Europa frankiert. »Wenn alles gut geht«, habe ich nach Hause geschrieben, »wird mein nächster Brief in sechs Monaten aus Indien datiert sein. Wenn Ihr in einem Jahr nichts von uns hört, könnt Ihr anfangen, Euch Sorge um uns zu machen.« Eine schöne Aussicht im Zeitalter der Flugzeuge und Funksprüche!

Wir werden jetzt auf lange Zeit zu keinem Markt mehr kommen. Alles ist eingekauft und teils in Kisten, teils in Säcken verpackt: die hartgepreßten Teeziegel und der Barchent für unsere Tauschgeschäfte mit den Einheimischen, die Gerste für die Pferde, die Sättel, die Futterbeutel, die Reitpeitschen, Spannstricke, Äxte, Seile usw. Ich habe allabendlich nachgegrübelt, was alles ich auf früheren Expeditionen gebraucht hatte.

Ich appellierte dabei auch an Peters Findigkeit, und er verfiel darauf, daß wir einen Angelhaken zum Fischen in den Flüssen benötigen würden. Allerdings sind die auf der Karte nur punktierten Wasserläufe im Tsaidam selten oder zumindest launisch. Zum Glück dürfen wir aber damit rechnen, daß wir auf Schafe stoßen werden, die dann die Grundlage unserer Ernährung bilden werden.

Jetzt werden im Hof des chinesischen Hauses der Urechs die kauernden Kamele langsam beladen. Ein Mongole mit nacktem Oberkörper – er hat seinen Lammfellmantel abgelegt – stemmt eine Kiste gegen seine Brust, hält sie neben eine andere und schnürt beide mit einem Roßhaarstrick zusammen. Mit Hilfe seines Kollegen bringt er dann die Doppellast auf dem gepolsterten Packsattel ins Gleichgewicht. Das Kamel protestiert ge-

gen die etwas gröbliche Behandlung seiner zwei Höcker mit einem Grunzlaut, der wie das Kreischen einer Tür klingt. Zwischen den rührigen Chinesen, die um uns herumlaufen, macht mir Li mit seinen kleinen, fast geschlossenen Augen einen ziemlich verschlafenen Eindruck, und vorerst versteht er nicht ein Wort von dem, was Peter ihm befiehlt.

Wir ziehen ein letztesmal durch Tangar und verlassen es durch das Südtor. Auf der anderen Seite der Brücke nehmen wir Abschied von den Urechs, diesen lieben und so überaus hilfreichen Freunden. Zur Irreführung der bösen Geister, die unsere Keckheit sonst vielleicht bestrafen könnten, sagen wir im Scherz:

»Wir sagen Ihnen nicht Lebwohl; wir werden ja in ein paar Monaten wiederkommen, sei's, daß der Krieg uns aus Sinkiang vertreibt oder daß die Behörden von Lhasa uns abschieben.«

Dann ziehen wir den großen Einöden Asiens entgegen. Mein gutes Pferd, auf dem ich zwischen den hohen Bögen des Holzsattels mit meinem Schlafsack als Unterlage throne, galoppiert im Zickzack nach allen Richtungen hin und her, rein närrisch vor Freude, daß es nun endlich aus dem Stall heraus ist; und im Gedanken an meine Skier, die ich diesen Winter sehr vermissen werde, taufe ich es Slalom. Nachdem wir den Marktflecken und sein Minarett hinter uns gelassen haben, wenden wir die Köpfe unserer Reittiere nach Sonnenuntergang. Wir brauchen nur in dieser Richtung weiterzureiten, um Sinkiang zu erreichen; aber wo genau und in wieviel Monaten, versuchen wir uns nicht einmal vorzustellen. Ich bin ganz erfüllt von Neugier nach dieser ungewissen Zukunft, von dem Gefühl, daß Menschen uns nun nicht mehr hemmen werden, von dem freudigen Gedanken, daß jeder Tag jetzt neu und keiner wie der andere sein wird, und von dem festen Vorsatz, nur noch eine Regel zu beachten: Immer vorwärts und geradeaus!

*Schöpfrad am Gelben Fluß*

*Ein Floß aus Ziegenbälgen*

*Betende Lamas in Kumbum*

*Junge Tangutenfrau in Tibet*

# Westwärts

Nachdem wir vier Tage hindurch geritten sind, sehe ich weit hinter den golden schimmernden Gräsern der Steppe einen hellen Schein, der sich nach und nach unter dem bleiernen Himmel in eine riesige weiße Fläche verwandelt. Es ist der zugefrorene Kuku Nor.

Nachdem wir Tangar verlassen hatten, waren wir stromaufwärts an einem Wildbach entlang gezogen, höher und höher durch ein Felsental empor, wo ich zum letztenmal hatte Wasser meerwärts fließen sehen. Von jetzt an werden wir in den ringsum abgeschlossenen Becken Zentralasiens marschieren.

Am ersten Abend hatten wir Unterkunft in einem behaglichen chinesischen Haus gefunden, wo die Frauen nach tibetanischer Mode lange, mit bunten Stickereien durchwirkte Zöpfe trugen. An den Wänden hingen Buntdrucke mit Darstellungen aus dem russisch-japanischen Krieg mit russischen Inschriften; vielleicht ein Geschenk von irgendeinem Reisenden, der auf dem Weg von Sibirien nach Lhasa hier durchgekommen ist. Ich hatte geglaubt, ich hätte die Grenzen der Welt erreicht, und dabei kreuzte ich hier noch eine große internationale Straße.

Am zweiten Tag mußten wir, da die Gegend weiß von Neuschnee war, dicke Winterkleidung anziehen. Nachdem wir durch einen Talkessel bis zu 3000 Meter Höhe aufgestiegen waren, wurde die Landschaft immer weiter und abgerundeter. Der Weg, flankiert von Telegraphenstangen, führte zu einer Zollstation, die wir umgehen wollten, und deshalb waren wir nach Westen abgebogen. Auf einer großen, kahlgefressenen Wiese weideten Ochsen; einer von ihnen hatte ein seltsam gebogenes Horn, das ihm nach und nach durch den Stirnknochen hindurchwuchs, aber das schien ihm gar nichts auszumachen. Ein paar Kilometer weiter bildete ein Tannenwald einen dunklen Fleck; ich freute mich schon bei dem Gedanken, daß wir in einer hochalpinen Landschaft kampieren würden, aber unser Pfad führte nicht dorthin, und diese Bäume, vielleicht die letzten an unserem Weg, verschwanden bald hinter uns.

Am Fuß des Berges lagen dann die flachen, langgezogenen Gebäude des Lamaklosters Tung-ku-ssu mit den blau, weiß und rosa getünchten Mauern. Wie grimmige Wächter standen zwei Reihen von je vier Chorten – mächtige weiße Grabmale in Form dickbauchiger Flaschen – auf dem Damm am Fluß.

Der stark erkältete Lama, der uns in seinem hermetisch verschlossenen Zimmer gastlich empfing, mußte beiläufig etwas wie ein Roßtäuscher sein. Er machte durch Lis Vermittlung den Vorschlag, sein kleines tangutisches Pony gegen Peters Pferd zu tauschen, aber er verlangte obendrein nach 25 Dollar. Die Verhandlungen, die bei einem Topf Tee (gemischt mit Milch und Butter) geführt wurden, zogen sich sehr in die Länge. Unser Gastgeber tat sich offenbar viel auf eine gewisse Vornehmheit zugute. Nicht genug, daß einige Photos ihn in Jagdausrüstung zu Lhasa zeigten; nein, er schneuzte sich auch unaufhörlich, anstatt die Finger zu benutzen, in ein Stück dunkelblaues Tuch, das unter der Matte des K'ang stak. Endlich wurde das Geschäft perfekt, und Peter war nun Besitzer eines Ponys, das schwarz wie der Teufel war, viel hübscher als mein guter Slalom, das ihm aber noch oft die Galle ins Blut treiben sollte. Er taufte es Greys.

Die Stunden schlichen dahin; die Wärme machte mich faul. Draußen herrschte scharfer Frost, die Berge waren tief verschneit, und ich hatte nicht den Mut, die kleinen gepflasterten Höfe und die Pagode zu besichtigen. Zweifellos glichen sie denen, die ich schon gesehen hatte. Ich brachte unseren kleinen Lama zum Lachen, als ich – wie er – eine Prise von dem grünen Schnupfpulver nehmen wollte, das er in einem hübsch polierten Horn aufbewahrte. Nach einer unbezähmbaren Serie von dröhnenden Hatschis griff ich aber lieber zu meiner kleinen Pfeife, der treuen Gefährtin langer, langsam verrinnender Stunden an der Pinne eines Segelboots oder in Berghütten, wo mein Gesicht nach angestrengtem Aufstieg gegen den von Schnee schweren Westwind oft ebenso gebrannt hatte wie jetzt. Hier wunderte sich niemand über meine Pfeife, denn in China rauchen die Frauen genau wie die Männer.

Endlich ist es Zeit zum Abendessen. Man bringt einen Topf Nudeln, mit denen der Lama reichlich unsere Schüsseln füllt und die wir mit Bambusstäbchen (einem Geschenk von Frau Urech) verspeisen. Das mindeste, was ich zum Dank für die

großartige Gastfreundschaft tun kann, ist, daß ich unserem Lama eine Photographie des Panchen-Lama schenke. Smig hatte mir gesagt, daß ich mit dem Bild dieses großen geistlichen Oberhauptes bei einem Mongolen schlechthin alles erreichen könnte; ich hatte mir denn auch sofort bei Lu sechs Abzüge davon für Widmungszwecke bestellt: sie trugen die Inschrift: »Gepriesen sei die Sonne der erhabenen Weisheit, der allwissende Meister der königlichen Lehre.«

Am nächsten Tag gelangten wir, nun nach Süden abzweigend, zu einer weiten, abgegrasten Steppe, die nur von niedrigen Hügeln in der Ferne begrenzt war, und stießen dann auf eine Fährte, über die graue Hasen hüpften. Peter vertraute Li sein Pferd an und ging mit seiner Kleinkaliberbüchse auf die Jagd. Welch ein unverhofftes Glück, wenn heute abend, gleich bei unserem ersten Nachtlager, ein Hasenbraten in unserem Kessel schmoren würde! Die Hammelfleischdiät, zu der wir uns (sehr mit Unrecht!) für Monate verurteilt glaubten, ließ sich auf solche Weise vielleicht noch um einen Tag hinausschieben. Zwischen den hohen gelben Grasbüscheln, die hart und steif wie Borsten waren, trieb ich die Hasen auf Peter zu. Slalom beteiligte sich an dem Sport, wandte den Kopf nach mir um, während ich spähte, und raste dann plötzlich auf die hüpfende Fellkugel los. Die aufgeschreckten behenden Tiere schnellten von den Sanddünen ab, als ob sie mit Katapulten abgeschossen wurden. Eins, zwei, drei – hopp! Drei kurze Laufschritte und ein phantastischer Sprung. Aufrecht in den großen Bronzesteigbügeln stehend und meine Peitsche schwingend, während mir der Wind um die Ohren pfiff, feuerte ich Slalom durch wilde Schreie an … Ich hatte die Steppe erreicht – sie war mein. Ich fühlte mich unüberwindlich – ein seltener Augenblick des Glücks …

Peter hatte trotz meiner Anstrengungen nichts erlegt und ließ nun seinen Ärger an meinem Slalom aus, den er ein schauderhaftes Karussellpferd schimpfte. Mein unvergleichlicher Slalom, wie konnte man so etwas von dir behaupten?! Du verstandest doch alles, was ich wollte, und dein leichter Gang war so angenehm! Dafür habe ich dich auch von ganzem Herzen verteidigt.

An diesem Abend schlugen wir zum erstenmal unser kleines Zelt auf, das in Sining für zehn chinesische Dollars eigens für uns fabriziert worden war. Ich hatte es, da ich Sandstürme

befürchtete, so anfertigen lassen, daß es, nach dem einen Ende hin abfallend, der Luft möglichst wenig Widerstand bot. Es bestand aus einer einzigen weißen Baumwollbahn, denn Regen hatten wir kaum zu befürchten. Nach seiner ersten Nacht unter dem frostigen Himmel Asiens war es über und über mit Rauhreifkristallen bedeckt.

Wir befanden uns zweifellos in der Nähe eines Tangutenlagers, denn Jaks tauchten in der Ferne auf, wie schwarze Würfel inmitten eines Meers von Stroh. Neugierige, aber schüchterne Eingeborene in schmutzstarrenden Mänteln besuchten uns mit ihren Wachhunden, unförmigen schwarzen Wollknäueln mit kurzen Schnauzen, die sehr bissig gegen Fremde waren. Smig hatte mir geraten, immer ein paar Steine in den Taschen zu tragen und gut zu zielen, um diese Hunde in einiger Entfernung zu halten, während ich auf ihren Herrn wartete. Was aber soll man in der Steppe tun, wo es weder Stein noch Stock gibt?

Zwei scheue Tangutenmädchen mit unzähligen Zöpfen und steifen, bis auf den Boden herabhängenden Ärmeln ließen sich durch mein Lächeln nicht ermutigen. Ich dachte an das, was ich von den sonderbaren Bräuchen der Tu-jen (Menschen der Erde), einem am Kuku Nor beheimateten Stamm, gelesen hatte. Nach ihrem Gastfreundschaftsgesetz stellen diese Eingeborenen ihre Töchter für eine Nacht dem Gast zur Verfügung. Beim Abschied erwartet man von dem Fremden ein Geschenk, zu dem er noch seinen Gürtel hinzufügt. Wenn die junge Frau dann guter Hoffnung ist, schreitet man zu einer »Gürtelheirat«, und sobald das Kind aus dieser Eintagsehe erwachsen ist, hat es das Recht, zu seinem Vater zu gehen, angetan mit dem einst zum Pfand gegebenen Gürtel. Will eine Frau aber nicht sagen, von wem das Kind ist, so veranstaltet man einfach eine »Mastheirat« (so genannt nach dem heiligen Mast, an dem eine mit Gebeten beschriebene Fahne hängt), was bedeutet: die Götter haben diese Geburt gewollt, und das Kind soll seiner Mutter gehören.

Vielleicht gehörten die jungen Mädchen, die vor mir standen, auch zum Stamme der Tu-jen und waren von dem reichen weißen Reisenden angelockt... Aber Peter interessierte sich nicht für Stammesbräuche.

Wenn ich von Entdeckung und Erforschung unbekannter Sitten träumte, erging sich Peter immer nur über seine Absicht,

irgendeinen seltenen Vogel für den Zoo zu fangen. Er gedachte damit ein Vermögen zu machen und gleichzeitig seinen Namen in Gestalt irgendeines »flemingium« auf dem Schildchen dieser im Tsaidam entdeckten Vogelart verewigt zu sehen. Als geborener Jäger schilderte er mir jeweils den Schrei und das Gefieder des Federwilds, das er zu schießen hoffte, und verachtete mich gewaltig wegen meiner Unkenntnis der Vogelwelt.

# Bei dem Fürsten von Dzun am Kuku Nor

## Der Fürst von Dzun

Wir nähern uns dem Kuku Nor. Heute werden wir wahrscheinlich, wie Li versprochen hat, zur großen Karawane des mongolischen Fürsten stoßen.

Gegen halb zwölf Uhr taucht, im Windschutz einer Düne gelegen, eine Gruppe von weißen, spitzen Zelten auf, umgeben von Kamelen, die das dürre Gras abweiden. Wir überqueren, hinter Li hergaloppierend, den gefrorenen Schlamm eines schmalen Wasserlaufs und steigen dann ab, ganz in der Nähe des Zeltes des Fürsten, das als das einzige von allen mit einem geometrischen Muster bemalt ist. Als unsere Kamele, geführt von ihrem Besitzer, ankommen, haben wir unseren Pferden bereits die Sättel abgenommen und Fußfesseln angelegt. Sie hoppeln davon.

Sobald unser Zelt aufgeschlagen ist, fragen wir Li, ob es ratsam sei, dem Fürsten bei der Begrüßung unser Fernrohr zu verehren. Li heißt dies gut. Der nette Junge macht übrigens einen geweckteren Eindruck, seit er nach tibetanischer Mode derbe Stiefel und einen *pulu* aus rotem Serge angezogen hat. Da er uns nun besser kennt, ist er auch nicht mehr so schüchtern. Ich weiß nicht, welchen Ruf die Weißen in Lusar genießen, aber das erste, was er zu Marcel Urech sagte, war: »Alles wird gut gehen, wenn sich der Herr bei irgendwelchen Widerwärtigkeiten nicht aufregt!«

Li, vertraut mit den mongolischen Bräuchen, trägt das Fernrohr auf seinen offenen Händen, die er vorher mit dem *khatag*[1], der Geschenkschärpe, die ich aus Sining mitgenommen hatte, umwickelt hat. Wir schreiten auf das Reisezelt des Fürsten zu, wobei wir uns gegenseitig daran erinnern, daß man es nicht mit der Reitpeitsche in der Hand betritt und daß man seine Pfeife nicht am Rost des Herdes ausklopft. Das Zelt ruht auf den Warenballen der Karawane, die zu einem kleinen ovalen Wall

angeordnet sind. Es ist sehr einfach eingerichtet und weit geöffnet, damit der Rauch abziehen kann.

Dzun No-jeh hockt nach türkischer Manier auf einem alten Schafpelz; auf seinem Kopf sitzt nachlässig ein goldbesticktes und pelzverbrämtes braunes Filzkäppchen; sein Lammfellrock ist mit roter Seide bezogen. Er ist etwa sechsundzwanzig Jahre alt und sieht recht gut aus; kaum eine Andeutung von Schlitzaugen, feine Nase und ein kleiner Mund in einem runden Gesicht mit vorstehenden Backenknochen. Am Finger trägt er einen Türkis, nur an einem Ohr einen großen Ohrring und um den Hals, wie alle seine Landsleute, die Metallkapsel eines Amuletts.

Gleichmütig vernimmt Dzun den Gruß, den ihm Li in Mongolisch entbietet. Auf dem Argolfeuer, das vor ihm brennt, summt der Tee in einem kupfernen Topf. Man bietet uns Butter in einer Holzschachtel an, wir holen unsere Näpfe hervor, und ich schlürfe mit Wonne den dampfenden Tee mit Butter, der meine abgestorbenen Hände neu belebt. Das matte Silber, womit der Becher des Fürsten überzogen ist, schimmert sanft, nachdem er ausgetrunken hat.

Da wir nicht mehr wissen, was wir sagen sollen, machen wir Miene, uns zurückzuziehen. Der Fürst, der bisher geschwiegen hat, erwidert unseren Gruß und überreicht uns einen schon etwas zerschlissenen Khatag, den er unter seinem Sattelpolster hervorgezogen hat. Aber das genügt den Zuschauern nicht. Sie stoßen und drängeln einander, damit ihnen ja nichts von der Szene entgeht, und jeder brennt darauf, dieses Fernrohr, das ihm offenbaren wird, wohin die Kamele sich verstreut haben, auszuprobieren... Mit sichtlichem Widerstreben, scheint mir, greift der Fürst nach dem Fernrohr und stellt sich sehr ungeschickt beim Öffnen an. Wir zeigen ihm eine Kerbe, die wir gemacht haben und auf die man das Teleskop einstellen muß, um die schärfste Sicht zu erzielen. Aber die Linsen sind ein wenig beschlagen, und vor allem bringt der Fürst es nicht fertig, ein Auge zu schließen, ohne die Hand davorzuhalten. Kurzum, dieses optische Instrument scheint ihm wenig Freude zu machen, oder er läßt sich zumindest nichts anmerken. Wie können wir also wissen, ob wir Gnade vor seinen Augen gefunden haben?

Während Peter auf die Jagd geht, bleibe ich im Zelt und stopfe einen Strumpf. Alsbald beginnt der Vorbeimarsch der Neugieri-

gen. Diese Mongolen, die nur selten ein paar Tage in der Nähe von Tangar oder Lusar lagern, staunen über alles. Erst betrachten sie sich im Spiegel, dann wickeln sie meinen Wollknäuel auf und begeistern sich noch mehr an meiner Nagelschere, an einer Gabel und an der alten Konservenbüchse, in der ich Butter aufbewahre. Unter meinen Besuchern sind auch einige chinesische Kaufleute, zum Teil mongolische Mischlinge wie Li, die während des Winterhalbjahrs den Einheimischen, die dieses Jahr nicht in der Stadt gewesen sind, Tee und Barchent verkaufen. Sie sind zivilisierter; sie haben schon Taschenmesser mit mehreren Klingen und elektrische Taschenlampen gesehen. Aber ich schätze sie nicht und finde sie, im Grund genommen, taktlos und ruppig, obgleich sie ihre äußerliche Aufmachung von den »Wilden« übernommen haben. Die letzteren, große, noch schüchterne Kinder, sind dagegen äußerst rücksichtsvoll und bestrebt, mir nicht zu mißfallen.

Als ich müde bin, mein Publikum noch länger zu unterhalten, kommt mir die gute Idee, ihnen das Buch von Lattimore über die Mongolei zu geben; ein Notbehelf, der mich noch oft von ihrer unermüdlichen Wißbegierde erlösen soll. Die Illustrationen zeigen ihnen Landschaften, über die sie mit viel Sachkenntnis diskutieren. Um besser sehen zu können, halten sie seltsamerweise die Hand tütenförmig vor das Auge.

Ganz zerzaust vom eisigen Wind kommt Peter zurück. Er schleift drei riesige perlgraue Gänse am Hals hinter sich her; ihre Körper sind unter einer unglaublichen Fülle von Eiderdaunen überhaupt nicht zu sehen. Ich fühle mich ganz als »Höhlenfrau« und bin ordentlich stolz darauf, daß es heute abend einzig und allein an unserem Feuer Wildbret geben wird. Peter aber setzt eine bescheidene Miene auf...

Alle umringen uns, untersuchen das Gewehr, geraten außer sich vor Entzücken über die Kleinheit der Kugel und die Geschicklichkeit des Jägers; dann stürzen sie am Boden übereinander her, um die ausgestoßene Patronenhülse zu suchen. Li verhütet in letzter Minute eine Katastrophe, als Peter dem Fürsten, dem seine Religion anscheinend diese Nahrung verbietet, einen Vogel anbieten will. Ach, die Mongolen scheinen uns gar nicht recht hold zu sein! Haben wir vielleicht schon einen Fehler begangen dadurch, daß wir jagten?[1]

Ein alter kleiner Dungane, an dessen spitzem Kinn ein Knebelbart flattert und der geschwätzig wie eine Elster ist, weshalb wir ihn »Boscot«[1] nennen, läßt schleunigst die Gans, die wir ihm schenken, nach mohammedanischem Rituell ausbluten.

Der Boscot ist mit einem Dutzend Glaubensgenossen von General Ma Bu-fang hergeschickt worden, um den goldhaltigen Sand der tibetanischen Flüsse zu waschen, für 8 Dollar im Monat. Was für eine herrliche Geschichte! Nun werden wir vielleicht an einem höchst originellen »Goldrausch« in den Wüstenstrichen des Kuku Nor teilnehmen. Werden wir etwa hier mitten in Asien – mangels ethnographischer Schätze und seltener Vögel – eine Goldmine entdecken und schwerreich werden?

Unsere Gans hat uns mächtig aufgehalten. Li hat keine besondere Begeisterung für das Rupfen bekundet, dann hat sie drei Stunden gebraucht, um im Kochtopf einigermaßen weich zu werden, und so trinken wir denn beim Schein einer Kerze (ein großer Luxus bei Nomaden) unseren Tee, bevor wir schlafen gehen. Unsere Schlafsäcke sind sehr bequem, aber der Geruch des mit Salz gegerbten Leders reizt mich in einem fort zu quälenden Hustenanfällen.

## Der Kuku Nor

Zu unserer Rechten dehnt sich der zugefrorene Kuku Nor, nur 35 Meter tief, aber zehnmal so groß wie der Genfer See, ein richtiges Meer ohne Abfluß, von dem ich irgendwo gelesen habe, daß sein Wasser salzig ist – weshalb ich hundert mexikanische Dollar von Peter gewinne, der das Gegenteil behauptet hat. Aber ich muß gestehen, daß ich eine andere Wette verloren habe; ich hatte in Sining behauptet, daß, falls es uns überhaupt gelingen sollte, aus den zivilisierten Gegenden hinauszukommen, die Behörden uns sicherlich eine Eskorte aufnötigen würden, die wir dann nie wieder loswerden würden.

In der klaren, trockenen Atmosphäre täuschen die Entfernungen. Peter und ich galoppieren eine geraume Weile bis zu dem Gestade, das uns so nah schien. Verschneite Eisblöcke türmen sich am Ufer. Wir photographierten diesen See, der für uns lange Zeit ein fast unerreichbares Ziel bedeutet hatte.

Unsere Ritte wurden zuweilen außerordentlich erschwert durch die unerträgliche Launenhaftigkeit Greys', des kleinen Pferdes, das Peter von dem Lama gekauft hatte. Das hübsche Tier wurde störrisch, sowie man es bestieg, und sein Herr deutete den sonderbaren Abscheu, den Greys gegen ihn zu haben schien, als Xenophobie. Eines Tages insbesondere schlägt das Pony aus, wirft Peter ab, trampelt auf ihm herum und saust in tollem Galopp davon, wobei der Sattel, die Satteltaschen und deren Inhalt weit umhergestreut werden. Ich hatte, offen gestanden, große Angst. Peter hatte sich bis zu einem kleinen Hügel geschleppt; er brach nicht zusammen, aber sein Gesicht war gurkengrün. Sein Knöchel hatte einen Hufschlag abbekommen. Hatte er sich irgend etwas gebrochen? Man male sich die Folgen eines solchen Unfalls unter derartigen Umständen aus. Zum Glück war es nur eine Quetschung, aber seitdem mußten Li oder ich jedesmal, wenn Peter aufsteigen wollte, den Zügel dieses schwarzen Dämons halten.

Zu unserer Linken ist der Süden parallel zum See von niedrigen Höhen begrenzt, unter denen ich hin und wieder ein tibetanisches Zelt, eine stumpfe schwarze Pyramide, windgeschützt stehen sehe. Dort kann ich gewiß die Butter bekommen, die wir brauchen. Auf der Steppe wachsen nur vereinzelte Grasbüschel, zwischen denen der Wind unablässig den Boden verweht.

Wir dringen jetzt geradlinig weiter vor, zwischen zwei Gräben, durch die das Wasser bei Tauwetter abfließen mag; dies muß die im Bau befindliche Straße sein, die nach Dolan (oder Tulandze) führt, dem weit vorgeschobenen Wachtposten, den wir in südlicher Richtung umgehen werden. Ich hätte wirklich, wie Norin sagte, mit dem Fahrrad den Tsaidam erreichen können, sofern es mir möglich gewesen wäre, genug Lebensmittel mitzuführen. Sicher hat Norin hier selbst vor zwei Jahren wakker seinen Entfernungsmesser vor sich hergerollt.

Es schneite noch immer wie im tiefen Winter. In diesem baumlosen Gebiet glich unser Vormarsch, ein Ankämpfen mit gebeugtem Nacken gegen den Wind, weniger einer Episode aus »Goldrausch« als einer Etappe des Rückzuges aus Rußland. Der Fürst auf seinem Schimmel erinnerte, von weitem gesehen, wirklich an Napoleon.

# Legenden

In der Umgebung hier sollen, wie man sich erzählt, ganze Städte, unter dem Sand begraben liegen, und diese grandiose Gegend hat mehr als eine Sage entstehen lassen. Da das Wasser des Sees als heilig gilt, ist die Schiffahrt verboten, und deshalb können die Lamas, die auf der Insel im Kuku Nor wohnen, nur im Winter versorgt werden, wenn das Eis einen natürlichen Zugang schafft.

Die Entstehung des Binnenmeers wird zurückgeführt auf den Zorn eines tibetanischen Gottes, der sehr weit entfernt wohnte. Weil die Bewohner dieses Gebietes ihm nicht gehorchten und sogar sein Dasein leugneten, beschloß der Gott, sie alle zu ertränken. Aus einem breiten Spalt sprudelte das Wasser hervor und bedeckte nach und nach das ganze Land. Inzwischen hatten die Leute aber angesichts der von den Fluten verschlungenen Viehweiden ihren Frevel bereut, und darum schickte der Gott nun seinen stärksten Adler, der einen großen Felsen mitten in den See fallen ließ, somit den unheilvollen Spalt schloß und zugleich eine Insel schuf. Auf ihr lebten früher angeblich Wunderstuten, die 1000 Lis (ungefähr 500 Kilometer) an einem Tag zurücklegen konnten, und diese unermüdlichen Tiere sollen, wie die Chroniken hinzufügen, »Blut geschwitzt« haben.

# Karawanenleben

Tag für Tag verläuft unser Dasein genau nach der unwandelbaren Regel der Jahrhunderte. Vor Tagesanbruch nehmen 250 Kamele, ungefähr 30 Pferde und etwa 45 menschliche Wesen – ohne jegliches Gedränge und unnötigen Lärm – Aufstellung zum Abmarsch.

Die Kamele, die nachts gesattelt bleiben, haben im Halbkreis neben den Frachtballen ihrer Besitzer kauernd geschlafen und den Boden mit kleinen runden, schwarzen Köteln (ähnlich wie große Oliven) übersät. Das ist, nebst der Asche der Feuerstellen, die einzige Spur, die unser Zug hinterlassen wird. Und ohne die gleiche Hinterlassenschaft früherer Karawanen hätten wir hier nicht unsere Suppe kochen können.

Männer und Frauen haben die Schafpelze abgestreift und gehen nun mit nackten, braunen Oberkörpern an die Arbeit. Sie werfen unter dem Bauch des Kamels in dem Augenblick, wo es sich in den Knien erhebt, geschickt ein Seil durch, verschnüren die Säcke und machen mit einem letzten Schulterruck die Lasten richtig. Schon setzt sich die erste Gruppe in Bewegung und kehrt zu der gestern abend verlassenen Fährte zurück.

Der Himmel ist grau, schwer von Kälte, und der verschleierte Sonnenball steigt über kahlen Höhen auf.

Während Li mein Pferd sattelt und Peter das Zelt abbricht, verpacke ich die Lebensmittel in meiner »Kantine«: Butter, kleine Brotwürfel, hart wie Schiffszwieback, kaltes Fleisch, Kakao, Zucker, Tsamba und Marmelade. Dann hocken wir, obwohl unsere Karawane schon aufgebrochen ist, noch ein Weilchen neben der warmen Asche, ehe wir den langsamen, eintönigen Marsch fortsetzen. Wir trinken eine letzte Schale Tee; ich hänge den Teekessel an meinen Sattel, stopfe meinen Emaillebecher in die Satteltasche und brauche jetzt nur noch eine kleine Erhebung zu suchen, um in den Sattel zu springen. Abseits, nach Lhasa zugewandt, verrichtet der Fürst vor einem Stab, den er in die Erde gepflanzt hat, seine Morgenandacht.

In gestrecktem Galopp hole ich die westwärts kriechende Rie-

senraupe ein. Wir sind nur an die 20 Reiter und genießen den Vorzug, ganz nach eigenem Gutdünken umherstreifen zu können, und so schnell wir wollen. Ich bewundere in unserer Schar einen schönen Dunganen mit gerader Arabernase, der alsbald unser Freund wird, sowie einen jovialen Mongolen mit klugen Augen und einem Filzhut, der rund ist wie der eines Landpfarrers. Er heißt Gunzun und gehört offenbar zum Hof des Fürsten.

Peter, mit seiner Kleinkaliberbüchse, begibt sich gewöhnlich flugs auf die Jagd, und ich, auf meinem Slalom, nehme sein Pony ins Schlepptau und bin recht zufrieden mit mir selbst, wenn ich es fertigbringe, mit beiden Tieren zugleich über einen Graben zu setzen. Ich sehe, wie Peter in der Ferne ein paar Wildgänse verfolgt und sich wiederholt zum Schuß niederlegt. Aber ein so guter Schütze er ist, wenn er allein in der Umgebung des Rastplatzes jagt, um allabendlich unseren Kochtopf zu bereichern, so gehemmt ist er, wenn er längs der Karawane jagt. Hinter ihm her jachtert der Boscot, der sich, den Dolch in der Hand, schon bereit macht, das Opfer auf gut Dunganisch zu schlachten. Dieser Possenreißer, der uns an den »Bosun« (Bootsmann) im »Sturm« erinnert, brüllt ihm unaufhörlich zu, wo die Vögel sich niedergelassen haben – und die Vögel fliegen davon –, und Peter verfehlt sie. Und schließlich, noch nicht gewöhnt, unter den einschüchternden Blicken von 250 Kamelen zu schießen, gibt mein Gefährte die Sache auf, und ich führe ihm sein Pony wieder zu.

## Sechzig Li näher an London

Jedesmal, wenn ich hinter Peters Silhouette hertrabe, wünsche ich mir die Begabung eines Karikaturisten. Das Pony verschwindet völlig unter dem Militärmantel seines Herrn, dessen Beine einander, glaube ich, unter dem Bauch des Tiers berühren könnten. Meistens reiten wir aber getrennt, als ob wir uns ein paar Stunden nicht sehen wollten. Wir sind beide grundverschieden zu unserer Umgebung eingestellt. Peter lernt hier zum erstenmal das Leben der Nomaden kennen, ein Leben, das so alt ist wie die Welt, und gibt sich ganz den Freuden des Ungewohnten hin. Ich dagegen finde einen Teil meiner Vergangenheit wie-

der und setze gewissermaßen meine in Russisch-Turkestan begonnene Forschungsreise fort. Ich kenne schon die Ausdünstung der Kamele, ihren übelriechenden Atem, wenn sie wiederkäuen, kenne die Freuden der Rast an der Wasserstelle, beim Feuer, für das man sich selber erst den Dung gesammelt hat, das Behagen, wenn das Teewasser kocht; ich kenne das Umhersuchen nach den Tieren, die sich auf der Weide verlaufen haben, und das Schweigen der Nächte, wenn einem die Augen brennen, weil sie tagsüber zu viel in den Wind geschaut haben. Ich liebe dieses urwüchsige Leben, bei dem man wieder den rechten Hunger bekommt, der jeden Bissen zu einem herzhaften Genuß macht, und wieder die gesunde Müdigkeit verspürt, durch die der Schlaf zu einer unvergleichlichen Wonne wird; und dabei immer der Wunsch, vorwärtszukommen, der sich mit jedem Schritt erfüllt.

Einig in dem Bestreben, unser Unternehmen erfolgreich durchzuführen, verstehen wir uns ausgezeichnet. Aber wir betrachten die Dinge nicht unter dem gleichen Gesichtspunkt. Peter wiederholt mir jeden Abend seinen Refrain: »Wieder 60 Li weniger bis London!« Er tut das nur, um mich zu ärgern, und ich bitte ihn, still zu sein, denn ich will vergessen, daß die Rückkehr unvermeidlich ist. Ich habe gar kein Verlangen nach Rückkehr. Mir wäre es viel lieber, wenn die Reise das ganze Leben dauern würde; nichts zieht mich nach dem Abendland, denn ich weiß sehr wohl, daß ich mich dort nur einsam fühlen werde unter meinen Zeitgenossen, deren Vorurteile mir fremd geworden sind. In London hatte ich den Eindruck gehabt, daß Peter sich gegen das Großstadtleben auflehnte; jetzt, da ich sehe, wie sehr er sich danach zurücksehnt, frage ich mich, ob nicht vielleicht alles nur Mache war, sozusagen eine Sache des guten Tons. Aber wie soll ich wissen, ob er es heute aufrichtig oder paradox meint, oder ob er mich einfach foppt? Fragen, die vermutlich nur seine Landsleute lösen könnten. Eins ist sicher: Peter scheint weniger zu fürchten, daß er in einem Gefängnis von Urumtschi enden könnte, als daß er nicht rechtzeitig zurück sein wird, um Birkhühner in Schottland zu jagen. Wir werden in nächster Zeit eines der schönsten Jagdgebiete der Welt durchstreifen, aber es rührt ihn nicht, daß tibetanische Jaks und Wildesel, Bergschafe, Steinböcke und Markhors vom Hindukusch ihm vor die Büchse

kommen werden. Was für ein wunderlicher Kumpan! Möchte er vielleicht die einzigartige Großtat vollbringen, in einem und demselben Jahr den Tur des Kaukasus, die Shanghai-Ente, die Kukunor-Antilope und auch noch den schottischen Hirsch zu jagen?

Obgleich wir im Schritt reiten, kommt Slalom allmählich an die Spitze des Zuges, der mehrere Kilometer mißt. Eine alte Frau auf einem langsamen, struppigen Pony, die mit ihrem spitzen Hut wie ein Clown aussieht, macht die Anführerin; ihr wirres Haar verdeckt die Runzeln ihres wettergebräunten Gesichts, und in der Hand hält sie das dünne Roßhaarseil, das durch die Nase des ersten Kamels gezogen ist. Es ist das einzige, das eine längliche, dumpf tönende Glocke am Hals trägt. Wenn der Alten zu kalt wird, steigt sie ab und schlurft, steif von Rheumatismus, wie ein Automat mit ihren schiefgelaufenen schweren Stiefeln weiter. Ihr wallender Mantel fegt dabei den Boden; ein Feuerzeug baumelt an ihrem Gürtel. Der gleichmäßige, unerbittliche Gang dieser alten Norne hat etwas Mitreißendes, als walte da ein unabwendbarer Schicksalswille.

Neben jedem zehnten Kamel geht ein mongolischer Treiber her. Hoch oben zwischen den Traglasten sitzen eingemummt wie alte Weiber die Dunganen oder Hui-Huis, Goldsucher, und die alten Mongolen, die die Perlen ihrer Rosenkränze durch die Finger laufen lassen und Gebete murmeln. Dann und wann hört man auch, wie die Raucher ihre Pfeifen an den Stiefelabsätzen ausklopfen.

Bei dem Schaukelgang verrutschen die Lasten oft; dann reitet ein Mongole dicht an das Kamel heran und bringt mit einem Schulterruck, im Weitertraben, die Kiste wieder ins Gleichgewicht. Meistens aber muß man, wenn auch widerwillig, umständlichere Mittel anwenden. Die Koppel wird angehalten, das Tier kauert sich hin, man löst den langen, achtförmig um die Pflöcke des Packsattels geschlungenen Strick, und alles wird wieder richtig verstaut. Das Kamel hat inzwischen den Aufenthalt dazu benutzt, um wie ein Schwan seinen Hals bis zu den entlegensten Grasbüscheln auszustrecken.

Unterdessen ist die ganze Karawane vorbeigezogen, und die angehaltene Koppel ist zurückgeblieben. Um den Zeitverlust wieder einzuholen, ermuntert man die Tiere mit einem guttura-

len »Ok-ok!« Wir werden leider nur zu oft Gelegenheit haben, diesen anspornenden Kehllaut selbst auszustoßen.

Nach einigen Wegstunden spannt sich das Seil, das beim Aufbruch schlaff zwischen den Kamelen hing; die anfangs stolz gereckten Köpfe sinken immer tiefer, und die ermüdeten Tiere verlangsamen den Gang.

Smig hat mir zwar dringend davon abgeraten, einen Lammfellrock zu tragen, da das Klima im Tsaidam nie wirklich kalt sei; aber nun sehe ich mich in der Tat genötigt, mitunter eine Weile zu Fuß zu gehen, so sehr klappere ich mit den Zähnen, trotz all der dicken Kleider, in die ich mich gehüllt habe. Bei Gegenwind schlage ich mit Vergnügen die Ohrenklappen meiner mandschurischen Pelzmütze herunter. Nur ein Zeichen kündigt das nahe Ende des Winters an: die Wolle hängt in dicken Flocken an den schmalen Schenkeln der Kamele. Sie haaren sich, und die glatte, eisengraue Haut, die durchkommt, sieht aus wie der Gummi abgenützter Autoreifen. Die Karawanentreiber rupfen, während sie neben ihren Tieren hermarschieren, ganze Flockenbüschel aus und flechten daraus geschmeidige Leitseile, die wohl bald die schon ziemlich ausgefransten, die jetzt die Kamele an der Nase führen, ersetzen werden.

Oft geselle ich mich zur berittenen Schar der chinesischen Kaufleute, deren Gestalten wegen der langen Stützgabeln, die an ihren Flinten befestigt sind, von weitem wie Langusten aussehen. Wir feuern unsere Pferde an, einander zu überholen, und brausen alle mitsammen dahin, so recht eine entfesselte Horde von Wilden, bekleidet mit Schaffellen und Schreie ausstoßend, als gälte es, in frischfröhlicher Kavalkade die Wüste zu erobern. Die erste Schlucht, auf die wir stoßen, macht dem Ritt freilich schon wieder ein Ende. Hier, gut geschützt, warten wir, bis die Karawane, angekündigt durch das Gebimmel der Glöckchen am Hals der Wachhunde, uns wieder einholt...

Die Unterhaltung mit diesen Kaufleuten ist durchaus keine leichte Sache. Sie wollen den Preis meiner Nagelschuhe und meiner Skihandschuhe wissen; dann staunen sie, als sie erfahren, daß ich nicht aus England bin wie Peter. Ich meinerseits erkundige mich, welche unter ihnen Anhänger des *hsiao chao*[1] sind. Sie kommen fast alle aus Ho-tschau, einer mohammedanischen Stadt im Süden von Lantschau. Nur der jüngste von ihnen

kennt die chinesischen Schriftzeichen, ja sogar die lateinische Schrift auf meiner Visitenkarte. Dieser geweckte Junge will wissen, wie weit wir von Frankreich entfernt sind.

»Unsere Karawane würde dorthin kommen«, antworte ich, »wenn sie sechs Monate lang jeden Tag 30 Kilometer zurücklegen würde wie heute.«

Diese Kaufleute folgen der Karawane ganz ruhig und brav, aber sobald wir ein Lager aufschlagen und sie ausfindig machen, daß Mongolen in der Nähe hausen, stürzen sie sich wie Geier auf diese, verkaufen ihnen, was sie nur können, und zwingen sie förmlich, Schulden zu machen. Und was für Handelsmöglichkeiten bieten sich nicht bei einer Bevölkerung, die noch nicht einmal den Gebrauch des Hemdes kennt!

Gegen zwei Uhr nachmittags kommen wir zum Rastplatz. Wir haben nur 25 oder 30 Kilometer in acht Stunden zurückgelegt, aber die Tiere müssen Zeit zum Weiden haben, bevor es Nacht wird. Wer sich am meisten beeilt hat, kocht nun seinen Tee unter dem Zelt, und die zuerst Angekommenen haben einen großen Vorteil: sie brauchen sich nur zu bücken, um den brennbaren Argol in ihre Mantelschöße zu sammeln. Vor dem Trinken macht der sehr fromme Mongole die Runde um sein Zelt und spritzt einen Löffel voll Tee als Opfer nach den vier Himmelsrichtungen.

Genau wie die Eingeborenen essen wir zum Frühstück und mittags unser Tsamba. Im kochenden und gesalzenen Tee läßt man ein Stück Butter zergehen, mischt geröstetes Gerstenmehl hinein, knetet alles mit geschickter Hand und formt daraus eine feste Kugel, die man verspeist.

Abends im Lager halten wir die einzige richtige Tagesmahlzeit. Ich tat dann immer das Wildbret, das Peter gebracht hatte, zusammen mit Nudeln oder Reis in den Kochtopf: ein Viertel von einer Antilope, eine Wildgans, einen Hasen, eine Ente, manchmal sogar einen Fasan. Es kam auch vor, daß unsere Nachbarn uns ein Stück Fleisch von einem Wildesel oder einem zahmen Jak schenkten, oder daß ein Patient mir zum Dank für die Pflege, die ich ihm hatte angedeihen lassen, etwas Hammelfleisch oder einen Teller mit gerösteten Brotwürfelchen brachte, die das *manto* oder Brot der Stadt ersetzten. Außer meinem Kochtopf hatte ich eine höchst originelle Bratpfanne. In den Gasthäusern

waschen die Chinesen sich die Hände und das Gesicht in einer flachen blitzenden Messingschüssel mit beinahe senkrechter Wandung, und ich hatte eine solche gekauft, da ich sie weniger zerbrechlich und weniger platzraubend fand als eine Emailleschüssel. Unterwegs brachte ich sie im Kochtopf unter; bei der Rast füllten wir sie mit lauwarmem Wasser, in dem wir unsere brennenden Gesichter badeten; dann brachte Li sie mir wieder, sobald es Zeit zum Essen war, und ich ließ zuweilen das Fleisch darin bruzzeln oder meine gedörrten Aprikosen in Butter schmoren.»Noch nie«, sagte ich im Gedanken an meine früheren Reisen zu Peter, »habe ich so üppig gelebt wie jetzt, seit ich mich mit einem ›old Etonian‹ zusammengetan habe.«

Zweimal am Tag mußten wir die Pferde mit Gerste und gestoßenen Erbsen, die steinhart waren, füttern. Eines Tages, als ich Slalom den Futtersack abnahm, entdeckte ich darin einen seiner Backenzähne...

Und schließlich kam dann die Nacht. Der Wind, der uns den ganzen Tag in die dröhnenden Ohren geheult und uns Staub oder Schnee in die Gesichter geweht hatte, so daß sie wie Feuer brannten, tobte nun um unsere Zelte, in denen wir weniger vor der Kälte als vor seinem unaufhörlichen Wüten Schutz suchten.

Die Erinnerung an dieses Dasein wird mich später, wenn ich in irgendeiner europäischen Hauptstadt daran zurückdenke, wohl mit Heimweh erfüllen. Vorerst aber fühlte ich mich so vollkommen eins mit dem Karawanengetriebe, dem Leben der Tiere und der Elemente, daß es mir so vorkam, als hätte ich es immer geführt. Was mir unwirklich schien, war das Abendland, und ich hatte es so gründlich vergessen, daß ich es mir selbst bei angestrengtem Nachsinnen vor dem Einschlafen nicht mehr recht vorzustellen vermochte.

## Ich versuche mich als Arzt

Li hatte überall davon erzählt, was unsere Kisten für Wunderdinge enthielten – eine Schachtel, die Musik mache, und zahlreiche Arzneien! –, und so mußte ich schließlich den inständigen Bitten nachgeben und mein kleines »Mikiphon« laufen lassen; wir hatten nur drei Schallplatten, und jedesmal, wenn

die Singstimme ertönte, vermochten die Zuhörer ihr Vergnügen nicht zu verbergen.

Vor allem traten aber nun tagtäglich ganze Scharen wirklicher und eingebildeter Kranker in meinem Zelt an. Ich behandelte offene Wunden erst mit Permanganat und dann mit Jodsalbe. Wenn ich nicht recht wußte, was zu tun sei, studierte ich gewissenhaft die Liste meiner Medikamente. Ich ließ diejenigen, die über Bauchweh klagten, Rizinusöl und diejenigen, die abwechselnd »groß heiß und groß kalt« hatten, Chinin schlucken. Wer hustete oder über Gliederreißen klagte – eigentlich kein Wunder bei der so tief dekolletierten Mongolenmode –, bekam ein paar japanische Jintanpillen, ein Universalmittel, das hauptsächlich aus Cachou besteht. Den Mongolen, deren Augen infolge des beißenden Rauchs der Argolfeuer schon lange entzündet und gerötet waren, zeigte ich, wie man sie mit etwas Watte und Tee auswaschen muß. Eines Tages schnitt ich mit einer Rasierklinge das Geschwür an einer vereiterten Hand auf; ich hatte diese schmutzige Hand, um sie zu säubern, mindestens eine halbe Stunde lang in fast kochendem Wasser baden müssen.

Die Mongolen, wird behauptet, waschen sich nicht, weil sie Angst haben, daß sie sonst nach dem Tod in Fische verwandelt werden könnten. Außerdem halten sie das Brunnenwasser anscheinend für behext; es kommt ja aus dem Inneren der Erde, wo das weibliche Prinzip herrscht, und kann folglich nicht so gut sein wie das Wasser, das der Luft und der Sonne, die zur männlichen Welt der oberen Regionen gehören, ausgesetzt ist. Aber diese haarsträubende Unsauberkeit ist im Winter gar nicht störend, denn der Frost schwächt selbst den Geruch der ranzigen Butter ab, mit der die Schafpelze durchtränkt sind.

# *Im Land der Tanguten*

Im elften Jahrhundert spielten die gefürchteten Tanguten, durch deren Land wir nun, das Gebiet von Kuku Nor verlassend, ziehen werden, unter dem Namen Hsi-hsia eine gewisse Rolle in der Geschichte Asiens. Ihr tibetanisches Königreich erstreckte sich südwärts bis zur Mongolei, und bei dem Versuch, sie zu unterwerfen, starb Dschingis Khan, der »unbeugsame Kaiser«, und zwar daran, daß ihm – nach Marco Polos Erzählung – das Knie von einem Pfeil durchbohrt wurde. Seitdem haben die ausländischen Reisenden, die das wilde tangutische Land durchqueren, allerlei berichtet – von Angriffen, denen sie ausgesetzt waren, und von Vorsichtsmaßregeln, die sie ergriffen, und von den Opfern, die ihre eingeborenen Diener den bösen Geistern darbrachten. Noch heute leben die Chinesen, die in den Oasen der Gobi am Fuß des Nan-Shan-Gebirges wohnen, in ständiger Furcht vor den tangutischen Räubern, die in jenen unheimlichen Schneeregionen verborgen sind.

Auch Smig hatte mir erzählt, daß die Durchquerung des Gebietes im Süden des Kuku Nor gefährlich sei; er selbst sei dort von Pferdedieben überfallen worden, und man könne dort nur mit einer großen Karawane reisen. »Wenn Sie durch das Land der Tanguten kommen«, hatte er uns gewarnt, »verstecken Sie Ihre Dollars am besten im Mehlsack; das ist das Sicherste. Nachts gelingt es diesen verwegenen Burschen manchmal, sich bis ans Lager heranzuschleichen und es dann, nachdem sie die Wachhunde erwürgt haben, zu überrumpeln.« Und Li nötigte uns tatsächlich, jedesmal ein Verhau aus Kisten, Säcken und Koffern im Inneren des Zelts zu errichten; er selbst machte sich auf dem Sack voll gestoßener Erbsen, der für die Tiere bestimmt war, ein Nachtlager zurecht. Den Pferden wurden die Fesseln angelegt, und während der ganzen Nacht stießen die im Lager auf und ab patrouillierenden Wächter heisere Rufe aus, vermutlich um zu beweisen, daß sie nicht schliefen.

Peter ließ sich nicht bange machen. Zwei Minuten nachdem er sich hingelegt hatte, schlief er immer schon wie ein Murmeltier.

Mir spukten anfangs meistens noch die Geschichten im Kopf herum, die ich gelesen hatte, und ich horchte auf den Wind, der, fauchend wie ein riesiger Schmiedeblasebalg, mit jedem neuen Andrang unser leichtes Schutzzelt umzuwehen drohte. Mir war ähnlich zumute wie auf einem kleinen Segler im Hafen, und die Erinnerung kam mir wieder an gewaltige Mistralstürme in Porquerolles oder in Rosas und jenen heftigen Südwestwind, der die »Atalante« vor Yarmouth auf Grund geworfen hatte. Hier war ich wenigstens vor dieser Sorge bewahrt und genoß das Gefühl der Sicherheit, das einem der feste Boden unter den Füßen gibt.

Eines Abends, als ich gerade meine Aufzeichnungen niederschrieb, hörte ich meine mongolischen Nachbarn herumlaufen und schreien. Draußen sprangen Funkenschwärme von Grasnarbe zu Grasnarbe, und zusehends wurde der Boden schwarz, während weißer Rauch sich ringsum verbreitete. Männer stampften umher oder schlugen mit Lammfellen und Filzlappen drauflos, um den Brand von ihren unterm Wind liegenden Zelten abzuwehren. Leider konnte man das dürre Gras nicht retten, und wie in wilder Schadenfreude trieb der Wind das Feuer auf die Berge zu. Da die Wolle der Kamele besonders leicht entzündlich war, mußten wir die Tiere, die ruhig zusahen, wie das Unheil auf sie loskam, schleunigst wegtreiben.

Vor acht Tagen haben wir Tangar verlassen. Nun kehren wir dem Kuku Nor den Rücken und ziehen südwärts auf seltsame rauchende Berge zu, wo überall das trockene Gras gebrannt hat. Wir nähern uns jetzt Gegenden, die auf den Karten des Indischen Vermessungsamtes nur sehr ungenau verzeichnet sind[1]. Tagelang werden wir nirgends mehr einem menschlichen Wesen begegnen, obgleich man nach der Karte und den etlichen schwarzen Punkten darauf (Bezeichnungen der »camping grounds«) eigentlich schließen müßte, daß wir uns in einem bewohnten Gebiet befinden. Welche Öde wird das erst sein, wenn wir durch ein als unbewohnt bezeichnetes Land marschieren werden.

Diese schwarzgebrannten Berge, an denen nur die Kämme hell sind, muten an wie eine Vision von einer anderen Welt, wie der negative Film einer Winterlandschaft. Von einem Hügel aus überblicke ich zum letztenmal die verschneite Fläche des Sees unter der bleichen Sonne.

# Die wilden Esel

Peter hat recht gehabt: die tangutischen Räuber haben uns überhaupt nicht beachtet.

Wir überschreiten in mehr als 4000 Meter Höhe den ersten, ziemlich steilen Gipfel – den Tsakashu, soviel ich glaube; der Paß ist durch die Gerippe von Kamelen markiert. Unsere Tiere bleiben alle zwanzig Schritte stehen, um zu verschnaufen; dann steigen wir in die grenzenlose Wüste von Dubussun hinab. Weit vor uns wabert ein weißer Streif wie eine Luftspiegelung über der gelben Erde. Was mag das sein?

Tags darauf, nach langsamem Anmarsch, sehe ich ein, daß ich meine Wette verloren habe. Das ist keine Salzablagerung am Fuß des Gebirges; nein, das ist das Eis eines Sees, der wahrscheinlich durch das Gebiet der Panakas zum Gelben Fluß abfließt. Die Panakas sind Tibetaner, denen die Tsaidam-Mongolen, unsere Freunde, die Mode der spitzen Hüte mit flachem Rand abgeschaut haben.

In der kahlen Steppe wachsen nur Stechginsterbüsche, deren Dornen mit Wollflocken von den Beinen der Kamele garniert sind. Das Licht ist so blendend und der Wind so kalt, daß Peter ein entzündetes Auge hat, das tränt. Er nimmt gern meine Gletscherbrille an, die ich ihm leihe, freilich nicht ohne ihm seine Unvorsichtigkeit vorzuhalten und ihn an seine hochmütigen Worte in Peking zu erinnern: »Ich? Ich trage nie eine Brille!«

Auf der Höhe eines zweiten, ziemlich niedrigen Joches wirft unser Freund Gunzun einen Kiesel als Sühneopfer auf einen großen »Obo«, einen jener Steinhaufen, die einem tausendjährigen Ritus zufolge allenthalben an den Straßen Asiens aufgeschichtet sind.

Inmitten der neuen Ebene angelangt, warten wir auf die Karawane. In einiger Entfernung, nach Lhasa zugewandt, betet der Fürst, während Gunzun in ehrerbietigem Abstand das Pferd am Zügel hält. Stets hält sich der Fürst abseits, sei es aus Scheu oder weil er sich mit Ausländern, deren Ziele so zweideutig sind, nicht einlassen will. Lediglich der Wunsch, Peters Kleinkaliberbüchse zu handhaben, hat ihn einmal zu uns getrieben.

Peter und ich plaudern zusammen. »Was würde ich darum geben«, sagt Peter, »wenn jetzt ein Oberkellner mit einem Berg

Rühreier, hübsch garniert mit Würstchen, erscheinen würde, und mit der heutigen ›Times‹ in der Hand!«

Mit den Eiern wäre ich einverstanden, aber die »Times«? Für mich ist Europa so fern, daß es mir wie gestorben erscheint, und dieses Verlangen ist mir völlig unverständlich...

Es ist sehr kalt, und nachts habe ich die Wölfe gehört. Die Mongolen haben trotzdem noch immer nackte Oberkörper um fünf Uhr morgens, als sie die Tiere bepacken, und ich sehe, wie sie Eisblöcke in Säcken aufladen; ein Zeichen, daß wir heute abend kein Wasser finden werden.

Die unruhigen Pferde traben über einen hin und wieder Blasen werfenden Boden, der unter ihren Schritten nachgibt und überall von den Hufen der wilden Esel gezeichnet ist. Der Hufabdruck zeigt einen breiten Pfeil innerhalb eines Kreises. Man spricht schon seit einigen Tagen von diesen *kulan*, und plötzlich ruft Li, der an meiner Seite reitet: »Dort sind sie!« Zunächst sehe ich in der Ferne nichts als helle Flecken, die auch Antilopen sein könnten. Dann aber stieben die hübschen Tiere plötzlich in Staubwirbeln davon, alle in regelmäßigen Abständen hintereinander, mit stolz zurückgeworfenen Köpfen und gesträubten Mähnen – fast wie ein archaischer Fries.

Ein paar Tage später, als ich schon froh bin, daß es Peter nicht geglückt ist, eines dieser freien Tiere zu erlegen (denn er hatte sich hierbei seiner nicht besonders treffsicheren schweren Büchse bedienen müssen), brausen unsere chinesischen Reiter wie die wilde Jagd an uns vorbei. Wir folgen ihnen und kommen zu einer Gruppe, die sich um einen Kulan gebildet hat; das eine Bein ist ihm von einem alten grämlichen Dunganen, der auf einem Pferd mit silberhellem Glöckchen sitzt, zerschossen worden. Das arme Tier, dessen Huf nur noch an einem Hautfetzen hängt, wird von den Männern, die es an einer Art Halfter festhalten, auch noch mit Peitschenhieben mißhandelt. Eine sinnlose Grausamkeit! Nach ein paar Schritten auf seinem Beinstumpf bricht der Wildesel zusammen.

Vergebens scheint das Opfer mit seinen hervorquellenden Augen Hilfe zu suchen. Sein gedrungener Hals trägt einen großen Kopf mit weißer Schnauze und kleinen Ohren. Das Fell ist rotbraun, der Bauch weiß; die kurze, struppige dunkle Mähne verläuft in einem braunen Streifen bis zum Schweif, der dem eines

Esels gleicht. Endlich durchschneidet ihm ein Messerhieb die Kehle. Das dickflüssige Blut sprudelt eine Weile hervor und bildet am Boden eine schwärzliche, immer breiter werdende Lache. Um die Zuckungen zu unterdrücken, setzen sich die Männer auf das Opfer, das schließlich mit einem plötzlichen Erstarren der Beine verendet.

Man kann die Kulans nicht zähmen, aber ihr Fleisch wird hierzulande sehr geschätzt, und alle freuen sich schon bei der Aussicht auf den Festschmaus. Nun gibt es mit einemmal neues Leder, um die Füße der *wawa*[1] zu umwickeln, die die ganze Reise zu Fuß machen, und auch recht willkommene Fellstreifen, um brauchgemäß den Schwanzriemen des Zaumzeugs zu schmük-ken.

# Einzug im Tsaidam

Kurze Zeit nach dieser Metzelei tränken wir unsere Pferde zum erstenmal in einem klaren Fluß mit kiesigem Bett. Slalom versinkt aber in dem Augenblick, wo ich ihn zum Durchwaten antreibe, bis an die Brust im nachgebenden Boden. Und als ich mich, um ihn zu erleichtern, rücklings aus dem Sattel schnellen will, plumpse ich ins Wasser. Slalom geht vor Schreck durch und schleift sein Sattelzeug mit. Mein Schlafsack aus Lammfell und der Quersack, der mein Notizbuch, meine Filme und meinen Photoapparat enthält, werden bedauerlicherweise durch und durch naß.

Abends, auf dem Grunde einer Schlucht, durch die ein eisiger Wind pfeift, schlafe ich in einem Gestank von durchnäßtem Bocksfell ein, und die Hälfte meines schlecht gegerbten Schlafsacks ist eingeschrumpft wie eine alte Schuhsohle. Die wüsten Träume dieser Nacht rühren aber, glaube ich, mehr von dem zähen Fleisch des wilden Esels her, von dem wir ein Stück abbekommen haben.

## Ein paar Bäume

Während wir die Kamele einen Umweg durch das Tal des Tsatsaflusses machen lassen, klettern wir selbst hinter dem »Araber« her in das Gebirge hinauf. In einer gegen Westwinde geschützten Senke wächst – unvergeßliche Überraschung! – grünes, haarfeines Weidegras am Fuß wirklicher Bäume, der einzigen, die wir im Verlauf unserer Reise nach Turkestan zu Gesicht bekommen sollen. Unsere Freude ist so groß, daß wir ganz vergessen, die Elster zu verjagen, die an den auf ein Pony verladenen roten Wildeselvierteln herumpickt. Die Bäume sind Wacholderbäume; ihre gekrümmten Stämme verlieren sich in dem buschigen Grün, und das Feuer, das wir mit dem prächtigen Holz anmachen, strömt einen Duft aus wie ein tibetanischer Tempel. Man versichert mir übrigens, daß dieser Baum sehr kostbar ist,

und ich glaube, daß die Lamas ihn zum Weihräuchern verwenden.

Der Morgen ist kurz wie ein Traum. Wir müssen in einer Staubwolke auf der andern Seite des Gebirges wieder hinabsteigen und kommen dann abermals zu einem gelben, höckerigen Plateau, begrenzt von zerklüfteten, schroffen Bergen, auf denen nichts wächst. Hier schlängelt sich die große Karawanenfährte, die von Dulan über Barun nach Lhasa führt, und ich glaube die Spuren von Ackerfurchen zu erkennen, ja, und dann auch die Umrisse von Feldern, eine Mauer und ein Lehmdach: wir sind in Kharakhoto. An dem Erstaunen, das ich angesichts dieses Hauses empfinde, merke ich, daß ich nicht damit gerechnet habe, dergleichen hier im Norden Tibets zu sehen.

Obwohl ich gern eine tibetanische Hütte besichtigen würde, kann ich Peter und Li, die einen Sack Gerste für unsere Pferde kaufen wollen, nicht begleiten. Seit jenem Sturz in den Fluß ist mein Sattel entzweigebrochen, und ich bin inzwischen meistens auf dem blanken Rücken Slaloms geritten. Ich bin infolgedessen wie gerädert und habe nicht einmal mehr die Energie, meine Patienten zu behandeln.

Peter glaubt verstanden zu haben, daß wir nicht mehr weit von Dzun, unserem ersten Ziel, entfernt sind. Er freut sich darüber, denn jetzt werden wir bald allein auf der Karawanenstraße sein. Abends werden wir dann bei der Rast nicht mehr auf die Ankunft unserer Kamele warten müssen, und morgens werden uns keine Kameltreiber mehr die Gepäckstücke aus den Händen reißen, bevor wir noch gefrühstückt haben.


## *Tibetanische Karawane*

Am 10. April morgens sehe ich in der Ferne ein halbes Dutzend Masten in den Himmel ragen. Sind das Telegraphenstangen? Nein. Als wir näherkommen, sehen wir, daß das zwischen ihnen aufgespannte Seil nur zur Befestigung einer Reihe flatternder Spruchbänder dient. Diese Wimpel sind beschrieben mit heiligen Formeln, die der Wind den Göttern übermitteln soll; an den Stangen selbst sind Schulterknochen von Schafen befestigt.

Die Wegspur steigt hier sanft an und führt zwischen diesem

primitiven Zierat hindurch; und plötzlich öffnet sich vor uns ein weites Gebiet ganz ohne Berge: wir stehen vor dem Tsaidam-Plateau, und an seiner Schwelle bete ich zu den Göttern dieses neuen Landes, daß sie zwei unwissenden Kindern der Weißen gnädig sein mögen.

Eine stattliche Karawane kommt auf uns zu: zottige Jaks, alle schwer beladen, Kamele, Pferde, schwarze Hunde, Frauen mit Säuglingen an der Brust. Die meisten tragen prachtvolle Luchs- oder Fuchsfelle auf dem Kopf.

Die Nachhut der Neuankömmlinge wird indessen aufgehalten durch einen breiten Bewässerungsgraben, der die Kamele abschreckt; die Tiere wissen, daß ihre großen, weichen Hufe auf dem nassen Lehm ausrutschen würden. Eines von ihnen hat soeben den Sprung verfehlt, seine Hinterbeine versinken bis zum Bauch im gelblichen Wasser, während es sich mit den Knien der Vorderbeine aufs Ufer stützt. Seine Besitzer, ein Mann und eine Frau, laden es sofort ab; dann hissen sie gemeinsam das triefende Tier heraus, indem sie es an der Nase zieht und er das Hinterteil am Schwanze hochhebt. Zwei schalkhafte kleine Mädchen, deren Gesichter schwarzbraun sind wie knusprig gebackenes Brot, lachen schüchtern unter den breiten Krempen ihrer spitzen orangeroten Samthüte. Sie haben an die hundert kleine Zöpfe und tragen weite mongolische Mäntel wie ihre Mutter; aber diese hat außerdem noch einen gestickten Umhang um die Schultern, an dem ungefähr zehn Halbkugeln aus ziseliertem Silber prangen, darunter einige von der Größe eines Eßnapfes. Dieser barbarisch üppige Zierat, der die Besitzerin sichtlich behindert, als sie nun beim Wiederbeladen des Kamels hilft, dürfte einen guten Teil ihres Vermögens ausmachen.

Ich galoppiere meiner Karawane nach, deren Silhouette sich schon wie ein dahingleitender Fries weit im Südwesten abzeichnet. Aber in einem Hof, vor einer Lehmhütte mit chinesischen Holzgitterfenstern, erblicke ich das Pferd Lis; und gleich darauf sehe ich denn auch vor einer mongolischen Jurte Li selber stehen, der mich, verschmitzt mit zusammengekniffenen Äuglein lächelnd, einlädt, mit zwei Frauen, die weiße Lammfell-Kalpaks auf dem Kopf haben, Tee mit Milch zu trinken. In einem angrenzenden Hof spinnt eine junge Tibetanerin mit schönem, länglich geschnittenem Gesicht ihre Wolle und betrachtet mich dabei.

Ihr braunes Wollzelt, ganz anders als die Filzjurte, aus der ich komme, wirkt mit all den Roßhaarseilen, die es kreuz und quer spannen, wie ein riesiges Insekt.

Ich verlasse die nach links abzweigende Straße von Lhasa nun für immer und trabe mitten durch die Wiesen. Rebhühner huschen in dem dürren hohen Gras herum, die Lerche singt, aber Slalom flüchtet vor ein paar großen Kötern, die mich trotz Gunzun und seiner Peitsche anfallen.

Doch alles wird bald anders werden, denn jetzt müssen wir eine *gubij* (Gobi-Wüste) in Gewaltmärschen durchqueren. Wieder einmal holen wir uns eine Anzahl Eisblöcke vom Rand eines Flusses, damit wir unterwegs nicht verdursten. Als wir mittags Rast machen, scheint die Sonne so schön, daß wir uns entschließen, abzusatteln, Kakao zu kochen und unser Tsamba zu essen; ich mache dieses gewöhnlich mit Zucker und Rosinen etwas schmackhafter, aber heute führt Peter eine Neuerung ein und würzt seinen Brei mit Essig und Worcestersoße.

Der Fürst, umgeben von ein paar weisen Männern, hat soeben einen Gerichtshof eröffnet, denn heute morgen gab es einen Streit, in dessen Verlauf ein berittener Chinese von einem Mongolen mit Peitschenhieben traktiert wurde. Ich hatte zuerst geglaubt, es handle sich um ein grausames Spiel, wie die Kinder der Steppe es lieben; aber die Sache war viel ernster. Irgend jemand war beschuldigt worden, ein Pferd gestohlen zu haben. In diesem Augenblick verteidigt grade der »Araber« (den ich anscheinend mit meinem Rizinusöl gründlich kuriert habe) seinen Landsmann. Ich verstehe kein Wort von dem, was geredet wird, aber die Mongolen, scheint es, haben sich geirrt. Der Fürst, immer würdevoll, sieht sich genötigt, zwei Stücke Stoff zur Sühne des von einem seiner Leute begangenen Unrechts zu opfern. Nach einem Austausch von Khatags und feierlichen Grüßen zieht jedermann zufrieden davon, aber ich frage mich, ob der Fürst nicht gegen seine Überzeugung die Sache niedergeschlagen hat, weil er weiß, wie unklug es wäre, die chinesischen Kaufleute zu verstimmen, bei denen jeder Schulden hat.

Gleich nach diesem Schiedsspruch setzen wir unseren anstrengenden Marsch fort. Um unsere Pferde, die im Sand einsinken, zu schonen, steigen wir ab. Die Strapaze dauert den ganzen Tag und einen Teil der Nacht; das ist ermüdend, und ich beneide

diejenigen, die auf Kamelrücken sitzen. Wenn der Fürst zu Fuß geht mit seinen vom Reiten krummen Beinen, um die die vielen Falten seines kurzen Mantels wippen, sieht es aus, als ob er einen »Kilt«, ein Schottenröckchen, trüge. Um die Tiere und ein paar Tamariskenbüsche bildet der Staub einen dicken Nebel, den der Sonnenuntergang in einen regenbogenfarbigen Schleier verwandelt.

Gegen Mitternacht schlafen wir endlich ein, ausnahmsweise einmal ohne eine Zeltwand zwischen unseren Augen und den Sternen, die – eine Folge der trockenen Luft des Hochlands – über den Himmel zu rieseln scheinen.

Am nächsten Tag führt unser Gewaltmarsch weiter durch eine gestrüppreiche Landschaft: hohe gelbe Grasbüschel, verkümmerte Sträucher, der Boden überall geborsten infolge der Trockenheit. Es gibt kein Wasser für die Tiere, und diese Lebensweise bekommt Slalom durchaus nicht; er magert zusehends ab, und sein Sattelgurt ist auf dem letzten Loch geschnallt. Der Staub tut dem Auge Peters auch nicht besonders gut, und ich versuche die Gläser der Brille, die er sich in Sining gekauft hat, über einer Kerze zu schwärzen. Die meisten unserer dunganischen Gefährten tragen gelbe chinesische Brillen.

Unsere große Karawane löst sich allmählich auf, ohne daß ich irgendwo etwas erblicke, was den Begriff »Viehweide« in mir wachriefe. Dann weht mir der Wind plötzlich einen feuchten Schlammduft entgegen, einen Geruch wie von einem Seehafen: Nahe bei zwei Filzjurten sehe ich zu meiner Überraschung die gelben Wasser des Bajan-ho zwischen flachen Ufern fließen. Nachdem wir eine Furt ausfindig gemacht und durchwatet haben, kampieren wir in einem höckerigen, von weißen Salzkrusten überzogenen Gelände, wo Schafe melancholisch umherstreifen.

# Die Häuser am Ende der Welt

Zwei Monate nach der Abreise von Peking und sechzehn Tage nach dem Aufbruch von Tangar kommen wir in Dzun an. Mitten in der Ebene erhebt sich ein Würfel ohne Fenster. »Ah«, sagt Peter zu mir, »das ist wohl das Kino von Dzun, da werden wir einen netten Abend verbringen!« Aber es ist ein verlassener Lamatempel, umgeben von niedrigen Hütten; eine wird uns vier Tage beherbergen, während Li Kamele für die Reise nach Teijinar besorgen soll.

Dzun[1] liegt in etwa 3000 Meter Höhe am äußersten Ende des riesigen sumpfigen Tsaidam-Plateaus, das ungefähr 700 Kilometer lang und 200 Kilometer breit ist. Der Boden ist dort mit Salz gesättigt, und die spärlichen Viehherden der Mongolen finden nur am Fuß der umliegenden Berge, die zeitweise Gewässer herabsenden, etwas zum Fressen. Im Süden erhebt sich die Gebirgskette des Burkhan Buta, die ein weites, unbewohntes Gebiet Tibets abriegelt.

Unsere mongolischen Reisegefährten haben uns verlassen, um ihre unsichtbaren Lager aufzusuchen, und unsere Pferde sind nach irgendeiner besseren Weide der kahlen Ebene von Dzun ausgerückt. Aber die Goldsucher lagern noch an der Mauer unserer Behausung; sie warten ebenfalls auf Tiere für die Weiterreise.

Ein großer zahnloser Alter besucht uns häufig. Stundenlang dreht er mit abwesender Hand seine Gebetsmühle, während er zuschaut, wie Peter die Aufzeichnungen, die er unterwegs gemacht hat, mit der Maschine abschreibt. Der Sonderberichterstatter der »Times« redigiert seinen letzten Wochenbericht aus dem Tsaidam!

Die dürftigen Lehmhütten von Dzun dienen während der guten Jahreszeit einigen chinesischen Kaufleuten als Speicher. Einer von ihnen ist der junge Mann, dessen vereiterten, von einem sieben Jahre alten Geschwür zerfressenen Schenkel ich unterwegs täglich behandelt habe; er legte beim Reiten sein krankes Bein auf den Sattelknopf, und ich konnte seine Schmer-

zen immer nur vorübergehend lindern. Hier lädt er uns nun zu Mien mit Fleisch ein, und wir vertrauen ihm ein paar Briefe an, die er mit der nächsten Karawane nach Tangar befördern wird.

Teeziegel, Mehl, Stoffe, Nähnadeln, Garn und bunte Stickseide, Holznäpfe, Zucker und Stiefel, das alles bekommt man hier; der Teeziegel kostet schon sechs Dollar, das heißt zweimal soviel wie in Sining; das chinesische Geld ist hier noch im Umlauf.

Im Sommer herrscht lebhafter Betrieb in Dzun, und einige Hütten dienen dann den Nomaden, die sich mit frischem Proviant versorgen wollen, zur Unterkunft. Während ich die Ruinen aufs Geratewohl durchstreife, stoße ich plötzlich auf zwei runzlige Greise, die neben ihrem Eintagsfeuer sitzen. Nach dem landesüblichen Brauch bieten sie mir etwas Tee mit Milch an. Wie schade, daß wir uns nicht unterhalten können! Zweifellos könnten sie mir die großartige Karawane des Panchen-Lama schildern, die vor einigen Jahren auf dem Weg nach Peking hier vorbeizog.

Während des Winters leben nur drei alte Frauen in Dzun. Ich bin einer von ihnen vorhin begegnet, als sie fortging; ein ganz verhutzeltes altes Weiblein, dessen nackte schlaffe Brust aus dem Lammfellmantel hing. Ihre schokoladefarbene Haut, auf der Narben bläuliche Male bildeten, ließ an das Kolorit der Bilder Gauguins denken.

Am Rand der Wüste steht das einzige mehrstöckige Gebäude des Weilers: der verlassene Tempel. Ich nehme dort den Inhalt einer Gebetsmühle an mich; es ist eine Rolle dünnen weißen Papiers, auf dem die gedruckten Schriftzeichen einander berühren. Auf dem Dach über dem Eingang beten zwei heilige Antilopen das Rad des Gesetzes an; das Erz, aus dem diese Sinnbilder gegossen sind, glänzt in der Sonne, und ich träume, neben ihnen sitzend, eine Weile im grellen Licht.

Die südlichen Berge sind hinter einem Staubschleier verschwunden, und ich überblicke ringsum den ganzen Horizont, wie vom Deck eines Schiffes aus. In dieser grenzenlosen Wüste unter diesem flimmernden Himmel scheint die Seele sich zu konzentrieren, und einen Augenblick lang fühle ich mich fern von allem, getrennt von allem, was ich kenne, und wie versunken in mir selbst.

Plötzlich weckt ein tiefer, trauriger Ton mich aus meiner Betrachtung. Ich gehe hinunter. Vor einem Hause bläst ein Lama, barhaupt, ein Muschelhorn. Auf einem weißgekalkten Sockel brennen ein paar wohlriechende Reiser in einer Schale. An den vier Ecken des Hauses, oben am Dach, hängen Jakschweife an metallenen Dreizacken. Ich folge dem Lama in einen großen Raum, wo vier Holzpfeiler den Plafond tragen. Der Lama kauert sich mit übereinandergeschlagenen Beinen auf den Boden. Die ganze Einrichtung besteht aus einem Schemel vor ihm, auf dem einige Kultgegenstände liegen. An der Wand hängt ein schönes, in Rosa, Blau und Grün gemaltes Bild, das ein buddhistisches Pantheon darstellt.

Der Lama betet in einem raschen, sehr rhythmischen Singsang, und seine Sätze werden hin und wieder mit Becken-, Glokken- oder Trommelschlägen skandiert oder einfach durch das Gebärdenspiel seiner Finger unterstrichen. Seine geschickten Gauklerhände ahmen die Haltung Buddhas nach, was ihn aber nicht hindert, mir die eine lächelnd hinzustrecken, um ein Almosen zu erbitten. Hierauf verrichtet er weiterhin seine Andacht, und ich sehe, wie er mitunter mit mechanischer Bewegung ein paar Getreidekörner hinter sich wirft.

Nachdem ich auf den Zehenspitzen überall im Zimmer umhergegangen bin, gelange ich auf einen kleinen Hof und klettere auf einer Leiter in eine weihrauchduftende, mit Fahnen und bemalten Seidentapeten dicht verkleidete Kammer, in der Butterlampen auf zwei kleinen Altären schimmern. Doch plötzlich winkt mir der Lama auf orientalische Weise, indem er die offene Handfläche nach unten gekehrt hält und dann die Finger schließt. Ich steige hinunter, und der fromme Mann begleitet mich bis zum Ausgang, höflich, aber nicht ohne mir mit dem Finger an den Lippen Schweigen zu gebieten.

Die Umgebung des Weilers, wo überall zerrissene Packsättel, krepierte Hunde und durchgelaufene Schuhsohlen herumliegen (verbeulte Konservenbüchsen gibt es noch nicht im Tsaidam), ist bald erforscht, und ich kehre in unseren düstern, rauchigen Raum zurück. Zum großen Glück haben uns die Urechs ein paar spannende Kriminalromane mitgegeben, denn Peter kann das Warten nicht vertragen, und mir selber geht auch nachgerade dieses Dach auf die Nerven, das wie ein Grabstein über meinem

Kopf lastet. Gunzun, der uns einen Khatag und Milch vom Fürsten bringt, bittet um den Schutzumschlag eines unserer Romane, der eine schöne Blondine am Steuer ihres Autos zeigt. Was den Fürsten angeht, so ist dies das letzte Lebenszeichen, das wir von ihm erhalten. Er hat die Jurte seiner Väter wieder aufgesucht.

## Reich der Winde

Nach viertägigem Warten sind die Goldsucher endlich mit zehn Jaks fortgezogen. Bald darauf kommt auch Li mit unseren vier Kamelen, die ich wegen des schwarzen krausen Haars auf ihrer Stirn als »negroid« bezeichne; aber sie sind skelettartig mager und wechseln grade das Fell, was bekanntlich ihre Kräfte sehr schwächt[1].

Wir denken, nun auf der Karawanenfährte weiterziehend, mit Freude daran, daß wir in vierzehn Tagen wahrscheinlich den Kompagnon Smigs in Teijinar treffen und dann erfahren werden, was in Sinkiang vor sich geht. Manchmal kommen wir an steilen, wie mit dem Messer abgeschnittenen Lößhügeln vorbei, auf deren Kamm verkrüppelte und verdurstete Bäume zu sehen sind. Der heftige Wind, der diese Hügel bildet, treibt hohe Sandsäulen vor sich her.

Tags darauf friert es wieder, und wir zünden ein paar Sträucher an, um in Gesellschaft einiger Goldsucher, die wir eingeholt haben, unsere Hände zu wärmen. Li scheint den Weg zu kennen und verkündet uns, daß wir noch heute abend zu seinem Bruder kommen werden. Er galoppiert mit uns über eine Kieswüste, flach wie ein Handteller, »eine schwarze Gobi«, wie er es nennt. Da sind die ersten Tamariskenbüsche, wenn auch noch ohne Blätter, ein schmaler Bewässerungskanal, verlassene Felder, ein paar Schafe, eine Jurte: wir sind angelangt.

Alles wäre in bester Ordnung, wenn unsere jetzt abgeladenen Kamele bei uns bleiben würden, wie wir angenommen hatten. Aber siehe da, sie kehren nach Dzun zurück, und Li teilt uns mit, daß er erst neue besorgen muß... Katastrophe...

# Das Tamariskenlager

Eine Katastrophe war es, weil wir nicht die ersten waren, die Tiere in dieser ziemlich ausgestorbenen Oase von Nomo Khantara mieten wollten, und weil bereits unsere Vorgänger keinen Erfolg gehabt hatten.

Da war zunächst der Führer der Goldsucher, ein wulstlippiger Dungane von sehr gepflegtem Äußeren. Nachdem er in Dzun höflich versichert hatte, daß es ihm ein Vergnügen sein würde, mit uns zu reisen, war er vorausgeeilt, um hier vor unserer Ankunft Kamele zu mieten. Er war aber abgeblitzt, obwohl er eine Empfehlung vom Gouverneur der Provinz mit hatte; so war er denn auch jetzt wieder äußerst liebenswürdig zu uns und lud uns zum Hammelfleischessen unter seinem Zelt ein, da er glaubte, daß wir mit unseren Sonderpässen bestimmt Lasttiere bekommen würden. Er erbot sich sogar hartnäckig, Peter morgen zu den Mongolen zu begleiten.

Außerdem hatten zwei Lamas, die vor vierzehn Tagen aus Lhasa hier eingetroffen waren, noch nicht nach Teijinar aufbrechen können. Wenn diese Heiligen trotz der Ehrfurcht, welche die Mongolen für alles Religiöse hegen, nicht ihr Ziel erreicht hatten, was sollte dann erst aus uns werden? Die Lamas hausten gleich neben uns unter einem Leinenzelt, das mit schönen schwarzen Mustern verziert war; ihre zwei Pferde ruhten in der Nähe einer Tamariske in einer originellen Art Stall, bestehend aus einer viereckigen, ungefähr anderthalb Meter tiefen Grube, zu der eine schmale schräge Rampe hinabführte, die mit einem Balken verrammelt war.

Um das Unglück vollzumachen, erklärt uns nun auch noch Li, daß er uns nicht weiter begleiten werde; er behauptet, er habe seine Verpflichtung erfüllt, da wir ja in der ersten Oase des Fürstentums Teijinar sind. Er fügt hinzu, daß er, wenn er weiterginge, nicht wagen würde, nachher ganz allein durch den Tsaidam zurückzukehren.

Alles geht schief. Peter und ich, ein Argument nach dem andern anführend, reden auf unseren Diener ein:

»Großer Bruder[1] Li, siehst du diesen Brief? Wir haben uns in Lantschau verpflichtet, ihn Borodischin, der in Arakshatu bei Teijinar wohnt, zu überbringen. Wir würden ernstlich das Gesicht verlieren, wenn wir ihn nicht abgeben würden.« (Hüten wir uns vor allem, Li etwa vorzuhalten, er habe doch gewußt, daß er uns bis dorthin bringen müsse; das hieße ihm allzu deutlich sagen, daß er uns betrügt, und verstieße gegen den Anstand.)

»Höre gut zu, Lig'o! Sobald wir mit Borodischin gesprochen haben, werden wir wissen, ob wir den wilden Jak in den Bergen jagen können oder ob wir mit dir nach Tangar zurückkehren müssen.«

Zweifellos hat irgend jemand den guten Jungen aufgehetzt. Bisher war er doch immer so stolz darauf, uns bei den Mongolen einzuführen und ihnen zu erklären, wir machten so eine Menge Aufnahmen, weil der Tsaidam ganz anders sei als unser Land, wo die Häuser so hoch seien, daß sie die Sonne verdecken. Argwöhnt er etwa, wir hätten allerlei dunkle Pläne, durch die er in Unannehmlichkeiten geraten könnte? Oder macht jemand anders sich Sorge wegen dieser Pläne?

Am nächsten Morgen begibt sich Peter, wohlweislich ohne sich von dem dicklippigen Dunganen blicken zu lassen, mit Li zu den Eingeborenen, ausgerüstet mit allen unseren Pässen, und erfährt denn auch sofort aus dem Mund des Ältesten, wie die Dinge liegen. Alle Kamele befinden sich auf weit entfernten Weideplätzen und werden wohl vor dem achten Mond nicht imstande sein, sich wieder auf den Weg zu machen, da ihre Hufe auf dem sumpfigen Boden allzu weich geworden sind. Andererseits ist unser Paß, den wir in Sining erhalten haben und auf den Peter so stolz war, nichts wert in den Augen der Eingeborenen, denn ihm fehlt die vorschriftsmäßige tibetanische Übersetzung.

Ist das vielleicht ein absichtliches Versäumnis der liebenswürdigen Behörden von Sining, die uns in die Zivilisation zurückgewiesen sehen möchten?

Der Älteste erklärt schließlich, er wolle mit seinen Nachbarn beraten. Peter hat ihm einen guten Preis in Tee und Bargeld versprochen.

Wieder einmal müssen wir Geduld üben. Das ist entschieden die einzige Tugend, die wir in diesem Land erlernen werden.

# Geselliges

Lis mongolische Schwägerin war eine achtunggebietende Frau, der Weisheit im Gesicht geschrieben stand, und eine Meisterin der Pferdeheilkunst. Greys, der seit zwei Tagen an einer Blasenkrankheit litt, wälzte sich am Boden. Die Mongolin flößte ihm durch die Nüstern einige Tropfen chinesischen Alkohols ein, den wir in unserem Fäßchen mit uns führten und von dem Peter täglich zur Cocktailstunde ein halbes Glas genehmigte.

Da diese Frau uns auch Ziegenmilch brachte, stattete ich ihr einen Besuch ab, um mich bei ihr zu bedanken. Mit ihren reichberingten Fingern fachte sie das Feuer unter dem Teekessel wieder an, während ich mit drei neugeborenen blökenden Zicklein spielte; ihr Mist bildete einen ebenso dichten wie penetrant riechenden Teppich im Inneren der Jurte.

Der kleine Gumbo, ein zweijähriger Junge, kroch auf allen Vieren vor mir herum. Nie werde ich vergessen, was für ein erstauntes Gesicht er machte und in welch schallendes Gelächter er ausbrach, als er zum erstenmal den lustig synkopierten Rhythmus unserer amerikanischen Schallplatte hörte:

> The sun has got his hat on
> And is coming out to-day.

Beim Abschied verehre ich meiner Gastgeberin die rote Perlenkette, die ich von meinem Hals abgenommen habe, ein Geschenk, das ihr viel Vergnügen macht. Während der ganzen Reise trug ich immer, sehr elegant, einen derartigen Schmuck, der indessen nur für die Frauen bestimmt war, denen ich mich erkenntlich zeigen wollte.

Nach der Rückkehr ins Zelt wurde ich bei der Ausübung meiner Hausfrauenpflichten oft durch den Besuch unserer Nachbarn, der Lamas, gestört. Bei dem ersten Zusammentreffen hatten sie uns gefragt, ob wir nicht Japaner seien; eine Bemerkung, die wir schleunigst berichtigten. Schon in Lantschau hatte ein chinesischer Polizist uns für Japaner gehalten, und so nehme ich an, daß diese Bezeichnung in Zentralasien soviel bedeutet wie Ausländer, die übers Meer gekommen sind.

Der eine der Lamas war dick und fett, kurzgeschoren,

schnurrbärtig, jovial und geschwätzig wie ein Marseiller. Der andere, sein Assistent, glaube ich, hatte eine dunklere Hautfarbe und war lang und hager. Sie setzten sich mit gekreuzten Beinen auf unseren dicken Filzteppich, und dann wechselten wir Höflichkeitsfloskeln.

»*Lo-t'o yo meyo?*« (Gibt es Kamele oder nicht?)

Die unveränderliche Antwort lautete: Wir haben keine Kamele. Dann zeigte der dicke Lama immer besonders gern mit einem fleischigen Finger auf der Karte von Asien, die er lesen konnte, Lhasa und Galinkutta (Kalkutta), wo er gewesen war. Er hätte es gern gesehen, wenn ich ihm meinen Spiegel zum Andenken an unsere Begegnung geschenkt hätte, aber ich vermachte ihm nur eine leere Tomatendose.

In Nomo Khantara tauchten die ersten Moskitos des Jahres auf, und als ich einen auf meinem Arm totschlug, rügte mich der gute Lama mit betrübter Miene. Um mir zu zeigen, wie man es machen muß, las er behutsam einen der Sandflöhe auf, die meinen Teppich bevölkerten, und setzte ihn vor das Zelt! Ich sah allerdings manchmal, wie er sich kratzte. Sicher hatte er Läuse, und ich fragte mich, ob er diese extrem buddhistische Methode auch auf diese Tierchen anwendete!

Da der Dicke unfähig war, sich tief genug zu bücken, riß er jedesmal beim Fortgehen mit seinem durch den weiten Rock und den Faltenwurf der rötlichen Toga mächtig verbreiterten Hinterteil den Mittelpfahl unseres Zeltes um, den ich krampfhaft festhalten mußte.

In seinem Zelt, wo es nach Butter und verbrannten Tannennadeln roch, mußte ich ihn auf seine Bitte in feierlicher Aufmachung photographieren. Mit der hohen gelben Satinmitra auf dem Kopf und mit einigen Seiten des heiligen Buches in den Händen nahm er sich großartig vor seinen aus Dergesilber gearbeiteten Kultgegenständen aus. Da waren die Opferschalen, der versilberte Schädel für die Trankopfer, das Glöckchen und der *dorji*[1], die kleine Trommel, die Pfauenfedern und die Krone aus Samtblättern, die er auf dem Kopf trug. Während er so in seiner hieratischen Haltung am Boden kauerte, sah er einer buddhistischen Gottheit erstaunlich ähnlich.

Da die Lamas die Kamele, die sie brauchen, nicht bekommen können, entschließen sie sich zur Rückkehr nach Lhasa, das

kaum vierzig Tagereisen von hier entfernt ist. Ist das eine günstige Gelegenheit für uns? Warum sollen wir nicht mit ihnen reisen, wenn die Weiterreise nach Sinkiang unmöglich wird?

Als wir aus dem Zelt treten, sehen wir Peter mit einem Hasen und einem Fasan daherkommen, die er soeben geschossen hat. Hm! Ich bezweifle stark, ob der Lama uns überhaupt zu Reisegefährten würde haben wollen, denn unsere Sitten sind den seinigen wohl doch zu konträr.

## Die tote Stadt

Ein Drama hat sich abgespielt: Einer der Wawas, der Holz sammeln gegangen war, ist seit zwei Tagen verschwunden. Im Lager der Goldsucher verbietet der gute Ton, irgend jemanden zu bemitleiden, aber jeden Tag suchen Berittene die Umgebung ab, und abends wird ein großes Feuer angezündet. Am dritten Tag gibt man alle Hoffnung auf: der Knabe, zweifellos am Ende seiner Kräfte, ist in dieser großen Oase, wo die Jurten ebenso selten sind wie das Wasser, dazu verurteilt, an Erschöpfung zugrunde zu gehen. Hat er überhaupt Eltern? Wird irgend jemand um ihn trauern und weinen? Ich habe nie mehr etwas über ihn erfahren.

Während ich mit Peter einen Spaziergang zu den verlassenen Befestigungen mache, begreife ich erst, wie gefährlich unsere Oase ist. Kilometerweit in der Runde ragen alle zwanzig Meter Tamariskenbüsche, die alle gleich ausschauen; die von den Schafen ausgetretenen Pfade überziehen den Boden wie ein wahres Netz, und in diesem Labyrinth kann man sich nur mit dem Kompaß zurechtfinden. In der Wirrnis dieser unzähligen öden Gänge haust allein der Dämon des Sandes – ein undurchsichtiger Staubwirbel, eine riesige Säule, die sich im Himmel verliert und mit einem unheimlichen Fauchen um ihre fast kompakte Basis wirbelnd dahinjagt.

Da erhebt sich plötzlich vor uns eine mit Schießscharten versehene Umwallung, deren vier Mauern und Ausfallpforten noch sehr gut erhalten sind. Vom Wallgang aus betrachten wir das Innere, ein riesiges leeres Viereck, in dem nur noch Sträucher stehen. Wie sagen doch die Annalen? »Einst erhoben sich Städte

im Tsaidam...« Aber wer könnte uns wohl näher unterrichten? Die Bewohner von Nomo Khantara wissen nicht Bescheid. »Früher gab es hier mehr Shinko (Gerste)«, sagen sie kurz und bündig. Das scheinen chinesische Mauern zu sein. Wurden sie anläßlich eines Kriegszuges nach dem Tarim-Becken erbaut? Hat vielleicht ein General zu einer Zeit, da mongolische Einfälle die gewöhnlichen Straßen gefährlich machten, den Weg durch den wenig bekannten Tsaidam gewählt? Wurden damals vielleicht Bauern zum Anpflanzen einer Ernte vorausgeschickt und schützten sich solchermaßen gegen die gefürchteten tibetanischen Räuber?

Wir hatten die Hoffnung auf die Weiterreise nicht aufgegeben, obgleich uns Li seine Meinung über diese Mongolen hier nicht verheimlicht hatte. Nachdem zuerst sein Bruder und dann dessen Freund Tsogo es abgelehnt hatten, uns bis in das Innere von Teijinar zu führen, war Li schließlich wieder in Dienst bei uns getreten.

In Hinblick auf die Abreise, an die zu glauben wir nun einmal entschlossen waren, hatte ich fünf Hasen gekocht. Am nächsten Morgen aber war das ganze Hasenklein leider verschwunden – zweifellos von einer Katze gestohlen. Ärgerlich betrachtete ich ein oder zwei Hinterläufe, die als einziges Andenken an meine gestrigen Bemühungen zurückgeblieben waren. Außerdem hatte ich den Versuch gemacht, die Wäsche nach einem alten Hausrezept in einer Aschenlauge zu waschen, ohne recht zu wissen wie, und dabei waren unsere Sachen schwarz statt weiß geworden!

Peters Laune war ebenso düster wie die meinige: Ungeduldig sprach er davon, unsere Vorräte bei der Schwägerin Lis zu lassen und zu dem vierzehn Tagereisen weit entfernten Fürsten von Teijinar zu reiten und ihn um Kamele zu bitten. Wir schlossen Wetten miteinander ab, wann wir abreisen würden, und Peter ergab sich wieder seinem alten Laster, dem Patiencelegen.

Endlich sieht es so aus, als ob unser letzter Einschüchterungsversuch bei dem Ältesten der Oase Früchte tragen würde. Peter hat erklärt, daß alle es büßen würden, wenn er die verlangten Tiere nicht bekäme, denn er würde sich bestimmt beim Gouverneur beschweren. Es ist ein gefährliches Spiel, das wir da spielen, vielleicht ebenso gefährlich wie jenes, das im Jahr 1927 der

Marteau-Expedition in Nordtibet das Leben kostete: Wer weiß, ob die Mongolen uns nicht an den Kragen gehen werden, um zu verhindern, daß wir Beschwerde führen?

# Eintönigkeit

Am 23. April erwachte er zum letztenmal von dem frenetischen Gebimmel des unter seinem Zelt die Morgenandacht verrichtenden Lamas (wir hatten zum Spaß immer gesagt: »Sein Diener sitzt wieder auf den Ohren!«). Ich sage »zum letztenmal«, denn die vier bestellten Kamele standen vor der Tür. Sie waren uns nur für sechs Tage vermietet worden und kosteten uns unsere letzten drei Teeziegel sowie den Rest unseres *daliembu* (dunkler, viereckig zugeschnittener Kattun, aus dem die Reichen sich Hemden machen). Was sollte ohne diese Tauschwaren, die hierzulande das einzige Kleingeld sind, aus uns werden?

Dennoch war ich glücklich, daß es nun wieder weiterging. Auch die Goldsucher brachen auf, freilich zu Fuß, ihre mit Mehl beladenen Jaks vor sich hertreibend. Als wir die Tamarisken-Oase verließen, dachte ich noch einmal an das Schicksal des armen Wawa, der sich so tapfer hier herausgewagt hatte.

Wie staunten wir, als wir ein paar Kilometer westlich von der Oase ein kleines Grabmal türkischen Stils erblickten, das in der öden Landschaft ragte wie ein Ziegelwürfel mit einer halbzerfallenen Kuppel darüber. Von dieser Ruine Nomogon Khoto, deren Tor nach Südosten schaut und deren Kuppel im Nordwesten eingestürzt ist, geht die folgende Legende: Zu der Zeit, wo der berühmte Gessar Khan Krieg gegen den Khan von Shiragol führte, half dem letzteren ein unüberwindlicher Zauberer, dessen Gebete allmächtig waren. Aber Damdinn, der Schutzgeist Gessars, griff zu einer Kriegslist. Er schickte zwei göttliche Raben auf das Dach des Zauberers, wo sie sich derart zankten, daß dieser – abgelenkt – seine Beschwörungen unterbrach. Also konnte Gessar die Kapelle angreifen, und die einstürzenden Ziegel erschlugen den Zauberer[1].

Unsere Karawanenspur war gut markiert in dem sumpfigen Lehmboden, aus dem Slalom nach jedem Schritt seine Hufe mit einem beängstigenden Sauggeräusch herauszog. Da ich steckenzubleiben fürchtete, ritt ich nur in den Fußtapfen eines anderen Tiers der Karawane und bedauerte die ganze Zeit, daß Slalom

nicht Schwimmhäute an den Füßen hatte. In der Schlammebene glitzerten Salzkrusten am Rand der Pfützen, und ich sammelte mühelos so viel Salz, wie ich zum Kochen brauchte.

Auf trockenem Gelände windet sich nun der Weg im Zickzack zwischen zahllosen runden Hügeln dahin, die höher sind als wir und durch abgestorbene Tamarisken vor Erosion geschützt werden. Dann breitet sich wieder die Öde des kahlen Bodens aus, soweit das Auge reicht.

## Der verirrte Peter und die stumme Mongolin

Jeden Morgen ließ unser Zelt, das mit dem Rücken gegen den Wind aufgestellt und nach Osten offen war, den ersten roten Sonnenstrahl bis zu mir herein. Sobald wir gefrühstückt hatten, schritt Peter, die Büchse unterm Arm, der Karawane voraus, um Wild aufzustöbern. Ich sah ihn gewöhnlich erst zwei oder drei Stunden später wieder. Wenn ich dann an der Spitze der Kolonne marschierte, um dem Staub zu entgehen, erkannte ich seine Spur am Boden. Ich beneidete ihn um die Freuden des Pirschens, und meine einzige Zerstreuung bestand darin, der Fährte zu folgen. Eines Tages verlor ich seine charakteristische Spur. Zweifellos war er auf einem anderen Weg nach dem sehr sumpfigen Norden vorgedrungen. Nach zweistündigem Marsch, als hohe Dünen unsere Karawane zu verdecken begannen, wurde ich unruhig. Ich ließ Slalom auf die höchste Düne klettern und blieb dort wie ein Signal stehen, bis ich meinen Gefährten als schwarzes Pünktchen auftauchen und dann langsam durch die einförmige Unendlichkeit auf mich zukommen sah. Er zog eine Antilopenkeule hinter sich her – das ganze Tier war zu schwer gewesen –, und abends, am Ufer des schlammigen Tukte-Flusses, aßen wir die köstlichsten Filetschnitten, die ich jemals verzehrt habe.

Wir werden nun bald den Naichi-Fluß erreichen, wo wir uns neue Kamele besorgen müssen. Ich denke gerade daran, als unser wackerer Kameltreiber, dessen bekümmerte Miene mir schon aufgefallen war, mir erzählt, daß seine Frau vor einem

Jahr plötzlich stumm geworden ist und daß uns, wenn wir sie heilen, seine Kamele und alles, was er besitzt, zur Verfügung stehen sollen. Wir werden in einer Entfernung von wenigen Stunden an seiner Jurte vorbeikommen, und dann will er nachts die Unglückliche holen, um sie mir zu zeigen.

Eine trügerische Hoffnung keimte in mir. Ich hatte kein Heilmittel für diese Mongolin, aber konnte die arme Frau, die infolge eines Nervenschocks plötzlich stumm geworden war, nicht vielleicht auf gleiche Weise ihre Stimme wiederbekommen? Wird diese Mongolin, sagte ich mir, die noch nie Fremde gesehen hat, nicht blind an die europäischen Medizinen glauben? Und sind Heilungen durch Suggestion denn etwas anderes? Ich erklärte Peter, daß alles von uns beiden abhinge; wenn wir vom Erfolg überzeugt wären, würden wir der Mongolin auf den ersten Blick Vertrauen einflößen, und jede beliebige unserer Arzneien könnte dann Wunder wirken.

Ach! Als die Herbeigeholte abstieg, erkannte ich sogleich die Eitelkeit meiner Hoffnung: Sie war nicht nur stumm, sondern obendrein war ihr rechter Arm gelähmt. Unter dem Schafpelz trug sie eine Bluse, und ihr Körper war sauber; ihr regungsloses Gesicht mit den ebenmäßigen Zügen beobachtete stumpf alle Vorgänge. Ich gab ihr eine Pille, um sie nicht zu enttäuschen. Ich wünschte, sie hätte das Mitleid, das sie mir einflößte, in meinem Blick lesen können.

Resigniert machte sich ihr Mann mit uns wieder auf den Weg, und seine Frau kehrte allein zurück.

Mittlerweile wurde es von Tag zu Tag heißer. Die Sonnenstrahlen bekamen Peters Nase schlecht, und die Dunganen schützten ihre Unterlippe mittels eines angeklebten Stück Papiers, so daß sie wie Clowns aussahen. Li trug als Visier, unter sein Käppchen gesteckt, eine Abbildung aus einem Kriminalroman, die den Meisterdetektiv »Victor de la Brigade Mondaine« im hohen Hut zeigte.

Ich ließ die Karawane ein Stück vorausziehen, um, ohne vom Pferd zu steigen, das erste Sonnenbad des Jahres zu nehmen. Der Geruch meiner durchglühten Haut weckte Erinnerungen an gewisse Sommer meines Lebens, so wie die Berge, von denen ein Grat weit in die Ebene hineinragte, mich an die Nordküste

Mallorcas und an Port Soller erinnerten, dessen Hafeneinfahrt ich vorigen Sommer mit soviel Mühe umsegelt hatte. Aber plötzlich erspähte ich eines unserer Kamele, das sich unbemerkt von der Karawane getrennt haben mußte. Ich reite auf das Tier zu, um es nach Mongolenart ins Schlepptau zu nehmen; aber in dem Augenblick, als ich nach seinem Halfter greifen will, bäumt sich Slalom erschrocken hoch, wirft mich ab, schlägt aus und geht durch. Nun muß ich zwei Tiere einfangen. Zum Glück war Li bei einer lächelnden Mongolin, die eine Herde Lämmer hütete, zurückgeblieben und eilte nun herbei, um mir aus der Verlegenheit zu helfen.

Aber unsere Ärgernisse waren noch nicht zu Ende. An diesem Tag hatte Peter einen Hasen erlegt und wartete nun wie gewöhnlich, am Rand der Karawanenstraße sitzend und eine Pfeife rauchend, bis sein Pony ihn einholte. Kaum war er im Sattel, so lag er auch schon wieder am Boden auf der Nase, weil Greys angesichts des toten Hasen durchgegangen war. Und eine ganze Weile mußten Li und ich hinter dem schwarzen Satan herjagen.

Abgesehen von solchen seltenen Zwischenfällen war die Reise außerordentlich eintönig. Die gewaltigen Berge im Süden ließen nur zweimal ihre fernen Schneegipfel sehen. Wenn es Blumen oder Kiesel am Boden gegeben hätte, hätte ich sie wohl gesammelt, nur um mir die Zeit zu vertreiben.

## Goromu

Auf der Insel im Naichi-Fluß ist das Lagern besonders erfreulich, denn ausnahmsweise haben wir einmal fließendes Wasser sozusagen im Hause. Die Dunganen, unsere Nachbarn, werden hierbleiben, um in der Gegend nach Gold zu schürfen. Ihr Führer nennt mich immer bei meinem chinesischen Namen Ma Yangan, während die anderen von mir als »der Französin« sprechen. Peter dagegen wurde von Li stets »Musseh« genannt, wie alle Missionare in China.

Nun, ich muß zu meinem Bedauern sagen, daß Musseh es nicht für zweckmäßig hielt, meinem Beispiel zu folgen und in einer natürlichen Wanne nahe bei unserem Zelt zu baden. Er gestattet mir nur gnädigst, sein Hemd darin zu waschen.

Li, der inzwischen Erkundigungen eingezogen hat, meldet uns, daß unsere Kamele erst in drei Tagen zur Stelle sein werden. Ich nehme mir sogleich vor, diesen Aufenthalt auszunützen. Der Naichi entspringt auf den südlichen Bergen, und eine der Karawanenspuren windet sich, nach Lhasa führend, durch sein Tal. Schon die ganze Zeit, seit ich durch die flachen Einöden des Tsaidam ziehe, haben mich diese Berge gelockt; aber vergebens, denn Peter war nicht dazu zu überreden, acht Tage an einen Abstecher dorthin zu wenden. Jetzt habe ich drei Tage Zeit und beschließe also, mit meinem Rucksack auf dem Rücken wenigstens ein Stück weit dieses Tal hinaufzuwandern. Auf diese Weise werde ich endlich wieder einmal für eine Weile mein eigener Herr und nicht mehr nur Bestandteil einer Karawane sein. Peter behauptet zwar immer galant, daß ich sehr nützlich sei, aber er versteht nicht, wie ich mich danach sehne, die gewisse Lähmung abzuschütteln, von der ich befallen bin, seit er an meiner Seite ist. Keine Initiative mehr, keine Verantwortung mehr – ich bin nur noch Teil einer Gruppe, und meine Entschlußfähigkeit stumpft dabei ab.

Aber nichts zu machen! Peter kommt von der Jagd zurück, glücklich, weil er einen guten Tag gehabt hat, während ich in Lis Abwesenheit das Lager hüten mußte, und erklärt, daß er die Abreise beschleunigen will. Er hat sich eine etwas zweifelhafte Glückstheorie zurechtgelegt, die er, mit einigen Varianten, bei jedem Aufenthalt aufs neue entwickelt. Nach seiner Ansicht dürfen wir mit gutem Grund auf eine Gunst des Schicksals rechnen, denn in Anbetracht der zahlreichen Widerwärtigkeiten, die wir seit unserem Aufbruch zu bestehen hatten, kann es jetzt eigentlich an einer Häufung von Glücksfällen gar nicht fehlen ...

Peter hat soeben einen Lama in seinem Zelt besucht, in dem es – eine durchaus nicht gewöhnliche Tatsache – unter anderem auch eine Uhr gab; man hat ihm erzählt, daß der Fürst von Teijinar, Dorji Teiji genannt, nach Ghass aufgebrochen sei. Nun ist Ghass Kul aber die letzte Oase im Westen des Tsaidam an der Karawanenstraße, die nach Turkestan führt. Es besteht also eine gewisse Hoffnung, daß die Verbindungen mit der großen Nachbarprovinz, dem Ziel unserer Reise, wiederhergestellt sind oder in der nächsten Zeit wiederhergestellt sein werden.

# Amurh saïn!

Am nächsten Tag machen wir einen Besuch bei Dornröschen, einer lustigen Mongolin, die Peter in der Sonne neben ihren Schafen schlafend gefunden hatte. Wenn die Mongolen im Tsaidam zu einer Jurte kommen, begrüßen sie einander mit dem Zuruf *amurh saïn,* was »Viel Glück« oder »Segen über deine Herde« bedeutet. Mit gekreuzten Beinen setzt man sich dann links neben den Herd in der Mitte; das ist der vornehme Teil der Wohnung, wo sich an der Wand das Gestell mit dem heiligen Buch und den kleinen Opferschalen voll Butter oder Wasser befindet. Das ist der einzige Einrichtungsgegenstand, durch den die buddhistische Mongolenjurte sich von der mohammedanischen Kirgisenjurte unterscheidet, die ich sehr gut kenne[1].

Auf meine Bitte zeigt die schöne Mongolin mir ihre groben Schmucksachen, Ringe und Ohrringe, die sie in einem Kästchen aufbewahrt. Sie ist Witwe und offenbar wohlhabend, denn sie besitzt Kandiszucker, den sie für uns zerstampft, und Biskuit aus Sining. Als gute Wirtin setzt sie uns eine Riesenportion Tsamba vor, aber ihre Butter, die mehrere Monate alt ist und in einem Schafmagen aufbewahrt wird, gefällt mir gar nicht: ihre Farbe gleicht derjenigen einer an den Strand gespülten Qualle, und ihr Geschmack erinnert an den eines schlechten Roquefort.

Peter tut so, als ob er nichts merke, aber diesmal rutscht das Tsamba, das wir sonst so gern mögen, nicht so leicht hinunter wie sonst.

# Falscher Start

Gegen meine Voraussagen ziehen wir schon zwei Tage später wieder nach Westen weiter, hinter zwei Kamelen und einem jungen Burschen her; unser drittes Tier wartet irgendwo auf uns. Peter triumphiert bescheidentlich. Diesmal sind wir sicher, daß wir Arakshatu erreichen werden, wo Borodischin sich befinden soll.

Aber zwei Stunden später wird unser Gepäck neben einer einsamen Jurte abgeladen, und hier spielt sich nun eine geradezu klassische Komödie ab:

der Junge geht fort, um das dritte Kamel, das ganz in der Nähe sein soll, zu suchen;

die Nacht vergeht;

am andern Morgen kommt eine Frau und meldet, daß das Tsamba und die Kleider des Kameltreibers noch nicht fertig sind;

um elf Uhr wird bekannt, daß die Kamele sich verlaufen haben, und Peter ist inzwischen bei seiner hundertzweiten Patience angelangt.

Mittlerweile hat mein Gefährte bei sich einen Hang für Handelsgeschäfte entdeckt und unser einziges Trinkglas gegen zwei Stücke rosa Baumwollsatin eingetauscht; er bestimmt diese für die Mongolen, die uns *tschorma* – geschmacklose weiße Krümel aus Milch und getrockneter Butter – verkauft haben.

Endlich, unter der glühenden Mittagssonne, erscheint ein alter Mongole, den ich den »Kater« nenne, mit seinem Tsambabeutel. Ein paar Schnurrbarthaare hängen zu beiden Seiten seines Mundes herab (ganz wie die moderne Phantasie sich die Hunnen vorstellt), und seine Schlitzaugen sind halb geschlossen, wie vom Tageslicht geblendet. Er ist nackt bis zu den Hüften. Er murmelt ein paar fromme Sprüche und fächelt dabei, wahrscheinlich nach einem glückbringenden Ritus, den wohlriechenden Rauch glimmender Tannenreiser seinen Kamelen in die Nase.

Unterdessen beschäftigt sich Li – sehr stolz – mit seiner neuesten Errungenschaft, einer trächtigen Kamelstute, die man nicht ansehen kann, ohne zu lachen, so krumme Beine hat sie.

Während der darauffolgenden Tage zogen wir durch eine oft wüstenartige Gegend. Meine einzige Zerstreuung bestand nunmehr darin, zu beobachten, wie im Lauf des Vormittags der Schatten Slaloms allmählich von der linken Seite seines Kopfes nach der rechten wanderte, denn wir steuerten nordwestlich. Wir marschierten fast den ganzen Tag, und ich war zweifellos übermüdet, denn ich erinnere mich, daß ich eines Tages das endlose Geschwätz und die kilometerlangen Sätze unseres braven Li kaum mehr ertragen konnte, zumal er seine vertraulichen Mitteilungen an einen Mongolen verschwendete, dem ich gern irgend etwas angehext hätte.

Eines Abends konnte der »Kater«, wiewohl er uns das Gegenteil versichert hatte, kein Wasserloch finden. Nachdem wir bis zum Dunkelwerden umhergeirrt waren, mußten wir ohne Tee kampieren und erfanden also eine neue Speise: Tsamba mit Kognak. Was hierbei herauskam, schmeckte genau wie schlechter »Baba au rhum« (Rosinenkuchen mit Rum).

An einem anderen Tag entdeckte ich beim Ausnehmen einer Ente fein säuberlich nebeneinander sechs Eidotter von abnehmender Größe, und ich glaube wahrhaftig, daß es nie frischere und schmackhaftere Eier gegeben hat als diese. An demselben Tag stellten wir fest, daß wir das Osterfest in der Tamarisken-Oase verlebt hatten.

Jeden Morgen waren die ersten zwei Wegstunden schön, solange die Sonne noch mit den tiefblauen Schatten der Berge spielte. Aber bald wurde das Licht grell und damit alles langweilig, und ich nahm Zuflucht zu allerlei harmlosem Zeitvertreib. Ich legte den Zügel auf den Hals meines Ponys und manikürte mir sorgfältig die Fingernägel; dann brachte ich mein Haar in Ordnung – eine äußerst langwierige Arbeit. Aber ich mußte noch eine Stunde totschlagen. Ich hatte verschiedene Ideen, die ich zu entwickeln versuchte, sei es über den Zeitverlust, den unsere Reise bedeutete, oder ob das Leben eines Mongolen beneidenswerter wäre als das eines Pariser Arbeiters oder umgekehrt, und über den relativen Wert unserer Zivilisationen. Ich brachte es aber nicht fertig, logisch zu denken; mein Kopf funktionierte schlecht, und diese Feststellung betrübte mich. Ich sagte mir, daß ein intelligentes Geschöpf doch eigentlich imstande sein müßte, sein Gehirn im Tsaidam ebensogut zu gebrauchen wie zu Hause oder im Gefängnis. Wie oft hatte ich in Europa das gehetzte Leben verwünscht, das mich am Nachdenken hinderte, und jetzt beschäftigten mich ausschließlich die Sorgen des leiblichen Lebens.

Schließlich kam dann der ersehnte Augenblick des »Zehnuhrfrühstücks«. Ich holte eine Tsamba-Boulette, die ich mir vom ersten Frühstück aufgehoben hatte, aus der Tasche und tat mich möglichst lange daran gütlich. Peter kam angeritten, um sich zu erkundigen, ob ich ein paar Rosinen für ihn mitgenommen hatte. Das genügte seinem Magen aber durchaus nicht, und so begann denn gegen elf Uhr unsere tägliche Beratung über das Abendes-

*Beim Tee in der Jurte*

*Mit zweihundertfünfzig Kamelen*

*Ella Maillart*

sen. Peter hatte eine Leidenschaft für Curry, und wenn ich ihm den versprach, erreichte ich bei ihm alles, was ich wollte: daß er die Kisten aufmachte, daß er Pfeffer zerstampfte, daß er mir seinen Gewehrwischer zum Klopfen meiner Antilopenfilets lieh. Durch die Feststellung des Küchenzettels war unser Hunger aber noch immer nicht gestillt, und wir erinnerten uns nun gegenseitig an die Köstlichkeiten gewisser Mahlzeiten, die wir einst in diesem oder jenem Restaurant bestellt hatten. Die Reminiszenzen an diese leckeren Gerichte wichen indessen meistens bald der Erinnerung an die ungeheure Gefräßigkeit, die wir in unserer Jugend entwickelt hatten, namentlich Peter als Schüler bei seinen »high-teas«, wobei es ganze Berge von gebratenen Würstchen und Kartoffelpüree gab, und zum Schluß eine Schokoladentorte, wie man sie eben nur in Eton bekommt. Ich dagegen schilderte, was für Schüsseln voll »Röschtis«, ich nach Skitouren in den Schweizer Gasthäusern vertilgt hatte.

In solchen Augenblicken erregte Slalom mein volles Mitleid. Er hatte offenbar auch Hunger, denn unaufhörlich versuchte er unterwegs dürres Gras zu rupfen. Welche Qual für ihn, hier auf seiner Nahrung herumzutrampeln, ohne daß ich ihm Zeit ließ, seinen Hunger zu stillen!

Endlich kam die Mittagsrast, bei der wir uns Tee oder Kakao mit Tsamba kochten. Manchmal vertrieb ich mir die Zeit auch mit dem Rupfen einer aschfarbenen Gans oder einer goldbraunen Ente. Und wenn ich abends, nach ein bis zwei Tagen der Einsamkeit, von meinem Sattel aus den Höcker eines Kamels über einem Strauch oder einen Hasen im Dickicht erblickte, hatte ich das Gefühl, wieder in ein zivilisiertes Land zu kommen.

## Wir nähern uns dem Ziel

Eines Tages, als Li gerade den Teig für unser Mien knetete, besuchte uns eine Schar gutgekleideter Mongolen. Während wir einander anlächelten, rief einer der Mongolen, meine Bratpfanne bewundernd, das russische Wort: »Charascho!« (Gut!) Das konnte er hier – mitten im Tsaidam – nur von unserem Freund Borodischin, dem einzigen Fremden, der sich hier befand, gelernt haben. Also waren wir kurz vor dem Ziel.

Wir mußten jetzt noch eine lehmgraue Ebene durchqueren, die so flach und einförmig war wie das Meer. Es war ein ungetrübt heiterer Morgen, an dem ich mich in schönster Harmonie mit der Welt fühlte und mich fragte, was denn eigentlich an dieser grenzenlosen Leere so ungemein befriedigend war. Tags darauf, inmitten einer Grasinsel, entdecke ich zwei seltsam als Damen im Unterrock verkleidete Kamele. Beim Näherkommen sehe ich, daß jedem von ihnen ein an die Wolle des Höckers angenähter Sack über die ganze Hinterpartie hängt, bis auf den Boden hinab. Li erklärt uns, daß diese Kamelstuten schonungsbedürftig sind, weil sie kürzlich »Wawas« bekommen haben.

Wir befinden uns jetzt inmitten von Weideland, wo zwischen den Schafen Wildenten, Hasen und Störche in solchen Mengen herumlaufen, daß Peter nicht mehr auf die Pirsch geht, weil das ja kein Sport mehr wäre. Ein Hirte teilt uns mit, daß wir 20 Lis weiter westlich, in Arakshatu, die Jurte unseres Russen finden werden, und daß wir hier in Hajjar auf dem Gebiet des Fürsten von Teijinar sind.

In der von zahlreichen Fährten durchschnittenen Ebene sehe ich Gruppen von Jurten oder die Spuren, die sie zurückgelassen haben – große Kreise festgestampfter Erde, deren Umgebung schwarz ist von einer dichten Ziegenmistdecke. Hunde bellen einander an.

Um die Unruhe zu verbergen, die uns immer mehr erfüllt, da wir uns einem der bedeutungsvollsten Augenblicke unserer Reise nähern, läßt Peter allerlei Späße vom Stapel; er behauptet, daß er nun endlich mit der juwelenbehängten blonden russischen Gräfin Bekanntschaft machen werde, die die Agenten der Dritten Internationale ganz gewiß zu seinem Empfang in die Hauptstadt des Tsaidam geschickt hätten.

Unser Schicksal hängt von dem ab, was Borodischin, den wir noch heute sehen werden, uns sagen wird. Wir müssen, ehe er Zeit findet, uns abzuraten, mit größter Entschiedenheit erklären, daß wir unter allen Umständen weiterreisen werden. Aber wird er? Wird er unseren Wunsch, Sinkiang zu erreichen, begreifen? Andrerseits fragen wir uns, ob es, falls in der Gegend von Tschertschen noch der Krieg tobt, nicht heller Wahnsinn wäre, die Durchquerung Tibets zu versuchen, anstatt doch lieber durch den trostlosen Tsaidam zurückzuwandern?

Wir sind dicht vor dem Ziel des ersten Abschnitts unserer Reise, der russischen Jurte in Teijinar, die unserm Smig – von Peking aus gesehen – so leicht erreichbar dünkte. Dahinter liegt das Unbekannte. Aber Gerüchte von der politischen Lage in Turkestan müssen doch sicherlich bis hierher durchgesickert sein.

Wir werden nun gleich alles erfahren!

# Zweiter Teil

## Das Unvorhergesehene

# Bei Borodischin

Jedoch, wir sollten nicht viel erfahren... nicht mehr, als wir schon vor drei Monaten in Peking wußten.

Wir traben um einen Morast voller Maulwurfshügel herum, auf denen das junge Frühlingsgras grünt, und dann auf die zwei Jurten zu, die auf dem Rücken eines niedrigen Höhenzuges stehen. Der Filzvorhang der kleineren hat sich gehoben, jemand kommt heraus, und ich rufe unwillkürlich:

»Borodischin! Sdrastwuitje!«

Er ist ein kleiner Mann mit einem schwarzen, viereckigen Bart und gütigen braunen Augen; er geht gekleidet wie die Mongolen, trägt aber das kleine Tatarenkäppchen auf dem Kopf. Neben ihm steht Wang, sein Kompagnon, ein Chinese mit einem Eichhörnchengesicht, der eine Arbeitermütze aufhat: wirklich eine seltsame Gestalt!

Die abgesattelten und gefesselten Pferde werden zu dem frischen Gras des Sumpfes getrieben.

In der Jurte bäckt Boro (wie wir ihn bald nannten) an einem Reisigfeuer Aladis[1] und liest dabei den Brief, in dem Smig von seiner Verhaftung in Lantschau und von unseren Plänen berichtet.

»Sie wollen also nach Sinkiang und nach Indien weiterreisen«, bemerkt Boro.

»Aber das ist doch unmöglich«, unterbricht Wang sofort.

»Für sie nicht. Sie haben alle Pässe, die nötig sind«, erwidert Boro.

Was würden wir nicht darum geben, wenn du die Wahrheit sprächest, guter Mann! Wir wollen dir, um dich nicht zu erschrecken, diesen schönen Wahn lassen; aber wir möchten nun vor allem wissen, wie du unsere Lage beurteilst.

Wir erfahren folgendes: Seit dem mohammedanischen Aufstand in Khotan vor zwei Jahren ist von Tschertschen, das 45 Tagesmärsche von hier entfernt an der Karawanenstraße liegt, niemand außer Norin bis nach Teijinar gekommen. Zur Zeit weiß man nicht, ob der Bürgerkrieg beendet ist, und niemand

wagt zu reisen. Außerdem sind zwei chinesische Kaufleute bei dem Versuch, ihre Außenstände einzutreiben, von Jägern im Gebirge getötet worden. Jeder hat sich auf sein eigenes Gebiet zurückgezogen; man wagt aus Angst vor Gewalttaten gewisse Landstriche nicht mehr zu durchqueren, und Mißtrauen herrscht unter den Mongolen, die unser Gastgeber Kalmücken nennt.

Boro wird uns, wenn er durchaus keinen Führer für uns auftreiben kann, selbst beim Verlassen des Tsaidam behilflich sein. Aber er verhehlt uns nicht, daß die Jahreszeit ungünstig ist, daß die Tiere zu mager sind und daß die Weideplätze noch kein Futter bieten. Die gewöhnliche Karawanenstraße hat keine Wasserstellen und endet in Ghass an der Grenze Sinkiangs, wo uns möglicherweise ein Posten zurückweisen wird. Es wäre besser, wenn wir durch die öden Berge des Südens ziehen würden, wo es ganz bestimmt Wasser gibt. Dort würde man dann in zwölf Tagen wahrscheinlich ein Lager von Turki-Jägern in Issik Pakte (Mokshan auf Mongolisch) erreichen; diese Moslems haben, scheint es, jenen Ort noch nicht verlassen, obwohl ihre Glaubensgenossen nach der oben erwähnten Mordtat die mongolischen Gebiete, in denen sie gewöhnlich leben, geräumt haben. In Issik Pakte würden wir zweifellos auch einen Führer finden, der uns nach Tschertschen bringen könnte, wohin Boro als Russe nicht gehen kann. Tatsächlich sind alle südlichen Oasen im Besitz der Dunganen Ma Tschung-jings, die gegen die Russen gekämpft haben, welche den Regierungstruppen von Urumtschi zu Hilfe geeilt sind. Wenn wir erfahren wollen, wo wir Kamele kaufen können, müssen wir morgen in der Umgebung Erkundigungen einziehen, denn niemand wird uns Tiere vermieten für eine Expedition in Gebiete, wohin niemand geht.

Der Tag, der überaus befriedigend für uns ist, obgleich er uns neue Ungewißheit bringt, endet bei einer Ente mit Reis. Der gute Boro ist indessen untröstlich darüber, daß er uns so schlecht bewirtet und nicht einmal einen Hammel uns zu Ehren hat schlachten können: von einer Karawane, die vor ein paar Tagen angekommen ist, hatte er erfahren, daß zwei Freunde des Oross Bai nach Arakshatu unterwegs seien.

# Geschichte eines Kosaken

Bei seiner kleinen chinesischen Pfeife, die jeweils kaum drei Züge beißend scharfen Rauches hergibt, erzählt uns Boro, daß er seinerzeit eine Kosakensotnia unter Annenkow kommandiert hat. Als sein Chef den Kampf gegen die Kommunisten aufgab und sich dazu entschloß, die Chinesen um Internierung seiner von Hunger und Typhus dezimierten Truppen zu ersuchen, wurde Boro beauftragt, ihre Unterbringung vorzubereiten, denn er sprach ausgezeichnet Kirgisisch, das dem Turki der mohammedanischen Stämme der Dzungarei sehr ähnlich ist. Gleichzeitig sollte er zusehen, ob er das Silber, das Annenkow bei dem zaristischen Konsul in Tschuguschak deponiert hatte, herausbekommen könnte. Da er keinen Paß hatte, fiel es ihm sehr schwer, sich über die Grenze zu schmuggeln, ohne von den chinesischen und sowjetischen Patrouillen erschossen zu werden, wie es zwei Kosaken, die man vor ihm abgeschickt hatte, ergangen war. Er wurde von den Chinesen verhaftet, aber er verlangte, bevor er ins Gefängnis ging, eine Vernehmung im Jamen. Dort traf er unseren Freund aus Sining, Lu Hwapu, und erreichte es, daß er freigelassen wurde, indem er nur von seinem finanziellen Auftrag sprach. Dann flüchtete er, glaube ich, nach Kutscheng und knüpfte dort, ohne den allzu habgierigen Chinesen etwas von seinen Einquartierungsplänen zu erzählen, Verhandlungen mit dem Ältesten der Turkis an. Dieser kaufte zum normalen Preis fünfhundert Hammel und so viel Reis und Mehl, wie für die Verpflegung von drei- bis viertausend Mann nötig war. Die Internierung kam zustande, aber erst ein paar Wochen später brach Annenkow nach Urumtschi auf, er zog sich dann durch die Mongolei zurück, wo er infolge eines Verrats durch den von den Sowjets bestochenen General Feng ermordet wurde. Doch Boro hatte seinen Chef nicht begleitet; er ließ sich als Händler in Tunghwang nieder, jener Stadt, wo Stein und Pelliot die berühmten Höhlen der 100 000 Buddhas erforschten. Dort, fünfzehn Tagemärsche nördlich vom Tsaidam, lernte Smig ihn kennen und nahm ihn dann nach dem Tsaidam mit, wo man sich anscheinend ohne Aufenthaltsgenehmigung niederlassen kann.

Als der mohammedanische Aufstand in Khotan ausbrach und Smig mit Norin zu fliehen beschloß, befand sich Boro unglück-

licherweise gerade in den Bergen, und darum erbte Wang das Kontobuch, das Smig zurückgelassen hatte. So hat sich denn Wang, der pfiffige Kompagnon, jetzt in den Chef verwandelt, aber da er sich bei den Mongolen nicht besonders beliebt zu machen weiß, gehen die Geschäfte nicht gerade glänzend.

Boro stammt aus Akmolinsk in Sibirien, wo er seine Frau und seine Kinder zurückgelassen hat; er ist sehr unruhig, weil er seit vier Jahren keinen Brief mehr von ihnen bekommen hat. Seitdem ist seine Pfeife ihm eine unzertrennliche Gefährtin. Der arme Mann hat ein Herzleiden und möchte, da die Höhenluft des Tsaidam ihm durchaus nicht bekommt, gern nach Tientsin übersiedeln, das für alle diese Männer Zentralasiens gewissermaßen die Hauptstadt ist. Ich mindere dieses Verlangen etwas herab, indem ich ihm erzähle, wie der chinesische Handel seit der japanischen Vorherrschaft in Nordchina immer mehr zurückgeht, und schildere ihm auch das Elend der vielen tausend Russen, die auf der Suche nach einer Erwerbsmöglichkeit an der Küste umherirren.

## Prinzliche Jurte

Ein Bote meldet uns, daß der junge Prinz von Teijinar bereit ist, uns heute morgen, in Abwesenheit seines Vaters, zu empfangen. Wir sind froh über diese Einladung, denn der Prinz wird uns sicher zu Kamelen verhelfen. Wang will uns, vermutlich um sich in guter Gesellschaft zu zeigen, unbedingt Dolmetscherdienste leisten, obgleich wir sein gelispeltes Russisch sehr schlecht verstehen und seine mongolischen Sprachkenntnisse bei weitem nicht so gut sind wie die Boros. Wir traben nach Hajjar und freuen uns schon auf den Hammelbraten, den man nach den Gesetzen der Gastfreundschaft gewiß uns zu Ehren auftischen wird. Ich gebe Peter noch Anstandsunterricht, weil er, bequem wie immer, nie gelernt hat, einen Knochen abzunagen; bei Nomaden verlangt aber die gute Sitte, daß man einen Knochen erst weglegt, wenn er fein säuberlich abgeknabbert ist, zum Zeichen dafür, wie sehr man das kostbare Tier schätzt.

Frauen und Kinder schauen zu, wie wir absteigen und dann die große Jurte betreten, wo die Stammesältesten, in mehreren

Reihen hintereinander hockend, eine imposante Versammlung bilden. Der regungslose junge Prinz, der dem Eingang gegenübersitzt, nimmt mit geringschätzig gekräuselten Lippen die bescheidenen Geschenke entgegen, die ihm Peter linkisch überreicht – ein Päckchen Zigaretten, ein Taschenmesser und ein Spiel Karten. Der feierlich-ernste Senat heitert sich ein wenig auf, als ein großer Plüschteppich, der wie ein Tigerfell ausschaut und einen Berg Truhen hinter mir verdeckt hat, unversehens herunterfällt. Das Gestell, das die heiligen Bücher und die acht Opferschalen trägt, ist mit Malereien geschmückt, ebenso wie ein Schrank: ein Möbelstück, das ich zum erstenmal in einer Jurte sehe.

Aber meine Aufmerksamkeit wird besonders gefesselt durch die weißbärtigen Mongolen, die mich umgeben, und durch eine Frau mit scharfen Zügen, zweifellos eine Tibetanerin, die am Eingang sitzt wie wir. Unstreitig findet man in Teijinar die schönsten Typen des Tsaidam. Unsere Gastgeber gehören sicher zu den dreiunddreißig Edlen oder »Teijis«, deren Ahnen die Provinz seit 1752 verwaltet haben[1].

Bisher haben wir nur Tee mit Butter getrunken, und das unvermeidliche Tsamba, das auf einem niedrigen Tisch außer Reichweite steht, ist uns nicht angeboten worden; aber da es schon Mittag ist und man weiß, daß wir zwei Stunden geritten sind, glaube ich, daß ein gehaltvolleres Mahl in Aussicht steht. Mein linker Nachbar hat einen herrlichen Siouxkriegerkopf mit einer Habichtsnase, und ich bewundere ihn in aller Muße, während Wang endlich mit dem, den wir den »Ministerpräsidenten« taufen, wegen der Kamele verhandelt. Da man uns aber kein Tier für weniger als 70 Lan (ein Silbergewicht, das 105 mexikanische Dollars ausmacht) überlassen will, erheben wir uns, um zu gehen.

Man hat uns nichts angeboten. Das beunruhigt mich sehr, und wir fragen uns nun, ob darin eine grundsätzliche Feindseligkeit gegen Fremde zu erblicken ist. Wir erfahren, daß Norin im August 1933 dem Prinzen ein Geschenk von 28 Dollars gemacht hat, und zweifellos findet man, daß wir recht knauserige Reisende sind ... aber das ist ein Ruf, auf den wir großen Wert legen.

# Die Ausgebeuteten

Li kehrt nach Nomo zurück, und beim Abschied danken wir diesem treuen Jungen für alles, was er für uns getan hat. Als geborener Handelsmann hat Li seine Tabakpäckchen gegen Fuchsfelle eingetauscht und sich dann von Peter die 20 Dollars geborgt, die ihm fehlten, um noch ein Kamel zu kaufen. Ma Shin-teh, sein Herr, wird, versicherte er, für diese Schuld bürgen und sie im September bei unseren Freunden Urech in Tangar begleichen[1].

Vor der Abreise teilt Li uns noch mit, daß der Prinz allen Kamelbesitzern verboten hat, uns Kamele zu verkaufen. Er will uns offenbar zwingen, wieder zu ihm zu kommen; die Alten müssen ihm klargemacht haben, was für einen Fehler er begangen hat, als er die seltene Gelegenheit, uns schöne Dollars abzunehmen, verpaßte. In der Tat brauchen die Mongolen dringend Geld, um in Sining die Zinsen rückständiger Steuern[2] zu bezahlen, und da sie selten welches haben, zahlt Ma Shin-teh, dieser Schlaufuchs, vorschußweise für sie beim Gouverneur, der zufällig sein Schwiegersohn ist. Ma treibt dann die Wucherzinsen für sein Geld ein, indem er den Mongolen die schönsten Schafe durch seine Beauftragten wegholen läßt. Die anderen Kaufleute machen es übrigens genau so, und den Mongolen bleibt, nachdem sie ihre Wolle gegen ein gleiches Gewicht Mehl (ein Geschäft, bei dem sie gehörig betrogen werden) eingetauscht haben, nichts weiter übrig, als sich immer tiefer in Schulden zu stürzen. Ein Schaf gilt gleich einem Dollar in Ware; aber da dieser Dollar natürlich nie bezahlt wird, kassiert der Kaufmann im nächsten Jahr sein Kapital mit Zinsen ein, indem er zwei Schafe für jeden vorgeschossenen Dollar nimmt. Ein typisches Beispiel für die Art friedlicher Durchdringung, die China so liebt.

Aus solchen Methoden erklärt sich die Ermordung jener zwei chinesischen Kaufleute und die Eilfertigkeit, mit der die Äußere Mongolei sich bei der Revolution im Jahre 1911 von China lossagte. So finde ich selbst im Inneren Asiens, wo ich endlich freie, wenn auch arme Menschen anzutreffen hoffte, eine wirtschaftliche Sklaverei und einen nationalen Antagonismus mindestens ebenso unerfreulicher Art wie in irgendeinem Teil der heutigen

Welt. In Peking erheben sich die Studenten gegen Japan; in Sian setzen die Regierungstruppen Nankings ihr Leben im Kampf gegen den »Kommunismus« ein; in Kansu verwüsten die Aufstände der Dunganen periodisch Nordchina mit Feuer und Schwert; hier werden die Mongolen von den Chinesen ausgebeutet.

Der »Ministerpräsident« bietet uns, ungeachtet der Befehle seines Prinzen, sein schönstes Kamel an. Er versichert uns, daß das Tier dieses Jahr noch nicht gearbeitet habe und imstande sei, uns, wenn wir wollten, bis nach Kaschgar zu begleiten. (Weiß hier denn schon alle Welt um unsere Pläne?) Ein Mongole läßt nie mit sich handeln, und da die »Perle des Tsaidam«, wie wir diese Kamelstute später nannten, recht wohlgenährt ist, bezahlen wir die verlangten 70 Dollar. Peter, der es immer eilig hat und außerdem befürchtet, daß wir Verdacht erregen könnten, beschließt alsdann, sofort für 150 Dollar die drei besten unter den zehn Kamelen zu kaufen, die Janduk, der hübsche Mischling, uns zur Auswahl anbietet. Sie lahmen nicht, ihre Zähne sind gut erhalten, mit Ausnahme derer des »Alten«, den wir vielleicht aus dem Futterbeutel werden ernähren müssen. Sie haben dieses Jahr schon einmal den Tsaidam durchquert, aber Borodin sagt, daß ihre Füße um so härter sein werden.

Unser kosakischer Freund kümmert sich nun um die Vorbereitungen zu unserem Abmarsch; er besorgt Packsättel und kauft Gerste, Zwiebeln, Tsamba, Teeziegel (die hier zweimal so teuer sind wie in Tangar), Daliembustoff und weißes Mehl. Außer den üblichen Gewürzen haben wir noch Reis, Zucker und Marmelade. Statt Butter werden wir das köstliche Fett eines Hammelschwanzes mitnehmen, verwahrt im Magen desselben Tieres ... Diese Verprovorantierung dauert lange, denn die Wohnstätten liegen weit zerstreut; und Peter, der Langeweile hat, seufzt wie ein Verbannter, der seiner Lieblingszeitung beraubt ist, und bittet mich schließlich resigniert um die Rückgabe seiner »Geschichte Englands« von Macaulay, deren kleine Bände bisher zur Beschwerung meiner Zündholzpakete dienten. Übrigens hat er gerade wieder einmal meine Bewunderung erregt, indem er mit seiner Kleinkalibbüchse auf mehr als 450 Schritt eine Antilope erlegt hat, die meiner Vorratskammer trefflich zustatten kommt.

Wir wohnen in der größten der zwei Jurten; es ist die der Smigs, dieselbe, deren Bild ihnen in Peking vorschwebte, wenn sie von ihrem »Heim« sprachen. Jetzt waren wir hier und sahen unsere liebsten Träume sich verwirklichen. Wo aber waren sie? In einem großen Koffer hatten sie eine Menge Banknoten zurückgelassen, die während der Kerenski-Revolution und der Revolution von 1905 ausgegeben worden waren; diese armen herrenlosen Scheine lagen neben allerlei alten Arzneiflaschen, die laut den Etiketten aus Bombay, Moskau und Tientsin stammten und allein schon genügt hätten, uns zu Bewußtsein zu bringen, daß wir uns hier im Zentrum des asiatischen Kontinents befanden.

# Verlorene Fährte

Heute, am 15. Mai, brechen wir ins Unbekannte auf, nach Süden.

Hier, im Zentrum des Tsaidam, sind wir dreißig bis vierzig Tagesmärsche von den nächsten drei Städten entfernt: Sining im Osten, woher wir kommen, Lhasa im Süden und Tschertschen im Westen, wohin wir wollen. Im Norden, hinter dem Nan-Shan-Gebirge, breitet sich die Sandwüste. Wir lassen die Lagerstätten von Teijinar und die grasbewachsene, von gelben Dünen eingerahmte Ebene hinter uns. Vor uns liegen die Berge des Kuen Lun, deren azurene Schatten wie Bruchstücke des Himmelsblaus wirken. Dort erwarten uns die hohen und öden tibetanischen Regionen, wo wir einen Führer zu finden hoffen, der uns bis zu den Toren des fernen Tschertschen geleiten soll.

Wir sind nur zu dritt, da kein Mongole mitkommen wollte, weder für Gold noch für Silber; drei Europäer, von denen zwei kein Wort Mongolisch verstehen und von der Gegend nur soviel wissen, wie sich aus einer unvollkommenen Karte entnehmen läßt. Der Russe Borodischin ist allerdings eigentlich mehr Asiate als Europäer, ein Nomade von Natur und überall zu Hause. Aber er ist ein Mann von fünfzig Jahren, der jedesmal beim Verstauen der Lasten Herzbeschwerden bekommt. Dabei sind wir erst in einer Höhe von 2800 Metern. Und wir müssen noch bis fast 5000 Meter emporklettern.

Ist unser Vorhaben waghalsig? Ich glaube es nicht, aber ich kann mich einiger Genugtuung nicht erwehren bei dem Gedanken, daß irgendwelche Gefahr mir Gelegenheit geben könnte, endlich einmal meine schlummernde Energie nutzbar zu machen. Ich frage mich immer wieder, wie ich mich wohl in einer schwierigen Situation verhalten würde; und andrerseits, so großes Vertrauen Peter und ich zueinander haben, so frage ich mich auch unwillkürlich, wie er sich dann verhalten wird. Diese Neugier verleiht unserem Abmarsch einen gewissen Reiz.

Das Leben ist schön... Aber es ist zu heiß, und wir ziehen – ohne Karawanenspur – in einer völlig kahlen Wüste von verhärtetem grauem Schlamm dahin, wie auf dem Grund eines ausge-

trockneten Sees. Peter fragt mich spöttisch, ob ich Angst habe, daß ich frieren werde, denn ich habe fast alle meine warmen Kleider auf meinen Sattel gepackt, da ich dem Klima der Tatarei mißtraue. Aber wer zuletzt lacht, lacht am besten!

Nun gelangen wir zu den verzweigten Armen des Boron Kol[1], an dessen Lauf wir zehn Tage lang hinaufwandern werden; das dickflüssige, gelbe Wasser hat einen öligen Glanz wie die Farben, mit denen ich so oft die Decks meiner Segelboote angestrichen habe. Dann durchqueren wir eine fast unwirkliche Gegend, überzogen von halbmondförmigen Dünen, deren Kämme gestreift sind wie Tigerfelle.

Plötzlich fegt ein eisiger Windstoß mit rasender Gewalt aus Westen daher. Der schwarze Boden hüllt sich in einen weißen Sandschleier, der wie die Schaumfläche eines aufgewühlten Sees näherkommt, und selbst das Kiesgeröll wirbelt hoch. Das Felsengebirge, das uns bisher wie eine Insel als Markzeichen diente, ist verschwunden. Jetzt bin ich an der Reihe, Peter zuzubrüllen: »Ist Ihnen auch warm genug?« In Hemdsärmeln schlägt er sich mit seiner Joppe herum, die er beim besten Willen in diesem Sturm nicht anziehen kann, und das Geknatter des Stoffes erschreckt Greys, der durchgeht und mit seinem Reiter in einem Sandwirbel entschwindet. An diesem Abend richten wir mit glühenden Gesichtern, erschöpft und atemlos, unser Zelt an einem Steilhang zu Füßen des Gebirges auf. Zum Glück gibt es eine ordentliche Scheibe Antilopenbraten, was uns rasch wieder aufmuntert.

Am nächsten Morgen stecke ich, steif vor Kälte, die Nase ins Freie. Unser Zelt ist von Neuschnee bedeckt. Da ich die Plattheiten des Tsaidam gründlich satt habe, werde ich nicht müde, die schwarzen, düsteren Felswände zu bewundern, die ringsum aufragen. Mitten in einem Hagelwetter umgehen wir den nebelverhangenen Kitin Kara, das »kalte schwarze Gebirge«, und wandern den ganzen Tag bergauf, bergab durch die an Dantes Hölle gemahnende Klamm, in der sich der gelbe Boron Kol tief unten dahinwälzt. Mir klopft das Herz, als ein Kamel dicht am Rande des Abgrunds mit seiner Kiste gegen einen Felsvorsprung stößt. Am Fuß der steilsten Stelle zeugt ein *obo* von der frommen Scheu der Reisenden. Oben auf der Höhe steht eine wunderliche Holzlatte, die in Form einer Blume geschnitzt ist.

# Das Tal des Boron Kol

Am zweiten Tage wird das Tal weit und öd, und der Fluß fließt nun unsichtbar durch die Tiefe eines Cañons dahin. Wir marschieren auf einer breiten rötlichen Geröllhalde weiter; mächtige ockergelbe Dünen schützen den Fuß des Schwarzen Gebirges, dessen sanftgeschwungene Schneegipfel im Blau des Himmels leuchten[1]. Antilopen und Kulans scheinen die einzigen Bewohner der Gegend zu sein, obgleich Boro uns eine Begegnung mit Schafhirten in Aussicht stellt.

Wasser gibt es hier genug, aber das Grünfutter wächst weit verstreut, und Boro hat abends und morgens viel zu tun, um die Tiere ins Lager zurückzutreiben. Und noch ein Verdruß: Die Perle des Tsaidam hat entschieden ihre Tücken: sie bleibt ruckartig stehen und reißt sich dabei den Holzpflock aus der blutenden Nase; sie schlägt aus und spuckt, wenn man die Hand auf sie legen will, und ich traue mich kaum noch in ihre Nähe. Auch Peters Pony macht uns Kummer: Es ist krank und bleibt häufig mit hängendem Kopf regungslos stehen, und dann bringen wir es nur mit Peitschenhieben bis zum Lager, wobei Peter natürlich zu Fuß geht.

Am vierten Tag treffen wir eine Herde Schafe an dem nun nicht mehr so tief eingegrabenen Fluß, an einer Stelle, wo noch etwas Gras vom vorigen Jahr übriggeblieben ist. Zwei prächtige mongolische Hirten, stolz zwischen den Höckern ihrer Kamele thronend, halten jeder ein Lämmchen im Arm.

Abends kam ein Mongole, dessen Jurte nahe bei unserem Lager war, zu uns ans Feuer und setzte sich nieder. Boro wollte just einen Gehilfen für die Tiere haben und benötigte außerdem ein Kamel, das ihn zurückbringen sollte, wenn er uns verließ. Der Mann scheut sich, mitzukommen, denn er braucht jemand, der seine hungrige Herde auf die Weide treibt, und Gras ist in dieser Jahreszeit, da noch nichts wächst, schwer zu finden. Boro, der seine ganze Überredungskunst aufbietet, zerstreut aber schließlich seine Bedenken, und Akpan, der Mongole, tritt in unseren Dienst.

Dieser Zuwachs ermöglichte es Peter, die wichtigste Stunde des Tages auf seine Weise auszunützen: Er konnte nun seine erste Pfeife nach dem Frühstück in aller Ruhe rauchen, diese

Pfeife, die das ständige Erstaunen der Mongolen war, weil ihr Holz nie verbrannte. Sie kannten nur die Messingpfeife, die man mit dem Tabak seines Nachbarn stopft, und obgleich Peter sich diesem höflichen Brauch stets fügte, sah er nicht ohne Besorgnis seinen Vorrat an grobgeschnittenem »Edgeworth« immer mehr schwinden.

Unsere Rast hat einen Tag gedauert, aber das hat Greys ebensowenig gestärkt wie eine Zusatzration Gerste. Er muß durch das erste frische Gras des Jahres, das er in Arakshatu gefressen hat, derart heruntergekommen sein. Wir sehen uns genötigt, ihn am letzten Kamel anzubinden, während sein Herr zu Fuß Antilopen jagt. Was Slalom betrifft, so ist er noch recht munter; er hat mich sogar schon zweimal abgeworfen, und zwar unsanfter, als es meinem Kopf lieb war: ein nichtiger Erdhügel hatte ihn dazu veranlaßt, einen scharfen Haken mitten im Galopp zu schlagen, als ich gerade unsere Kamele, die einen Sack verloren hatten, wieder einholte; und das andere Mal war er angesichts einer toten Gans durchgegangen, die Peter mir reichte, damit ich sie auf dem Ritt rupfen sollte.

## Ein neuer Abschnitt Asiens

Vor uns auf einem Hügel erblicken wir plötzlich fünf, sechs Pfähle, an denen Jakschweife im Wind flattern. Ich erkenne auf den ersten Blick, daß dies ein Grab mohammedanischer Turkis ist, und man kann sich meine Erregung vorstellen: Wir sind in Turkestan! Gleich daneben birgt ein Würfel aus getrocknetem Lehm einen Backofen ... Brot! Wieviel würde ich darum geben, wenn wir jetzt an Stelle unseres steinhart gewordenen alten Zwiebacks frisches Brot bekämen! Aber die Turkis haben nach den jüngsten Unruhen das Tal verlassen, und Einsamkeit empfängt uns hier.

Wir stehen am Rande eines neuen Abschnittes von Asien, mit neuen Sitten und neuen Rassen. Die Leichen werden hier nicht mehr den Raubvögeln überlassen, das Mehl wird nicht in den Tee gemischt, sondern zum Backen verwendet, und die Gebete steigen zum unsichtbaren Allah auf, statt daß man sie vor tönernen Buddhas murmelt. Nur ein einfaches Grab – aber ich fühlte

bei seinem Anblick die ganze Mongolei, die gelbe Welt, in der ich monatelang gelebt hatte, hinter mir entschwinden.

An der Wüstenlandschaft hat sich indessen nichts geändert. Die Rudel der fast weißen Antilopen springen noch immer vergnügt vor uns her; sie tragen mit einer gewissen Vornehmheit ihre langen schwarzen lyraförmigen Hörner, und Peter hat gerade einen Nachzügler erlegt, denn wir werden bald knapp an Fleisch sein. Aber welche Enttäuschung! Der ganze Rücken des Tieres ist, wie wir beim Zerlegen feststellen, von einer Kolonie nußgroßer Maden zerfressen, die sich unter der Haut eingenistet haben. Im Frühjahr legen nämlich die Stechmücken ihre Eier unter die Oberhaut der abgemagerten Tiere. Diese hübschen Antilopen, die Verkörperungen leichtfüßiger Lebensfreude und fähig, jeder Gefahr zu entfliehen, entrinnen dennoch nicht dieser schleichenden Qual; zweifellos erklärt sich daraus, warum ich in den letzten Tagen so viele Gerippe in der Wüste gesehen habe. Wir sind argwöhnisch und trauen uns nicht, etwas von diesem Fleisch zu essen; acht Tage später werden wir, vom Hunger getrieben, weniger Skrupel haben.

Peter ging noch immer zu Fuß. Er hätte zwar auf dem zweiten Kamel Akpans sehr gut reiten können, aber dieser machte uns darauf aufmerksam, daß wir es lediglich für die Rückkehr Boros gemietet hatten, und daß es außerdem sein Gebetbuch trug ...

## Verirrt

Vor acht Tagen haben wir Arakshatu verlassen, und heute morgen sorgt die scharfe Luft für eine echte Hochgebirgsstimmung. Ganz in der Nähe befindet sich die Quelle des Boron Kol, wo wir eine eisige Nacht verbracht haben. Im Gegensatz zu einem Quellgebiet in den Alpen ist das Tal hier nur ein riesiges, sanft geneigtes Plateau, und die Berge scheinen verschwunden zu sein.

Wir ziehen nach Nordwesten, eine dünne gefrorene Wasserader hinter uns lassend, und Boro erklärt, es sei nicht nötig, die Wassertonne zu füllen, denn wir würden heute abend eine Quelle finden, nachdem wir eine »Gobi« von ungefähr sechzig Li durchquert hätten. Akpan nimmt in einem Sack einen Wurzel-

vorrat mit, weil es abseits von den Karawanenstraßen keinen Argol zum Feuermachen gibt.

Der seit zwei Jahren nicht mehr benutzte Pfad ist verschwunden. Die Gegend scheint nur von Antilopen bevölkert zu sein; da und dort bleichen ihre Gerippe in der Sonne. Wo die Rudel vorbeigezogen sind, weist der Boden noch ihre Fußstapfen auf, die herzförmig sind oder auch an eine Doppelmandel, ein ungeteiltes »Vielliebchen«, erinnern.

Ohne irgendwelche Anhaltspunkte marschieren wir weiter. Seit ich den Tsaidam verlassen habe, spiele ich »Forscherin« und bestimme die Route mit Norins Kompaß (außer dem Reisenden Carey, der im Jahr 1886 durch dieses Tal zog, ist wohl noch niemand hiergewesen). Ich bemerke heute, daß Akpan, wenn er an der Spitze marschiert, mehr auf Norden zuhält als Boro; aber als ich deswegen unruhig werde, antwortet er mir, daß es Absicht sei.

Der tiefblaue Himmel gleicht dem Meer zu jenen Zeiten, wenn die wuchtvollen Böen des Passates wehen; in regelmäßigen, ganz gleichen Abständen jagen weiße Haufenwolken dahin, als hätten sie alle Segel gesetzt, um einander bis zum Horizont nachzujagen. Endlich, um Mittag, taucht vor uns wie eine große Insel der schwarze Gipfel eines Bergkegels auf. Wir halten ihn für den Karaschuka, der unsere Quelle birgt. Aber drei Stunden später, als wir bei seinen Ausläufern anlangen, entdecken wir, daß er nichts anderes ist als die Flanke der sehr hohen Kette des Karyaghde. Boro, der nur zweimal hiergewesen ist, kennt sich nicht mehr aus.

Um eine vollständigere Vorstellung von der Gegend zu bekommen, steigen wir durch ein steiles Tal, wo Greys nur unter Peitschenhieben weitergeht, zu einem Joch hinauf, und diese Kletterpartie strengt uns gewaltig an, denn wir befinden uns in 5000 Meter Höhe, also in sehr dünner Luft. Kaum haben wir den Grat erreicht, da kommen Nebel und Schnee über uns. Akpan, der als Kundschafter vorangegangen ist, kehrt unverrichteter Dinge zurück. Er ist noch nie in diese Gegend gekommen, und das Gebirge zu unserer Rechten ist sicherlich unüberschreitbar. Boro tut einem leid; er sagt in einem fort: »Schto takoi?« (Was ist das?) und zerbricht sich vergebens den Kopf, wie wir überhaupt hierher geraten sind.

Nach dem Abstieg will Boro nach Westen zurückkehren, während Akpan einen kurzen Erkundungsvorstoß nach Süden unternimmt. Peter und ich laden die Kamele ab und schlagen das Zelt auf dem nackten Boden auf. Wir finden uns damit ab, ohne Gras und ohne Wasser zu kampieren, denn wir sind zwölf Stunden marschiert, und die unterernährten Tiere wollen nicht mehr weiter.

Das kleine Zelt mit unserem Gepäck und dem Filzteppich erweckt wieder einmal jenes Gefühl von Behaglichkeit in uns, das wir so lieben; aber Boro ist zu aufgeregt, um es zu genießen. Er leidet dermaßen Durst, daß er seinen Zwieback nicht hinunterwürgen kann. Dieser Mann mit dem goldenen Herzen macht sich viel Sorge um uns, und wir haben ihn sehr lieb gewonnen. Abgesehen davon, daß ich an ihm einen neuen Gesprächspartner habe, fühlen wir drei uns auch durch unsere gemeinsamen Anschauungen von Reinlichkeit und Ordnung verbunden.

Boro will nur einen kleinen Schluck Kognak annehmen, während Peter sich anschickt, das mit kaltem Hammelfett zubereitete Tsamba zu verschlingen, was eine fürchterliche Nacht zur Folge hat. Früh am Morgen begrüße ich, hinaustretend, in »shorts«, die aufgehende Sonne und kratze dann die leichte Schneeschicht zusammen, die auf das Zelt gefallen ist. Aber diese Ernte erweist sich als überflüssig, denn Boro und der Mongole kommen von einem glücklichen Erkundungsgang zurück: Fünf oder sechs Kilometer weiter südlich haben sie unsere langgesuchte Quelle endlich gefunden und sich an ihr, die allerdings fast eingefroren war, gelabt, und zwei Stunden später trifft unsere kleine Karawane vollzählig dort ein.

## *Auf der Suche*

Aber ein Zeltpfahl ist unterwegs verlorengegangen; und da er in diesem holzlosen Land unersetzlich ist, mache ich mich auf die Suche nach ihm. Ich fühle mich, während ich mit gleichmäßigem Schritt dahinwandere, großartig »in Form«, erfüllt von einer Freude, wie ich sie sonst nur kenne, wenn ich auf Skiern an einem frostklaren Wintermorgen ausziehe, und hier, auf diesem Hochplateau Asiens, stimme ich das schöne Lied an:

Dann lache ich in den weiten Himmel: was für eine wunderliche Lage, die Peter und mich hier im Herzen dieses Erdteils vereint! Sie ist wirklich ein bißchen wie aus einem Roman, und wenn ich einen rechten Schlager schreiben wollte, so wäre heut oder nie der Moment, wo die beiden Helden meiner Geschichte dankbar bewegt einander in die Arme sinken müßten, nachdem sie sich gegenseitig vor einer vergifteten Mahlzeit einerseits, vor einem verhängnisvollen Nebel andrerseits glücklich errettet haben. Leider muß ich die Romanliebhaber enttäuschen!

Peter ist der denkbar beste Kamerad, und ich kann ihm gegenüber ganz so sein, wie ich bin. Unser Unternehmen bindet uns, die wir hier fast wie zwei Schiffbrüchige auf einer einsamen Insel leben, zwar so stark aneinander, daß sich bei unseren allabendlichen Zwiegesprächen des öfteren herausstellt, daß wir im Laufe des Tages beide gleichzeitig die gleichen Gedanken gehabt haben. In Wirklichkeit sind es jedoch nur unsere beiderseitigen Egoismen, die dabei im Spiele sind und sich gegenseitig helfen. Unsere Verschiedenheit ist mir völlig klar. Wir haben das eine gemeinsam, daß wir beide unsere freie Zeit am liebsten in frischer Luft verbringen: Peter auf der Jagd und ich beim Skisport ... Aber was sonst? Peter findet mich zu ernst, und ich verstehe den britischen Humor nicht (was in den Augen eines Engländers ebenso schlimm ist wie der »Verlust des Gesichtes« für einen Chinesen). Ich habe die schlechte Angewohnheit, Moral zu predigen; ich langweile Peter mit meinem Drang, die vielen tausend Leben, aus denen sich die Menschheit zusammensetzt, zu verstehen, und mit dem Bedürfnis, mein eigenes Leben in Einklang mit dem allgemeinen Leben zu bringen. Und wie kann jemand nur so verschroben sein, sich den Kopf darüber zu zerbrechen, ob die Bestrebungen der Menschen die menschliche Seele veredeln? Nichts dergleichen regt Peter auf, der in seinem unerschütterlichen Gleichmut die menschlichen Wesen nur wie die Darsteller einer Komödie betrachtet. Was sein tieferes Ich betrifft, so verbirgt seine Scheu es fast immer unter einer spaßhaften Würde. Er scheint, abgesehen von seltenen Augenblicken, davon überzeugt zu sein, daß alles, was mit seiner Person zusammenhängt, niemanden interessieren könne.

Aber siehe da! Dort liegt der verlorene Zeltpfahl! Das ist für den Augenblick das wichtigste, und ich jubele, rückkehrend, meinen Erfolg schon von weitem Peter zu, der dort, die Ebene überschauend, steht und mir entgegenspäht.

# Die Leute am Ende der Welt

Am zehnten Tage sichten wir *Issik Pakte:* ein paar Jurten auf einem Flecken Erdreich inmitten eines Sumpflandes. Im Norden steigen die Gipfel des *Karyaghde* jäh himmelan. Der erste Turki, dem wir begegnen, ist ein fuchshaariger Schafhirte mit hellen Augen und gerader Nase; sein Gesicht ist durch die Höhensonne so mahagonibraun gebrannt wie die der Mongolen; aber statt der Tierfelle trägt er Kleider aus einheimischer Baumwolle, und seine Beine sind mit Stoffbinden umwunden. Boro nennt ihn einen Sarten. So bezeichnet man in Russisch-Turkestan alle seßhaften türkisierten Iranier. Die Chinesen nennen diese Mohammedaner Zentralasiens Schantos, das heißt »Turbanköpfe«.

Wir nähern uns immer mehr dem Ziel. Greys, von seinem Herrn mit Peitschenhieben angefeuert, läßt sich widerwillig von Slalom schleppen, der voller Leben ist. Peter lobt aus freien Stücken die Ausdauer meines Tieres und nimmt alles zurück, was er über seine Häßlichkeit und Dummheit gesagt hat.

Bei der Ankunft erkennen ein paar Turkis unsern Boro, überhäufen ihn mit Freundschaftsbezeigungen und führen ihn mit sich fort, während wir das Zelt aufschlagen. Aber niemand lädt uns zum Tee ein ... Was hat das zu bedeuten?

Nicht lange, so wissen wir alles, was es zu wissen gibt: Hier, so nahe der ersehnten Provinz Sinkiang, sind unsere Aussichten, hineinzugelangen, nicht größer, als sie in Peking waren. Wir sind die ersten Besucher, die diese Turkis seit zwei Jahren, seit dem fanatischen Aufstand der Muslime der südlichen Oasen, zu Gesicht bekommen. Während dieser ganzen Zeit hat sich niemand hier blicken lassen, außer einem Mongolen, den der Fürst von *Teijinar* aussandte, um festzustellen, ob das ihm untertänige Gebiet von *Issik Pakte* noch bewohnt sei.

So ohne Nachrichten gelassen, haben diese Turkis – fünfzehn an der Zahl – es nicht gewagt, ins Flachland zurückzukehren, um sich mit Lebensmitteln zu versorgen; und nach der Ermordung der zwei Chinesen, von der ich sprach, rührten sie sich aus Angst vor Vergeltung vollends nicht mehr vom Fleck. Andrer-

seits sind sie selbst, obwohl das Gebiet von *Issik Pakte* zum Tsaidam gehört, zur Oase von Tscharklik zuständig (an der äußersten Ostgrenze von Sinkiang), und diese Oase liegt in Fehde mit Tschertschen, wo wir hin wollen. Unsere Turkis zögern deshalb, uns als Führer zu dienen; auf keinen Fall wollen sie weiter als bis zum Toruksaï mitkommen, der, sechs Tagereisen von hier, die Grenze von Sinkiang im Altyn-Taghgebirge bildet und an dem sich möglicherweise ein Militärposten befindet. Mit Boro steht es so, wie wir erwartet hatten: Er kann nicht nach Tschertschen mitkommen, weil es immer noch in den Händen der Dunganen ist, die alles befehden, was russisch ist.

Das alles klingt nicht sehr ermutigend für uns. Was diese von der Welt abgeschnittenen Gebirgler hier betrifft, so müssen sie ihre Geborgenheit teuer bezahlen: sie haben keinen Tee mehr und trinken nur noch einen Aufguß von schwarzem Pfeffer, zu dem sie uns nicht einzuladen wagten. Schon seit einem Jahr haben sie auch kein Mehl mehr und ernähren sich ausschließlich von Fleisch. Ihre Freude über unsere Ankunft ist daher nicht ganz uneigennützig – wir haben gut daran getan, uns mit Tee zu versorgen.

Würdevoll einherwandelnd, kommen zwei Frauen zu mir zu Besuch. Sie haben ihre graue Wolle mitgebracht und spinnen ruhig in meiner Gegenwart weiter. Sie tragen kleine runde Pelzbarette auf dem Kopf, die dazu dienen, ein großes viereckiges Baumwolltuch festzuhalten, das ihnen nach mohammedanischer Sitte vorn übers Gesicht fällt. Sie sind mit dem Tschapan bekleidet, wie ihn alle Turkis Zentralasiens tragen, einem richtigen Kaftan aus wattiertem Tuch. Ihre Gesichter könnten fast europäisch sein – womit ich sagen will, daß sie nichts ausgesprochen Asiatisches haben. Die eine von ihnen taufe ich im stillen »Phädra«, so sehr ermahnt mich ihre Haltung und ihr Profil an eine klassische Tragödin.

»Onn! Onn!« bitten sie mich. Mehl!

Und mit ausdrucksvollem Mienen- und Gebärdenspiel geben sie mir zu verstehen, daß Mehl das einzige Heilmittel sei gegen das Kopfweh, an dem sie infolge der ewigen Fleischnahrung leiden. Ich kann ihnen nur einen Teller voll geben, denn ich muß noch vierzehn Tage mit meinem Vorrat langen, einen etwaigen Aufschub hier in Issik Pakte nicht mitgerechnet.

Der bleibt uns jedoch nicht erspart. Wir müssen unsern Kamelen, die hier etwas Weide haben, zwei Tage Rast gönnen. Greys, der einst so feurige, kann nicht weiter. Der dürre Slalom dagegen hat mich treulich getragen, sooft ich ihn brauchte, und hat es sogar fertiggebracht, Greys noch mitzuziehen, wie einen Schlepper ein hilfloses Frachtschiff, und das gute Tier ist so willig, daß ich fürchte, es wird nicht eher einhalten, als bis es zusammenbricht.

Einer der Männer, der mich mit seiner Hakennase und seinem Bettvorleger von Bart an eine persische Miniatur erinnert, bietet uns zwei kleine Stutenfohlen an, die Peter »Amphibien« nennt, denn sie kommen grade aus dem Moor und starren von Schmutz. Peter tauscht Greys gegen die eine. Ihr fuchsroter Winterpelz hängt noch hie und da in Fetzen an ihr, und sie sieht aus wie ein mottenzerfressener Teppich. Während man ihre infolge der Untätigkeit überlang gewordenen Hufe beschlägt, erfindet Peter einen Namen für sie: Cynara. Er trauert noch immer um Greys, und Boro ermahnt die persische Miniatur, »gut zu sein zu dem kleinen schwarzen Pferd, damit es nicht traurig ist, seinen Herrn verloren zu haben.«

Die drei Jurten, die nahe unserem Zelt stehen, schauen elend aus. In einer von ihnen ist ein Mann mit einer spitzen Nase und einem vergnügten Lachen damit beschäftigt, aus unserem Mehl und unserem Hammelfett eine Reihe kleiner Teigwürfel für uns zu bereiten. Sein Bruder Tokta Ahun soll den Ältesten der Siedlung, Assa Khan, begleiten, der unser Führer sein wird. Tokta Ahun bringt gerade zwei von Peter erlegte Antilopen herbei, und in seiner Jurte habe ich Gelegenheit, zum erstenmal und mit einigem Entsetzen seine Eßfähigkeiten zu bewundern (um die Turkis zum Mitkommen zu verlocken, haben wir versprochen, für die Ernährung unserer Führer zu sorgen): Er legt einige Scheiben Wildeselfleisch auf die Eisenstäbe des Herdes und verschlingt sie, ohne zu kauen, ehe sie noch gar sind. Hier sehe ich auch die Raucher kleine Stücke einer grünlichen Paste in ihre Pfeifenköpfe stopfen; das ist das Nascha, das aus dem Saft von Hanfstengeln hergestellt wird; Haschisch, mit einem andern Wort[1].

# Vorbereitungen und Hekatombe

In meine »Kantine«, meine Vorratskiste, die alle unsere Schätze enthält (Arzneikasten, Grammophon, zwei Schreibmaschinen für den Fall unfreiwilliger Muße in irgendeinem Gefängnis), habe ich Proviant für zehn Tage verstaut. Ich habe Hammelfett geschmolzen, Zucker zerstoßen, einen Teeziegel zerbröckelt, der wie Heu riecht; ich habe Reis eingepackt, Tsamba sowie eine Büchse Kakao, eine Dose Marmelade, ein Paket Kerzen, eine Flasche Curry, eine Flasche Kognak, ein paar Zehen Knoblauch. Alles ist bereit für kommende Gelage. Diese Kantinenkiste, ein Geschenk von Mr. Keeble in Lantschau, noch mit dem Namen eines Missionars vom Jangtse versehen, spielt die Hauptrolle auf meiner Reise. Ohne sie bin ich nichts. Sie enthält alles, was ich als Arzt, als Orchesterleiter und als Koch brauche. Es gab einmal zwei Schlüssel dazu, aber Peter hat den einen schon vor langer Zeit verloren, und so bin ich die einzige, die Zutritt hat zu den Schätzen, die sie birgt.

Da die Jäger hier knapp an Munition sind, gelingt es uns, zwei Holzlöffel (deren jeder in Dzun einen Hammel wert ist) gegen zweiundzwanzig der Patronen einzutauschen, die nur für den schweren Stutzen verwendbar und deshalb für uns wertlos waren. Das ist eine sehr wichtige Neuerwerbung, denn da alle anderen Löffel zerbrochen sind, hat der arme Peter seine Suppe bisher immer nur mit einem Teelöffel verspeisen können, während ich, die ich mein Patenttaschenbesteck bei mir habe, zweimal so schnell vorwärts kam wie er. Schließlich tausche ich gegen eine leere Flasche, eine Schachtel Zündhölzer und ein Stück Seife noch acht Meter von dem ausgezeichneten Homespun, den die Frauen hier im Gebirge aus selbstgesponnener Wolle weben und zu Mänteln für die Männer verarbeiten.

Ein Waschtag steht mir noch bevor, ehe ich reisefertig bin. Peter, Optimist wie immer, hält mir entgegen, daß er sein Hemd erst seit vierzehn Tagen trägt. Ich nenne ihn einen Barbaren und gehe über den Einwand hinweg... Und siehe da, als ich dieses Kleidungsstück zum Trocknen aufhänge, entdecke ich in einer Falte verborgen ein blasses Pünktchen – eine Laus! Nicht lange, so bin ich in der Lage, dem Besitzer acht erwachsene Mitglieder der gleichen Familie vorzuweisen sowie nicht weniger als ein-

hundertsiebzig winzige Nissen, die ich ihm erbarmungslos aufzähle. Zum Dank dafür erhebt der nun doch etwas Verdutzte laute Klage darüber, wie einsam er sich jetzt fühlen werde ohne diese kleinen Tierchen.

Doch nun gilt es zu einer höchst nützlichen geistigen Beschäftigung überzugehen. Vor seiner Abreise soll Boro uns noch rasch ein paar Dutzend Turkiwörter beibringen, damit wir für die wichtigsten Notfälle gewappnet sind. Boro hat es prächtig gemacht: Er hat das letzte Zögern unseres Führers überwunden, indem er die Mehlknappheit als Argument benutzte und Assa Khan darauf hinwies, daß er mit unserem Gelde dieses heißbegehrte Nahrungsmittel einkaufen könne, wenn er uns bis zur Siedlung führte, von der aus irgend jemand uns nach Tschertschen bringen würde. Falls diese Oase noch im Kriegszustand ist, soll Assa Khan dafür sorgen, daß wir an einen westlicher gelegenen Punkt der Karawanenstraße geleitet werden. Um der Möglichkeit eines räuberischen Überfalls zuvorzukommen, hat Boro das Gerücht verbreitet, daß wir gegenwärtig unsere letzten Dollars ausgäben und die Kosten der Weiterreise von Tschertschen aus mit dem Geld zu bestreiten gedächten, das wir durch den Verkauf unserer Kamele erzielen würden. Man müsse diese also besonders schonend behandeln, da sie unser ganzes Vermögen darstellten.

Am Abend hockt sich Boro zum letztenmal in unser Zelt, um seine Pfeife zu schmauchen. An seinem leinenen Tabakbeutel hängt eine Nußschale, in die er jedesmal den glimmerden Aschenrest aus der Pfeife klopft, welche er dann aufs neue anzündet, indem er die Glut wieder auf die frische Füllung schüttet. Dank diesem gescheiten Einfall erspart er es sich, sein mongolisches Feuerzeug zu benützen, das aus einem halbmondförmigen Stück Stahl und einem von Zunder umgebenen Feuerstein besteht.

Im Laufe der Nacht trifft – merkwürdiger Zufall – ein Bote zu Fuß ein mit der Nachricht, daß der Bürgerkrieg beendet ist. Tschacklik ist in die Hände der Dunganen gefallen, und alle, die von den neuen Herren etwas zu befürchten haben, befinden sich auf der Flucht durch die Wüste gegen Tunghwang.

# Karawane in Not

Von Akpan begleitet, begibt sich unser Freund Borodischin, den wir zweifellos nie wiedersehen werden, auf den Heimritt, seiner fernen einsamen Jurte im Tsaidam zu. Eine Zeitlang kann man noch erkennen, wie die kleine Nußschale an seinem Tabaksbeutel im Rhythmus des Kamelschrittes hin und her baumelt. Wir brechen in entgegengesetzter Richtung auf, in der sicheren Hoffnung nun, daß wir in vierzehn Tagen die Oasenstraße wieder erreichen werden, den uralten »Seidenweg«, der zum Lande der Seren führte.

Seit der Kunde von heut nacht lächelt unser Führer wieder, der schlaue Assa Khan; und Peter ist in strahlender Laune, weil er nun wieder im Sattel sitzen kann, anstatt immer nur aus Leibeskräften an einem Halfter zu ziehen. Wir ahnen nichts von dem, was uns bevorsteht. Und wie zur Bekräftigung des guten Anfangs sitzen wir zwei Stunden später vor einer köstlichen Omelette aus Wildganseiern in einer Jurte, die von Behaglichkeit erfüllt ist dank dem aus Lehm errichteten Feuerherd in der Mitte und den weichen Teppichen, die auf Truhen geschichtet sind ähnlich wie bei den Kirgisen. Es ist sehr warm. Eine vielköpfige Familie umgibt uns, und die Kinder spielen mit meinem Kompaß. Beim Abschied schenke ich der Hausfrau mein Halsband. Es ist wieder einmal ein Lebewohl an die letzte menschliche Behausung: vierzehn Tage lang soll ich keine mehr zu Gesicht bekommen.

Wenn man weiß, daß man wieder weg kann, ist die Landschaft bei *Issik Pakte* von unvergeßlicher Schönheit. In der Mitte der Hochebene breitet sich das Tiefblau einer ins Hellbraun des Bodens gefaßten Lagune, überragt von den schwarzen, schneegekrönten Bergen. Wenn die Torhutmongolen sich auf die Pilgerfahrt nach Lhasa begeben, benutzen sie manchmal einen Pfad, der hier vorbei nach Süden abbiegt, über einen Ausläufer des Kuen Lun hinweg und durch eine Wüste ähnlich der, die wir durchqueren. Ohne Wasser, ohne Baum- oder Graswuchs, von Salz bedeckt, flach wie ein Flugplatz, ist dieses Gebiet wohl

eines der ödesten der Welt. Dennoch leben hier Antilopen – ich sehe einige in einem Arm der Lagune baden – sowie auch Wildesel, deren Dung wir allabendlich als Brennmaterial benutzen. Die Antilopen äugen von ferne nach uns, als wären sie erstaunt über den Anblick von Tieren, die sich fortbewegen, ohne zu grasen.

Am zweiten Abend, nach einem neunstündigen Marsch, stoßen wir auf ein Wasserloch, das offenbar andere Reisende gegraben haben. Wir vertiefen es mit Hilfe der Bratpfanne: Süßwasser sickert hervor, genug, daß wir Tee damit kochen können. Aber die Tiere sind unruhig, und Slalom ist nicht zufrieden mit seiner kleinen Ration Gerste; er hat eine allerliebste fragende Art, den Kopf durch die Zeltöffnung zu stecken, während wir unsere Suppe löffeln, und ich sehe ihn sogar an einem Antilopenknochen herumbeißen, den ich hinausgeworfen habe.

Am dritten Tage ziehen wir an einem riesigen Salzsee entlang, dem Ayak Kum Kul, dessen mittelmeerblaue Flut eine rechte Wohltat ist für das durch die farblosen Hochebenen ermüdete Auge. Auf einem kleinen Fleck grünen Grases an seinem Gestade quillt ein wenig Süßwasser aus einer Vertiefung. Wir erweitern diese zur Tränke, und Slalom tut sich gütlich; er streckt seinen Hals dem sinkenden Wasser so tief nach, daß ihm die Beine zittern; er fällt sogar dreimal in die Knie vor Begier, den unlöschbaren Durst zu stillen.

Tokta Ahun, der von weitem aussieht als trüge er einen Schlafrock, leitet zu Fuß die Kamele. Assa Khan kauert auf seinem Tier und kümmert sich um nichts. Die gute Laune des Aufbruchs ist verflogen, denn die Kamele kommen nur schlecht vorwärts. Das älteste läßt sich oft nieder und steht erst wieder auf, wenn es geprügelt wird; vielleicht kann es mit seinen schon sehr abgenutzten Zähnen das Buturga nicht kauen, die dürren, verkrümmten kleinen Büschel Kriechgestrüpps. Werden wir es zurücklassen müssen, wenn es nicht mehr mitkann? Wir werden jetzt täglich etwa zehn Stunden marschieren müssen ... Was die Perle betrifft, so hat sie abgebrochene Schneidezähne; Boro meint, weil sie letzten Winter auf dem Eis gestürzt ist. Es wird uns nachgerade klar, daß der Ministerpräsident uns übers Ohr gehauen hat.

# Die verlassenen Tiere

Am vierten Tage tränken wir die Tiere noch einmal an einem Süßwasserloch am Rande des Salzsees und füllen unsere Fäßchen. Was Grünfutter für die Pferde betrifft, läßt Assa Khan jetzt endlich verlauten, daß wir jenseits der Hügelwellen, die den Horizont begrenzen, welches finden werden. Frisches Gras tut uns sehr not, denn der Gerstensack ist fast leer, und ich habe Slaloms Ration schon mit meinem Tsambaanteil, untermischt mit Stückchen rohen Antilopenfleisches, verlängern müssen. Die kleine Stute hingegen ist noch gut bei Kräften.

Um mich von diesen Sorgen abzulenken, behauptet Peter, wenn wir nur ordentlich suchten, würden wir am Ufer des Sees Kaviar finden. Aber ich komme nicht los von dem Gedanken an die Tiere und an die Strecke Wegs, die noch vor uns liegt.

Das alte Kamel läßt sich abermals nieder; aber diesmal steht es trotz Schlägen nicht wieder auf. Starr, in ferne Gedanken verloren, scheint es bereits in eine andere Welt zu blicken. Da es keine Last mehr trägt, braucht man ihm nichts mehr abzunehmen als den Packsattel und den Nasenpflock. Assa Khan nimmt beides an sich und geht weiter, als wäre nichts geschehen.

Ich bemühe mich, mir vorzustellen, ich sei selbst so ein alter schicksalergebener Kameltreiber. Schließlich haben wir ja bisher schon so viele Gerippe an den Karawanenstraßen liegen sehen, daß ich mich frage, warum wir nicht auch mal ein Kamel verlieren sollen? Das verlassene Tier hinter uns wird immer kleiner und kleiner. Zuletzt ist es nur noch ein Pünktchen zwischen den spärlichen Buturgabüscheln.

Obwohl eine Gebärde Tokta Ahuns zu sagen schien, daß alles zu Ende sei, hat man dem Tier doch nicht den Garaus gemacht. Ein Tier, das, wie die Karawanenleute sagen, »in die Gobi geworfen« wird, kann immer noch durch ein Wunder gerettet werden; würde man es töten, so würde seine verstörte Seele den anderen Kamelen nachfolgen und ihnen Unglück bringen. Und die Treiber setzen ihre Ehre darein, den Verlust eines Kamels mit möglichst gleichgültiger Miene hinzunehmen: ließen sie sich anmerken, wie sehr sie an ihren Tieren hängen, so würde sich eine böse Macht dem Rest der Karawanen an die Fersen heften.

An diesem Abend kampierten wir in einer öden Geländesen-

kung. Die Schneeflocken fallen auf das Zelt mit einem kleinen Geräusch wie von Insektenflügeln. Selbst der Duft des Reisbreis im Kochtopf vermag uns nicht aufzuheitern. Ein zweites Kamel ist krank. Unfähig zu weiden, liegt es regungslos neben dem Zelt, das es beim Niedergehen beinahe umgerissen hätte. ich konnte unsere Zufluchtsstätte nur dadurch retten, daß ich die Flanken des armen Tiers so lange mit dem Suppenlöffel bearbeitete, bis es etwas zur Seite wich.

Es steht nun schon recht schlecht um unsere Karawane, und wenn das so weitergeht, werden wir noch auf allen vieren bei der nächsten bewohnten Siedlung anlangen ... Die Wahrheit zu sagen, haben wir ein schlechtes Gewissen: Warum müssen diese Tiere unsertwegen sterben, und noch dazu, nachdem sie vorher mit Schlägen traktiert worden sind?

Das Ärgerlichste nach einem solchen Tag ist, daß wir auch noch Tokta Ahun überwachen müssen, der bei jeder Gelegenheit Mehl stibitzt oder eines der Koteletts verschwinden läßt, die er kochen soll. Er ist dermaßen auf Essen erpicht, daß man meinen könnte, er hat den Bandwurm. Wenn er eben eine ungeheure Mahlzeit verschlungen hat, bettelt er mich gleich wieder mit dem Blick eines geprügelten Hundes in den grünen Augen: »Talkom, bar?« (Hast du noch Tsamba?) Um dem ein Ende zu machen, haben wir den Rest unseres Proviants in zwei Hälften geteilt, eine für uns, eine für ihn und seinen Herrn; was von dieser auf jeden von ihnen kommt, mögen sie unter sich ausmachen.

Am Morgen des fünften Tages hatten sich die Tiere auf der Suche nach Buturga weithin verstreut, und es dauerte zwei Stunden, bis wir sie beisammen hatten. Unterdessen versuche ich das kranke Kamel wieder zu beleben, indem ich ihm Mentholkristalle in die Nase tue. Das hatte Smig mir als Stärkungsmittel empfohlen. Die Mongolen glauben nämlich, daß in großen Höhen Geister, die den Reisenden feindlich gesinnt sind, gewisse Pflanzen wachsen lassen, deren Ausströmung die Bergkrankheit verursacht.

Gestern nachmittag haben wir dem leuchtenden See den Rükken gekehrt und sind auf einem sanft ansteigenden, von sehr fernen hohen Bergen begrenzten Platt weitermarschiert. Heute setzen wir diesen Anstieg fort. Peter schleppt das kranke Kamel

hinter sich her, indem er mit seinem ganzen Gewicht an dem Nasenseil zieht. Ich stoße dann und wann ein anfeuerndes »Oo-ok!« aus und bearbeite die kahle Haut der Schenkel mit der Peitsche. Das Sumpfwasser muß an dieser plötzlichen Schwäche schuld sein, denn das Tier uriniert fortwährend im Gehen. Mit einemmal läßt es sich fallen, als ob alle Sehnen zerrissen wären. Assa Khan geht weiter, ohne sich darum zu kümmern. Vermutlich weil das Kamel ja nicht ihm gehört, denke ich mir. Sollen wir auch dieses Tier verlieren? Unwillkürlich lehne ich mich dagegen auf. Ich schlinge ihm die Halfter um den Kopf, damit Peter besser ziehen kann, und schlage dem Tier auf die Ohren. Endlich rafft es sich auf, aber nur, um die letzten hundert Schritte seines Lebens zu tun.

Gut. Ich habe begriffen. Das ist nun einmal so der Brauch in der Wüste, und wozu sich dagegen empören?! Man kauft sich Tiere für Geld, um sie »in die Gobi zu werfen«. Marschieren wir weiter, ohne uns aufzuhalten. Slalom übernimmt die beiden Kisten dieses zweiten Opfers, und wir folgen zu Fuß den Turkis nach; sie haben keine Hand gerührt, um uns zu helfen; sie kümmern sich nur um uns, wenn es essen gilt. Aber nun gibt auch Slalom Anzeichen von Erschöpfung zu erkennen. Man muß ihn entladen. Peter schreit aus vollem Halse: »Tokta!« (Halt!), und Assa Khan wartet auf uns und verfrachtet die beiden Kisten auf sein Kamel. Dafür gibt er uns zwei kleine Handkoffer, die wir auf die Stute balancieren, obwohl sie infolge des ungewohnten Hufbeschlags ein wenig lahmt.

Die Turkis brechen als erste wieder auf und entfernen sich immer weiter und weiter von uns. Wir werden sie erst am Abend wiedersehen. Immer wieder müssen wir nach ihren auf dem harten Boden kaum sichtbaren Spuren suchen. Wir sind schon seit fünf Stunden unterwegs, es ist erst Mittag, und wir müssen unbedingt weitermarschieren, bis wir zu Wasser kommen.

Slalom schleppt die Beine nach und bleibt alle zweihundert Meter stehen; dann rede ich ihm jedesmal leise zu, und er schaut mich kläglich an, bevor er weitergeht. Mit Ungeduld warte ich auf eine Veränderung des Geländes, aus der man auf die Nähe von Wasser schließen könnte. Peter schleppt jetzt aus Leibeskräften Slalom hinter sich her, den Leitzügel über die Schulter geschlungen, wie ein Wolgaschiffer, während ich die Peitsche

schwinge. Endlich tut sich eine Schlucht vor uns auf: Sie bildet den Eingang zu einem kleinen Bergtal, das sich zu einem größeren erweitert. Dort muß Wasser sein, dort werden wir sicherlich lagern! ... Aber als wir um fünf Uhr in einem düstern, öden Grunde ankommen, finden wir nichts. Gar nichts. Wo sind unsere Turkis? Haben sie das kleine Joch überschritten, das uns vom nächsten Tale trennt?

Peter, ich weiß nicht recht wozu, ruft so laut er kann; die Männer haben sicher nicht eher haltgemacht, als bis sie auf Wasser gestoßen sind, und das ist gewiß noch weit. Da sind ihre Spuren am Fuße der Steigung! ... Niemals kommt Slalom dort hinauf. Was tun?

»Eins ...«

»Zwei ...«

Peter hat den Zügel um den Arm geschlungen, ich stemme die Schulter gegen das abgemagerte Hinterteil des Pferdes, und auf »drei!« bringen wir die steife Masse in Bewegung, die Slalom nur noch ist. Alle hundert Meter setzen wir uns wortlos nieder, um Atem zu schöpfen. Ich fürchte diese Pausen, weil ich jedesmal Angst habe, daß wir Slalom überhaupt nicht wieder in Gang bringen. Um sieben Uhr abends erspähe ich von der Höhe des kleinen Jochs das Weiß eines gefrorenen Flusses; Peter wagt nicht daran zu glauben und meint, es sei nur eine Salzablagerung.

Es ist noch sehr weit dorthin ... Sollen wir Slalom hierlassen und ihm später Wasser bringen? Nein, nie im Leben; ich bin nur noch von dem einen Gedanken besessen: mein Tier ins Lager bringen, bevor es zusammenbricht. Von vier Armen halb gestoßen, halb gezogen, bewegt sich Slalom bergab, steif wie ein Automat, gleichsam nur noch ein leerer Balg, der die Luft ein- und ausläßt. Wenn nur unsere Leute nicht den Fluß überschritten haben und noch weiter in die Nacht hinein gewandert sind. Nein, da sind sie endlich. Und etwas Gras ist auch da ... Sieg!

Die Männer satteln ab, und ich bin erstaunt, daß wir noch die Kraft haben, das Zelt aufzuschlagen, die Pflöcke einzurammen und alles hineinzuschaffen: die schwere »Kantine«, unsere Reisesäcke, unsere Gewehre, Feldstecher, Kameras, unsere Schlafsäcke, die wir so zusammenrollen, daß sie uns als Rückenlehne dienen, unsere zwei Handkoffer, die wir an den Zeltwänden

entlangstellen, um diese zu stützen, und die wir zugleich als Unterlage beim Tagebuchschreiben und Kartenspielen und als Toilettentische benutzen. Aber plötzlich fühle ich mich völlig erschöpft, ganz steif und zerschlagen, und überlasse mich widerstandslos der Ruhe, an die ich schon nicht mehr geglaubt habe, weil ich überzeugt war, daß Assa Khan auf einen falschen Weg geraten sei und wir die ganze Nacht würden umherirren müssen.

Wir haben grade noch Kraft genug, um etwas Kognak und Kakao zu trinken. Peter, noch in den Kleidern, schläft schon halb und verzichtet zum erstenmal auf seine Abendpfeife. Aber bevor er ganz hinüber ist, entreiße ich ihm noch das Versprechen, daß wir morgen Rasttag halten, damit Slalom sich gründlich erholen kann... Die Wahrheit zu sagen, habe ich selber einen steifen Rücken, und die Knie tun mir weh.

## Slalom

Wir sind am Ufer des Toruksaï. Weder Goldsucher noch Militärposten sind zu sehen. In dieser öden, von schwarzen Bergen umringten Gegend herrscht vollkommene Ruhe. Nur das klare Wasser plätschert gegen die steile Böschung, auf der einige Büschel frischen Grases wuchern. Die Stute weidet sie eifrig ab, aber Slalom steht spreizbeinig und völlig erschöpft da und rührt sich nicht; der Kopf hängt ihm herunter, die Hankenknochen ragen spitz gen Himmel, die Rippen stehen heraus. Nur die Ohren haben noch die Kraft, sich zu bewegen, wenn ich zu ihm spreche.

Ich habe gehofft, etwas Ruhe würde ihn wiederherstellen, aber er frißt nicht, und ich fürchte das Schlimmste. Hat ihn das Wasser des Ayak Kum Kul krank gemacht oder hat er im Moor von Issik Pakte Würmer bekommen? Er würde unbedingt mehrere Tage Ruhe und eine Rizinuskur brauchen. Eines weiß ich, das ihn retten würde: ein Armvoll Heu von der Evolène-Alm, gutes, duftendes Heu, wie es jetzt um die Zeit dort reif ist, voll getrockneter Blumen, daraus das Hochrot der wilden Bergnelke hervorleuchtet... Aber wir müssen morgen weiter; unsere Vorräte gehen zu Ende.

Ich will wenigstens zusehen, daß wir die beiden Kamele nicht auch noch verlieren, die uns geblieben sind. Das »Zweite« ist ganz behaglich beim Wiederkäuen; aber die Perle liegt da mit einer Miene, als ob ihr die ganze Welt zuwider wäre, und ein starker Fäulnisgeruch geht von ihr aus. Als ich das Filzpolster lüfte, das ihren Rücken bedeckt – man hat ihr zum erstenmal seit langer Zeit den Packsattel abgenommen –, kommt eine eitrige Wunde zwischen ihren Höckern zum Vorschein. Nun ist mir nicht mehr bange um die Perle: sie braucht nur etwas Pflege. Ich behandle und verbinde die Wunde, während Tokta Ahun die Stöhnende festhält. Dann lege ich ihr einen Filz auf, der in der Mitte etwas ausgehöhlt ist.

Peter blieb im Zelt, während wir lagerten, denn sein entzündetes Auge schmerzt ihn wieder und er muß es baden. Wir plaudern von den Eindrücken des gestrigen Tages, der bisher der anstrengendste unserer Reise war. Aber war ich nicht manchmal genau so erschöpft, wenn ich nach einem langwierigen Skiaufstieg, den Rücken von einem schweren Rucksack zermürbt, abends im Nebel endlich bei der Hütte anlangte? Von gestern bleibt mir wenigstens das gute Gefühl, daß ich alle meine Kräfte darangesetzt und etwas Nützliches geleistet habe, indem ich Slalom bis ans Wasser brachte. Wenn er morgen nicht weiter will, so können wir ihn hierlassen, wo ihn, falls er sich erholt, Assa Khan in vierzehn Tagen bei der Rückkehr von Tckuz Dawan wieder auffinden wird.

Gutgeweichte Dörrbirnen, Tsamba, rohes Fleisch und Zucker bilden das Frühstück, das ich am nächsten Morgen Slalom vorsetze. Das liebe Tier verspeist diesen Mischmasch sichtlich mit mehr Genuß als den Blechdeckel unserer letzten Marmeladenbüchse, dessen es sich bemächtigt hatte. Ich sattelte als letzte und war glücklich, wieder einmal auf Slaloms Rücken losreiten zu können. Die Kamele vor mir sträuben sich, ängstlich wie immer, den Toruksaï zu überschreiten, und auch die kleine Stute will nicht als erste in das reißende Wasser. Ich ergreife das Nasenseil der Perle und ziehe so, dank Slalom, die ganze Karawane hinter mir drein.

Am andern Ufer jedoch bleibt Slalom nach fünfzig Schritten stehen und rührt sich nicht mehr ... »Slalom, komm! Komm,

mein Pferdchen!« Die Kamele haben mich überholt und Peter auch. »Slalom ... Du bist ja gleich am Ende der großen Reise, in ein paar Tagen wirst du schönen Klee fressen in einer grünen Oase!«

Slalom blickt mich an. Sein Auge ist sehr groß geworden. Das Lid darüber hat sich gerunzelt wie ein accent circonflexe. Er steht wie angewurzelt. Er hat sein Möglichstes gegeben. Er hat uns tapfer über den Fluß gebracht, weil er wußte, daß wir ihn brauchten. Aber nun heißt es Abschied nehmen von ihm, von dem Freunde, auf dessen Rücken ich so viele unvergeßliche Tage verlebt habe. Ich küsse ihn auf die Nase, ich rufe Peter, ich schnalle meinen alten Chinesensattel auf die Stute ... und ich reite davon, mein kleines Pferd regungslos in der Einsamkeit hinter mir lassend.

# *Adam djok! Adam bar?*

Der erste Tag ohne Slalom heute war traurig. Indessen, es war der vierte Juni, das Datum der Jahresfeier der Etonschule, und Peter hatte schon seit langem beschlossen, daß wir diesen Tag mit einer »tamascha«, einer Festlichkeit, begehen müßten. Gleichzeitig galt es auch, unseren Einzug in Sinkiang zu feiern, hundertneun Tage nach der Abreise von Peking.

Es ist der Brauch, daß am vierten Juni alle Zöglinge dieser berühmten, im Jahre 1440 gegründeten Schule sich in allerlei närrische Kostüme verkleiden. Unter anderem findet auch eine Ruderregatta auf der Themse statt, bei der die Mannschaften hohe Hüte tragen. Eine Menge Anverwandter mit bekannten Namen finden sich ein, um den Tag mit ihren Kindern zu verbringen, und mancher berühmte Gelehrte ergreift bei der Gelegenheit das Wort in diesen historischen Mauern. Während mir Peter von alledem erzählt, fällt mir wieder ein, daß es für einen »old Etonian« nach einem ungeschriebenen Gesetz als ein Zeichen guter Erziehung gilt, niemals den Namen »Eton« auszusprechen, wenn es nicht nötig ist, sondern immer nur von »seiner Schule« schlechthin zu reden.

Um Peter nichts schuldig zu bleiben, erzähle ich auch von meinem fernen Vaterlande und wie drei Tage früher, am ersten Juni, sämtliche Schüler von Genf alljährlich die Erinnerung an den Einzug der helvetischen Truppen feiern, die im Jahre 1814 dort landeten, nachdem die Soldaten Napoleons bereits einige Monate zuvor die Stadt verlassen hatten. Damit trat Genf dem Schweizer Bund bei. Peter erfährt an diesem Tage auch zum erstenmal, daß Bern die Hauptstadt meines Landes ist, aber die Reihe, sich lustig zu machen, ist an ihm, als sich dann herausstellt, daß ich selber nicht einmal weiß, wer der Präsident der Schweiz ist.

Abgesehen von dieser ungewohnten Plauder-Orgie war die Festlichkeit vorwiegend gastronomischer Natur. Der Reis mit Curry war unübertrefflich, und unsere einzige Krabbenkonservenbüchse (ein Geschenk des japanischen Konsuls in Wladiwo-

stok) wurde für würdig erachtet, an diesem Tage geopfert zu werden.

Zum Abschluß des Abends geben wir der versammelten Menge ein Schallplattenkonzert zum besten und besprechen dann mit der einen Hälfte dieses unseres Auditoriums, nämlich mit Assa Khan, unsere Reiseroute. Er kennt alle Pässe des Kuen Lun bis zum fernen Khotan hin. Aber die Karte ist so ungenau, daß wir Mühe haben, den bereits zurückgelegten Weg darauf zu verfolgen. Heute morgen haben wir einen Paß überschritten und sind zu der flachen Sohle des weiten Kuldjatals hinabgestiegen; nach der Karte jedoch gehört dieses Tal zu der gleichen Senkung, wo wir Tokuz Dawan und seine Lager vorfinden sollen.

Vier endlose Tage trennen uns noch von unserem nächsten Ziel. Dank dem Schmelzwasser des Schnees, der die runden Rücken des kaum sichtbaren Atschik Kul Tagh bedeckt, finden wir jeden Abend ein Rinnsal in einem der Seitentäler vor, wo auch kleine Grasflächen zu sprießen beginnen. Aber tagsüber ist unser Marsch so eintönig, daß man jedesmal meint, er dauerte Jahrhunderte. Peter schafft sich auf seine Art Abwechslung. Oft bleibt er eine halbe Stunde in irgendeiner windgeschützten Grube sitzen und raucht eine Pfeife; die Schwierigkeit, uns wieder einzuholen, ist dann eine gewisse Unterhaltung für ihn. Ich hüte mich wohl, mit ihm zurückzubleiben, denn obwohl die Kamele nicht sehr schnell gehen, halten sie doch nie inne, und ich weiß, wie schwer es ist, sie wieder zu erreichen.

In den Morgenstunden reite ich immer Cynara, um sie dann an Peter abtreten zu können, wenn er seine Marathonläufe beendet hat. Die Mittagstunden sind am schwersten zu überstehen. Man ist müde und sehnt sich ungeduldig nach der Rast. Ich habe mir angewöhnt, mich dadurch zu zerstreuen, daß ich mir hundertmal irgendwelche Verse wiederhole und nach ihrem Takt marschiere. Hier inmitten der gelben, von Sonne und Wind gedörrten Weite gefallen mir am besten diese:

>»Midi là-haut, midi sans mouvement
En soi se pense et convient à soi-même.«[1]

Von zwei Uhr nachmittags an lebt man dann wieder etwas auf

und schließt resigniert auf ein paar Stunden einen Vertrag mit den eigenen Beinen, solange sie eben noch nicht ganz am Ende sind.

Eines Morgens beim Aufbruch, gegen halb sechs, wollte es uns nicht gelingen, die Stute zum Satteln einzufangen: eine anfangs sehr willkommene Zerstreuung. Sie folgte zwar schließlich hinter den Kamelen her, hielt sich aber immer just außer Reichweite, so sehr wir uns auch bemühten, sie einzukreisen. Assa Khan lieh mir freundlichst sein Kamel, und ich versuchte dem Pferd den Lasso über den Kopf zu werfen. Ohne mich zu rühmen, darf ich sagen, daß ich nach einer Woche Übung ganz bestimmt zum Ziel gekommen wäre... Um es kurz zu machen: Nach siebenstündigen Bemühungen, als das Fangspiel schon längst seinen Reiz verloren hatte, ermöglichte eine kleine Felsklippe es uns endlich, der Ausreißerin mit einem langen Seil den Weg zu versperren. Und ich kann versichern, daß Cynara die verdiente Portion Prügel bekam.

Noch andere Überraschungen harrten unser an diesem Tage. Auf dem fast flachen Plateau, das wir seit dem Morgen durchquerten, floß gegen Westen eines der dünnen Rinnsale, die die Quellwässer des Tschertschen Darja bilden. Ohne uns dessen noch bewußt zu werden, hatten wir das Kuldjatal verlassen, das ostwärts verläuft, und befanden uns nun am Rande des Tarimbeckens, das Chinesisch-Turkestan bildet. Assa Khan blickte mit Geringschätzung auf das Wässerchen, das, kaum geboren, sich schon wieder im Sande verlor, und verhieß uns Besseres. Das war um zwei Uhr.

Um sechs Uhr abends waren wir noch immer unterwegs. Gepeitscht von einem eisigen Wind, hielt ich mich immer in dem spärlichen Schutz, den das beladene Kamel bot, wobei mir das rote Muschelzeichen auf einer unserer Kisten, einem alten blechernen Benzinbehälter, nachgerade zu einer Augenplage wurde. Wir zogen immer an einem ausgetrockneten Wasserlauf hin; das müßte wahrlich ein Siebengescheiter sein, der hier in dieser Gegend Wasser finden wollte! Peter hatte sich soeben eine seiner Sohlen ganz abgerissen und stapfte trübselig einher. Was hatte es für einen Sinn, Menschen und Tiere durch einen vergeblichen Marsch von vierzehn Stunden ohne Aufenthalt zu erschöpfen? Wasser oder nicht – ich bestehe darauf, daß wir vor

Einbruch der Nacht das Zelt aufschlagen, und an diesem Abend schläft Peter ein, ehe er sich's versieht, und die Pfeife, die bitter schmeckt und schlecht zieht, fällt ihm aus dem Mund.

Mitten in der Nacht weckt mich das dumpfe Brausen eines fernen Gießbachs, und es ist mir so, als ob ich soeben Assa Khan gesehen hätte. So ist es auch. Er ist fortgegangen und kommt nach einer Weile wieder mit unserem Kochkessel voll Wasser. Der Schnee auf den Höhen schmilzt immer nur tagsüber, und das Schmelzwasser, das zunächst von dem ausgetrockneten Boden aufgesaugt wird, gelangt erst nachts in das große Tal. Wir machten uns sogleich Tee über einem Feuer, zu dem wir uns Wurzeln aus Brennholz mitgebracht hatten, und Tokta Ahun mit seiner niedrigen Stirn verfehlt natürlich nicht, um Tsamba zu betteln, indem er behauptet, daß wir noch heute abend an einen bewohnten Ort namens Dimnalik gelangen werden. Im ersten Morgengrauen sehen wir die Kamele in der Nähe die einzige wahrnehmbare Vegetation, drei Büschel alten Grases, abweiden.

Ein paar Stunden später stellt sich heraus, daß wir die einförmigen Hochebenen endgültig hinter uns haben. Die Landschaft verwandelt sich um uns, indes wir abwärtssteigen. Im Talgrunde kommt der Fluß wieder zum Vorschein. Er wird uns bis nach Tschertschen führen. Tiefer drunten im Schatten ist das Wasser noch von einer Eisdecke überwölbt. Die Berge treten an beiden Ufern immer näher heran, und wir müssen an der Flanke der Südkette emporklettern, weil das Wasser jetzt zwischen spitzen Klippen dahinfließt. Als wir auf der Höhe ankommen, erspäht Assa Khan die sanft absteigenden Hänge von Dimnalik. »Adam djok!« (Keine Menschen) bemerkt er angesichts der Einöde, wie am Toruksaï.

In weitem Bogen vereint sich unser Fluß mit dem von Süden kommenden Patkalik Su. Wenn auch keine Spur von Menschen zu entdecken ist, so verspricht diese Ebene uns doch wenigstens Brennstoff; sie ist mit Buturga bedeckt, und wir werfen unsern Wurzelvorrat weg. Wir folgen jetzt einem Fußpfad, und ich entdecke mit Bewegung die erste Blume des Jahres, die nur eben grade aus dem Sande hervorlugt. Es ist der dreiblättrige blaue Stern einer Iris. Wir haben die Steinwüste endgültig hinter uns.

Peter leiht mir seine Büchse. Es ist erst das zweite Mal, daß er

mir dieses Vergnügen macht, denn die Munition ist knapp. Beim erstenmal, in den Tamarisken bei der toten Stadt im Tsaidam, verfehlte ich zwei Hasen; daher brannte ich nun darauf, mich als Schützin zu beweisen, um so mehr, als wir nötig Fleisch brauchten. So marschiere denn ausnahmsweise einmal ich voraus, weit vor den Tieren und scharf Ausschau haltend. Als ich geräuschlos am Rande einer Terrasse ankomme, wie groß ist da meine Freude, drunten mir gegenüber eine äsende Antilope zu erspähen. Ich lege mich nieder und schieße: die Kugel geht über den Hals des Tieres weg und verliert sich im Sand. Die Antilope stutzt, bleibt aber stehen, da sie mich nicht sehen kann ... Und ich habe nur eine Kugel bewilligt bekommen! Wenn Peter und die Karawane herankommen werden, wird es zu spät sein. So enden meine weidmännischen Heldentaten.

Abends im Lager, nachdem wir dreiundzwanzig von dreiunddreißig Stunden marschiert sind, und nachdem unser Führer uns versichert hat, daß wir morgen in Bash Malghun (Tokuz Dawan) Menschen antreffen werden, nehme ich alles Mehl her, das noch da ist, und koche einen großen Topf Mien.

## Milch und Brot

Es sind jetzt elf Tage, seit wir Issik Pakte verlassen haben, und wir sehnen uns alle schon nach der Ankunft, aber die Kamele sind nicht imstande, ihr Tempo wesentlich zu beschleunigen.

Trotz aller Ermüdung sind wir guten Muts. Wir haben die trostlose Öde des kahlen Tibet hinter uns. Und Peter schwelgt schon in der Vorstellung, wie wir in Tschertschen Sekt trinken werden. Eine verlockende Aussicht; aber die Wahrheit zu sagen, lieber noch wäre mir die Gewißheit, daß ich noch in diesem Jahr in Kaschgar ein Glas Wasser trinken werde.

Endlich erspäht Assa Khan etwas von der Höhe seines Kamels, denn er ruft: »Adam bar!« (Menschen!). – Wir sind seit gestern von 4000 auf 3400 Meter hinabgestiegen, und nun tut sich bei einer Biegung des Pfads eine weite gelbe Fläche vorjährigen Grases vor uns auf. Nicht lange, so begrüße ich einen alten Schuh auf dem Sande, unfehlbares Zeichen einer nahen Siedlung. Alsdann zeigt sich ein dunkler Rücken, der zu einem Esel

wird, und siehe, da läuft auch schon ein kleines Mädchen in Lumpen einer Zeltwohnstatt zu, um unser Nahen zu verkünden: Wir sind in Bash Malghun.

Wir schlagen unser Zelt am Ufer eines klaren Baches auf. Frauen in langen, grade herabfallenden Leinengewändern kommen, um uns saure Milch in Holznäpfen und in ein Tuch gehüllte gelbe Maisbrote anzubieten, die noch warm vom Backofen sind. Wenn ich je einen Augenblick ungetrübten Glücks erlebt habe, so war es hier, angesichts dieser duftenden und würzigen Gaben der Natur und umgeben von freundlichen Gesichtern. Ich bemerke hie und da blondes Haar und helle Augen und habe das Gefühl, mich unter bisher unbekannten entfernten Verwandten zu befinden. Und dieser Gedanke ist nicht unsinnig, denn zu Beginn unserer Zeitrechnung war das Tarimbecken von Iraniern weißer Rasse bewohnt, die eine eigene Sprache, Çaka genannt, redeten. Trotz der Invasionen durch die Turkis kommen gelegentlich Spuren des alten Bluts zum Vorschein.

Die Ankommenden grüßen mit dem Ruf: »Aman keldé!« (Willkommen), drücken mir mit beiden Händen feierlich die meinigen und berühren dann ihre Stirn und Kinn, wobei sie halblaut eine vorgeschriebene Formel murmeln[1]. Peter, der immer bestrebt ist, für uns beide zu sprechen, hat große Fortschritte im Turki gemacht und entnimmt aus den Reden, daß wir nur noch vier Tage von Tschertschen entfernt sind und dort Friede herrscht. Der Aksakal (Älteste) von Bash Malghun hat sich soeben nach Tschertschen begeben, weil die Militärbehörden die Kamele requiriert haben. Es scheint, daß die dunganischen Herren nicht eben beliebt sind; aber die Turkis zeigen sich nicht geneigt, etwas darüber zu äußern, und gehen rasch zu einem andern Thema über. Es gibt auch »Ingliisch« in Tschertschen, die sogar einen eigenen Aksakal[2] dort haben. Das ist natürlich kein Engländer, sondern ein britischer Untertan aus Indien; aber er wird uns im Notfall helfen können, und vielleicht will es sogar das Glück, daß er Englisch spricht! Es ist jedenfalls die denkbar beste Nachricht.

Wir beschließen, einen Führer und einige Esel zu mieten, die uns zu »unserem« Aksakal bringen sollen.

# Kleiner Handel

Den Rasttag in Bash Malghun benutzen wir dazu, uns alles dessen zu entledigen, was wir bis Tschertschen nicht mehr brauchen. Ich baute einen Ladentisch aus unsern umgekehrten Kisten, und wir tauschten Zündhölzer, Seife, Nadeln, Zwirn, altes Kochgeschirr, leere Büchsen und Flaschen (diese letzteren sind hier so begehrt, wie man es sich in Europa gar nicht vorstellen kann), Pfeffer, Baumwollstoff, Roßhaarbeutel, Hufeisen und große Nägel gegen Reis, ein Lamm, Hammelfett und sogar ein Stück gepreßten Goldstaubs. Ich verteile auch hie und da einiges Zuckerwerk an die Kinder und Salben an die Kranken.

Assa Khan ist der Löwe des ganzen Festes. Er ist nicht wiederzuerkennen. Seine Nase zuckt und runzelt sich, seine Augen blinzeln vor Mutwillen, und den ganzen Tag gibt er Späße zum besten, die schallendes Gelächter bei seinen Zuhörern hervorrufen. Glücklich, wieder unter seinesgleichen zu sein, holt er hier nach, was er versäumt hat während der Zeit, da er abgeschnitten von aller Welt in Gegenden gelebt hat, die selbst die Mongolen nicht bewohnen und wo er zwei Jahre lang niemanden außer seiner nächsten Umgebung zu Gesicht bekam.

In dem primitiven, aber sehr sauberen Zelt einer Schäferfamilie holen wir uns die Weizenbrote ab, die man für uns gebacken hat.

Ein würdiger weißbärtiger Greis gibt uns zu Ehren ein Festessen, bei dem Tokta Ahun allen anderen um mindestens drei Antilopenkoteletts voraus ist. Am Schluß verabschieden wir uns von Assa Khan. Ich schüttle ihm warm die Hand, eine hier unbekannte Geste, die allgemeine Heiterkeit erweckt. Meine letzten Worte an unsern Führer besagen ungefähr: »Mein krankes Pferd, sehr gutes Pferd; in Toruksaï suche und nimm mein Pferd mit.«

# Die Schluchten des Altyn Tagh

Wir haben unser Gepäck auf die Esel verladen, so daß die Perle entlastet ist und ihre Wunde schneller heilen kann.

Tuzun, unser Führer, ist ein prächtiger Kerl mit seinen wei-

ßen, aus dem schwarzen Bart hervorblitzenden Zähnen und seinem sprudelnden Kinderlachen. Er ist begleitet von einem Biedermann, dessen Mund ganz verrunzelt ist von dem ewigen rollenden »Krrr! Krrr!«, das er ausstoßen muß, um die störrigen Grautiere anzutreiben. Ich selbst reite jetzt einen Esel, was nicht grade ein Vergnügen ist, denn er lahmt und bleibt alle Augenblicke stehen. Ich preise Peter die Reize eines Eselrittes so lange an, bis er mir mit gewohnter Ritterlichkeit sein Pferd abtritt.

Zwei Tage lang ziehen wir bergab durch das Tal des Tschertschen Darja, dessen graue, tosende Fluten mich ganz betäuben. Soviel Wasser! ... Soviel Gras! ... Noch vor drei Tagen wäre solche Üppigkeit uns wie ein Bild aus einer andern Welt erschienen. Um die Kette des Altyn Tagh zu durchqueren, stürzt der Fluß sich jedoch in eine unzugängliche Klamm, und wir müssen am dritten Tage zwei Pässe nacheinander überschreiten, über steiles, kahles Gebirge hinweg. Seit zwei Tagen sind die Gipfel von Nebel verhüllt, und plötzlich setzt auch ein Dauerregen ein. Die Aufschriften vom Hotel Adlon und vom Lido auf Peters Handkoffer, der im Trott seines Esels hin und her gerüttelt wird, beginnen sich abzuschälen in diesem Guß – dem ersten seit Peking.

In geschützten Schluchten an den Steilhängen entdecken meine entzückten Augen Blumen: kleine Iris in Mengen, dann Trollblumen mit den goldenen Kugelkelchen, nach denen die Perle sehr lüstern ist – welcher Genuß für das arme Tier nach dem ewigen zähen Buturga! –, sowie auch eine Art winziger Kletterrosen, die ganze große grüne Geflechte bilden.

Eine flinke und energische junge Mutter hat sich unserer Karawane kurz nach dem Aufbruch von Bash Malghun angeschlossen; ihr Baby weint oft in der Nacht oder erbricht sich, kurzum, »tut alles, was diese lieben kleinen Dinger so zu tun pflegen«, wie Peter etwas gereizt bemerkt. Er sagt sogar allerlei Unheil voraus. Er mag die Frauen nicht. »Man muß ihnen immerzu helfen«, sagt er, »und sowie sie auf der Bildfläche erscheinen, gibt es Verwicklungen.« Er fürchtet, daß diese hier unsere Männer gegen uns aufhetzen wird. Mit einem Blick auf das auf den Esel gebundene und hin und her geschüttelte Kind fügt er jedoch hinzu: »Armes Ding! ... Kein sehr angenehmes Dasein!« Was mich angeht, so wendet sich mein Mitleid mehr der Mutter zu.

Unser heutiger Marsch endet im Grunde einer engen Schlucht. Die Milch, die ich in einer Flasche mitgebracht habe, ist zu einem harten Stück Butter geronnen. Wir müssen uns Tee kochen mit dem brackigen Wasser, das aus einer düstern Grotte sickert.

Den ganzen Vormittag des vierten Tages stolpern wir die Schlucht abwärts, die sich schließlich zu einer kaum fünfzehn Meter breiten unheimlichen Klamm verengt. Wir steigen hinab und immer tiefer hinab, als ginge es bis in die Eingeweide der Erde. Schwärme von Dohlen krächzen in den Spalten der gigantischen Felswände, und das Echo hallt wider.

Am Mittag tauchen wir in volle Sonne hinaus, auf eine Kieswüste, die sich zu Füßen des Gebirges breitet: Wir stehen am Rande der ungeheuren Takla Makan, des Sandmeeres, welches, über mehr als achthundert Kilometer sich erstreckend, das östliche Turkestan bildet. An einer kleinen Quelle, Muna Bulak genannt, tun wir uns an Wasser gütlich im Schatten von Tamarisken, die in einem Duft von Blüten stehen, ganzen Wolken von Rosa, eben erst aufgebrochen.

In dieser kahlen Wüste machen uns die Hitze und der Höhenunterschied zu schaffen: Es ist Mittjuni, und wir sind nur noch in etwa 1200 Meter Höhe. Wir sehen uns daher genötigt, eine Rast einzuschalten. Um sechs Uhr abends brechen wir wieder auf, und nicht lange, so folgen wir unserm Pfad im Sternenschein. Wir müssen zu Fuß gehen, um die Tiere zu schonen... Es ist ungeheuer ermüdend... Wieder einmal gilt es nichts als durchhalten und eine Stunde nach der andern hinter uns bringen. Kurz nach Mitternacht legen wir uns zur Ruhe auf den Boden nieder, leidlich erquickt durch einen Becher brackigen Wassers mit etwas Kognak darin.

Am fünften Tage, um vier Uhr früh, nachdem wir kaum ein wenig geschlafen haben, brechen wir wieder auf. Ein anhaltendes Brausen dringt an unsere Ohren: Das ist ohne Zweifel der große Wüstenwind, der herannaht und hinter jenem fernen Kieshügel die Dünen übern Haufen fegt... Aber nein, es ist Wasser, strömendes Wasser, das Steingeröll mit sich schwemmt: Es ist unser wiedergefundener Fluß, an dem wir endlich durstend anlangen, nachdem wir zuvor noch mühselig Stufen für unsere Kamele in steilen Dünen graben mußten.

Während der Mittagsrast bade ich mit Wonne in dem eisigen Wasser, und als ich ganz erfrischt zurückkomme, rafft sich dann auch Peter, der ganz erschöpft ist von der Hitze und von dem Genuß zweier Kochkessel voll Tee, dazu auf, nach seiner Seife zu greifen und meinem Beispiel zu folgen.

## Wie wird es uns ergehen?

Morgen sollen wir in dieser Oase *Tschertschen* eintreffen. Es fällt uns schwer, uns eine Vorstellung davon zu machen. Mais wird es sicherlich dort geben und Baumwolle und Maulbeerbäume. Aber ob auch große Bäume da sein werden?

»Oase«, ein liebliches Wort, Ruhe und Überfluß verheißend, aber für uns gleichbedeutend mit Unruhe und neuen Gefahren. Was steht uns bevor in dieser ersten Ortschaft von Sinkiang? Sollen wir nicht auf jeden Fall lieber unsere Ankunft durch einen Kurier dem englischen Konsul in Kaschgar melden, bevor wir vielleicht verhaftet werden? Das mindeste, was uns droht, ist, daß wir untergeordneten dunganischen Behörden in die Hände fallen, die uns so lange ins Gefängnis stecken können, bis sie Weisungen erhalten, in welcher Art Ausländer zu behandeln seien. Wenn jedoch die Lage noch gespannt ist und noch Mißtrauen herrscht, wird man da nicht annehmen, daß unsere europäischen Pässe gefälscht und daß wir russische Spione sind, die die Stärke der dunganischen Streitkräfte erkunden sollen? Und wenn man mich auf russisch anredet, soll ich dann tun, als ob ich nicht verstünde?

Es ist allerdings anzunehmen, daß ein Paar weniger Argwohn erregen wird als ein einzelner, denn ein Spion pflegt sich ja meistens nicht mit einer Frau zu belasten, und meine Anwesenheit wird vielleicht bei der Entscheidung über unser Schicksal eine wichtige Rolle spielen. Wenn unsere Reise durch Sinkiang sich auf gar keine andere Weise erklären läßt, werde ich sagen, daß ich in Lantschau lebe, daß mein kranker Vater in Kaschgar mich erwartet und daß ich daher diesen kürzesten Weg eingeschlagen habe. Peter nimmt an, daß er als Engländer nicht mißliebig bei den Dunganen sein wird, die als Feinde der Chinesen

und Russen vermutlich ein gewisses Interesse daran haben, sich mit Großbritannien gut zu stellen.

## Verhaftet!

Im Lichte des Sonnenuntergangs auf der Höhe einer Düne stehend, den Feldstecher vor den Augen, schreit Peter: »Pappeln!«, wie ein Seemann, der Land grüßt. In der Ferne ragen Baumwipfel aus einer im Abenddunst bläulichen Masse Grüns. Es ist zu spät, um heute noch anzukommen, und wir kampieren unter den Tamarisken am Ufer des Tschertschen Darja.

Tags darauf, am 15. Juni – es sind vier Monate, seit wir Peking verlassen haben – überschreiten wir die Arme des Flusses mit dem blaßgoldenen Wasser. Ich sehe im Röhricht ein paar Schafe, dann einsam am Rande eines Kanals eine Weide; ich kann mich nicht enthalten, den Stamm zu berühren. »Adam bar!« Ein bärtiger Mann öffnet mit einem Spatenstich einen Durchlaß in einem Damm, durch den das Wasser über sein Maisfeld flutet. Überall krähen Hähne – wir werden Eier bekommen! – ein Kuckuck ruft. Lauter Wunder! ... Im tiefen Schatten eines Hohlweges, wo es nach Geißblatt riecht, überrascht mich alle Augenblicke ein seltsames Geräusch: Es ist die machtvolle Symphonie Tausender von Blättern droben im unermüdlichen Wind:

> »Vibrant du bois vivace, infléchi par la cime,
> Pour et contre les dieux ramer l'arbre unanime.«[1]

Lehmwände tauchen im Schatten des Gezweigs vor uns auf, und Tuzun geleitet uns in einen Hof. Cynara spitzt die Ohren, zurückschreckend vor der ersten Tür ihres Lebens. Wir sind bei Freunden, die uns Mien anbieten. Die Frauen umgeben mich, und als sie endlich begriffen haben, welchem Geschlecht ich angehöre trotz meines sonnverbrannten Gesichts und meiner Hosen, betteln sie mich um – Gesichtscreme, um sich zu verschönern. Tuzun bringt mir eine riesige, duftschwere Rose, die er im Nachbargarten gepflückt hat: Die Tränen kommen mir in die Augen – vielleicht auch aus Ermüdung? – darüber, daß die Welt so Schönes hervorzubringen vermag.

*Das tätowierte Kind*

*Eine Kamelstute mit ihrem Neugeborenen auf dem Rücken*

*Der Großvater der Karawane*

Unser Aksakal wohnt eine Stunde von hier; wir brechen wieder auf, ich diesmal auf einem Esel hockend, da eine Standesperson nicht zu Fuß gehen darf und Peter als Haupt der Expedition sein Pferd besteigen muß. Als wir just ein großes Feld durchqueren, auf dem Kamele weiden, sehen wir plötzlich zwei Offiziere im Galopp auftauchen. Ein Herzklopfen sagt mir, daß sie es auf uns abgesehen haben. Es sind zwei Chinesen, wie es scheint, und die gezackte Sonne der Kuomintang ziert ihre Mützen. Vor allem aber sind es ihre Pferde, die meinen Blick bannen: riesige Tiere, doppelt so groß wie unsere kleine Stute, mit gedrungenen Hälsen, fett wie Walfische unter dem glänzenden Fell. Ich hatte vergessen, daß es solche überhaupt gibt.

Diese Offiziere fordern uns unsere Waffen ab und lassen dann die Kamele in eine andere Richtung wenden. Tuzun wirft ihnen einen düsteren Blick zu, und Peter faßt die Situation zusammen in die Worte:

»Wir dürfen uns als verhaftet betrachten.«

# Berühmtheiten in Tschertschen

Ein gezwungenes Lächeln auf den Lippen, folgen wir den beiden Reitern, die uns mitten durch die Ortschaft führen. In der Hauptstraße, die von Strohmatten beschattet ist, gafft uns die Turkibevölkerung mit offenem Munde an. Nach einer kleinen Weile landen wir in dem gedeckten Hof eines leerstehenden Hauses.

Eine immer größer und größer werdende Menge beäugt uns prüfend und murmelt: »Oross!« Man hält uns für Russen, und unsere Versicherung: »Oross, djok! Ingliisch!« begegnet sichtlichem Zweifel.

In dem für sie viel zu kleinen Eselstall lagern ungefüge die Perle des Tsaidam und ihr Gefährte und betrachten die Situation mit gekränkten Mienen.

Unsere Pässe werden uns abgenommen.

Wir sitzen auf unsern Handkoffern und tun, als genössen wir die Rast mit Vergnügen. Aber wir sind beunruhigt. Dies ist keine Karawanserei. Es hilft nichts, daß wir uns Tee bestellen; man bringt uns nichts. Wir sind in der Gewalt der Rebellen, und wenn es ihnen so paßt, kann dieses Haus sehr wohl unser Gefängnis werden. Hoffentlich schauen sich die Behörden zuerst meinen Pekinger Paß an, denn er ist der einzige, in dem Sinkiang erwähnt ist.

Die Menge teilt sich, um einen jungen Mann von iranischem Typ durchzulassen: Es ist Abd Rakhman, der Vertrauensmann des britischen Aksakals, und die Gaffer warten darauf, daß sich ein Gespräch zwischen ihm und Peter entwickeln wird, da beide »Ingliisch« sind, und sie machen argwöhnische Gesichter, als sie sehen, daß wir die an uns gerichteten Fragen nur mit schweigendem Lächeln beantworten. Aber der junge Mann stellt diese Fragen auf hindustanisch oder sogar auf persisch...

Endlich, nach langem Warten, werden uns unsere Papiere zurückgegeben, geschmückt mit einem Stempel! Für den Au-

genblick ist alle Gefahr vorüber: welche Erleichterung. Wie mit einem Zauberschlag wird ein Teppich ausgebreitet, Tee, Brotfladen und Zucker werden aufgetragen. Dann erscheint der Aksakal auf dem Schauplatz; ein Mann in würdevoller Haltung, mit weißem Bart, dicken Lippen und der dunklen Haut des Inders. Er lädt uns ein, bei ihm zu wohnen. Gleich den wenigen anderen hier lebenden Indern trägt er die britische Flagge an seinem Gewand; ein Unterscheidungszeichen, das ihn im Falle eines neuen Aufruhrs schützen würde. Er kann nicht englisch sprechen.

Er führt uns durch die Oase. Die Bäuerinnen flüchten vor uns und halten sich dabei einen Zipfel ihres weißen Schleiers vors Gesicht. Nur die Bürgerfrauen tragen bei den Turkis den Roßhaar- oder Spitzenschleier vor dem Gesicht, wenn sie ausgehen. Die Männer erheben sich und grüßen uns mit dem Salaam, die Hände vor der Brust verschränkt, und wer zu Pferde ist, beeilt sich, zum Zeichen der Ehrerbietung abzusteigen. Im Gezweig über unsern Köpfen hängen reife Aprikosen, und ich lasse mir das erste Obst schmecken, das ich in diesem Jahr zu kosten bekomme.

Gruppen von Bauern, in weiße Baumwollgewänder gekleidet, sind beim Jäten auf den Maisfeldern. Hie und da hat sich einer eine Rose hinters Ohr gesteckt, und zwei von ihnen musizieren auf einer Fiedel und einem Tamburin. Weiter entfernt in einem Hofe im Schatten eines großen Baumes liegt ein Sterbender auf dem Teppich eines Diwans; um ihn her knien die Seinigen, fächeln ihn und betrachten ihn zum letztenmal. Der Friedhof ist ganz nahe mit seinen von einem Bretterzaun umgebenen und von einem Roßschweif überragten Gräbern.

## Wohlleben beim Aksakal

Wir bleiben fünf Tage bei dem Aksakal zu Gast. Seit langer Zeit wieder einmal unter einem Dache, hatte ich trotz der großen Fenster immerzu das Gefühl, daß ich nicht genug Luft bekam. Wir bewohnten ein Gastzimmer, das mit Blumenmustern persischen Stils dekoriert und mit dicken modernen Teppichen belegt war, auf denen wir schliefen und aßen. Zu Peters großer Freude

brachte Abd Rakhman uns einen Klapptisch, auf den wir die Schreibmaschine stellen konnten. Über die Schreibmaschine gerieten alle unsere Besucher in Entzücken. Der Aksakal beschloß, einen Kurier an seinen Vorgesetzten, den Konsul in Kaschgar, zu schicken, der ihm unsere Ankunft melden sollte. Ich benutzte die Gelegenheit, um einen beruhigenden Brief nach Hause zu schreiben, der aber niemals ankam. Und infolge des Tempos, in dem Peter zu reisen beliebt, trafen wir schließlich noch vor der Botschaft des Aksakals in Kaschgar ein!

Der Aksakal tischte uns täglich selber unsere Mahlzeiten auf: in Fett geschwenkten Reis, Huhn, Eier, saure Milch, stark gezuckerten Tee, Süßigkeiten und Stöße großer, biegsamer Brotfladen. Wir stopften uns schamlos voll. Eines Tages beim Nachtisch erwies uns der Aksakal die Ehre, uns sein Gold zu zeigen: Alljährlich schickt er in der guten Jahreszeit zwei Leute in den Altyn Tagh nach Goldstaub, und den Ertrag läßt er in Barren schmelzen. Wir belustigten uns damit, auf seiner kleinen Waage unsere winzige Goldstange gegen das kleinste Stück seines Schatzes abzuwiegen. Dann stellte mir unser Wirt seine Frau vor, deren Gesicht mich nicht im geringsten überrascht haben würde, wenn ich ihm in Paris begegnet wäre. Sie war eine grämliche Turki, schon in einem gewissen Alter und wenig dazu geeignet, mit mir Konversation zu radebrechen.

Ein ununterbrochener Strom von Besuchern flutete durch unser Zimmer. Sie ließen ihre Überschuhe im Vorzimmer, knieten sich dann im Halbkreis um uns her und stellten uns tausend Fragen, von denen wir nichts verstanden, während die Teeschalen von Hand zu Hand gingen und wir uns zu erraten bemühten, was gesagt wurde.

Eine Gruppe reizender alter Männer in Turbanen und weiten Khalats[1] versicherte uns, daß die die Hauptstadt von Sinkiang beherrschenden Russen schlechte Leute seien, während die in Indien regierenden Engländer alle erdenklichen Tugenden besäßen. Wie leicht wäre die Welt zu erforschen, wenn sie so säuberlich in gut und böse geteilt wäre!

Während unserer langen Reise durch menschenleere Gebiete war uns der Name Tschertschen gleichbedeutend geworden mit dem Begriff Zivilisation; aber es wurde uns bald klar, daß in diesem Lande ohne Telegraph und Post, das eine Zweimonats-

reise weit von Indien entfernt liegt, im Gegenteil wir es waren, von denen man sich die neuesten Nachrichten aus der Welt draußen erhoffte. Im übrigen fanden unsere Besucher es schwer zu verstehen, welches Weges wir gekommen seien, und als wir die Berge des Altyn Tagh nannten, schauten sie uns an, als wären wir vom Monde gefallen.

Aber nun erhoben sich alle, denn ein hoher Besuch wurde gemeldet. Es war der Ssu Ling[1]. Seine Leibgarde verkündete sein Nahen durch ein Trompetengeschmetter, und Peter, der zu seinem Empfang hinausging, berichtete, sie hätten zur Erhöhung der Feierlichkeit sogar ein Maschinengewehr auf einem Pferd mitgebracht. Dieser General brachte uns ein Huhn, Eier und einen Hammel zum Geschenk! Es war ein kleiner Dungane mit einem zynischen Mund, dessen bartloses, sehr chinesisches Gesicht von Lebhaftigkeit strahlte. Er begreift sofort, auf welchem Wege wir vom Tsaidam hierher gekommen sind, und versteht auch gut das chinesische Kauderwelsch Peters. Der Ssu Ling hat den sagenhaften turkestanischen Feldzug unter Ma Tschung-jing mitgemacht, und auf unsere Frage, was aus diesem Helden geworden sei, antwortet er, ohne mit der Wimper zu zucken:

»Ma Tschung-jing ist in England, um Flugzeuge zu kaufen.«

Diese wenig überzeugende Auskunft besagt in Wahrheit: »Reden wir von etwas anderem!«, und der kleine General kommt denn auch sogleich auf den Hauptzweck seines Besuches zu sprechen. Er leidet schon seit Monaten an Beschwerden in der Leistengegend, das Reiten macht ihm Mühe: vielleicht könnte eine meiner Salben ihm Erleichterung verschaffen? Unbefangen wie ein Kind vor der Mutter, zeigt er mir eine riesige Drüsengeschwulst, über der er zum Schutz einen Bausch roher Baumwolle trägt, die zweifellos erst heute irgendwo von einem Feld gepflückt ist. Ich gebe ihm Jodoform, beteure meine Unwissenheit und verwahre mich erneut gegen die Annahme, ich gehörte zu denen, die die Krankheiten anzuschauen verstehen. Aber ich beeile mich, die Furunkel und Geschwüre der Soldaten zu desinfizieren, die er mir vorstellt.

Später erfuhr ich, daß mein Patient kein anderer war als Ma Jing-piao, der sich unter dem Namen »der kleine *djung djang*« (Oberst) eines wenig beneidenswerten Rufes erfreute. Im Jahre

1932 vernichtete er an der Spitze von mehreren tausend Mann zahlreiche chinesische Ortschaften in Kansi; dann hatte er unter Ma Tschung-jing den Befehl über die Oase Barkul in Sinkiang, und im Februar 1934 war er es, der Sven Hedin bis nach Turfan geleitete, als der mitten in den Bürgerkrieg geraten war.

## Wunderdoktor

Der Ssu Ling ist kaum fort, als der Aksakal mich bittet, einige Kranke zu empfangen, die von weither gekommen sind. Die Leute hatten zweifellos noch die letzte englische Expedition im Sinn. Ihr Führer, sagten sie, sei ein wunderbarer Arzt gewesen, der mit vierzig Kamelen reiste. Er habe alle Sprachen gekonnt, und sein Name sei Ishtin Sahib gewesen. Wir fanden schließlich heraus, daß kein anderer gemeint war als der Archäologe Aurel Stein.

Angesichts des Gedränges von Turkis aller Klassen, die vor der Tür warten, übernimmt Peter die Leitung der Operationen. Ich habe neben mir ein Becken mit Permanganat, etwas Talk, Vaseline, Jod, Binden, Salben, Chinin; das Rizinusöl und die zweckdienlichen Jintanpillen nicht zu vergessen. Jedem eintretenden Patienten stellt Peter dieselben Fragen: »Wo hast du Beschwerden? Seit wann? Hast du Appetit? Ist dir sehr heiß, sehr kalt?«

Manche Patienten sind schnell abgefertigt. Einer sagt, es wird ihm jedesmal übel, wenn er etwas Warmes ißt. »Iß Kaltes!« verordnet Peter, bereits dem Nächsten winkend. In den meisten Fällen sind die Fragen überflüssig. Da sind Kinder, deren Köpfe unter den Lammfellmützen mit Schwären bedeckt sind; eine Frau hat keinen Gaumen mehr, eine andere keine Nase; eine dritte, die ins Feuer gefallen ist, hebt ihren Roßhaarschleier und enthüllt ein grausiges Gesicht, in dem die blutroten Augenlider bis zur Mitte der Wangen hinunterhängen. Unter seinen von Eiter steifen Hosen zeigt mir ein Mann seine von einem Geschwür zerfressene Lende. Peter wird ungeduldig und begreift nicht, warum ich zögere, einfach die oder jene Behandlung zu empfehlen, da ich ja solchen Leiden tuberkulösen oder syphilitischen Ursprungs gegenüber machtlos bin.

Tag um Tag begann die gleiche Prozession von neuem, trotz meiner unablässigen Beteuerung, daß ich kein Arzt sei. Wie ein Lauffeuer hatte sich bis in jede Hütte die Kunde verbreitet, daß eine fremde Frau mit Arzneien angekommen sei, und sogleich hatte sich die zweifellos schon erloschene Hoffnung dieser leidenden Geschöpfe neu entzündet... Aber es blieb mir nichts anderes übrig, als den flehenden Glanz in ihren Augen wieder zum Erlöschen zu bringen. Eine Mutter wandte sich ab mit ihrer Bürde, einem diphtheriekranken kleinen Mädchen, aus dessen vereiterten Wunden schon das Todesröcheln drang und dessen Bauch bis auf die Schenkel herabsackte, die nur noch Haut und Knochen waren. Ein junges Mädchen wurde auf einer Bahre wieder hinausgetragen; ihre Beine waren unförmig geschwollen, und an den Knöcheln war die durchsichtige Haut so von Wasser gedunsen, daß sie aussahen wie bis zum Bersten aufgeblasene Luftballons. Aber vor allem werde ich nie den Mann in der Blüte seiner Jahre vergessen, der, seinen Turban abnehmend, einen Schädel enthüllte, auf dem unterhalb weggefressenen rosigen Fleisches das schwammig-grünliche Knochengewebe bloßlag, das aussah wie ein grausiges Bienennest!

Ich mußte meine Tür zusperren; ich konnte nicht mehr. Und ich hatte ja auch noch vieles andere vor: meine Tagebuchaufzeichnungen nachholen, unsere Vorräte im Dorf erneuern und mir ein leichtes Kleid machen für die Glutreise durch die Takla Makan, die uns noch von Khotan trennte.

## Besuche in Tschertschen

Auf dem Markt von Tschertschen, auf den ich mich schon seit so vielen Wochen gefreut hatte, gibt es weder Seife noch Mien, noch Spirituosen, noch gedörrte Aprikosen. Auf den staubigen Regalen der Verkaufsstände sehe ich nur sowjetrussischen Zucker und dito Zündhölzer, englischen Musselin, alte österreichische Nadeln und Stücke einheimischer Seide. Das ist alles; aber die Mehrzahl der Buden ist geschlossen, und wer weiß, was für Schätze noch auf dem Wochenmarkt auftauchen werden?

Wir müssen den Honoratioren der Stadt unsern Besuch machen. Wir begeben uns, wie es sich gebührt, zuerst zu dem »klei-

nen Oberst«. Er empfängt uns auf einer schattigen Estrade in der Nähe eines tiefen Wasserbeckens und nimmt mit Vergnügen meine Revolverpatronen entgegen, die wir ihm zum Geschenk machen. Er behandelt uns ohne alle Förmlichkeit, und dank einem Wort von ihm an den Bürgermeister werden wir die Tiere bekommen, die wir brauchen, um bis nach *Kerija* zu gelangen, der nächsten, zwölf Tagereisen von hier entfernten Oase. Er gibt uns auch ein Empfehlungsschreiben an Ma Ho-san mit, den Oberbefehlshaber der dunganischen Streitkräfte in Khotan.

Seine Soldaten tragen alle weiße Piquéhüte, wie sie bei uns die jungen Mädchen am Strande tragen. Belustigend ist die Sammlung alter Karabiner verschiedenster Art und aus aller Herren Länder im Gewehrständer der Wachtstube; die Geschichte eines jeden von ihnen würde sicherlich genügend Stoff zu einem Roman bieten.

Wir sind kaum wieder auf der Straße, als Tschin-pan, ein anderer hoher Militär mit einem Einschlag tibetanischen Blutes, uns zu einem Besuch in seiner Kaserne entführt. Er ist mit einer Art Pyjama aus weißer Seide bekleidet, und seine Kaserne ist blitzsauber. Wie immer, wird uns zu Ehren Tee aufgetragen, in russischen Steingutschalen, mit sechs Stücken russischen Zukkers, und man bietet uns russische Zigaretten an.

Dann lädt uns ein Teppichhändler in den kühlen Hof seines chinesischen Hauses ein. Er erzählt uns, vor einem Jahr sei ein junger blonder Ausländer durch Tschertschen gekommen, man habe ihn jedoch als verdächtig unter Bedeckung wieder nach Kansu zurückgeschickt; er habe nicht mehr Chinesisch gekonnt als wir, aber soviel man verstanden habe, sei er von Khotan hergekommen, wo man ihm nicht erlaubt habe, den Weg nach Indien einzuschlagen. Wer mag der arme Kerl wohl gewesen sein, dem das Schicksal zuteil wurde, das wir so sehr für uns selber gefürchtet haben?[1]

Wir erfahren auch, daß die Dunganen in Tschertschen Lasttiere requirieren (das ist der Grund, weshalb niemand unsere Kamele kaufen will), und kürzlich ist eine Gesandtschaft von Ma Bu-fang nach Khotan geschickt worden, die dieses Eintreibungsverfahren so scharf kritisiert hat, daß ihre Mitglieder in Gewahrsam gehalten wurden, bis sie wieder nach Sining heimkehrten. Die Ma-Dynastie in Sining, der Ma Tschung-jing noch

vor einigen Jahren unterstand, nahm also das Recht in Anspruch, in die dunganischen Angelegenheiten in Sinkiang einzugreifen, obwohl man zu diesem Ende die Wüste von Lop Nor durchqueren mußte, auf der Fährte, der einst Marco Polo gefolgt war. Also sind die von Nanking zu Rebellen erklärten Dunganen doch nicht völlig von der übrigen Welt abgeschlossen, und wer weiß, ob sie im Kriegsfalle nicht bei ihren Glaubensbrüdern in Kansu Beistand finden werden?

Aber ihr Führer, der gefürchtete Ma Tschung-jing, ist fern von hier. Unser Wirt behauptet, er sei in Moskau, und will eine Photographie von ihm gesehen haben, die dort aufgenommen worden sei. Es heißt auch, ein Bote sei an ihn dorthin geschickt worden. Diese interessanten Einzelheiten stacheln unser Verlangen an, zu erfahren, was in Chinesisch-Turkestan vorgeht.

# Quer durch die Wüste
# Takla Makan

Nachdem wir dem Aksakal zum Dank einige kleine Geschenke überlassen hatten, verließen wir sein gastliches Haus. Zum letztenmal bewunderte ich die englische Flagge überm Eingang, die mit einheimischen Mitteln hergestellt war und deren Anblick den gelassenen Peter einigermaßen bewegte.

Der Brauch will es, daß man Reisende bis ans Ende der Oase zu Pferde begleitet. Dort angekommen, nehmen wir Abschied von unserem freundlichen Wirt und seinem Sekretär. Am letzten Kanal, im Schatten des letzten Baumes, nehmen wir einen Trunk Wassers: Es ist Mittag, vor uns wabert die Wüste in der glühenden Luft; wir haben zwölf anstrengende Tagemärsche zu schaffen bis zur nächsten Oase, Kerija.

Wir befinden uns jetzt auf dem berühmten, einst so vielbegangenen Seidenwege. Ich hatte mir vorgestellt, ich weiß nicht recht warum, daß wir ihn auf einem Karren zurücklegen würden, vornehmlich in der Kühle der Nacht; aber in dem tiefen Sand werden die Spuren vom Winde verweht, und ohne das Tageslicht kann man sich leicht verirren.

Tschertschen ist in Wahrheit ein toter Punkt; nur wenig Verkehr kommt hier durch, nicht allein wegen der jüngsten politischen Unruhen, sondern vor allem auch, weil sich im Osten die Wüste Lop Nor erstreckt, die das Reisen zwischen Tschertschen und Tunghwang sehr erschwert.

Bevor ich nun über die wichtigsten Ereignisse berichte, die sich im Verlaufe dieses Teils unserer Reise abspielten, muß ich die Hauptmitwirkenden vorstellen. Da ist zuerst Absalon, das einzige Pferd, das die Behörden für uns gemietet haben; es ist ein bildschöner Fuchshengst, wie für Hollywood geschaffen, den ich großmütig Peter überlasse, denn in einem mohammedanischen Land muß der Mann gut beritten sein; ich sitze wie eine Eingeborene, die Füße am Boden schleifend, auf einem Esel. Wir haben wieder unsere zwei Kamele und das struppige Pony mit,

die wir in Kerija vorteilhaft zu verkaufen hoffen. Und nun ereignet sich etwas Unvorhergesehenes: Absalon verliebt sich in unsere schauderhafte kleine Stute! Während der ganzen Reise macht er ihr beharrlich den Hof, und Tag und Nacht hören wir sein machtvolles Gewieher die ganze Tonleiter hinunterröhren; er magert ab, er kann nicht mehr schlafen, er reißt sich bei jeder Rast vom Zügel los, und Peter, der sich zum Beschützer Cynaras aufwirft, vielleicht weil er sie noch für minderjährig hält, muß beständig auf der Hut sein.

Vom zweiten Tage an genieße ich das Vorrecht, Absalon zu reiten, und kann beobachten, wie Cynara sich damit belustigt, den armen Hengst herauszufordern, dann aber jedesmal, wenn er ihr zu nahe kommt, in ein Geschrei auszubrechen, als schnitte man ihr die Kehle durch. Daß ich jetzt wieder zu Pferde reite, geschieht deshalb, weil ich mir durch den einen Tag Eselstrab und zweifellos auch durch das üppige Essen in Tschertschen einen solchen Rheumatismus im Rücken zugezogen habe, daß ich mehrere Wochen lang bei der geringsten Bewegung einen schneidenden Schmerz verspüre. Peter hat sich daher meiner erbarmt und mir sein Pferd gegeben, dessen Gangart weniger ermüdend ist. Manchmal versuche ich auch, zu Fuß zu gehen, um die Steifheit zu überwinden, aber in dem weichen Sand ist das erschöpfend.

## Guter großer Mann!

Auch die Esel, die unser Gepäck tragen, spielen eine recht bemerkliche Rolle bei dieser Wüstendurchquerung: Sie sind nachts immer in unserer Nähe angebunden, sie haben Glocken um den Hals, sie sind liebeslustig und rumoren dermaßen herum, daß man trotz aller Müdigkeit nicht schlafen kann. Sie stehen unter der Aufsicht eines braven Mannes namens Aziz. Das ist ein spaßiger Bursche, ein vollendeter Schauspieler, der sich immer nur in weinerlichem Klageton an uns wendet. Gleich beim erstenmal, als er, von seinem alten Vater begleitet, im Empfangszimmer des Aksakals erschien, seufzte und stöhnte er darüber, daß er im Bazar keinen Mais für seine Esel auftreiben und daher nicht am festgesetzten Tage aufbrechen könne. Jetzt fleht er alle

Augenblicke um Mitleid für seine ermüdeten Grautiere, wobei er Peter auf chinesische Art mit »Ta jen« (Herr oder großer Mann) anredet; und Peter versäumt nicht, mir vorzuhalten, daß mir kein Mensch jemals eine solche Respektsbezeichnung erweisen würde. Hat Aziz ein besonders dringendes Anliegen, so wird aus dem »Ta jen« ein »Hao Ta jen!« (guter großer Mann), das er zum Steinerweichen in allen Tonarten moduliert. Eines Abends bei der Rast rufe ich bei den zahlreichen Umstehenden allgemeine Heiterkeit hervor, indem ich, Aziz nachahmend, mich mit einem kläglichen: »Hao Ta jen!« an Peter wende, um ein Zündholz zu bekommen.

Bei der Ausreise aus Tschertschen haben sich uns einige reisende Turkis angeschlossen, worüber wir murrten, denn das mußte zu Unzuträglichkeiten führen. Und wirklich stellt sich auch heraus, daß Aziz ihnen jeden Morgen dabei hilft, ihre Esel zu beladen, woraus hervorgeht, daß wir nicht die einzigen sind, an die er sich verdingt hat. Immerhin bieten diese unwillkommenen Gefährten uns einige Zerstreuung. Da ist, ganz in ihre Schleier gehüllt, »die Alte« mit ihrem Sohn. Da ist »der Vater«, ebenfalls mit einem Sohn, und jedesmal, wenn dieser vom glühenden Sand weg auf ihren gemeinsamen Esel steigt, hinterläßt er seine alten Sandalen dem Vater, der abgestiegen ist.

Dann ist noch einer da, der auch wieder Tokta Ahun heißt, ein vergnügter, aber wenig erfreulicher Bursche, der uns die Ohren zerreißt mit dem ewig gleichen Gesang, den er von früh bis abend plärrt. Wir überschütten ihn, aufs äußerste gereizt, mit allen möglichen Schimpfnamen, was immerhin auch ein Zeitvertreib ist. Nach langem Feilschen hat er einen seiner Esel an Peter abgetreten im Austausch gegen Cynara. Er ist sehr stolz auf seine Erwerbung und stopft sie am Abend mit Mais voll, um sie zu mästen. Indessen stellt sich heraus, daß der neue Esel, den Peter sogleich mit Eifer bestiegen hat, keineswegs den Erwartungen entspricht und sich unterwegs alle Augenblicke niederlegt. Peter will den Handel rückgängig machen, und es gelingt ihm auch endlich nach einer wahrhaft epischen Diskussion über die Frage, wer den von Cynara gefressenen Mais bezahlen solle. Die Bezeichnung »Ahun« bedeutet »Leser des Koran« oder »gebildet«, aber ich glaube, man benutzt sie lediglich als Höflichkeitstitel.

Der würdige, schweigsame Tuzun Ahun reitet auch mit uns; er ist vom Jamen in Tschertschen beauftragt, uns bis nach Khotan zu geleiten, und er läßt sich sogar dazu herab, unsere beiden Kamele ins Schlepptau zu nehmen. Eines Tages, als ich zu ihm hinreite, um ihn zu fragen, wie viele Stunden Wegs wir noch vor uns haben, schlägt sein Hengst, der eifersüchtig auf Absalon ist, aus und versetzt mir einen Tritt gegen mein Schienbein. Dieser Schmerz noch zu dem, den ich schon durch meinen Rheumatismus leide, nötigt mich, mich auf den Sand zu legen. Ich warte, bis Peter mich einholt, um durch seine Gesellschaft etwas Ablenkung zu haben, und beklage mich bei ihm darüber, daß mir immer nur solche uninteressanten Unfälle zustoßen wie dieser. Zyklone auf hoher See, tödliche Sandstürme in der Wüste, Begegnungen mit mandschurischen Räubern, Nachtlager in Gletscherspalten – nichts dergleichen will mir widerfahren, obwohl es mir doch so dienlich wäre, um den auf Abenteuerlichkeiten erpichten Parisern Genüge zu tun.

Um mich über mein Mißgeschick hinwegzutrösten, erzählt mir Peter von den Nöten eines englischen Lords, den er vorigen Sommer auf einer Reise durch Sowjet-Kaukasien begleitet hat.

Tag für Tag zwingen wir uns zum Reden, um (für mein Teil wenigstens) gegen einen zunehmenden Schwachsinn anzukämpfen. Wir gehen auf diese Weise bis ins einzelne die Filme durch, deren wir uns erinnern, die Bücher, die wir gelesen haben, die Schriftsteller, die wir schätzen, und die Lebensgeschichten unserer Freunde. Eines Tages, weiß ich noch, als uns der Stoff ausging, regte ich Peter an, eine Schilderung des Londoner Clubs zum besten zu geben – und wenn ich auch keine ethnographischen Beobachtungen über die Bewohner Zentralasiens von dieser Reise mitbringe, so weiß ich seitdem doch wenigstens, daß die Engländer sehr widerspruchsvolle Geschöpfe sind.

## Brackwasser

Jetzt, wo wir nicht länger fürchten müssen, in irgendeinem Gefängnis von Sinkiang zu enden, wo wir gut markierte Wegstrekken vor uns haben und sicher sind, in jeder Oase immer mehr und

mehr moderne Bequemlichkeiten vorzufinden, besteht unsere Hauptzerstreuung darin, uns in Vermutungen über die Entfernung und Ergiebigkeit des nächsten Wasserloches zu ergehen.

Die auftauchenden Moskitos sind uns willkommene Boten, Verkünder von Feuchtigkeit. Dann wittere ich im Wind (ich sage »ich«, denn Peter hat eingestandenermaßen keinen Geruchssinn) einen Nelkenduft, der von Büscheln hellroter, glockenförmiger Blumen herkommt. Nach und nach wird das Schilfröhricht im Sand immer dichter, und endlich, im Schatten des von Salz weißen Bodens, tut sich das schwarze Wasserloch auf. Kniend füllt jeder seine Trinkschale mit frischem, manchmal magnesiahaltigem Wasser und tränkt dann sein Tier. Wir sind so gewöhnt, alles zu trinken und zu essen, was uns in den Weg kommt, daß uns dieses Wasser, in dem eine Menge Insekten schwimmen, niemals Beschwerden verursacht; ebenso wie wir auch seit Monaten barhäuptig herumlaufen, was sicherlich gegen die Regeln aller Handbücher über Reisen in Asien ist. Dann nehmen wir noch Wasser in den Kürbisflaschen mit, die zwischen den Ballen auf den Eselsrücken verstaut sind, aber es wird immer sehr bald heiß und ekelhaft.

Im Verlauf dieser Wüstenwanderung begegnen wir einigen Inseln Grüns, bestehend aus einer wunderlichen Art von Bäumen – wunderlich, weil sie zugleich die langen schmalen Blätter der Weide und die zitternden der Pappel tragen. Das ist die Toghrak oder wilde Pappel des Tarimbeckens. Aber unter diesen mächtigen grünen Bäumen lastet ein Kirchhofsschweigen; allenthalben ist der Tod gegenwärtig, denn die Stämme sind schon zum Teil durch den unentrinnbaren Sand verschüttet, der mit jedem Sturm höher steigt. Ein Vogelruf überrascht einen hier wie etwas nicht Hergehöriges . . .

Eines andern Tags ziehen wir zwischen riesigen Sandkegeln hin, deren jeder festgehalten ist durch ein ganzes Rüstwerk von Wurzeln und totem Geäst. Genau so werden mit der Zeit die Bäume aussehen, die wir zuvor sahen. Ein andermal wieder bewundere ich merkwürdige Terrassenbildungen, die durch die Winderosion verursacht sind, und es ist mir, als schaute ich hier die Grundmauern vergessener Tempel, die just unter den Spaten der Ausgräber zutage treten.

Aziz scheint sich nicht recht im klaren zu sein über die Länge

unserer Tagesmärsche, und meistens sehe ich mit Überraschung die hohe Stange am Horizont auftauchen, die den Rastplatz bezeichnet. Da steht dann eine einsame Hütte aus Zweigen, in der ein Mann ein Feuer unterhält. Aber das Abendessen, die einzige Mahlzeit des Tages, will uns nicht mehr munden; es ist allzu heiß. Ich träume von den saftigen Erdbeeren, die jetzt im Juni in Europa reif sind... Hier schmeckt mir nur noch das erfrischende *k'tak*, das Tuzun mir anbietet; es ist festgeronnene saure Milch, die man in einem Tuchsack mitführt und von der man einen Löffel voll in einer Schale Wasser auflöst.

Eines Abends in Aghe flüchten wir vor den Flöhen, den Eseln und dem unablässigen Geplapper in der Hütte und legen uns, trotz der Moskitos, gegen die wir uns den Kopf mit einem Halstuch umwinden, in unseren Schlafsäcken draußen auf den Sand nieder. Plötzlich, mitten in der Nacht, fahre ich aus dem Schlummer hoch und sehe im Dunkeln, daß der Kopf eines Kamelbabys auf meinen Knien liegt! Ich traue meinen Augen nicht, taste nach dem wolligen Ding und stelle fest, daß es der Schopf Peters ist: im Schlaf hat er auf diese Weise sein Gesicht verborgen, um den Moskitos zu entgehen.

## Tierärztliche Praxis

Bevor wir uns endgültig von unseren Kamelen trennten, sollten sie noch eine besondere Rolle in meinem Dasein spielen. Am vierten Abend kommen wir in Tschudan an, einem wunderschönen verlassenen Flecken Grün, wo sich noch die Ruinen großer Brunnen befinden, verstärkt durch riesige Balken. Beim Aufbruch von Tschertschen hatte ich etwas Blut an der Nase der Perle bemerkt, ohne dem jedoch irgendwelche Bedeutung beizumessen, da ich fest überzeugt war, daß sie während unserer fünftägigen Rast beim Aksakal gut verpflegt worden sei. Aber die Turkis sind nur auf Esel eingestellt und verstehen nichts von Kamelen. Ich hatte unsere beiden Tiere, die wir noch heil aus den Bergen heruntergebracht hatten, liebgewonnen, weil ich gesehen, wie tapfer sie immer vorwärtsgegangen waren, ohne je zu murren. Tuzun Ajun ließ sie schneller laufen, als sie es gewohnt waren, und wenn Nummer Zwei den Hals zu sehr streckte, ge-

traute ich mich jetzt ohne Furcht, das Tier zu ermutigen, indem ich es hinterm Ohr kratzte; und wenn ihm ein Holzpflock aus der wunden Nase fiel, so wußte ich ihn wieder hineinzustecken.

Nun beklagt sich die Perle. Sie leidet offenbar, und zwar nicht nur unter den vielen Zecken, die an ihrem Bauche hängen und sich mit Blut vollsaugen. Als wir ins Lager kommen und ich ihr den Packsattel abnehme, bemerke ich, daß ihre erste Bewegung ist, den Nasenpflock in ihre Wunde zu bohren, die sich wieder zu einem faustgroßen Loch unterhalb des Rückgrates vertieft hat. Und dieses Loch wimmelt von Maden, die so dicht aneinander gedrängt sind, daß sie eine Art weißliches Polster bilden, ähnlich dem Boden einer Artischocke.

Weder Aziz noch Tuzun wissen Rat; aber ich bin nicht gewillt, das arme Geschöpf weiter bei lebendigem Leibe zerfressen zu lassen, und wäre es auch nur für die acht Marschtage, die wir noch vor uns haben. Peter und ich nötigen Tuzun, uns zu helfen, die Beine des großen Tieres in kniender Stellung festzubinden. Aber den Versuch eines Eingriffs mit meinem Messer muß ich aufgeben: Die Perle rollt sich auf die Seite und entzieht sich uns, sowie ich das bloße Fleisch berühre. So behandle ich denn die Wunde zuerst mit konzentriertem Permanganat und spritze dann dem beunruhigten Gewürm Xeroform in die geöffneten Mäuler. Nach einigen Tagen habe ich die Freude, zu sehen, wie die wudelnden kleinen Biester nach und nach starr und schwarz werden und dann schließlich für immer von dem Rücken der braven Perle herabfallen.

Was Nummer Zwei angeht, so hat Tuzun so an ihrer Nase gezogen, daß sie blutete, und die Fliegen haben sich sogleich auf das willkommene Mahl gestürzt. Es gelingt mir nicht, die Würmer zu entfernen, die sich auch hier bilden. Später jedoch, im ersten Dorf, in das wir kommen, frage ich einen alten Kameltreiber um Rat. Er sagt, ich solle schwarzen Pfeffer kaufen und zerstampfen; damit füllt er dann die Wunde aus, und in drei Tagen ist sie geheilt. Peter fand es rühmenswert, daß ich mir tagtäglich soviel Mühe mit den Tieren machte; er bedachte nicht, welche Freude es für mich war, mich wirklich einmal nützlich zu machen.

Am fünften Tage kamen wir in Endere an, das aus nichts bestand als aus einer Farm in der Nähe eines schlammigen Flus-

ses inmitten von Bäumen, die an einen englischen Park erinnerten. Stromabwärts von hier, wo in weiter Ferne der Fluß vom Sande aufgetrunken wird, hat Sir Aurel Stein seine hochinteressanten Ausgrabungen gemacht (bei Nijor sowohl wie bei Dandom Oilik). Vor siebzehn Jahrhunderten verlief die Seidenstraße weit nördlich von der heutigen Fährte durch Gebiete, die damals bewässert waren. Die aufgefundenen Urkunden – geschrieben in einem nordindischen Idiom, dem Kharosthi – zeugen von dem bedeutenden transkontinentalen Handelsverkehr, der zu jener Zeit herrschte.

Am siebenten Tage war die – obwohl trockene – Hitze qualvoll; da die Hütte des Rastplatzes an dem Flusse Jartungaz lag, tauchte ich zu einem Bad in die Fluten, was mir allerdings erst nach mehreren vergeblichen Versuchen gelang, da fast überall eine tiefe Schlammbank zwischen mir und dem Wasser lag.

## Fünfuhrtee

Wir näherten uns jetzt bewohnten Gegenden. Manchmal kamen Reisende des Wegs, die Einöden wichen immer reicherem Grün, und am nächsten Tage um Mittag kamen wir in der Karawanserei Jangi Darja an, die inmitten eines Weidenwäldchens liegt.

Wir finden hier ein Dutzend dunganischer Soldaten vor, die sich ohne jede Scheu auf meine Leica stürzen, um zu sehen, was das sei. Ihr kleiner Offizier lädt uns zum Tee ein in eines der Zimmer des Rasthauses, und da er in Urumtschi Russisch gelernt hat, können wir mit ihm plaudern, wie wir es seit dem Abschied von Borodischin nicht mehr getan haben. Der Offizier kommt von Khotan und geleitet die Frau und den Sohn des Tu Tji djung djang (Oberst) wieder heim, des Schantorebellen, der sich in Tscharklik zum unabhängigen Befehlshaber aufwerfen wollte. Die Niederwerfung des Aufruhrs durch die Dungangen, die rasch und gründlich war und bei der an die hundert Einwohner hingerichtet wurden, erfolgte grade zur Zeit unserer Ankunft in Sinkiang.

Der Offizier, der gleich Ma Tschung-jing aus Hotschau gebürtig ist, erzählt uns, daß er vor siebzehn Monaten die Schlacht von Tatung, südlich von Urumtschi, mitgemacht hat, wo die Dunga-

nen, die sich schon siegreich glaubten, von den plötzlich durch
fünf Sowjettanks und eine Anzahl Sowjetbombenflugzeuge ver-
stärkten Regierungstruppen vernichtet wurden. Die Bomben-
flugzeuge haben einen furchtbaren Eindruck auf unseren Gastgeber gemacht. Er glaubt oder will uns glauben machen, daß
Nanking den Dunganen nicht mehr feindlich ist, sondern im
Gegenteil Truppen gegen Urumtschi geschickt hat, die in aller-
nächster Zeit in Hami eintreffen werden.

Dann, indem er uns köstliche kleine Brötchen aus Kerija anbietet, versichert uns der Offizier auf eine Frage von mir, daß Ma
Tschung-jing keineswegs mit Gewalt über die russische Grenze
gebracht worden sei und bald von Moskau zurückkehren werde,
wohin er aus freien Stücken gegangen sei, um die Geheimnisse
der Luftwaffe zu ergründen.

## Nija und die letzte »Gobi«

Tags darauf gelangen wir zu einem Dorf, das einen gedeihlichen
Eindruck macht und wo Aprikosen, saure Milch, Brötchen und
Fleisch vor den Läden im Schatten der überdeckten Straße ausgelegt sind. In der sauberen Karawanserei, wo wir absteigen,
erscheinen die Turki-Honoratioren der Oase, in seidene Khalats
gekleidet, zu unserer Begrüßung. Aber sie haben sich offenbar
nicht nur unsertwegen herbemüht, denn sie lassen alsbald die
zwei großen Tore an beiden Enden unseres überfüllten Hofes
verschließen und gehen, soviel ich verstehen kann, an eine Zäh-
lung des Viehbestands der Anwesenden.

Nur mit größter Mühe erreiche ich, daß die Türen geöffnet
werden, damit unsere Kamele auf die Weide geführt werden
können: Diese Tiere aus dem Tsaidam wollen durchaus nicht
begreifen, daß die geschnittene Luzerne, die wir ihnen anbieten,
eßbar sei!

Drei Tage und eine, nach Aziz' Angabe, schreckliche Wüste
trennen uns noch von Kerija, der großen Stadt, wo wir unsere
Karawane erneuern sollen. Nachdem wir mit Bedauern den
schattigen Weg verlassen und dann ein von grauem Geröll bedecktes Delta durchquert haben, betreten wir die glühende
Unendlichkeit. Stundenlang überklettern wir eine Sandwoge

nach der anderen, auf denen die Fährte kaum zu erkennen ist. An einer Stelle hat ein Karren haltgemacht, der erste, den wir seit Tangar zu Gesicht bekommen, und der Eigentümer hält in seinem Schatten ein Schläfchen, während sein Tier ein Bündel Stroh verspeist.

Stunde um Stunde späht das Auge immer wieder umher, aber es ist nichts zu sehen als dann und wann ein paar Esel, malträtiert von ihren Herren, die mit groben weißen, um die Hüften mit einem Tuch gegürteten Baumwollkitteln bekleidet sind. Die trockene Luft erzeugt optische Täuschungen: Ich glaube am Horizont ein Felsengebirge zu sehen, und plötzlich stellt sich heraus, daß es ein Haufen dunkler Kisten ist, ganz nahe vor mir, mit einem schlafenden Mann darauf, der offenbar auf neue Tiere wartet, um wieder aufzuladen. Weiterhin in der grenzenlosen Fläche steht ein einzelner Mann regungslos vor einem sterbenden Esel, dessen Rücken eine einzige Wunde ist. Eine Menge Gerippe liegen umher... Diese armen kleinen Esel, mit denen die Wege Asiens besät sind – und die einen allerdings manchmal mit ihrer Störrigkeit zur Verzweiflung bringen können –, würden es verdienen, daß jemand eine Ballade über sie schriebe.

Ich reite so schnell, wie Absalon nur gehen will, um irgendwo ein paar Stunden schlafen zu können, bis die anderen nachkommen. Vom Gipfel einer Düne gewahre ich eine ragende Stange, und dann plötzlich, leuchtend wie ein Juwel, ein tiefes Wasserbecken neben hundertjährigen Maulbeerbäumen: es ist der Rastplatz Oyraz mit seinem einzigen Haus.

Ich finde dort eine Abteilung dunganischer Soldaten vor, deren bärtiger Leutnant mich höflich einlädt, mich auf seine mit weißem Linnen ausgeschlagenen Decken niederzulassen; ich zögere nicht, es anzunehmen, und schlafe eine Stunde lang.

Die Soldaten haben sechs still in ihr Schicksal ergebene, mit Handschellen gefesselte Gefangene in Obhut, die sie bei dem Aufstand in Tscharklik gemacht haben und die jetzt zur Aburteilung nach Khotan gebracht werden. Die Soldaten sind feste, muntere Burschen, die in ein richtiges dröhnendes Wachstubengelächter ausbrechen, als Peter beim Absitzen von seinem Esel es fertigbringt, sich den Hosenboden zu zerplatzen. Mein Lachen ist etwas gedämpfter, denn auf mich fällt es natürlich, den Schaden wieder auszubessern! Aber mittelbar bringt meine Nä-

herei uns ein Omelett zum Abendessen ein: Die hübsche Tochter des Serailhalters kann der Versuchung nicht widerstehen, zwei meiner Nähnadeln gegen vier Eier einzutauschen, obwohl sie einen Augenblick zuvor beteuert hatte, sie habe keine.

Diese Nacht erfreuen wir uns eines gesegneten Schlummers auf einer Erderhöhung zu Füßen eines Baumes, kaum gestört durch die riesigen weißen Maulbeeren, die von Zeit zu Zeit auf unsere Gesichter herabklatschen. Aber plötzlich erwache ich von einem Alptraum, in dem ich auf einem Meeresstrande lag, von sturmgetriebenen Wogen hin und her gewälzt. Es ist schon Morgen, aber der große Wind hat sich über Nacht erhoben, der *schamal,* der die Luft verfinstert, und jedesmal, wenn ich mich im Schlafe umgedreht habe, ist der Sand abgefallen, der sich auf mir angehäuft hatte. Es bleibt uns nichts übrig, als in ein dunkles Zimmer zu flüchten, bis das Unwetter sich beruhigt.

Von Oyraz an ist der Weg durch die Sandflächen durch sehr hohe, mit Steinen gefüllte Körbe markiert – seltsame Bojen der Wüste. Wir kommen an den drei Karawansereien von Jasulghun vorbei, übernachten in dem Dorfe Uitoghrak in dem reizenden Hause des *schang-ji* oder Bürgermeisters, und endlich am 1. Juli kommen wir in Sicht von Kerija, nicht ohne daß Absalon, der krank ist, es für gut befunden hat, sich etliche fünfzehn Male am Boden zu wälzen mit dem Resultat, daß mein Holzsattel noch ärger zerbrochen ist als zuvor.

# Wohlleben in Kerija

Es geht jetzt auf einer breiten, gutgebauten Straße dahin. Kühe, Schafe begegnen uns. In der Nähe glitzern kleine, halbmondförmige Reisfelder, die in Stufen angelegt und überschwemmt sind, in der Sonne. Endlich erreichen wir die Stadt und ziehen durch die mit Obstständen gesäumten Straßen. Frauen mit unverschleierten Gesichtern tragen weite Seidengewänder, die auf der Brust mit fünf Querstreifen verziert sind, die wie stilisierte Adlerflügel ausschauen: das Abzeichen der verheirateten Frauen.

Am Ende einer gewundenen, gepflasterten Straße überschreiten wir die Schwelle eines kleinen Hofes voll blühender Oleander: wir sind bei dem Aksakal, Rholam Mohammed Khan. In dem Zimmer, in das wir geführt werden, machen Peter und ich große Augen: Ein Regenschirm hängt an einem Haken, neben einer Reihe Petroleumlampen liegt eine elektrische Taschenlampe, in einer Ecke steht ein Liegestuhl, und mehrere Uhren schmücken die Wände. Am Abend, Höhepunkt des Luxus, schlafen wir zwischen weißen Laken auf der erhöhten Plattform, die rings um den Hof läuft. In einem Zimmer nahebei surrt ununterbrochen eine Nähmaschine: Ein junger Mann, der Husten hat, ist mit der serienweisen Herstellung von Käppchen beschäftigt, wie die Schantos sie unter dem Turban tragen.

Unser Gastfreund ist afghanischer Herkunft. Ein schwarzer Bart läßt das feine Gesicht länger erscheinen, als es ist. Er trägt einen Fez und einen Spazierstock, wunderschöne Schuhe aus gelbem Leder, nur halb zugeschnürt, und einen Seidenkhalat über dem hellen Anzug europäischen Schnitts. Er bietet uns unaufhörlich die leckersten Dinge an, Honig, Rosenmarmelade, Brötchen, russische Bonbons (Marke »Stratosphäre«), Biskuit und sogar kalte Ente, während wir gleichzeitig mit einiger Mühe unser bißchen Chinesisch radebrechen.

Mit unserm besten Staat angetan – will sagen, mit reinen Hemden –, machen wir uns in Begleitung des Aksakals auf den Weg, um die Militär- und Zivilobrigkeiten von Kerija zu besu-

chen. Der Brigadegeneral Ma Fu-jang, mit geschorenem Kopf und niedriger, gefurchter Stirn, kann die chinesischen Visitenkarten nicht lesen, die wir ihm überreichen. Er läßt seinen Sekretär rufen, einen eleganten jungen Chinesen mit einem charmanten Lächeln. Dieser aus Lantschau stammende Schriftgelehrte kennt die »Times« und weiß sogar, wo die Schweiz und wo Genf liegt – welche Überraschung!

Nachdem die üblichen Höflichkeiten ausgetauscht sind, bringen wir das Gespräch unauffällig auf Ma Tschung-jing, den berühmten jungen Führer, dessen Aufenthalt wir gerne erkunden wollten. Wir haben Mühe, unser Erstaunen zu verbergen, als man uns sagt, Ma Tschung-jing befinde sich in Khotan, wo wir in fünf Tagen sein werden. Aber man bedeutet uns, daß wir ihn nicht zu sehen bekommen werden, da er inkognito dort weilt. Wir lächeln höflich, wie unsere Gastfreunde auch, und tun, als glaubten wir, was man uns mitteilt. Ist es demnach ungünstig für die dunganische Sache, daß Ma Tschung-jing in Moskau ist? Warum sollten sie es sonst nicht zugeben?

Die Kaserne ist sauber gehalten, ebenso wie die Hunderte alter Gewehre, die in ihren Ständern gereiht stehen. Man begleitet uns mit aller Förmlichkeit wieder bis an die Eingangstür. Hier auf dem Exerzierplatz sind trotz der glühenden Hitze ein paar schlottrige junge Rekruten in weißen Pyjamas beim Korbballspiel.

Dann stellt der Aksakal uns dem Bürgermeister vor, zu dem wir durch eine Reihe von Höfen gelangen, die einen stattlichen Jamen bilden. Es ist ein Turki, ein schöner Mann in einem Khalat aus grünem Taft. Er wagt sich nicht offen über die dunganische Gewaltherrschaft zu beklagen, aber wir entnehmen aus dem, was wir hören, daß er nicht von seinem Amt zurücktreten darf und auch nicht mit seinem Vermögen nach Indien auswandern kann, da er keinen Paß hat. Beim Abschied verspricht er uns, daß wir die fünf Esel und die zwei Kamele bekommen werden, die wir mieten wollen.

Rholam Mohammed Khan führt uns zu Mittag in sein noch im Bau befindliches Landhaus, wo wir *palo* essen sollen, das turkestanische Nationalgericht. Es besteht aus sehr leicht in Fett gedünstetem Reis, gemischt mit Karotten, Rosinen und Stücken von geschmortem Lammfleisch. Eine Kanne warmes Wasser

wird gebracht, und man wäscht sich vor und nach der Mahlzeit die Hände. Der Aksakal ißt nach altem Brauch mit den Fingern, während man uns Bestecke auflegt. Durch die großen Fenster bewundern wir den Baumgarten. In einem niedrigen Seitenflügel des Hauses befinden sich am Ende eines Ganges die Wohnräume der Frauen, in die ich mich begebe, um der Gattin des Aksakals meinen Besuch zu machen; ihr reizendes Töchterchen, die kleine Meradj, ist bei ihr. Obwohl der Aksakal schon bejahrt ist, ist seine Frau noch jung und hübsch, mit einem lächelnden Gesicht, und lebt anscheinend glücklich hier mit ihren Kindern und ihrer alten Mutter. Mehr kann ich nicht wissen. Wir betrachten gegenseitig die Stoffe unserer Kleider. Ihr Musselinschleier ist auf dem Kopf durch ein gesticktes Käppchen gehalten, und ihr weites Gewand ist aus einheimischer weißer Seide – der Seide, die nach der Sage durch eine chinesische Prinzessin nach Turkestan eingeführt wurde, welche nach Khotan kam, um dort den König zu heiraten. Trotz des Verbotes der chinesischen Kaiser gelang es ihr, einige der kostbaren Kokons in ihrem Turban zu verbergen, als sie ihr Land verließ.

Bei der Rückkehr nach der Stadt gelangen wir durch einige kleine Hohlwege hindurch zu einem Exerzierplatz, wie ich noch nie einen gesehen habe: Parallel laufende Balken sind darauf zu sehen und Gerüste mit Querbalken, von denen Stricke mit Knoten herabhängen, und eine erstaunliche Bretterwand, die offenbar eine Mauer darstellt, welche im Sturm genommen werden soll. Ganz in der Nähe, am Ufer eines Kanals, kühlen sich Hunderte von dickwanstigen Militärpferden im Schatten der Weiden, die rote, struppige Wunzeln haben... Wir erfahren, daß die Behörden in den letzten Tagen Tausende von Eiern, Hammelfett und Teeziegel aus der ganzen Oase beigetrieben haben, um einen Brei für die Pferde daraus zu kochen, weil sie von dem ewigen Maisfutter zu fett werden.

Ins Haus zurückgekehrt, finden wir Aziz vor, der uns schon erwartet; er wirft sich sogleich dem Aksakal zu Füßen, umarmt seine Knie und ruft immer wieder sein: »Hao Ta jen!« Wir entnehmen seinem Wortschwall, daß der Jamen ihn mit uns bis nach Khotan schicken will, während sein Vertrag ihm das Recht gibt, schon von Kerija aus nach Tschertschen zurückzukehren. Was tun? Zum Glück wird in diesem Augenblick ein Oberstleut-

nant gemeldet, der unsern Besuch bei seinem General erwidern will; er kritzelt sogleich einen Gegenbefehl an den Ziviljamen, und der Zwischenfall ist erledigt. Dieser liebenswürdige Offizier hat bereits vor seinem Erscheinen einige Geschenke an uns geschickt: zwei Flaschen russisches Eau de Cologne Teje, ein Paket Zucker und ein schwarzes Schaf! Das Kuriose ist, daß der Bürgermeister, der während unserer Abwesenheit hier war, Geschenke gleicher Art hinterlassen hat. Angesichts dieser Lawine von Zucker beeile ich mich, dem traurigen jungen Mann ein Paket zu schenken, der immerzu wie festgenagelt an seiner Nähmaschine hockt.

In Kerija erledigen wir endlich eine sehr wichtige Angelegenheit: den Verkauf unserer Karawane! Ein Freund des Aksakals bietet uns gütigst tausend *lianzee*[1] für unsere drei Tiere, von denen wir uns diesmal wohl oder übel trennen müssen. Es wird uns nie gelingen, den wahren Wert der schmuddeligen Banknoten festzustellen, die in der dunganischen Republik in Umlauf sind; aber es liegt auf der Hand, daß wir unsere Kamele zu einem Spottpreis hingegeben haben, denn im Bazar kostet ein Paar russischer Tennisschuhe ein Zehntel von dem, was wir für unsere Tiere bekommen; eine Flasche Kölnisch Wasser kostet dreißig *lianzee* und eine Schachtel russischer Zigaretten »Nascha Marka« sieben.

## Von einer Oase zur andern

Am dritten Juli um zwei Uhr nachmittags verlassen wir Kerija, jeder auf einem Pferde. Aber Peters Freude darüber, nun wieder ein Tier zu reiten, das seiner Länge entspricht, ist nur von kurzer Dauer: er muß diesen Reiseabschnitt zu Fuß beenden. Die Behörden haben uns abgemagerte Gäule vermietet, mit denen sie nichts mehr anzufangen wußten, und am nächsten Tage, beim Aufbruch von Damaka, schwingt sich mein Gefährte wieder ohne Murren auf einen Esel, obwohl er zugeben muß, daß diese Art der Fortbewegung das Gemüt höchst prosaisch stimmt. Von Kerija ab haben wir in jeder Ortschaft große Schwierigkeiten, Tiere zu mieten und Futter für sie zu bekommen.

Und dieser neue Esel kommt kaum vorwärts! Peter wird es

schließlich müde, ihm unaufhörlich die Weichen mit den Beinen zu bearbeiten, und zieht es vor, zu Fuß zu gehen. Da es sehr heiß ist, halten wir jedesmal an, wenn wir an einem im Schatten hockenden Eisverkäufer vorbeikommen: im Winter wird nämlich Eis in die Erde vergraben, das dann im Sommer hervorgeholt und in kleinen Stücken, gemischt mit saurer Milch, feilgeboten wird – ein sehr durststillendes Getränk.

Unterwegs begegnen uns mit Luzerne, Reisig oder Ziegeln beladene Esel, die von den Behörden requiriert sind, und in der Nähe eines Beckens mit frischem Wasser versperrt uns ein Trupp Kamele den Weg. Hier sehen wir, wie ein dreijähriges Kamel festgebunden und wie ihm die Nase zum erstenmal mit einem Holzpflock durchbohrt wird, denn es ist just in dem Alter, um als Packtier benutzt zu werden, und man wird es jetzt leicht führen können. Der Offizier, der das Kommando hat und uns beobachtet, möchte gern herausbekommen, wer wir sind, und nötigt uns, im Hofe seines Hauses eine Schale Tee einzunehmen. Tuzun, der die Dunganen nicht liebt, begleitet uns widerwillig.

Am Abend des vierten Juli komme ich, mit Tuzun zusammen vorausreitend, in der üppigen Oase Schira an. Die Soldaten, denen ich begegne, nehmen mich für eine »Oross«. Als ich an dem Exerzierplatz vorbeikomme, übt ein Kavallerieregiment grade das Manöver, alle Pferde gleichzeitig zum Niederlegen zu bringen. Das Kommando führt ein Offizier von einem hohen Holzturm aus. Als bald darauf Peter, ganz mit Staub bedeckt, an derselben Stelle vorbeikommt, wird er von diesem Offizier zur Rede gestellt, der wissen will, was das für ein ungewöhnlicher Landstreicher sei. Die Sache hätte leicht eine üble Wendung nehmen können, aber dem »alten Etonschüler« gelingt es, sich mit Witz und Humor aus der Klemme zu ziehen: Er bringt die Lacher auf seine Seite, indem er den droben auf seiner Höhe thronenden Offizier füglicherweise mit »Do Ta jen – sehr großer (hoher) Mann!« anredet.

In der Hauptstraße des belebten Bazars, wo grüne und gelbe Seidenraupenkokons feilgeboten werden, versammelt ein Chinese die Vorbeikommenden um sich und möchte durchaus einen Silberdollar um fünfundvierzig *lianzee* verkaufen. Peter hört eine Weile zu, um sicher zu sein, ob er richtig verstanden hat, zieht dann genau so einen Dollar aus der Tasche und bietet ihn

dem Chinesen zum Kauf. Man stelle sich das Gelächter der Umstehenden vor, als der Wechsler nicht mehr als dreißig *lianzee* dafür zahlen will! Drei Schritte weiter, auf einer reizenden kleinen Brücke, kaufe ich hundert Aprikosen für ein *lianzee*.

In der Karawanserei, wo jeder Zollbreit unseres winzigen Zimmers mit Fliegen bedeckt ist, kommen mehrere dunganische Soldaten zu uns und reden uns in kaum verständlichem Russisch und mit grobem Ton an: »Du russisch, ja? Du wieviel Jahre alt? Gib mir deinen Photographenapparat!« Wir tun, als verstünden wir nicht. Aber einer von ihnen, mit einem rosigen Gesicht und schrägen Augen, spricht perfekt russisch. Er war, wie sich herausstellt, vor zwei Jahren »Komsomol« in Frunze, der Hauptstadt von Sowjet-Kirgistan, wo ich selber im Jahre 1932 mich aufhielt. Wir plaudern von der Schule, die er dort drei Jahre lang besucht hat, und von dem Kino der Stadt! Er sagt, das Leben sei dort zu schwierig geworden, daher sei er mit seiner Mutter nach Kuldja gegangen, wo er sie zurückgelassen habe, um hierher zu kommen. »Ich möchte sie wiedersehen«, sagt er, »mein Herz ist nicht ruhig, wenn ich nicht bei ihr bin!« Da er Dungane ist, schloß er sich der Armee von Ma Tschung-jing an. »Aber«, fügt er hinzu, »die Verhältnisse werden auf dieser Seite des T'ien Schan bald ebenso schwierig sein wie drüben. Die Läden schließen, alles wird requiriert, und das Geld verliert täglich an Wert.« Er ist zwar verpflegt und bekommt dreißig *lianzee* monatlich, aber er klagt darüber, daß ihnen allen kein Augenblick Muße für sie selber bleibt bei den ewigen Übungen, zu denen sie immer wieder und wieder dieselben militärischen Lieder singen müssen. Es sind noch mehrere da, denen es, wie ihm, gelungen ist, die UdSSR zu verlassen, und einer von ihnen, ein gewisser Paschkoff, ist derjenige, der die Pferde zu den mongolischen Übungen abrichtet, die wir mit angesehen haben. Mein Komsomol versichert mir auch, daß Ma Tschung-jing nach Moskau gegangen sei, um Stalin um Beistand zu bitten. Wenn er wiederkommen wird, wird er gegen die verweichlichten Chinesen Krieg führen, und die Russen werden es zulassen, daß er Urumtschi erobert.

Ich spreche immerzu von Aufständen und Bürgerkrieg, von dem verschwundenen Führer und von der Unzugänglichkeit Sinkiangs: Es wird Zeit, daß ich etwas näher eingehe auf gewisse

Verhältnisse, die mir, von Peking aus gesehen, unverständlich
schienen. Und da die Hindernisse, die eine Durchquerung Inner-
asiens unter Umständen vereiteln konnten, vorwiegend politischer Art waren, kann ich nur durch eine Erörterung dieser
Fragen verständlich machen, inwiefern unsere Reise ein gewag-
tes Unternehmen war. Auch ist jetzt, wo wir uns Khotan, der
Hauptstadt der Dunganen, nähern, wohl ein Bericht am Platze,
wie ihre Republik entstanden ist.

# Sinkiang

Sinkiang[1], das doppelt so groß wie Frankreich ist, wird von der übrigen Welt durch die höchsten Gebirge und die größte Wüste abgeschlossen, die es gibt: die Himmelsberge, den Pamir, den Karakorum, den Kuen Luen und die Wüste Gobi. Der einzige natürliche Zugang zu diesem ungeheuren Gebiet führt durch Sibirien.

Im Süden besteht Sinkiang zum größten Teil aus der Wüste Takla Makan, die von dem Tarim und seinen Nebenflüssen durchströmt ist; die fruchtbaren Oasen bilden nur anderthalb Prozent seiner Oberfläche. Diese größte Provinz Chinas hat kaum drei Millionen Einwohner, in der Mehrzahl mohammedanische Turkis. Man sollte meinen, daß dieses Land nichts zu bieten hat, was die Begehrlichkeit von Eroberern reizen könnte; und in der Tat ist es auch lediglich seine strategische Bedeutung, die es seit jeher zum Gegenstand des Machtstrebens seiner Nachbarn gemacht hat. Aber warum war es diesen Bestrebungen immer hilflos preisgegeben?

Die Einwohner, in der Mehrzahl iranischen Ursprungs und zu Beginn unserer Zeitrechnung durch die Einfälle der mit den Hunnen verbündeten Uiguren turkisiert, sind seßhafte Ackerbauer friedlicher Natur; sie brauchen ihre ganze Zeit dazu, ihre Felder zu bewässern und zu bestellen, und haben nie die geringsten kriegerischen Neigungen gehegt. Auch sind sie durch keinerlei Nationalgefühl verbunden; denn da ihre Oasen durch eine Wüste voneinander getrennt sind, die niemand gern durchquert, so lebt jede Ortschaft für sich in einem abgeschlossenen Wirtschaftssystem. Erst in jüngster Zeit hat islamitischer Fanatismus sie in Aufruhr versetzt, als die chinesisch-buddhistische Unterdrückung unerträglich wurde.

# Früher

China war durch zwei Jahrtausende der mächtigste Nachbar Sinkiangs. Jedesmal, wenn es nach einer Periode der Unordnung seine Vorherrschaft in Asien neu befestigen wollte, sah es sich aus strategischen Gründen gezwungen, sich dieses fernen Landes zu bemächtigen. Das war das einzige Mittel, um den Angriffen der Barbaren zuvorzukommen, die trotz der im dritten Jahrhundert vor Christo erbauten Großen Mauer immer wieder in das Reich der Mitte eindrangen. Außerdem sicherte die chinesische Oberhoheit im Tarimbecken den Karawanenverkehr auf der Seidenstraße, die lange Zeit die einzige Verbindung zwischen Katai[1], wie China damals genannt wurde, und Europa darstellte.

Schon im ersten Jahrhundert vor Christo, unter der Han-Dynastie, sind die Chinesen die Herren von Sinkiang. Nach einer Periode des Rückgangs nimmt China unter den mächtigen Dynastien der Tang (7. Jahrhundert) und der Mongolen (13. Jahrhundert) seine Züge nach Westen wieder auf. Schließlich, im Jahre 1759, dehnt der Mandschukaiser Kien Lung seine Macht bis zum Pamir aus; jenseits der Grenze erkennen Kokhand, Badakschan und selbst Baltischan die Oberhoheit Chinas an. Aber die einheimischen Mohammedaner, unzufrieden wegen der hohen Steuern, die ihnen auferlegt werden, flüchten nach Kokhand.

Im Jahre 1826 und dann nochmals 1846 versuchen die Kokhandis, in die Kaschgarei einzudringen. Aber erst Jakub Beg gelingt es im Jahre 1865, sich mit Hilfe eines Aufstandes der Mohammedaner gegen die Chinesen zum Herren von ganz Turkestan zu machen. Dieser neue Turkieroberer, Sohn eines Richters in Taschkent, hatte gegen die Russen gekämpft, bevor er Führer der Leibgarde des Khans von Kokhand wurde, den Kaschgar zu Hilfe gerufen hatte. Daher fand er auch keinen Beistand bei den Russen, als im Jahre 1877 eine chinesische Armee gegen ihn marschierte: seine Niederlage voraussehend, gab er sich selbst den Tod. Sein Besieger, der Statthalter von Kansu, Tso Tsung Tang, der aus eigener Initiative gegen ihn zu Felde gezogen war, brachte Sinkiang wieder an China, und es wurde die neunzehnte Provinz des Kaiserreiches.

Heute hat China die Herrschaft über seine entlegenen Provinzen, Tibet, Sinkiang, die Mongolei und Mandschurei, wieder verloren; aber die näheren Umstände dieser Loslösung sind bisher noch nicht bekannt geworden, und ein kurzer Überblick wird zeigen, welche Bedeutung Sinkiang gegenwärtig für die Zukunft Asiens hat.

## Die Zerstückelung Chinas

China hatte dank einer langen Erfahrung immer gewußt, welche Politik es anzuwenden galt, um eine Provinz zurückzuerobern, deren Verlust seine Macht erschüttert hatte. Aber im neunzehnten Jahrhundert trat in Gestalt des Angriffs der abendländischen Mächte von der See her ein neuer Faktor hinzu, dem sich die in Verfall geratene Mandschudynastie nicht anzupassen vermochte. Indem China die alte Taktik anzuwenden versuchte, die feindlichen Völker jeweils gegeneinander auszuspielen, zog es sich diesmal die folgenschwersten Beeinträchtigungen zu: Konzessionen, Anleihen, ausländische Kontrolle und militärische Besetzung zu Lande und zur See.

In der Gegenwart haben sich die kontinentalen Machtgelüste mehr denn je verschärft. Japan, hartnäckig auf die Zerstückelung Chinas bedacht, ist Herr in Mandschukuo; die UdSSR kontrolliert die äußere Mongolei; England übt die Schutzherrschaft über das äußere Tibet aus, und Jünnan gehört zur französischen Einflußzone. Die dem Namen nach noch chinesischen Gebiete innerhalb dieses Ringes, die innere Mongolei, Sinkiang und Innertibet, sind ständig durch Revolten oder durch die Begehrlichkeit ihrer Nachbarn beunruhigt, und der geringste Zwischenfall, der sich heute in einem dieser Gebiete ereignet, ist von mehr als örtlicher Bedeutung: gleich einer Sonde, mit der man ein zum Bersten reifes Geschwür abtastet, offenbart er den Interessenten sogleich die Verteilung der Kräfte.

# Die Nachbarn von Sinkiang

Verbündete, aber nicht Untertanen der regierenden Mandschudynastie, sagten sich die Mongolen während der Revolution von
1911 von China los.

Die äußere Mongolei im Süden von Sibirien mit rund einer
Million Einwohner wird nach mancherlei Wandlungen im Jahre
1924 unabhängig anerkannt und von der Roten Armee geräumt.
Es bleiben jedoch einige Sowjetberater in der »Volksregierung«
zurück, die von den Jungmongolen gebildet wird, welche für
zahlreiche Reformen eintreten.

Die mandschurische Mongolei (zwei Millionen Einwohner) ist
im Jahre 1933 durch die Japaner von Mandschukuo zur autono-
men Provinz Hingan erklärt worden. Diese Mongolen bilden
eine konservative Gruppe um einige Fürsten, die am Altherge-
brachten festzuhalten scheinen.

Die innere Mongolei (eine Million Einwohner) gehört im Prinzip noch zu China, dem sie unmittelbar benachbart ist; aber die
mongolischen Nomaden, die sie bewohnen, sind vergeblich in
Nanking um Schutz ihrer Interessen gegen die chinesische An-
siedlung bemüht, die sich Tag für Tag weiter in ihr Weideland
einfrißt. Natürlicherweise werden die Ansiedler durch die chinesischen Behörden unterstützt, und die um Teh Wang zusam-
mengeschlossenen Nomaden erreichen nichts. Zu schwach, um
sich unabhängig zu machen, haben die Mongolen nur die Wahl
zwischen zwei entgegengesetzten Parteien: den sowjetisierten
Revolutionären im Norden und den japanisierten Konservativen
im Osten.

Ob sie sich nun für den einen oder den anderen ihrer Nachbarn
entscheiden, das Gleichgewicht der Kräfte wird dadurch jedenfalls gestört sein; entweder die UdSSR oder Japan wird sich für
den Kriegsfall in der Flanke bedroht sehen. Die strategische
Bedeutung der inneren Mongolei, die an Sinkiang grenzt,
wächst also mit der zunehmenden kontinentalen Ausbreitung
der Japaner über die Mandschurei hinaus[1].

Tibet, im Süden von Sinkiang, trennte sich bei der Revolution
von 1911 von China. Es steht seit 1904 unter britischer Schutzherrschaft, infolge einer bewaffneten Intervention in Lhasa, die
zum Zweck hatte, das Land dem englischen Handel zu öffnen

und zugleich den wachsenden russischen Einfluß auf Tibet zu bekämpfen. Seit dem Tode des Dalai-Lama im Jahre 1933 weiß niemand, welche Einflüsse unter der nächsten Regierung vorwalten werden. Was Innertibet angeht, das von China abhängig ist, so wurde es im Jahre 1929 in die Provinzen Hsi-kan und Kuku Nor (oder Tschinghai) geteilt, damit es leichter beherrscht werden konnte.

## Verteilung der Kräfte in Sinkiang

Sinkiang, die größte der chinesischen Provinzen, ist sehr schwer zu regieren. Einerseits ist die Zivilverwaltung nur durch eine unbedeutende militärische Streitmacht unterstützt, und da Sinkiang vier- bis fünftausend Kilometer weit von Nanking entfernt ist, ist es fast unmöglich, Hilfe von dort zu bekommen. Andrerseits muß man sorgfältig darauf bedacht sein, die Regierung über die Einwohner – Turkis, Kirgisen, Mongolen und Dunganen der Dsungarei – nur auf dem Wege über die einheimischen Führer auszuüben. Für den Gouverneur von Sinkiang, der seinen Sitz in Urumtschi hat, bedeuten die Mohammedaner der Provinz eine ständige Gefahr; es besteht jederzeit die Möglichkeit, daß sie sich unter fremdem Einfluß gegen die chinesische Herrschaft zusammenschließen, und wir sahen bereits, wie Jakub Beg sich eine mohammedanische Erhebung zunutze machte. Außerdem muß mit den Dunganen der Nachbarprovinz Kansu gerechnet werden, die sich noch immer in die Unruhen von Sinkiang eingemischt haben; sie zählen etwa drei Millionen (insgesamt leben rund zwanzig Millionen Mohammedaner in China) und üben einen sehr großen Einfluß aus, da sie dank ihrer Tatkraft alle wichtigen Posten in Besitz haben.

Die Dunganen stehen in dem Ruf, grausame Krieger zu sein, und ihre Aufstände haben Nordwestchina immer wieder in Blut getaucht. Das Land hatte sich noch kaum von den zerstörenden Unruhen der Jahre 1862–1877 erholt, als in Kansu der Aufruhr von 1895 ausbrach (der geringste Vorwand, wie etwa der Raub einer mohammedanischen Frau, genügt den Dunganen, um das Signal zur Niedermetzelung der verhaßten Chinesen zu geben). Und Sven Hedin berichtet, daß damals allein in dem Dorfe

Tangar 18 000 dunganische Soldaten zur Vergeltung hingerichtet wurden.

Endlich brach in jüngster Zeit, im Jahre 1931, in Hami in Sinkiang ein mohammedanischer Aufstand aus, dessen Folgen noch heute spürbar sind. Was war geschehen?

Bis zum Jahre 1928 war die Provinz von Jang Tseng-hsin regiert worden, der die Schwierigkeiten klug zu überwinden gewußt hatte, die die chinesische Oberhoheit bedrohten. Aber Jang wurde bei einem Bankett in Urumtschi ermordet, entweder durch einen seiner Minister oder durch den Mann, der sein Nachfolger wurde, den berühmten Tschin Shu-jen. Damit begannen die Unruhen.

Innere wie äußere Schwierigkeiten hatten sich allerdings schon vorher bemerkbar gemacht. Im Verlaufe mehrerer Jahrzehnte friedlichen Gedeihens hatte sich die seßhafte Bevölkerung vermehrt, und viele Ansiedler waren in das Gebiet der mongolischen Nomaden des Nordens ausgewandert. Da Ackerbauern leicht zu besteuern sind, wurden sie durch die Regierung unterstützt, während andrerseits den Nomadenführern, die mit der Aufrechterhaltung der Ordnung betraut waren, ihre Hilfsgelder nicht länger ausgezahlt wurden. Zudem hatte seit 1922 die kommunistische Propaganda dadurch Fortschritte gemacht, daß sie sich auf die Agrarreformen berief, die in Russisch-Turkestan eingeführt worden waren, dessen seßhafte Bevölkerung derjenigen von Sinkiang gleicht; und schon im Jahre 1920, vier Jahre früher als in China, hatten die Russen in Sinkiang auf ihre exterritorialen Vorrechte verzichtet.

Im Jahre 1925 wurden die russischen Konsulate als Sowjetkonsulate wiedereröffnet, und der Handel mit Rußland wurde wieder aufgenommen (schon unter dem Zarismus, seit dem Vertrage von Kuldja im Jahre 1851, war die Provinz für den russischen Handel offen gewesen), mit solchem Erfolg, daß das russische Geld bald zur geltenden Währung wurde. Die chinesischen Behörden zogen immer weniger und weniger Gewinn aus dem Karawanenverkehr mit China, und je geringer ihre Einkünfte wurden, um so mehr erhöhten sie die Steuern, zur Unzufriedenheit der Bevölkerung. Die Orientierung nach Rußland hin trat immer mehr zutage, und im Jahre 1928 erklärte der Konsul von

Sinkiang in Semipalatinsk, daß seine Provinz sich nur nach ihrem eigenen Interesse richten werde und nicht nach den Wünschen der chinesischen Regierung. Schließlich, im Jahre 1931, erfolgte die Eröffnung der turkestanisch-sibirischen Bahn (mit der ich im Jahre 1932 reiste), die natürlich die kommerzielle Bedeutung des jetzt so viel näher gerückten Rußland erhöhen mußte. Der Gouverneur Tschin Shu-jen schloß denn auch daraufhin einen heimlichen Handelsvertrag mit der UdSSR.

Tschin war nicht so gescheit wie sein Vorgänger; allem gesunden Menschenverstand zuwider besetzte er sämtliche Regierungsposten mit seinen Landsleuten aus Kansu und unterdrückte dann das Volk in einer Weise, wie es noch keiner vor ihm gewagt hatte. Er sperrte die Grenzen der Provinz, um die Verbreitung von Nachrichten zu verhindern, und aus diesem Grunde hielt er auch die Citroën und die Sven-Hedin-Expedition in Haft. Aber nun überstürzen sich die Ereignisse.

Das Verbot, Waffen zu tragen, ist in China seit 1929 aufgehoben; Urumtschi kauft Gewehre und marschiert wohlbewaffnet auf Hami, um dieses unabhängige Fürstentum, dessen Fürst bereits abgesetzt ist, unter unmittelbare Verwaltung zu bringen. Aber in Hami sind den Turkis soeben ihre guten Ländereien zugunsten der aus Kansu entkommenen chinesischen Bauern enteignet worden, und überdies ist eine mohammedanische Frau durch einen chinesischen Angestellten entführt worden. Dieser Angestellte wird, ebenso wie die Bauern aus Kansu, umgebracht, und in Hami beginnt im März 1931 der Aufstand. Die Regierungstruppen besetzen die Stadt, deren Turkieinwohner in die Berge flüchten, während ihr Anführer Hodja Ngaz den General Ma Tschung-jing zu Hilfe ruft.

In Hotschau geboren, hatte sich dieser junge dunganische General, der später Ga Ssu-ling genannt wurde, bereits im Alter von siebzehn Jahren in Kansu bei dem mohammedanischen Aufstand vom Jahre 1927 berühmt gemacht (dessen Opfer sich nach vorsichtiger Schätzung auf 200 000 bezifferten). Dieser Aufstand war ausgebrochen, weil der »christliche« General Feng sämtliche Mitglieder einer Delegation hatte erschießen lassen, die die Dunganen an ihn schickten, um gegen die unerträglichen Steuern Einspruch zu erheben, die er ihnen auferlegt hatte. Der junge Ga Ssu-ling, damals noch Oberst, war durch einen der Mâs

in Sining[1] beauftragt worden, Hotschau zu nehmen, das, eine mohammedanische Stadt, dem »christlichen« General in die Hände gefallen war. Nach einer achtmonatigen vergeblichen Belagerung zieht Ma Tschung-jing sich zurück und wird Bandenführer in Nordkansu. Zur Vergeltung läßt der Gouverneur der Provinz, eine Kreatur Fengs, in Lantschau den Vater von Ma Tschung-jing hinrichten und entzündet so den Haß gegen die Chinesen im Herzen des jungen Mannes. Dessenungeachtet begibt Ma sich im Jahre 1930 nach Nanking zu dem unumstrittenen Herrn Nordchinas[2], dem Generalissimus Tschiang Kai-schek, der ihn zum Militärgouverneur von Lantschau ernennt. In dieser großen Oase im Süden der Wüste Gobi angekommen, geht Ma daran, die Bevölkerung zwangsweise auszuheben, und schafft eine Armee von 10 000 Mann mit Hilfe eines türkischen Offiziers aus Konstantinopel, namens Kemal.

Zu dieser Zeit, im Sommer 1931, wird Ma von den Turkis im Norden zu Hilfe gerufen. Trotz der Schwierigkeiten, die einem Marsch durch die Wüste Gobi entgegenstehen, kommt er mit 500 Dunganen herbei und belagert Hami sechs Monate lang. Aber vergeblich: es gelingt dem Ingenieur Petro von der Citroën-Expedition, eine Botschaft nach Urumtschi durchzubringen, woraufhin Verstärkungen zum Entsatz der in Hami belagerten Chinesen ausgeschickt werden. Nach dreiundvierzig Angriffen auf die Stadt gibt Ma den Kampf auf und kehrt nach Kansu zurück. Die Dunganen fechten weiter auf seiten der Turkis; Barköl und dann Turfan werden genommen, und endlich, im Januar 1933, wird Urumtschi selber belagert. Aber die Hauptstadt wird von einigen tausend Weißrussen tapfer verteidigt, die wissen, daß sie unter mohammedanischer Herrschaft nichts zu gewinnen hätten. Diese Russen werden durch den Gouverneur Tschin Shu-jen dermaßen schlecht behandelt, daß sie sich gegen ihn erheben und ihn am 11. April 1933 zwingen, über die Mauer seines Jamens zu flüchten, angeblich nur im Hemd[3].

Das Kommando übernimmt der Offizier Sheng Shih-tsai. Dieser Chinese, der in Japan studiert und den Krieg in der Mandschurei mitgemacht hat, ist tief beeindruckt von der wachsenden Macht Rußlands. Er schließt einen Handelsvertrag mit den Sowjets und erhält eine Anleihe von fünf Millionen Rubel zur Förderung des inneren Aufbaus der Provinz; nur 500 000 Rubel

werden in Geld ausbezahlt, der Rest in Maschinen und Flugzeugen und der Entsendung russischer Berater, die die Politik leiten sollen; die Anleihe soll nach und nach durch Lieferung von Karakul- und Breitschwanzfellen abgezahlt werden.

Bald danach kommt, sehr zur Unzeit, ein Abgesandter Nankings nach Urumtschi, um zu versuchen, den Frieden wiederherzustellen. Er scheint die Freiheit nur durch das Versprechen wiedererlangt zu haben, daß Sheng offiziell als Militärgouverneur oder Tupan von Sinkiang anerkannt werden würde.

Aber die Mohammedaner, die jetzt die Hauptstraße von Sinkiang bis südlich von Urumtschi beherrschen, rufen zum zweitenmal Ma Tschung-jing zu Hilfe. Dieser läßt Nordkansu in der Obhut seines entfernten Vetters Ma Bu-fang zurück und setzt sich in Marsch. Der Ehrgeizige ist entschlossen, alle Mohammedaner des Turfangebiets unter seiner Fahne zu vereinigen; ebenso energisch und tapfer wie grausam, hat er sich die Erfolge Dschingis Khans oder, aus neuerer Zeit, Tso Tsing Tangs zum Vorbild gesetzt. Er schlägt die Weißrussen mühelos vor Urumtschi, aber in diesem Augenblick tauchen plötzlich 7000 Chinesen auf, die, aus dem mandschurischen Kriege entkommen und in Sibirien interniert, soeben in Sinkiang eingetroffen sind.

Diese neuen Streitkräfte zwingen Ma Tschung-jing zum Weichen; er zieht sich nach Turfan zurück und rekrutiert neue Soldaten aus der Bevölkerung. Der Turkiführer Hodja Nyaz hat sich von Ma abgewandt und ist zu Sheng Shi-tsai übergegangen, der ihm den Süden der Provinz versprochen hat; er ist ein Opportunist, der abwechselnd jeden der verfeindeten Generale unterstützt, dem er begegnet. Im Januar 1934 erscheint Ma trotz der großen Kälte plötzlich in der Ebene von Urumtschi und bereitet eine neue Belagerung vor. Sheng bekommt Angst und telegraphiert an seine moskowitischen Freunde um Hilfe. Truppen, die gerade an der Grenze stehen, kommen sofort herbei, und Rotrussen und Weißrussen, tausend an der Zahl, kämpfen Schulter an Schulter. Ma hätte sie geschlagen, aber er hat nicht mit dem entscheidenden Faktor moderner Kriegführung gerechnet: eine Anzahl russischer Flugzeuge versetzt in den Schlachten bei Damatscheng und Tortung mit ihren Bomben die Dunganen in Schrecken. Ma muß fliehen und zieht sich nach Südwesten in Richtung auf Kaschgar zurück.

# Die Ereignisse in Kaschgar

Im Süden der Provinz hatten unterdessen die drei Emire von Khotan zu Anfang des Jahres 1933 einen fanatischen Aufstand der Mohammedaner ins Leben gerufen. Damals war es, daß unser Freund Norin nach dem Tsaidam flüchten mußte. Von Timur geführt, nehmen die schlechtbewaffneten Khotandis im Verein mit einigen von Hodja Nyaz' Dunganen und Turkis Kaschgar ein, das nur von dem chinesischen Taotaï, Ma Tschahwu, und einer Handvoll Kirgisen verteidigt wird, die er bewaffnet hat. Dann wird Jarkand belagert und fällt auch; zweitausend überlebende Chinesen werden von den Moslems in der Wüste bis auf den letzten Mann niedergemacht, obwohl man ihnen freies Geleit bis nach Kaschgar zugesichert hatte.

Nun erhebt sich jedoch bei den Siegern selber ein Streit zwischen Turkis und Dunganen: diese letzteren ziehen ab und nisten sich in der Neustadt von Kaschgar ein, sechs Kilometer von der Altstadt entfernt. Hier bleiben sie sechs Monate. Im November 1933 wird Kaschgar die Hauptstadt einer »Republik Ost-Turkestan«, deren Präsident Sabit von dem Emir von Khotan unterstützt wird; aber sie dauert nur zwei Monate[1], denn am 13. Januar 1934 bemächtigt sich ihrer der Befehlshaber der Turkis, Hodja Nyaz, und da er sich in den Dienst der chinesischen Regierung in Urumtschi gestellt hat, kann er diese Rebellenrepublik unmöglich anerkennen.

Schon im Februar müssen die Turkis die Stadt den Dunganen Ma Tsching-jings übergeben, als diese nach ihrer großen Niederlage dort eintreffen. Vereint mit den Dunganen, die noch die Neustadt besetzt halten, zwingen die Ankömmlinge die Turkis und Kirgisen, in die Berge zu fliehen.

Einer von diesen Flüchtlingen war es, durch den die Frau des britischen Generalkonsuls vor der Tür ihres Hauses auf unerklärliche Weise verwundet wurde.

Hodja Nyaz entkommt und flieht nach Urumtschi, wo er hernach Vizezivilgouverneur wird; zwei von den drei Emiren von Khotan werden getötet.

Am 13. April trifft Ma Tschung-jing selbst in Kaschgar ein. Er kommt als Besiegter; sein Traum, sich zum Herrn von ganz

Sinkiang zu machen, ist dahin. Dennoch scheint seine Lage nicht verzweifelt; die ganze Oasenkette des Südens, wo er Parteigänger hat, wartet nur auf seine Befehle. Er wird sich zweifellos dorthin zurückziehen, um seine Armee wieder neu zu bilden. Und wirklich läßt er auch im Sommer, als die Regierungstruppen von Urumtschi vorrücken, Aufrufe in Kaschgar anschlagen: Die Dunganen sollen sich in Khotan festsetzen und das übrige Land Sheng Shi-tsai überlassen.

Aber zur allgemeinen Überraschung ernennt Ma seinen Kavalleriegeneral Ma Ho-san zum Oberbefehlshaber und macht sich selber auf den Weg nach Taschkent in Russisch-Turkestan – begibt sich aus freien Stücken zu dem Feinde von gestern, begleitet von Kamerad Constantinoff, dem Sekretär des Sowjetkonsulats in Kaschgar.

## *Ein neuer Lawrence*

Seither und bis zu dem Tage, an dem ich dieses schreibe, weiß man nichts Gewisses über Ma Tschung-jing, über dessen Schicksal die widersprüchlichsten Gerüchte umgehen: Ma ist als Leiche in Moskau eingetroffen. Ma ist nach Indien gegangen, um dort Beistand zu suchen. Ma sei in Peking, lasen wir im Februar 1935, als wir diese Stadt verließen. Der deutsche Konsul in Nowo-Sibirsk gibt im April 1935 bekannt, Ma sei soeben in Alma Ata in Kazakstan eingetroffen[1]. 1936 heißt es, Ma sei in Shensi in China eingetroffen, um dort kommunistische Propaganda zu machen. Eine Legende hat sich bereits um ihn gebildet, wie um den Oberst Lawrence.

Die Japaner und ihre Zeitung »Osaka Asahi« behaupteten, die Dunganen hätten auf Anstiften der Sowjets rebelliert, die im Sinne hätten, sich Chinesisch-Turkestans zu bemächtigen. Bekräftigt wurde dieser Verdacht durch ein Gerücht, wonach gewisse Funktionäre in Kaschgar erklärt haben sollten, Ma sei ein Agent der III. Internationale und erhalte seine Befehle von Moskau über die äußere Mongolei.

In den Sowjetzeitungen standen die verschiedenartigsten Kommentare zu lesen. Einigen zufolge waren es die Japaner, die Ma zu seinem Aufstand gegen die Chinesen angestachelt hatten,

dies in ihrem Bestreben, auf Kosten Chinas ihr mandschurisch-mongolisches Reich zu gründen. Und die »Iswestija« behauptete, das Hauptquartier der panislamitischen Liga – deren Ziel es sei, ganz Zentralasien zu einem Bollwerk anti-sowjetischer Politik zu machen – befinde sich in Japan.

Aber das Blatt der kommunistischen Partei in Taschkent, die »Prawda Wostoka«, sah es wieder ganz anders. Nach ihrer Darstellung war Ma der Anführer einer Bauernrevolte gegen das militaristische Feudalsystem in Sinkiang. (Diese Meinung ist zutreffend, nur muß man dabei bedenken, daß Ma für sich selber arbeitet und nicht für die Bauern . . .) Das Blatt fügte hinzu, die Weißgardisten in Urumtschi, ein zusammengewürfelter Haufe von zweitausend durch die Chinesen gegen Mas Rebellen mobilisierten Emigranten, seien in den Kampf gezogen mit dem Ruf: »Gegen die Bolschewisten!«

Dieser Artikel ist besonders interessant, wenn man weiß, daß zwei Jahre später, im Februar 1934, die roten Truppen diesen selben russischen Emigranten dabei halfen, den von Ma geleiteten angeblichen Bauernaufstand der Turkis niederzuwerfen, im Interesse des chinesischen Imperialismus.

Was endlich England betrifft, so hat es sicherlich bei diesen unaufhörlichen Kämpfen seine Hand im Spiele. Der »Prawda« vom 15. August 1933 zufolge hat es die Schaffung eines großen tibetanischen Reiches im Sinn, zu dem Sinkiang und Szetschuan in einem Abhängigkeitsverhältnis stehen würden. Und ich erinnere mich, daß ein Deutscher, der gut unterrichtet zu sein behauptete, mir in Peking versicherte, daß »Lawrence von Arabien« den Emir von Khotan unterstütze, da Großbritannien an der Gründung einer mohammedanischen Republik unter englischem Protektorat im Norden von Tibet das größte Interesse habe.

Aber es wäre für London kaum möglich, militärische Operationen wirksam zu unterstützen in einem Lande, das von Indien durch tausend Kilometer schwindelnder Himalajapfade getrennt ist, was eine Reise von fünfundvierzig Tagen bedeutet durch eine Gegend, die keinerlei Möglichkeit bietet, den Proviant zu erneuern. Überdies legt England mit Rücksicht auf die tibetanische Frage vor allem Wert darauf, seine freundschaftlichen Beziehungen zu China aufrechtzuerhalten. Und schließ-

lich, selbst wenn Moskau in Kaschgar allmächtig wäre, wie sollte das für Indien gefährlich werden? Angesichts der Schranke des Himalaja wäre an einen Einfall in Indien nicht zu denken, und was etwaige Propagandaagenten betrifft, so wäre es sehr leicht, ihrer habhaft zu werden, da es nur zwei oder drei Pfade nach Kaschmir gibt.

Es hat freilich immer eine Anzahl indischer Kaufleute in Sinkiang gegeben, und England ist nach Kräften bemüht, durch seinen Generalkonsul die Rechte dieser fünf- bis sechshundert Untertanen zu wahren. Dieser Privathandel geht zwar heute immer mehr zurück, da die russischen Unternehmungen staatlich organisiert sind und auch durch die Nähe der Turksib-Bahn erleichtert werden. Trotzdem herrscht auf den Märkten noch immer Nachfrage nach englischem Musselin und den schönen englischen Wollwaren, obwohl sie sehr teuer sind. Es ist in der Tat bereits schwer, die Transportkosten hereinzubringen, und obendrein schikanieren die Behörden die indischen Karawanen mit immer höheren Abgaben und endlosen Verzögerungen. Im Herbst 1935 ist England, das endlich einmal gegen diese Plackereien energisch protestieren wollte, das Kraftstück gelungen, eine offizielle Mission per Lastauto von Peking nach Urumtschi zu schicken, der Hauptstadt mit den zwei Gesichtern, wie man sie nennen könnte. In Urumtschi traf Sir Eric Teichmann mit dem britischen Konsul aus Kaschgar zusammen, und beide wurden aufs liebenswürdigste von lächelnden Chinesen empfangen, die ihnen versicherten, daß die Handelsverträge von nun an eingehalten würden...

Aber es hat sich nichts geändert. Die Sowjetberater und -spezialisten lenken die Dinge zum Vorteil Rußlands, wie bisher, und sie können mit dem Ergebnis zufrieden sein, denn sie kontrollieren dank ihrer allenthalben eingesetzten Agenten den gesamten Handel der Provinz. Außer Pelzen und den Erzeugnissen einiger Gruben im Norden bezieht Rußland vor allem die ganze Wolle – an der es selber Mangel hat – aus Sinkiang; ich sah bereits im Jahre 1932 die endlosen Wollkarawanen durch Frunze kommen. Wenn man allerdings bedenkt, wie kostspielig diese eben erst geschaffene Organisation ist, so muß man sich fragen, ob die Jahresbilanz wohl schon mit einem Vorteil für die Sowjets abschließt. Aber das ist von geringer Bedeutung: staatliche Unter-

nehmungen gehen immer auf weite Sicht. Der Tätigkeit dieser Agenten ist es zweifellos auch zu verdanken, daß die Weißrussen, die früher die Gouverneure unterstützten, sich vorsichtshalber zum »Rotwerden« genötigt sahen.

Man flüstert sich zu, und es steht auch hie und da gedruckt zu lesen, daß Sinkiang sich eines schönen Tages von China losreißen und um Aufnahme in die Union der Sozialistischen Sowjetrepubliken ersuchen werde[1]. Die Bevölkerung hat seit vier Jahren so viel erlitten, daß sie zu glauben bereit ist, jede Veränderung, wie auch immer sie aussehen möge, werde besser sein als die Vergangenheit. Es ist sehr gut möglich, daß es zu diesem Knalleffekt kommt; er würde eine weltweite Propaganda für Moskau bedeuten, freilich eine zweischneidige, denn die Sowjets haben durchaus nicht den Wunsch, die allgemeine Aufmerksamkeit auf ihre Machenschaften in Zentralasien zu lenken. Für den Augenblick wollen sie nur mit aller Welt gut Freund bleiben und vor allem unbehindert von jeder Einmischung und jedem Wettbewerb ihren Handel fördern, und zwar bis nach Khotan hinunter, wohin ihre Agenten bereits vorgedrungen sind. Ich kann mich des Gedankens nicht erwehren, daß Sven Hedin mit seiner »chinesischen Expedition«, die von Nanking beauftragt war, die Möglichkeiten einer Autostraße nach Sinkiang zu erforschen, nur deshalb in Urumtschi »festgehalten« wurde, weil die Behörden fürchteten, seine Mission würde eine direkte Verbindung mit Nanking zur Folge haben; als sie dann nach und nach erkannten, daß der Schwede keinerlei Veränderung bezüglich der bestehenden Verbindungswege herbeiführen würde, ließen sie ihn im Jahre 1935 gehen.

Was wird geschehen? Kein Friedensvertrag ist zwischen Urumtschi und Khotan geschlossen worden, da Khotan nur Nanking unterstehen will. Die rebellische Stadt ist noch immer die Hauptstadt einer bis an die Zähne bewaffneten dunganischen Republik, die jedoch Nanking viel treuer ergeben zu sein behauptet als die ihr befeindete Provinzialregierung, die in Wahrheit den Befehlen Moskaus gehorcht.

Der rätselhafte Ma Tschung-jing ist die einzige unbekannte Größe, die imstande wäre, den gegenwärtigen Stand der Dinge umzustürzen. Wird er nicht wieder auftauchen und sich abermals an die Spitze der Seinen stellen, wie man es sich zuraunt?

Er würde zehntausend Gewehre haben und drei- bis viermal so viele mit Schwertern Bewaffnete; aber das würde wohl doch noch nicht genügen, um Sheng Shi-tsai mit seinen zwanzigtausend Gewehren und vor allem seinen zehn Flugzeugen russischer Herkunft zu schlagen.

Haben die Sowjets vor drei Jahren Ma ermutigt, sich Kaschgars zu bemächtigen, weil sie befürchteten, daß England in einer Moslemrepublik in Turkestan die Oberhand bekommen würde? Und bereiten sie sich darauf vor, ihn zu unterstützen? Sicher ist, daß es dem Sowjetkonsulat in Kaschgar überraschend schnell gelungen ist, Ma zu verführen, vielleicht durch das Versprechen, ihm Hilfe zu leisten. Ist Ma, der als ein mächtiger Führer nach Moskau ging, um dort über die Bedingungen eines etwaigen Bündnisses zu verhandeln, in eine Falle gegangen, in der er jetzt in ohnmächtigem Zorn festsitzt? Oder hat er auf seine Eroberungspläne verzichtet, um sich fortan – wer weiß? – der Befreiung der unterdrückten Klassen in Asien zu widmen?

Solange Ma nicht in Sinkiang ist, kann es dort verhältnismäßig friedlich bleiben; und das ist im Augenblick zweifellos das, was die Sowjets wollen, damit das Land sich wieder erholen kann. Ma ist gleichsam ein in Reserve gehaltener Bauer auf dem asiatischen Schachbrett. Dadurch daß die Russen den Führer der Dunganen bei sich haben, kontrollieren sie den Süden Sinkiangs. Falls Sheng Shi-tsai widerspenstig werden sollte, wird man vielleicht die Meute der Dunganen gegen ihn loslassen, mit Ma an der Spitze. Falls Japan die innere Mongolei endgültig annektieren sollte, könnten Ma Tschung-jing und Ma Bu-fang gemeinsam eine mohammedanische Sperrlinie von Kansu bis zur äußeren Mongolei legen.

Die Dunganen sind eine Macht, die nutzbar gemacht werden kann; auf sich allein gestellt jedoch und ohne Flugzeuge, könnten sie nichts unternehmen, was nicht von vornherein aussichtslos wäre.

# Khotan, Hauptstadt der Dunganei

Wir hatten nur noch zwei Tagemärsche vor uns bis zu der großen Oase Khotan, wo wir, ohne rechten Grund, irgendeinen Europäer anzutreffen hofften, vielleicht einen Missionar? Und Peter fragte sich sogar ganz leise, ob ihm sein gutes Glück nicht eine Flasche Whisky dort bescheren würde... Am ersten Tage hatten wir einen erschöpfenden Ritt. Peter hatte erklärt, daß wir erst in Lop haltmachen würden. Um sieben Uhr abends kamen wir bei den in einer wüstenartigen Gegend errichteten drei Karawansereien von Baishtoghrak an. Aber ihre stumme Lockung, hier zu rasten, blieb vergebens; ohne auch nur vom Pferd zu steigen, trank ich etwas Wasser aus einer Kalebasse, die ein Turki von dem Brunnen herbeibrachte, und wir ritten weiter.

Auf ein von Tamarisken bestandenes Gelände folgte wieder die Öde der Sanddünen. Müde, nur noch besessen von dem Wunsch, mich niederzulegen, hielt ich mich dadurch wach, daß ich in der fast völligen Dunkelheit die Führung übernahm und alle meine Aufmerksamkeit darauf richtete, nicht von den undeutlichen Spuren im Sande abzuweichen. Immer weiter ging es, aber keine Oase schob sich zwischen meinen Blick und die tiefen Sterne am Horizont; waren wir von der Fährte abgekommen? Plötzlich taucht ein Reitertrupp aus dem Dunkel auf, leuchtende Strahlenbündel aus Taschenlampen vor sich her werfend; es sind Soldaten auf Rekognoszierung... Welche unverhoffte Gelegenheit für sie, ein paar Fremde zu verhaften, falls ihnen nur im geringsten daran gelegen ist, ihren Diensteifer zu beweisen! Verblüfft über den Anblick Peters, übersehen sie mich, und ich gehe unbemerkt weiter. Aber wir kommen mit dem bloßen Schrecken davon; sie lassen Tuzuns Erklärungen gelten, und wir setzen unsern mühseligen Marsch durch die Finsternis fort.

Plötzlich steigt neben einer Wasserlache ein Baum auf; Lop ist noch weit, aber hier ist eine einsame Herberge, und auf unser

Rufen wird die schwere verriegelte Tür geöffnet. Da es nichts zu essen gibt, weder für uns noch für die Tiere, bleibt uns nichts übrig, als möglichst schnell einzuschlafen.

Sobald wir am nächsten Tage in Lop ankommen, schicken wir nach Futter für unsere Tiere, aber die Männer kommen zurück und sagen, es gebe nichts auf dem Markt, und Peter begibt sich zu dem Ortskommandanten, um zu reklamieren. Tuzun Ahun ist von gar keinem Nutzen für uns; er beunruhigt uns noch dazu mit allerlei Gerede von dem großen Fluß, den wir vor Khotan überschreiten müssen; er sagt, »das Wasser ist gefährlich für die Esel«, und wir müßten bis zum Morgen warten, weil dann der Fluß noch nicht von der Schneeschmelze geschwollen sei.

Aber als wir am Ufer ankommen, sehen wir eine Anzahl Tiere und Menschen, von denen die meisten den Jurungkash, den »Fluß der weißen Jade«, durchwaten, während die Waren ebenso wie die Frauen auf Fähren verfrachtet werden. Aber wir wollen nicht warten, bis die Fähren ablegen, und schicken uns an, an derselben Stelle hinüberzureiten, wo die Eingeborenen hinübergewatet sind. Kaum haben jedoch unsere ängstlichen Pferde den Fuß in das reißende Wasser gesetzt, so erheben sich warnende Rufe um uns her, und wir müssen uns wohl oder übel bequemen, die gelbe Flut in Begleitung einiger stämmiger Fährmänner zu durchqueren, die, bis an die Hüften im Wasser, unsere Pferde am Zügel führen. Sie geben uns zu verstehen, daß das Flußbett gefährliche Löcher habe.

Am linken Ufer werden wir von dem Sekretär des Aksakals von Khotan und einem Diener namens Saduk empfangen, der wunderlich mit einem alten Regenmantel und ausgefransten Wickelgamaschen angetan ist. Saduk, in dessen pergamentartigem Gesicht zwei lebhafte Augen funkeln, ist hochgescheit – er versteht sofort Peters Chinesisch. Von einigen Eingeborenen umringt, die auf den Schultern mit Union Jacks geschmückt sind, trinken wir Tee in einer Polizeistation am Flußufer.

Endlich, in sengender Sonne, ziehen wir in Khotan ein. Diese große Stadt, die ich mir, ich weiß nicht warum, so altertümlich reizvoll dachte wie Samarkand, enttäuscht mich. Am Rande schmutziger Gassen steht stinkendes Gewässer, die Läden sind schwarz von Fliegen, und vor allem sehe ich, daß die Mehrzahl der Einwohner, bis zu den jungen Mädchen, mit riesigen Kröp-

fen behaftet ist. Erst später entdeckte ich in Khotan einige große Moscheen aus neuerer Zeit: nicht die geringste Spur der Vergangenheit.

In der Mitte der Hauptstraße hängt eine englische Flagge über einem Holztor; wir treten in einen engen Hof, der bis zur Höhe des Daches mit Warenballen angefüllt ist: Das Haus des Aksakals dient den Karawanen, die über die Pässe des Karakorum kommen und gehen, als Depot. Einige schnurrbärtige und glattrasierte Herren, indische Kaufleute, in türkischen Hosen und Schlappschuhen mit aufgebogenen Spitzen machen mir großen Eindruck: Bei ihrem Anblick fühle ich plötzlich, daß Hindustan kein Mythos mehr ist; nur der Himalaja trennt uns noch davon, und für uns, die wir nicht mit zerlegbaren Raupenwagen belastet sind wie die Citroën-Expedition, wird es ein leichtes sein, hinzukommen.

Diese Herren unterbrechen ihr Kartenspiel, um uns zu begrüßen; sie sprechen nicht englisch, aber einige Worte dieser Sprache, wie »Times« und »tooth paste«, sind ihnen vertraut; einer von ihnen, der eben angekommen ist, hält einen Zerstäuber sowie einige deutsche und englische pharmazeutische Erzeugnisse in der Hand. Und Peter, plötzlich zur Rückkehr zur Kultur entschlossen, borgt sich alsbald eine Rasierklinge von ihnen.

Man führt uns zu einem kleinen Pavillon inmitten eines reichbelaubten Obstgartens. Er ist mit Teppichen ausgelegt und nach allen Seiten offen. Hier sollen wir wohnen. Und hier werden wir denn nun von früh bis spät die Rekruten zum Klang der Trompeten unermüdlich exerzieren hören, während ihre Kameraden aus vollem Halse immer wieder dieselben Turkilieder plärren. Der Aksakal ist verreist, aber sein afghanischer Sekretär wacht darüber, daß es uns an nichts fehlt, und Saduk ist uns als Diener beigegeben; er schläft im Garten in einem ausrangierten alten Karren, und die ganze Nacht hindurch, wann immer ich aufwache, sehe ich den Schein seiner kleinen Opiumlampe. Morgens, wenn wir ihn brauchen, kommt er dann bleich und verstört herbei, wie ein Gespenst. Er hilft uns zu verstehen, was der Sekretär uns sehr stolz erzählt: nämlich daß er einmal in Kabul eine aus dem Französischen übersetzte Geschichte gelesen habe von einem genialen Mann, einem Hindufürsten, der gegen einen Usurpator revoltiert und sein Leben in einem Unterseeboot ver-

bracht habe. Er meint natürlich den Kapitän Nemo und das Buch »Zwanzigtausend Meilen unterm Meer«. Hier in Khotan zitiert, so fern vom nächsten Ozean, erscheint diese Geschichte fabelhafter denn je.

Jenseits der Mauer unseres Obstgartens, im Schatten eines riesigen Spaliers, bewohnt die Familie des Aksakals ein altes düsteres Haus; hier koche ich drei Kilo Aprikosenmarmelade ein, denn das ist so ziemlich das einzige, was wir bei der großen Hitze unterwegs gern essen. Auf einer Truhe stehen Tonkrüge mit Rosenmarmelade, von Wespen umbraust; in den Zimmern stehen irdene Teekannen in den Wandnischen, und ich bewundere auch einen alten, in einen kostbaren Stoff gehüllten Koran. Die Frauen zeigen mir die Seidenstoffe, die sie aus ihren eigenen Kokons gewebt haben, und alte Münzen, die man in der Wüste gefunden hat, sowie auch eine Handschrift ähnlich denen, die Aurel Stein mitgebracht hat.

Am Morgen nach unserer Ankunft sehe ich einen mit der englischen Flagge geschmückten Esel vor unserem Pavillon ankommen. Auf dem Ledergürtel des Treibers glänzt eine Metallplatte mit der überraschenden Inschrift: »British Indian Postman.« Wir sind fünfundvierzig Tagereisen von Indien entfernt, und dies ist die monatliche Konsulatspost: Der große rote Ledersack wird geleert, und vor den Augen des fieberhaft erregten Peter kommen einige Wochenausgaben der »Times« zum Vorschein! Diese Zeitungen sind nicht an den Aksakal adressiert, der nicht Englisch kann, sondern an einen gewissen Herrn Moldawak. Das ist ein Armenier, der in Khotan lebt, und wir beeilen uns, ihn aufzusuchen.

## Unser erster »Europäer«

In einem gepflegten Zimmer, dessen Wände mit Büchern bedeckt sind, empfängt uns ein sehr alter Herr, der Französisch und Englisch spricht – er hat beide Sprachen während seiner Studienzeit in Konstantinopel gelernt. Der liebenswürdige Mann kann kaum gehen. Er ist sehr krank und leidet an einer Elefantiasis, die der Arzt von Kaschgar für unheilbar erklärt hat. Von Beruf Seiden- und Teppichhändler, hat er sich vor

sechsundzwanzig Jahren hier niedergelassen; dann, zur Zeit der bolschewistischen Revolution, hat er sein ganzes, auf einer Bank in Russisch-Turkestan liegendes Geld verloren und aufs neue angefangen zu arbeiten, indem er die Anleitung der hiesigen Teppichweber übernahm. Sein Bestreben war, die alten Traditionen fortzupflanzen, die Khotan berühmt gemacht haben; und er zeigt mir ein Buch mit einer Widmung von Aurel Stein: »Dem Förderer der Teppichindustrie in Khotan.« Aber seit der Staat alles im Lande monopolisiert hat, kann er die jetzige minderwertige Fabrikation nicht mehr verhindern.

Er bestätigt uns, daß die allgemeine Lage schlecht ist; wer sich irgendwelcher Beziehung zum britischen Aksakal rühmen kann, und auch so mancher, der es nicht kann, hängt an seinem Hause eine englische Flagge heraus, denn das schützt vor den Eintreibungen, die der Diktator Ma Ho-san anordnet. Beim Kaffee plaudern wir von den verschiedenen Europäern, die schon nach Khotan gekommen sind. Herr Moldawak ist beunruhigt über das Schicksal eines Tschechen, der aus Afghanistan kam und in Khotan verhaftet wurde, nachdem er eine Zeitlang in Kaschgar Banknoten auf Rechnung der kurzlebigen Moslemrepublik gedruckt hatte. Es ist derselbe junge Mann, von dem man uns in Tschertschen sprach.

Herr Moldawak stellt uns sehr genaue Fragen über die europäische Lage. Dann äußert er Erstaunen über eine Rede des japanischen Ministerpräsidenten, in der dieser erklärte, daß Japan ein Interesse erster Ordnung daran habe, zu verhindern, daß die UdSSR sich in Sinkiang festsetzt.

Ist es nicht merkwürdig, daß die Weltpolitik hier im Zimmer dieses Emigranten, über die dreifache Schranke des Himalaja, des Karakorum und des Kuen Lun hinweg, ein Echo wachruft?

Als wir wieder in unserm luftigen Pavillon angelangt sind, verschlingt Peter die drei Monate alten Nummern der »Times«, die Herr Moldawak uns geliehen hat. Er findet darin Nachrichten über Freunde und entdeckt mit einigem Vergnügen auf der Hauptseite einen Aufsatz von ihm selbst über Mandschukuo, während ich im illustrierten Teil auf ein Bild des Verfassers stoße, das ich mit meiner Leica gemacht habe. Wie wäre es, wenn mir hier auch einmal ein Exemplar meines »Petit Parisien« in die Hände fiele? Ach, keine Gefahr! Gott weiß, welcher neue Fi-

nanzskandal die französische Öffentlichkeit – die von der Kontinentalpolitik Japans nur ganz nebelhafte Vorstellungen hat – grade wieder beschäftigt, so daß meine Aufsätze voll der schönsten Aktualitäten sicherlich in irgendeiner Schublade welken! Während ich mich diesen schwarzen Gedanken überlasse[1], macht Peter die Entdeckung, daß sein Land kürzlich ein bewegendes Jubiläum gefeiert hat, und ich sehe, wie er allen Anwesenden eine Photographie Georgs V. zeigt und ihnen erklärt, das sei ein König, und diese Zeitung sei dieselbe, die ihn hierher zu ihnen geschickt habe.

## Die zwei Pfeiler der Macht

Die zwei Pfeiler der Macht sind das Arsenal und die Münze. Diese letztere, in der Hauptstraße gelegen, besticht nicht eben durch ihr Äußeres: Sie ist ein chinesisches Haus wie jedes andere, nur daß ein Posten davorsteht. Auf den Fliesen des Hofes trocknen in der Sonne Tausende von farbigen Rechtecken: Das sind die Banknoten der dunganischen Republik, und einige kauernde junge Burschen sind damit beschäftigt, sie zu Bündeln von je hundert aufzuschichten. In den Zimmern des Hauses, hinter den Papierfenstern, in einer Luft, die von den Ausdünstungen der Farben alkoholisch geschwängert ist, drucken Männer mit blauen, schwarzen, roten und grünen Stempeln unaufhörlich Noten auf Papier aus Maulbeerbaumrinde. Sie haben während der letzten zwölf Monate dreißigtausend pro Tag geschafft, sagt uns der Direktor; aber das sei noch lange nicht genug, gesteht er; man müßte doppelt soviel zustande bringen. Von solchen Noten haben wir gegen ein paar Dollar ganze Stöße bekommen – man braucht einen Handkoffer, um sie zu transportieren –, und ihr Wert wird uns ewig ein Rätsel bleiben, denn er wechselt unaufhörlich. Selbst im Herzen Asiens hat die Inflation mit ihrem ganzen Schwanz von Folgeerscheinungen Einzug gehalten.

Das Arsenal ist in mehreren elenden Gebäuden untergebracht. Ein blasser, sympathischer junger Mann, der uns auf der Straße vorbeigehen sah, hat uns ersucht, einzutreten. Hier herrscht nicht solche Betriebsamkeit wie in der Münze. In einem Ausstellungssaal sind ein Dutzend chinesischer Kanonen aufge-

*Peter Fleming im Gespräch*

*Gefangener Rebell aus Tscharklik*

*Der betende Lama in Nomo Khantara*

*Ma Shao-wu an Krücken*

*Der neue Gouverneur von Kaschgar, Kung tao taï*

pflanzt, grün und blau angestrichen, ebenso wie die dazugehörigen Munitionswagen. Weiter hinten werden Lafetten angefertigt; in einem Hofe sind Gußformen zur Herstellung von Granaten aufgereiht, und junge Mädchen sind damit beschäftigt, Gewehre zu demontieren. Bei einer Schale Tee vertraut der nette junge Mann uns an, daß Munition im Überfluß vorhanden ist; er scheint glücklich, mit Fremden sprechen zu können, die aus dem fernen Kansu kommen, seiner Heimatprovinz, und wir können ihn nur mit größter Mühe davon abhalten, eine Suppe für uns zu bestellen. Ich liebe diese angeborene, lächelnde Ungezwungenheit des echten Chinesen, der man immer wieder begegnet und die viel dazu beiträgt, daß das Reisen in China so reizvoll ist.

## Der Diktator Ma Ho-san

Wie die meisten Städte in Turkestan ist Khotan geteilt in eine Turkistadt und eine Chinesenstadt; in dieser letzteren residieren die gegenwärtigen Unterdrücker Ju-t'iens, der Jadestadt, wie Khotan auf chinesisch heißt.

Die winzigen Läden mit ihren Wandgestellen sind die gleichen in beiden Städten, wohingegen die Bevölkerung verschieden ist: In der Stadt der Eroberer sind weniger Turkis in ihren langen Gewändern und weniger Frauen mit dem viereckigen Musselinschleier auf dem Kopf zu sehen, dafür mehr Chinesen in kurzen Jacken und Hosen, die an den Knöcheln zusammengebunden sind, und geschwätzige Chinesinnen, barhäuptig, in Hosen und glänzendem Satin. Die Frauen aus Kansu haben ihre merkwürdigen schwarzen Turbane beibehalten, in denen sie ausschauen wie trauernde Witwen.

Durch die schlüpfrige Straße, die mit Wasser besprengt ist, das man aus einem nahen Kanal schöpft, trotten Hunderte von Pferden zur Tränke. Aber das Erstaunlichste ist das unaufhörliche Marschieren. Regiment auf Regiment zieht vorbei: Die gefürchteten Dunganen in weißen Pyjamas und Piquéhüten mit breiten Krempen, die wie Volants wogen, nehmen immer wieder und wieder dieselben Marschlieder auf. Neu ausgehobene Rekruten, jung und alt, kommen im Stechschritt mit weit ausholenden Armbewegungen daher; ihre kurzgeschorenen Rund-

schädel sind oft von der dortzulande so häufigen Haarkrankheit gezeichnet, und sie schauen wahrlich nicht drein, als ob ihnen vergnügt zumute wäre.

Wir betrachten sie, während unsere Visitenkarten zu dem General Ma Ho-san hineingebracht werden, der uns heut nachmittag erwartet. Ein auf vorchristliche Zeiten zurückgehender chinesischer Brauch will es, daß man seine »Namenskarte« präsentiert, sowie man bei jemandem eingeführt wird, weshalb man sich denn auf Reisen mit etlichen Hunderten solcher Karten versehen muß.

Endlich in den Hof eines riesigen Jamens geführt, gelangen wir, uns von den Gebäuden abwendend, zu einem inmitten von Bäumen gelegenen niedrigen Häuschen. In einem Zimmer mit Glasfenstern und Türen, die gegen die Moskitos mit Gaze verhängt sind, setzen wir uns an einem Beratungstisch nieder und warten auf den General. In einer Ecke brennt ein Räucherstäbchen. Wir wiederholen uns die Fragen, auf die wir Antworten erhoffen.

Ma Ho-san tritt ein. Er trägt die gleiche weiße Baumwollkleidung wie seine Mannschaften. Er ist ein gutgewachsener, hochbeiniger Mann. Sein runder Kopf mit den regelmäßigen, unbewegten Zügen hat nichts Chinesisches; nur die hohen und etwas vorspringenden Backenknochen im Verein mit der kleinen Nase und der niedrigen Stirn deuten darauf hin, daß er kein Europäer ist.

Er befragt uns in ruhigem, entschiedenem Ton, und zum hundertsten Male beten wir unsere Antworten herunter wie eine Litanei: »Wir kommen von Peking, das wir vor fünf Monaten verlassen haben. Wir sind nicht durch Hami oder Tunghwarg gereist, die für Fremde verschlossen sind; wir kommen von den Bergen des Südens, und möge unsere lange Reise es entschuldigen, daß wir in so mangelhafter Kleidung vor hohen Persönlichkeiten erscheinen. Peter ist Engländer, ich bin Schweizerin, und wir reisen für zwei große Zeitungen. Wir sprechen nicht turkestanisch und sehr schlecht chinesisch; wir sind auf dem Wege nach Kaschgar und werden im Herbst in Europa sein.«

Der General Ma möchte vor allem gern wissen, wie Nanking über die Dunganen denkt; denn weit davon entfernt, die Auffassung der Regierung, daß er ein Rebell sei, gelten zu lassen, be-

hauptet er vielmehr, ein treuer Untertan zu sein, der Urumtschi von der Fremdherrschaft befreien wolle. Was halte man in China von Sheng Shi-tsai, dem Tupan, der sich selber zum Gouverneur ernannt hat? Ferner will er wissen, ob uns bei unserem Aufenthalt in Sining der General Ma Bu-fang die gefährliche Reise nach Khotan nicht verboten habe (wir hatten uns wohl gehütet, Ma Bu-fang etwas von unseren Plänen zu erzählen). Wir führen das Gespräch in einem primitiven Englisch mit Hilfe eines dunganischen Dolmetschers, der von Fieber geschüttelt wird.

Der junge Diktator bestätigt uns, daß sich Abgesandte Ma Bufangs aus Sining in diesem Augenblick in Khotan befinden. Er selbst hat einen Mann nach Nanking geschickt, um dort die Auffassung der Dunganen darzulegen, die Beistand brauchen. Und nun gibt Ma Ho-san uns Einblick in die Probleme, die er zu lösen hat: Die Hauptschwierigkeiten kommen daher, daß die Oasen nicht alle telegraphisch verbunden sind; dann ist die Geldknappheit bedenklich: sämtliche auf der Bank von Urumtschi hinterlegten Vermögen sind in die Hände der chinesischen Regierung gefallen, und wer von den Kaufleuten Khotans noch Gold besitzt, hält es wohlverborgen. Ferner ist Ma sehr dadurch beeinträchtigt, daß er keine Flugzeuge hat. Er hat sich dieserhalb an die Engländer gewendet, aber ohne Erfolg; und ich erinnere mich, daß die Aksakals, mit denen wir bisher zusammenkamen, alle darüber klagten, daß Großbritannien den Dunganen bei ihrem antibolschewistischen Kampf keine Flugzeuge leihen wolle. Die von den Flugzeugen abgeworfenen Bomben verbreiten furchtbare Gase, sagt Ma, und es ist klar, daß in der Schlacht bei Tatung diese Bomben es waren, die alles in die Flucht gejagt haben. Der General versucht jetzt, Gasmasken herstellen zu lassen, und fragt uns, ob wir die chemischen Mischungen kennen, mit denen sie imprägniert werden müssen. Was Munition betrifft, ist er genügend versorgt, und auch erbeutete Gewehre sind reichlich vorhanden. Dann bittet uns Ma, dem englischen Konsul in Kaschgar seine Empfehlungen zu übermitteln, ebenso wie den schwedischen Missionaren, die ihn in ihrem Hospital gepflegt haben. Zu Anfang des Krieges hatte er einen komplizierten Schenkelknochenbruch, und sein Bein wurde damals gerettet durch den Doktor Hummel von der im Jahre 1934 in Turfan internierten Sven-Hedin-Expedition.

Schließlich kommen wir mit der unschuldigsten Miene von der Welt auf die Frage, ob der General gute Nachrichten von Ma Tschung-jing habe, der, soviel ich glaube, sein Vetter sein muß.

Ga Ssu-ling ist seit einem Jahr auf einer Expedition unterwegs, erwidert er, aber nach seinem letzten Brief zu schließen, muß er bald zurückkommen.

Wir haben viel von seiner Tapferkeit gehört, sagt Peter, und wir bedauern, daß wir nicht die Ehre haben, diesen großen Führer kennenzulernen. Aber vielleicht könnten wir ihn wenigstens auf einer Photographie bewundern oder sogar sein berühmtes Bildnis bis nach Europa mitnehmen...

Natürlich, nichts ist leichter als das, entgegnet Ma Ho-san geschmeichelt und geht in das Nebenzimmer, um eine Photographie zu holen, wobei ich durch die Tür einen großen Stehspiegel erspähe.

Peter wirft mir einen triumphierenden Blick zu: Wir haben das Bild Ma Tschung-jings in sowjetrussischer Kavallerieuniform vor Augen. Er ist ein großer, gutgebauter Mann, entgegen dem dunganischen Brauch mit vollem, nicht geschorenem Haar.

Obwohl die Sonne schon untergegangen ist, gehen wir in den Hof hinaus, um den Diktator zu photographieren, umgeben von seiner mit Parabellums bewaffneten Leibgarde; der General hat sich für diesen Zweck rasch in eine Uniform aus Khakidrillich mit enganliegenden Breeches umgekleidet, die ihm sehr gut steht.

Endlich verabschieden wir uns von diesem tatkräftigen Manne, der vielleicht in der Geschichte Zentralasiens noch von sich reden machen wird, denn er scheint entschlossen, über kurz oder lang wieder gegen den Norden zu Felde zu ziehen. Dazu wird er nicht den Umweg über Kaschgar einzuschlagen brauchen, der Hauptstraße nach, sondern er wird, dem Khotanflusse folgend, geradenwegs durch die Wüste auf Aksu marschieren.

# Unterm Zeichen der po t'aï

Am Abend vor ünserer Abreise kommt der Aksakal Badruddin Khan zurück; es ist ein schon bejahrter Afghane, der im Laufe der letzten dreißig Jahre bereits eine ganze Reihe englischer Konsuln in Kaschgar hat aufeinander folgen sehen. Er ist beleibt, seine unordentlichen Gewänder sind zusammengehalten durch einen breiten Gürtel, an dem kleine Taschen hängen. Aber er ist offenbar ein Mann, der sich Gehorsam zu verschaffen weiß: Seine ganze, von Natur sehr träge Dienerschaft beeifert sich bei seinem Erscheinen; die Teekannen werden neu gefüllt, die Fliegenfächer in Bewegung gesetzt und große Teppiche rings um unsern Pavillon gehängt, um uns gegen den Sandwind zu schützen, der mit seinen dichten gelben Staubmassen ganz Khotan verdunkelt.

Man spricht uns von Kaschgar, von den dort befindlichen Russen, von einem wunderbaren Hospital. Im britischen Konsulat, erzählt man uns, gibt es ein großes Haus voller Blumen, mit Wasser, das fließt, wenn man einen Hahn dreht, und im Innern befinden sich ungeheuer große Lehnsessel! (Es dünkt uns, als hätten wir schon seit Jahren nur nach türkischer Art gesessen.) Was den Konsul selbst betrifft, so ist er während der heißen Zeit im Gebirge, und diese Kunde macht alle unsere Träume von einem Kaschgarer Paradies zunichte!

In zehn Tagen sollen wir in Jarkand ankommen, der ersten Stadt auf unserer Route, die der Provinzialregierung in Urumtschi untersteht. Werden die Behörden dort uns mehr Scherereien machen als die dunganischen? Wir werden während der zehn Tagesreisen, die uns noch davon trennen, Zeit genug haben, uns darüber den Kopf zu zerbrechen.

Wir brechen auf in Begleitung von Saduk, der uns trotz seines Namens, welcher »der Freimütige« bedeutet, keinen sehr vertrauenerweckenden Eindruck macht. Er behauptet fälschlich, der Aksakal habe ihn beauftragt, uns zu begleiten, und wir beschließen ungeachtet seiner Sprachtalente, uns seiner zu entledigen. Er bewegt sich wie ein zeitweilig zur Vernunft gekom-

229

mener Umnachteter, und im Hofe der Herberge in Karakasch sehe ich wieder seine kleine Opiumlampe die ganze Nacht über brennen. So lassen wir denn am nächsten Morgen, als wir in aller Frühe aufbrechen, den noch vor Müdigkeit Halbtoten zurück. Daß ich Saduk so habe beobachten können, kommt daher, daß ich selber kaum geschlafen habe, da meine ganz persönlichen Feinde, die Flöhe, mich wieder einmal zum Tummelplatz erwählten; die ganze Nacht über habe ich beim Lichte meiner Taschenlampe einen tödlichen Kampf gegen sie geführt; sie sind für mich das ärgste Übel der ganzen Reise. Wie ihnen entgehen? Rings um die gedeckten Höfe der Herbergen laufen kleine Plattformen aus Erde, auf denen die Gäste schlafen, und bei der Ankunft beeilt sich der Herbergsvater, jedem einen Filzteppich hinzubreiten. Trotz all meiner Bemühungen gelingt es mir nicht, begreiflich zu machen, daß ich die harte Erde diesen Teppichen vorziehe, in denen die Parasiten lauern.

Wir können Saduk um so leichter entbehren, als der Aksakal uns einen Diener mitgegeben hat, wie das für Reisende wie uns als unerläßlich erachtet wurde. Er heißt Nyaz und ist ein schüchterner, linkischer Bursche, plattfüßig und barfüßig, einfältigen Gemüts; sein langer Leinenkittel ist mit irgendeinem britischen Emblem geziert. Er ist Waise, und wir können ihn, hat man uns gesagt, »bis nach London mitnehmen, wenn wir wollen«! Er hat einen ungeheuer großen Mund, eine Stupsnase und behauptet, Chinesisch zu können, weil er hie und da ein paar Wörter dieser Sprache in sein Turki mengt, allerdings mit dem einzigen Ergebnis, daß er es dadurch unverständlich macht. Jeden Tag, wenn er uns melden kommt, daß die Esel marschbereit sind, deutet er zuerst mit dem Kinn nach allen vier Himmelsrichtungen und sagt alsdann: »Dzo la!« (Gehen wir!)

Wir sind jetzt in einem reichen Land, und die Oasen liegen nahe beieinander; in jeder, die einen Bürgermeister hat, sind wir verpflichtet, Pferde, Esel und Eseltreiber zu wechseln; der Tarif, nach dem wir sie zu bezahlen haben, ist bescheiden, aber es ist ein überaus lästiger Zwang, da Peter jedesmal erst zu dem *shang ji* (Bürgermeister) gehen und palavern muß; in Wirklichkeit gelingt es dem mit unseren Visitenkarten bewaffneten Nyaz nur selten, neue Tiere aufzutreiben, und um sicherer zu gehen, entlassen wir unsere Treiber immer erst dann, wenn die neuen da

sind. Meistens bekommen wir Pferde, die niemand anderes mehr haben will, und man muß sie unaufhörlich mit der Peitsche bearbeiten, was der Reise viel von ihrem Reiz nimmt.

Zwischen den Oasen Zawa und Pialma erhebt sich inmitten der Wüste eine baufällige Hütte neben einem heiligen Grabe; ein alter Mann fristet hier sein Leben von Almosen, und das Herkommen will, daß man den hier zu Hunderten nistenden Tauben eine Schüssel Mais spendet. Als sie sich alle auf uns herabstürzen und sich um die Körner raufen, verdunkelt sich der Himmel, und man meint von dieser flatternden und rauschenden Wolke erstickt zu werden.

In Moji, wo wir am Mittag des vierten Tages anlangen, widerstehe ich der Versuchung nicht länger: Wir sind hier schon so oft an plätschernden Wasserläufen vorbeigezogen, aber nun halte ich es nicht mehr aus und tauche auf einem Feld im Schutz einer Hecke in das kalte, reißende Wasser eines Kanals. In die Herberge zurückgekehrt, finde ich Peter vor, der, hingelehnt wie ein Pascha, sich die Geständnisse einiger junger Dunganen anhört, die Ma vor zwei Jahren mitgeführt hat; sie haben Sehnsucht nach ihrem Heimatdorf im fernen Osten.

## Ist Peter verschwunden?

An diesem Abend treffen wir in Guma ein, einer reichen Oase, wo das Vieh das Getreide drischt, indem es im Kreise auf den Tennen herumgeht; die aus vollem Halse geplärrten Gesänge der Bauern erschrecken immer wieder mein Pferd, eine Stute voller Leben diesmal, die mir den Tag zu einem Genuß gemacht hat.

In Abwesenheit des Aksakals führt man uns in einen mit Fliesen gepflasterten Hof, von dem aus ich in ein Zimmer sehen kann, in welchem eine schwarze Wandtafel hängt. Nach einer Weile erscheint ein Mann, begleitet von zwei kleinen Buben mit riesigen schwarzen Augen. Es ist ein indischer Arzt, der sich seit zwei Jahren in Guma niedergelassen hat und nebenher den Kindern der britischen Untertanen Schulunterricht erteilt, in eben diesem Zimmer mit der schwarzen Tafel. Seine Praxis geht gut, denn er ist der einzige hier, der die Geschlechtskrankheiten zu behandeln versteht, an denen die Mehrzahl der Bevölkerung

231

leidet; aber er weiß nicht, was er tun soll, um seine Ersparnisse zu sichern, da der örtliche Geldwert von Tag zu Tag sinkt.

Ein russischer Dungane aus Taschkent besucht uns; er hat seine Heimatstadt im Jahre 1934 verlassen, weil dort kein Mehl mehr aufzutreiben war. Glücklich, mit jemandem reden zu können, überhäufen wir ihn mit Fragen; denn schließlich gehört es ja doch zu unserm Beruf, die Leute auszuhorchen. Er sagt, der sowjetische Einfluß mache sich in Kaschgar mehr und mehr fühlbar, und unter anderem seien nach dem Vorbilde von Taschkent eine Schule und ein Theater dort errichtet worden.

Am nächsten Morgen erscheinen statt der bestellten Tiere der Bürgermeister und sein Sekretär, um uns einem Verhör zu unterwerfen; sie machen sich Notizen, fordern unsere Pässe und nehmen Peter mit. Der Vormittag vergeht, kein Peter kommt und auch keine Nachricht von ihm. Mittag... Zwei Uhr... Ich werde unruhig. Hat der Dungane von gestern abend Bericht darüber erstattet, welche Art Fragen wir ihm gestellt haben? Und hat unsere Wißbegier bei irgendwem Mißfallen erregt? Wenn Peter verhaftet ist, gilt es für mich, mich nicht auch fangen zu lassen:

»Nyaz, wir brechen auf! Mit den alten Eseln... tant pis!«

Aber in diesem Augenblick erscheint Peter, gleichmütig wie immer. Er hat eine Situation zum Guten gewendet, die anfangs mehr als zweifelhaft war. Der Brigadegeneral, zu dem er hinmußte, erklärte, wir hätten keine Ermächtigung dazu, in Sinkiang herumzuspazieren. Peter spielte den Erstaunten, behauptete, in seinem wie in meinem Paß müsse irgendwo in einer Ecke das Wort Sinkiang stehen, und beeilte sich dann, zu fragen, ob der britische Konsul, der hier mit uns zusammentreffen wolle, Jarkand schon verlassen habe... Und schließlich stürzte er sich in ein allgemeines Gespräch über die Kämpfe in der Mandschurei, so als ob ihm die Gesellschaft des Generals höchst angenehm wäre. Die Szene endete damit, daß der General den Liebenswürdigkeiten Peters unterlag und uns die Esel zur Verfügung stellen ließ, die wir brauchten.

So sind wir denn wieder unterwegs. Ich frage mich, wie ich mir wohl aus dieser Klemme geholfen hätte, wenn ich auf mich allein angewiesen gewesen wäre; vielleicht hätte es der General allerdings für unter seiner Würde gehalten, sich mit einer Frau wie

mir überhaupt abzugeben; dennoch bewundere ich Peter wieder einmal ... Ehrlich gesagt, ich, die ich mir alles schwer mache, beneide ihn um die Leichtigkeit, ja Beiläufigkeit, mit der er alle Hindernisse überwindet, die ihm das Leben in den Weg legt.

Wüste. Sanddünen und Kies, soweit das Auge reicht. Seit Khotan ist die Route alle fünf Kilometer durch sehr eigenartige Wegzeichen markiert, nach denen wir unser Vorwärtskommen berechnen können; es sind abgestumpfte Backsteinpyramiden, von den Chinesen erbaute Wachtürme oder po t'aï[1], die wir regelmäßig Stunde um Stunde am Wege auftauchen sehen; dank diesen Landmarken hat man den Eindruck, als ob die Wüste hier gezähmt sei.

Die Nacht bricht herein, aber noch immer nicht erhebt sich der Dunststreifen am Horizont, der die Vegetation einer Oase anzeigt. Erst später, als es schon ganz dunkel ist, kommen wir an einem Baum vorbei und ersteigen die Höhe, die von dem wichtigen Fort Tschulak gekrönt ist; der erste Hof ist eine Karawanserei, der zweite ist eigentlich nur für die Truppen, aber man bietet uns eine Zelle an, in deren dicke Mauer ein Kamin eingelassen ist.

Am sechsten Tage, nach einem fünfstündigen Marsch durch die mit Gerippen bestreute Wüste, kommen wir nach der Oase Khargalik, wo die Route endet, die von Indien über den Karakorum und über Leh führt, weshalb uns denn auch der Dungane in Guma sagte, die Engländer würden Khargalik niemals in die Hände der von den Sowjets kontrollierten Provinzialregierung fallen lassen.

Es ist Markttag, und wir begegnen vielen Leuten, die mit Stoffen und weißen Baumwollspindeln heimkehren, die wie riesige Kreisel aussehen. Am Fluß, in den die Wurzeln der Weiden hängen, tauchen Maultiertreiber ihre Brotfladen, die sie gewiß schon quer durch Tibet mit sich geführt haben, ins Wasser, um sie aufzuweichen.

Nyaz führt uns zum Aksakal, einem hageren jungen, liebedienerischen Afghanen, der grade im Kreise einiger Nachbarn die Wasserpfeife raucht. Ich höre, wie Nyaz in der Küche verkündet, daß wir sehr gern Eier, Reis und Huhn äßen, wie andere Leute auch! Es ist lange her, seit wir eine richtige Mahlzeit hatten. Zwei alte Frauen, die bemerken, daß ich wegen meines steifen

Rückens nur mit Mühe aufstehen kann, machen sich daran, mich energisch zu massieren, nicht ohne eine gewisse Kunstfertigkeit.

## Grenzen

Am 16. Juli sind wir bereits mehrere Stunden lang auf einer schattigen Straße dahingezogen, als wir von dunganischen Soldaten angehalten und nach unsern Papieren gefragt werden. Wir wissen nicht, ob das Gefahr bedeutet, aber jedenfalls beeilen wir uns, sie zu photographieren, was der Eitelkeit der Leute immer schmeichelt. Die Art, wie sie sich in Positur stellen, gibt allerlei Anlaß zu Gelächter, und die Sache endet damit, daß wir mit dem Leutnant Tee trinken. Nach asiatischer Gepflogenheit sind die Gewehre der Soldaten mit Richtgabeln versehen, die sie mittels Blechstreifen befestigt haben, auf denen das Wort »Cherry« zu lesen steht – woraus zu ersehen ist, wie und wo die aus Indien importierten japanischen Zigarettenschachteln enden! Dieser letzte dunganische Posten vor der entmilitarisierten Zone, die sich bis nach Jarkand erstreckt, läßt uns unbehelligt weiterziehen.

Das Land ist reich, allenthalben fließt Wasser; die kleinen überschwemmten Reisfelder glänzen wie ebenso viele klare Spiegel; nur hie und da lugen schon die grünen Sprossen daraus hervor. Jedesmal wenn ein Kanal unsern Weg kreuzt, beuge ich mich am Hals meines Pferdes hinab und tauche meine mit Wolle überzogene kleine Kürbisflasche hinein, und innerhalb von zehn Minuten ist dann das Wasser, das sie enthält, dank der Verdunstung abgekühlt.

Wir übernachten in der Herberge von Posgam, einem gastlichen Dorf, wo der Gemeindevorsteher sogleich Betten für uns anfordert. Wir können ihm nur mit vieler Mühe begreiflich machen, daß wir unsere Schlafsäcke vorziehen.

Tags darauf, begierig zu erfahren, welchen Empfang uns die Regierung von Sinkiang bereiten wird, überqueren wir den Jarkand Darja oder Tarim auf einer Fähre. Nyaz ist bekümmert: er befürchtet, niemals wieder nach Khotan zurückkehren zu können, da ihm allerlei Gerüchte von Schmugglern und gesperrter Grenze zu Ohren gekommen sind.

Beim ersten Militärposten, der die Straße versperrt, werden wir von einem Soldaten angehalten; über der Tür weht – ebenso wie zuvor bei den Aufständischen – das Emblem der Kuomintang. Um uns besser in Augenschein nehmen zu können, lädt man uns zu Tee, in der Asche gekochten Eiern und reifen Aprikosen ein. Im Schatten eines Baumes haben einige Mannschaften ein Lager aufgeschlagen, das im Gegensatz zu allem, was wir bei den Dunganen sahen, sehr unordentlich ausschaut; und als wir fragen, warum man gewissen Eingeborenen, die keine Pässe haben, den Weg versperrt, macht uns wieder einmal die klassische chinesische Antwort lachen: »Das sind *tu-fei*-Banditen!«

# Jarkand

Ein bewaffneter Kavallerist, der uns als Eskorte dient, will uns nötigen, ihm zum Bürgermeister zu folgen; es gelingt uns schließlich, ihn abzuschütteln, indem wir ihm einreden, wir könnten keine Besuche machen, bevor wir nicht saubere Kleider angelegt hätten. Der wahre Grund ist, daß wir nicht als Verdächtige behandelt werden wollen.

Innerhalb der zinnengekrönten Stadtmauer von Jarkand angelangt, begeben wir uns unverzüglich, durch gewundene Gassen und zwischen hohen Mauern hindurch, zum Hause des Aksakals. Es ist ein zurückgezogenes Haus, ruhevoll, kühl (und mit einem Waschbecken auf einem Tisch in einem Toilettenraum!). Wenn es nach mir ginge, würde ich gern zwei, drei Tage in Jarkand rasten, um wieder zu Kräften zu kommen: infolge der Hitze, die uns am richtigen Essen hinderte, und des Magnesiawassers, das uns nicht bekommt, nicht zu vergessen die schlaflosen Nächte, die mir das Ungeziefer verursachte, bin ich am Ende meiner Reserven und habe wenig Lust, im Eiltempo die Stadt zu besichtigen und die schwedischen Missionare zu besuchen. Ich mache Peter gegenüber kein Hehl daraus, was ich von dieser Art zu reisen halte, bei der man immer nur weiterdrängt, ohne sich die Zeit zu nehmen, irgend etwas richtig kennenzulernen. Aber Peter will so schnell wie möglich ans Ziel gelangen.

Der Aksakal ist ein hochgewachsener, ernster Mann mit einem klugen Gesicht. Er stammt aus Tibet und ist in Lhasa gewesen.

Die indische Regierung hat ihm eine Auszeichnung verliehen zum Dank dafür, daß er im Laufe der letzten Bürgerkriege den in Jarkand lebenden Europäern das Leben gerettet hat, das heißt also, den Missionaren, die wir nicht zu sehen bekommen werden, weil sie den Sommer im Gebirge verbringen. Er redet mich nach indischer Art mit »Mem Sahib« an. Ein stämmiger, blondbärtiger Turki wird uns vorgestellt, dessen Taschenuhr – Marke »West End« – eine Inschrift trägt, in der Aurel Stein ihm, Musa Ahun, seinem Dolmetscher, seine Dankbarkeit ausdrückt (zu unserm Leidwesen dolmetscht er aber nicht Englisch, sondern nur Turkestanisch, Chinesisch und Persisch).

Beim Aksakal erfahren wir dank einem indiskreten Blick in die nach Khotan unterwegs befindliche Post, daß England um »Lawrence of Arabia« in Trauer ist, und in der »Times« finde ich auch die Notiz, daß »Mademoiselle Assia in ›La Prisonnière‹ Modelle von Lanvin trägt«. In meinem Taschenbuch ist diese Nachricht von drei Ausrufungszeichen gefolgt, mit denen ich im allgemeinen sehr knausere; aber heute, nach einem Jahr, weiß ich nicht mehr recht, was mich zu dieser Verschwendung bewog...

Im Verlaufe der offiziellen Besuche, die wir tags darauf erledigen, sehe ich zu wiederholten Malen die Photographie des Generals Sheng, des Gouverneurs der Provinz, an der Wand hängen. Die russische Sprache ist uns sehr nützlich bei unseren Unterredungen, in denen wir erfahren, daß Ma Tschung-jing den Frieden wünscht, weil er weiß, daß er nicht allein kämpfen kann; er hat angeblich selber zugegeben, daß ebenso viele Dunganen gegen ihn seien wie für ihn, und soll jetzt in Moskau im Begriffe stehen, ein Übereinkommen mit Urumtschi abzuschließen.

Aber wie der Bürgermeister des aufständischen Kerija, so bekommt auch der Bürgermeister des regierungstreuen Jarkand – ein charmanter alter Chinese aus Jünnan – weder den Paß, den er fordert, noch die Erlaubnis, Sinkiang zu verlassen.

Auf dem verödeten Gelände zwischen der Turki- und der Chinesenstadt, wo zerstörte Häuser an den letzten Krieg erinnern, gestikuliert ein öffentlicher Geschichtenerzähler inmitten eines gespannt zuhörenden Kreises. Die Soldaten in den Straßen, weniger robust ausschauend als die Dunganen, tragen graue Uniformen, während die Miliz goldgelb gekleidet ist. Ein

großes Gedränge herrscht: Es ist Markttag, und wir kaufen zur Erinnerung an Jarkand zwei Paar Stiefel aus weichem Leder und einige gestickte Käppchen, die wir von den vor den Läden aufgerichteten Stäben herunternehmen.

Am nächsten Morgen, kurz vor dem Aufbruch nach Kaschgar, werden wir, zum erstenmal auf unserer Reise, im Hofe des Aksakals photographiert. Der schmächtige Oberst Liu macht die Aufnahme, bewaffnet mit einem deutschen Apparat, den er dem Sowjetkonsul in Kaschgar abgekauft hat. (Als wir das letztemal vor der Kamera standen, war es auf dem Bahnsteig in Peking...) Derlei wiederkehrende Anzeichen europäischen Einflusses bringen uns deutlicher zu Bewußtsein, wie weit wir schon auf unserer Durchquerung Asiens vorwärtsgekommen sind, als die Anzahl der zurückgelegten Kilometer.

# In der Kaschgarei

Einige Stunden nach dem Aufbruch machen wir in einem Dorfe halt, um Tee zu trinken. Neben uns sitzt ein blauäugiger Turki, der, wie Peter zufällig entdeckt, Russisch spricht. Wir eröffnen sogleich ein Gespräch über die allgemeine Lage. Unser Nachbar, der aus Ferghana stammt, ist ein zynischer Handelsmann, pfiffig genug, wie er selber erklärt, um Geschäfte unter jedem beliebigen Regime zu machen. Er ist mit keinerlei vorgefaßter politischer Meinung belastet, und seine Bemerkungen scheinen mir objektiv.

Die Bevölkerung, sagt er, hat kein leichtes Leben hier. Eine neue Steuer ist soeben, zu den bereits bestehenden, ausgeschrieben worden; sie beläuft sich auf nicht weniger als ein Zehntel der Ernte eines jeden und ist für den Bau neuzeitlicher Schulen im ganzen Lande bestimmt. Was die religiösen Sitten betrifft, so scheint es, daß kaum noch jemand den Koran lernt; der Einfluß der Mullahs verringert sich von Tag zu Tag, so sehr, daß es heute zu einer Eheschließung genügt, wenn man sich vor vier Zeugen in ein Register eintragen läßt, wie in Russisch-Turkestan; einflußreiche Mohammedaner erheben jedoch Einspruch gegen diese Neuerungen.

Unser Turki lädt uns zu sich ein – es ist nur zwei Schritte weit bis zu seiner Wohnung –, um uns seine Frau vorzustellen, die erst achtzehn Jahre alt ist. Mein Erstaunen bemerkend – denn er selber ist offenbar über fünfzig –, erklärt er mir, daß seine eigentliche Frau und seine Kinder in Kaschgar wohnen; aber da er zwei Monate hier zu tun hat, hat er schleunigst die Landessitte befolgt, nach der ein Mann, der fern von zu Hause ist, sich wiederverheiraten darf, um ein Heim zu haben; wenn er abreist, kehrt die zweite Frau, die man als Gattin auf Zeit bezeichnen könnte, in ihre Familie zurück. »Im übrigen«, fügt er hinzu, »weshalb zögern? Eine Frau wie diese hier kostet nicht mehr als hundert *piaodze*, ungefähr dasselbe wie ein halber Sack Mehl.« Als ich festzustellen versuche, wieviel das bei uns wäre, rechnet er es mir in *sar* um. Ein *sar* entspricht einem alten chinesischen

*tael:* zweiundfünfzig Pfund Mehl, die vor zwei Jahren einen *sar* kosteten, kosten heute hundertsechzig *sar*[1].

Infolge dieser Inflation halten die Bauern ihr Mehl zurück, es gibt keines mehr auf dem Markt, und die reichen Leute legen ihr Geld in Wolle an, die sie nach Indien schicken, wo sie Bankkonten haben. Überhaupt rät die Vorsicht, seinen Reichtum zu verbergen. Fünf der wohlhabenderen Grundbesitzer in Kaschgar sind erst kürzlich verschwunden; angeblich sind sie auf Reisen von kirgisischen Räubern überfallen worden, und die Behörden haben sich aufgrund der Beschuldigung, diese reichen Männer seien Staatsfeinde gewesen, ihres Besitzes bemächtigt. Es ist wahr, daß eine Schar »Russen« sich im Gebirge aufhält, Kirgisen aus dem Westen, die als unbotmäßig gelten, obwohl sie präzisen Befehlen durchaus zu gehorchen scheinen. Sie haben ein eigenes Lied, in dem sie sich selber »Tortinjis« nennen, »die von der Vierten«.

Wir fragten unseren Turki, der mehr wußte, als wir selber je hätten erfahren können, ob er glaube, daß der Sowjeteinfluß gut für das Land sei?

»Man muß zugeben«, erwiderte er, »daß Sinkiang ein Bergland ist, dessen Bewohner noch Wilde sind (er gebrauchte das Wort *dikii*), und daß alles, was man tut, um ihnen zu helfen, gut ist. Wenn man dank dem Sowjeteinfluß fünfzig oder hundert Schuljungen zusammenbringt und sie für ein paar Monate zu einem Schulpraktikum nach Taschkent schickt, so ist das gut; tut man es aber gegen den Einspruch ihrer Angehörigen, so ist es schlecht. Und wer noch an den Koran glaubt, den lasse man doch, zum Teufel, seine eigenen Wege gehen! – Die Russen«, fährt er fort, »sind besonders tätig im Norden der Provinz, in Urumtschi, wo es eine Sowjet-Militärschule gibt; und dort herrscht auch ein solches Polizeisystem, daß jeder achtgeben muß auf das, was er sagt, auch im eigenen Hause. Das ging so weit, daß alle Weißrussen, die an ihrer Überzeugung festhielten, die Provinz verlassen mußten. Hier gibt es noch keine wirklichen Russen«, schließt er, »sondern nur Sarten[2] als Berater, die hinter jedem Dorfbürgermeister stehen.«

# Wieder ein Aufstand

Wir waren an zehn *po t'aï* vorbeigekommen, als wir am zweiten Tage in Kizil anlangten, und die Hitze war mörderisch. Während unserer ganzen Reise hatte ich die Nase Peters nie anders gesehen als von Sonnenbrand versengt; und wenn ich an meinen Gefährten zurückdenke, sehe ich ihn immer vor mir, wie er auf einen Ellenbogen gestützt daliegt – im türkischen Sitz hielt er's nie lange aus – und mit ungeduldigem Fingernagel an der verkrusteten Haut seiner Nase herumkratzt. Um mein Gesicht vor dem gleichen Schicksal zu bewahren, trug ich immer einen Augenschirm aus Zellulose – seit Monaten denselben. Nächst meinem Messer war er mein teuerster Besitz. Er war bereits an drei Stellen zerbrochen, aber mit Hilfe von Heftpflaster hatte ich sein Leben um einige Wochen verlängert; nur schmolz dann der Klebstoff leider in der Hitze, so daß er schließlich doch unbrauchbar wurde.

Am nächsten Tage verkündete Nyaz, daß es elf *po t'aï* bis nach Jangi Hissar wären, und an diesem Tage sah ich zum erstenmal die sehr hohen, schneebedeckten Berge, die jenseits in den Pamir abfallen: Sie schimmerten nach Süden zu wie kostbare Seide, und ich vermochte den Blick nicht davon abzuwenden, bis der Staubschleier, der gewöhnlich über Sinkiang hängt, sie wieder verschwinden ließ. Und wie im Tsaidam sehnte ich mich zu den Gipfeln empor.

Da wir gern vor der Nachmittagshitze den Rastplatz erreichen wollen, lassen wir unsere Pferde traben: ihre beiden bärtigen Besitzer folgen uns im gleichen Tempo, dabei wunderhübsch singend; diese ausdauernden Männer sind so voll überschäumender Fröhlichkeit, daß ich diesen Ritt in angenehmster Erinnerung habe.

Plötzlich, als wir uns schon in der Nähe einer Mühle wähnen, deren schnarchendes Geräusch wir zu vernehmen meinen, tauchen zwei Ungetüme, riesig wie Mastodonten, vor uns auf, die mein Pferd erschrecken: zwei Lastautos voller Soldaten. Welche Überraschung! Es gibt also Autos hier? Seit Lantschau hatten wir einige Ursache anzunehmen, daß Zentralasien nicht der rechte Ort dafür sei. Beim Aksakal von Jangi Hissar angekommen, erfahren wir durch einen Einheimischen, der Russisch

kann, daß die Soldaten in Kaschgar gegen den General Liu Pin gemeutert und seinen Jamen in Brand gesteckt haben, weil ihnen seit Monaten der Sold nicht ausgezahlt wurde, und daß fünfzig von ihnen mit Waffen und Munition in die Berge geflüchtet sind. Die Leute in den Autos, denen wir begegnet sind, waren ihre Verfolger!

Was für eine schwierige Sache ist doch das Regieren, sagte ich mir: man besteuert das Volk schwer und macht es unzufrieden, um die Truppen besolden zu können, die die Gewaltherrschaft stützen – wie in Khotan; oder aber man sucht die Steuerzahler für sich zu gewinnen, indem man sie nicht zu sehr belastet, aber dann fehlt es an Geld, und die Soldaten meutern, und die Stadt ist räuberischen Gebirgsbanden preisgegeben – wie in Kaschgar. Was ist besser? Aber Peter interessiert sich nicht für meine Frage; er ist mit einem Problem ganz anderer Art beschäftigt: Welche Partei würde in England wohl einen Prozeß gewinnen, bei dem ein Mann, der unverhofft unter dem Titel eines Lords Bognor geadelt worden ist, Klage erhöbe gegen einen Dichter, der eine Tragödie veröffentlicht hat, deren Held justament den bis dahin nie gebrauchten Namen Bognor trägt, wobei eben dieser Name für das Ebenmaß seiner Verse unentbehrlich wäre?

Nachdem Peter in aller Öffentlichkeit in einem der tiefen, grünlichen Becken, die in jeder Oase als Wasserbehälter dienen, ein Bad genommen hat, verbringen wir eine Stunde auf einem Teppich im Schatten eines Obstgartens, uns an Feigen und saurer Milch gütlich tuend, während auf einer Galerie über uns ein Orchester von Saiteninstrumenten einheimische Melodien spielt. Ich hätte mich nur noch in einen Khalat zu hüllen brauchen, um mich für die Hauptfigur in einer persischen Miniatur zu halten.

## Mißgeschick

Einen Monat nach der Abreise von Tschertschen, am 22. Juli, sind wir nur noch zwei Tagesmärsche von Kaschgar entfernt, und wir schicken einen Boten voraus, der unsere Ankunft melden soll.

Die weißgrünen Blätter der kleinen Pappeln am Wegrand zit-

tern gegen den blauen Grund des Himmels. Ich schlendere vor mich hin, glücklich. Ein Stück weiter, im Schatten an einem Kanal, den sie soeben überschritten haben, treffen wir unsere Esel wieder an, die vor uns aufgebrochen sind; wir finden zunächst nichts Verdächtiges dabei, daß sie hier haltgemacht haben. Dann verlassen wir die Hauptstraße und folgen einem Abkürzungsweg durch weites, künstlich bewässertes Weideland, wo das satte Vieh uns anglotzt, als wir vorbeikommen. Mein Pferd geht dicht hinter dem berittenen Soldaten her, der uns das Geleit gibt; als wir einen Fluß durchqueren, stolpert der Gaul des Mannes, fängt sich aber wieder und kommt hinüber. Ehe ich noch Zeit habe zu begreifen, was mir passiert, bleibt mein Pferd stecken und legt sich erschreckt auf die Seite nieder. Mit halbem Leibe im Wasser, ziehe ich es mit Nyaz' Hilfe heraus, auf unseren schlechten Führer fluchend und ihn, in Ermangelung von Turkiwörtern, auf russisch beschimpfend. Notizbuch, Paß, Filme, Leica und mein Schlafsack triefen. Peter holt den Soldaten zurück, damit er mir seinen Sattel leiht: Da er mein Pferd in Gefahr glaubte, hat sich dieser Idiot davongemacht, um einige Schafhirten zu Hilfe zu rufen.

In Japtschan, wo wir an diesem Abend eintreffen, gibt es kein Mehl auf dem Markt, und erst als wir uns an den *hsiang-ji* wenden, bekommen wir welches. Während wir beim Abendessen sitzen, erscheint ein Turki mit scharfgeschnittenem Gesicht, ein Mann, der offenbar gewöhnt ist, zu befehlen, was bei einem Einheimischen überrascht, und verlangt in trockenem Ton unsere Pässe zu sehen. Er kann russisch sprechen, stammt aus Andijan und teilt uns mit, daß wir hier keine Esel finden würden. Aber nicht seinetwegen wird mir Japtschan noch lange in Erinnerung bleiben. Die Nacht wäre angenehm zu nennen gewesen für jemanden, der nichts dagegen hat, sich in einen Tummelplatz für eine Unzahl allerliebster kleiner Kröten verwandelt zu sehen.

Ach, aber am nächsten Morgen (am 23. Juli, dem denkwürdigen Tag unserer Ankunft in Kaschgar), als Peter seine Handtasche öffnet, um sein Rasierzeug herauszunehmen, entdeckt er, daß sie voll Wasser ist! Und damit nicht genug: Auch die »Kantine«, die ihr gegenüber auf demselben Esel verstaut war, hat Bekanntschaft mit dem Wasser gemacht, da nämlich das betref-

fende Langohr ums Haar in dem Kanal ertrunken wäre, an dem
wir die Tiere gestern abend einholten. Der Treiber hatte sich in
seiner Angst nicht getraut, uns etwas davon zu sagen.

Peter, die Ungeduld selbst, ist genötigt, unseren Aufbruch zu
verschieben: um ernstlichem Schaden vorzubeugen, müssen wir
zu einer wenigstens teilweisen Trockenlegung schreiten. Die
Reiseapotheke ist in einen schwammigen Brei verwandelt, in
dem Pillen, Tabletten und Verbandwatte in Auflösung begriffen
sind. Aber das ärgste Unheil ist, daß einige bereits exponierte
Filme Peters ganz durchnäßt und wahrscheinlich verloren sind.
Unsere einzigen Luxusgegenstände, die Schreibmaschinen – die
wir schon in Toruksai beinahe hatten zurücklassen müssen, als
unsere Karawane wie Butter in der Sonne schmolz –, sind mit
einer Schlammschicht umhüllt und funktionieren nicht mehr;
ich muß eine ganze Stunde lang an meiner Erika herumtrocknen
und sie mit Gewehröl salben, bevor ihre Gelenke wieder zum
Leben erwachen.

Unter den Kleidungsstücken Peters, die tröpfelnd auf einer
Schnur baumeln, hängt kläglich ein leichter Sommeranzug,
über und über gestreift von dem ausgelaufenen Grün eines Sei-
dentuches, eines Andenkens an Khotan. Seit Monaten hatte ich
jedesmal, wenn Peter in seinen Handkoffer tauchte, den schönen
Anzug mit den tadellosen Bügelfalten darin liegen sehen. Ich
hatte bereits vorausgesehen, daß ich in meinem Plisseeröckchen
(das schon seit der Abreise zu einer Kugel gerollt in einem Sack
ruhte) bestenfalls für die Köchin Peters gehalten werden würde,
wenn er in solcher Pracht mich in die hohe Gesellschaft von
Kaschgar einführen würde! Gewiß war es verdrießlich, daß dieses treffliche Kleidungsstück ein so trauriges Ende gefunden
hatte, und obendrein hier auf der großen Landstraße, fern von
allen Gefahren und nachdem wir bereits die ganze Tatarei damit
durchquert hatten; aber ich frage mich, ob ich wirklich so traurig darüber war, wie ich es hätte sein sollen?

Da keine neuen Esel in Japtschan aufzutreiben sind, nötigen
wir den schuldigen Treiber, ohne Bezahlung noch weiter mitzukommen, und der arme Junge muß, da er kein Geld für sein
Nachtquartier hat, dem Herbergsvater seinen Dolch als Pfand
hinterlassen.

# Mit stolzer Karosse

Diesmal muß Nyaz zur Bewachung der Esel zurückbleiben, und wir traben davon, um die letzten elf *po t'aï* hinter uns zu bringen, die uns noch von Kaschgar oder, wie es bei den Chinesen heißt, Haschih trennen. Nicht lange, so tauchen im Grün die Befestigungen der Neuen Stadt vor uns auf, wo unser Begleitmann uns verläßt, um in seine Kaserne zurückzukehren. Die Mauern weisen noch von dem letzten Bürgerkrieg her die Spuren vieler Geschosse auf.

Es sind noch zehn Kilometer bis zur Alten Stadt, derselben, die so lange in unseren Träumen geisterte – und auf der verkehrsreichen Straße trotten wir ganz uns selbst überlassen dahin, stolz wie zwei große Kinder ohne Wärterin. Am Straßenrande wartet eine »Victoria« auf uns: wie durch Zauber sitzen wir auf einmal darin, während ein in Rot gekleideter Berittener unsere Pferde im Galopp am Zügel führt.

Wir werden in den kühlen Schatten hoher Bäume kutschiert; es geht an einer Reihe Telegraphenstangen vorbei, Überresten einer zerstörten Linie, und mir kommt es vor, als sausten wir mit Windeseile dahin. Was für ein Gefühl von Überlegenheit, auf einer Straße als einzige in einem Wagen zu fahren! Eine unbeschreibliche Freude erfüllt mich: Obwohl ich es im allgemeinen immer ganz natürlich finde, dort zu sein, wo ich grade bin, weiß ich doch, wie unwirklich, traumhaft diese Ankunft in Kaschgar, die wir uns so oft auszumalen versuchten, uns in Peking erschienen war. Dank unserm guten Stern sind wir nun am Ziel. Und das Gelingen dieser Durchquerung wird immer ohnegleichen in meiner Erfahrung sein. Asien ist in der Tat einzigartig, und für mich, die ich vor allem die alten, ursprünglichen Länder liebe, gibt es keinen Erdteil, der ihm vergleichbar wäre. Glück ist der Rausch, der erzeugt wird durch einen Augenblick des Gleichgewichts zwischen einer befriedigenden Vergangenheit und einer verheißungsvollen Zukunft. Vor uns liegen ein aller Erwartung nach hocherfreulicher Empfang in einem gastlichen Hause, ein ganzer Monat Ferien im Himalaja – und, vorläufig, keine Sorgen.

Ein unbezähmtes Backfischgelächter bemächtigt sich meiner, während ich die Rippen Peters mit Ellbogenstößen bearbeite,

unfähig, der Freude, die in mir aufwallt, anderen Ausdruck zu geben.

Vor der wuchtigen Mauer der Altstadt, an der sich kleine Gemüsegärten hinziehen, kommt ein stattlicher Kavalier im Tropenhelm, in Rohseide gekleidet, uns entgegengeritten. Er stellt sich uns vor und heißt uns willkommen. Es ist Arthur Barlow, der Vizekonsul. Wir folgen ihm bis zu einer Tür, die mit dem Wappen gekrönt ist, das den Spruch »Dieu et mon droit« trägt: Wir sind im britischen Generalkonsulat. Davor, zwischen Oleanderbäumen, steht ein Doppelposten: Leute aus dem Himalaja, von den Hunza Scouts; sie tragen silberne Steinbockköpfe als Abzeichen an den weißen Wollmützen.

Der Garten ist ein einziges Blumenmeer. Junge Enten watscheln auf dem englischen Rasen umher. Und nun das Haus! Ein langes Gebäude mit einer Veranda, schönpolierte Möbel in der Kühle der Halle, Armsessel, mit beblümtem Cretonne bezogen, Bücher und Zeitungen, wo man hinblickt; noch ein zweiter junger Mann, der der englische Arzt des Konsulats ist, dann eine gebrechliche alte Dame, die aus einem Spitzenkragen auftaucht: »Darf ich Ihnen Fräulein Engvall von der schwedischen Mission vorstellen« – und zu guter Letzt, auf dem Tisch, ein großer Berg belegter Brötchen, warme »scones«[1] in zerlassener Butter... Und nun ich, linkisch bemüht, eine Tasse Tee auf schlüpfriger Untertasse in der Balance zu halten, und mit meinem weltgewandtesten Lächeln flötend: »Zwei Stück Zucker bitte... Ja, danke, wir haben eine sehr angenehme Reise gehabt!«

# Die Stadt unserer Träume

## Hausfreuden

Vor diesem Aufenthalt in Kaschgar hatte ich noch nie mit solchem Genuß die zahlreichen Freuden gekostet, die ein Haus zu bieten vermag. Da war der Schlaf ohne Kampf gegen die Flöhe, das warme Wasser in der Badewanne, das einem bis an den Hals stieg... der Klang von Flaschen auf dem Tablett, wenn man mit »Ja« geantwortet hatte auf die Frage: »Have a drink?«

Anfangs jedoch überwogen für uns, die wir fast zu wilden Tieren geworden waren, die Tafelfreuden alles andere: Nie konnte ich mich genug ersättigen an den Gemüsen und Salaten, die ich seit fünf Monaten hatte entbehren müssen; und im Geiste sehe ich noch heute den Schimmer des Kristalls und Silbers auf dem Mahagoni des blumengeschmückten Tisches vor mir, ein reizender Anblick, der mich die Anstrengung vergessen ließ, die es mich kostete, nach so langer Zeit wieder auf einem Stuhl sitzen zu müssen. Dann das Behagen des schwarzen Kaffees, der die auf jede gute Mahlzeit folgende Schläfrigkeit durchduftete... Vor allem aber schätzte ich die Brotschnitten am Morgen, die ich bis an den Rand unter Butter und Honig verschwinden ließ.

Am späten Nachmittag, wenn man sich ein wenig Bewegung machen wollte, konnte man Tennis spielen, aber weder mein Gefährte noch ich verstanden etwas davon, wogegen Peter beim »squash«[1] mit Barlow sich so schnell wie ein Blitz bewegte, so daß ich mit Erstaunen sah, wieviel Gelenkigkeit sich unter seiner scheinbaren Steifheit verbarg. Neben uns vergnügten sich ein Dutzend Hunza Scouts von der Konsulatswache wie die Kinder beim Volleyballspiel. Mit diesen großen, stämmigen, schnurrbärtigen Männern, die schwarz waren wie Sizilianer, spielten wir zweimal wöchentlich Fußball. Das Feld lag am Rande der Festungswerke neben der Straße, auf der die nach Rußland bestimmten Wollkarawanen langsam dahinzogen. Aus Furcht vor unsanften Zusammenstößen hatte ich mich an den

rechten Flügel geflüchtet; aber in Wahrheit spielten alle, unter Barlows Leitung, sehr anständig und kunstgerecht, die Gebirgler aus Hunza ebenso wie die aus ihren städtischen Büros kommenden indischen Angestellten, die sich zu uns gesellt hatten. Fiel ein Tor, so brüllten alle: »Schabasch!«; und daß ich hier aus Leibeskräften mit umherrannte, war nicht gerade dazu angetan, das neueste Bazargerücht zu entkräften, das besagte, ein als Frau verkleideter Weißrusse sei soeben in Begleitung eines Engländers in Kaschgar eingetroffen!

Abends plauderten wir, und zwar, etwas Seltenes seit unserer Abfahrt, in einer allen Anwesenden geläufigen Sprache; oder man saß still für sich, mit einem der vielen Bücher der Bibliothek auf den Knien. Eines Tages las ich zufällig mit Stolz in der »Times«, daß meiner Genfer Kameradin Loulou Boulaz eine aufsehenerregende Erstbesteigung der Nordwand der Grandes Jorasses geglückt war. So war Peter endlich einmal nicht der einzige, der in dieser ehrwürdigen Zeitung Nachrichten über Freunde entdeckte.

Diese ganze Zeit über war ich meistens in einer Art chronischer Betäubung befangen, durch die nur dann und wann eine Kunde von draußen drang: England hatte sich über das lange Ausbleiben Peters beunruhigt und durch den Staatssekretär das Ersuchen um Nachforschungen an Kaschgar gerichtet; deshalb hatte unsere Ankunft niemanden in Tschini Bagh (so wird hier das englische Konsulat genannt) überrascht. In der beruhigenden Antwort, die Mr. Barlow verfaßte, fügte er auch ein paar Worte für meinen Gesandten in London hinzu, und ich bedauerte es nun, daß ich ihm keinen Besuch gemacht hatte. In Europa schien man sich über die abessinischen Ansprüche Italiens zu beunruhigen...

Aber das alles lag so fern, und ich interessierte mich viel mehr für den Plan, den das Konsulat von Kaschgar gemeinsam mit der britischen Gesandtschaft in Peking betrieb und der zum Ziel hatte, eine Abordnung nach Urumtschi zu schicken, ein sehr schwer durchführbares Vorhaben. Ich erfuhr auch die Geschichte des Fräuleins Engvall, die wir bei unserer Ankunft hier kennengelernt hatten. Sie lebte seit dreißig Jahren in Sinkiang, und bei dem letzten Bürgerkrieg war sie in Kutscha, wo sie seit

dreizehn Jahren wohnte, die einzige gewesen, deren Hab und Gut die plündernden Truppen stets unangetastet gelassen hatten. Als sich eines Tages dennoch ein Offizier ihres Pferdes bemächtigen wollte, ohrfeigte sie ihn dermaßen, daß er ganz verdutzt wieder abzog! Und als ihr Dunganen ihre Medikamente in entwerteten Banknoten bezahlen wollten, deutete sie nur auf ihre mit Zeitungen tapezierten Wände und sagte: »Danke, Papier habe ich schon genug und schöner gedruckt wie eures; ich will Geld haben, mit dem ich mir Brot kaufen kann.«

Fräulein Engvall wollte gern nach Schweden heimkehren, um dort ihre Tage zu beschließen. Da ihr schwaches Herz die Höhe der Himalajapässe nicht vertragen hätte, hatte sie schon seit langem in Urumtschi um einen Sichtvermerk für die neue Autostraße nach Taschkent nachgesucht, wo die Paßhöhe nur 4120 Meter beträgt. Am Tage unserer Abreise erhielt sie diese Genehmigung. Aber das Schicksal vergönnte ihr nicht, ihr Vaterland wiederzusehen; sehr viel später erfuhr ich, daß sie diese Reise nicht ausgehalten hatte und noch vor der Ankunft in Moskau im Zuge gestorben war.

## Die Runde der Taotaï[1]

Bald kam der Generalkonsul, Oberst Thomson-Glover, mit seiner Frau aus dem Gebirge zurück, und beide waren nun ebenfalls darauf bedacht, uns den Aufenthalt zu einem Paradies zu machen. Wir haben eine Reihe Anstandsbesuche zu erledigen, und sie begleiten uns beide zu dem früheren Taotaï von Kaschgar, Ma Shao-wu. Dieser aus Jünnan stammende alte Mandarin hat gerade mehrere Monate im Krankenhaus verbracht, nachdem er eines Abends, als er im Wagen von seinem Landhaus zurückkam, einem Attentat zum Opfer gefallen war. Man flüstert sich allgemein zu, seine politischen Gegner hätten sich auf diese Weise dafür gerächt, daß er Nanking ergebener war als Urumtschi; offiziell heißt es jedoch, daß die Tortinjis den Überfall gemacht hätten. Wie dem auch sei, jedenfalls ist bisher noch niemand wegen dieses Attentats verurteilt worden, und das bedeutet einen großen Verlust an »Gesicht« für Ma Shao-wun.

Wir treffen den alten Mann in seinem Hause in der Neustadt

an. Er hat ein schönes, elfenbeinfarbenes Gesicht, trägt ein Gewand aus hellbrauner durchwirkter Seide und geht an Krücken; er empfängt uns mit echt altchinesischer Höflichkeit. Mao tao taï beabsichtigt, sich in Urumtschi niederzulassen, aber vorher will er nach Moskau gehen, um dort seine völlige Genesung abzuwarten; er gedenkt, die neue Route über Irkishtam zu benutzen, in Begleitung seines Söhnchens Tscho-ja; dieser freut sich schon darauf, einmal in einem richtigen Zuge zu fahren, denn bisher hat er einen »Feuerwagen« nur in Abbildungen gesehen. Es fällt mir auf, daß sein Vater die Hände immer in seinen weiten Ärmeln verborgen hält; man sagt, er habe bei dem Attentat zwei Finger verloren und sei untröstlich darüber, da seine schönen Gelehrtenhände sein ganzer Stolz waren. Auf alle unsere fürwitzigen Fragen, die der Dolmetscher übermittelt, erhalten wir immer nur diplomatische Antworten wie: »Ich habe mein Amt verloren, als China infolge der Unruhen seine Autorität in Kaschgar verlor.« – Ich wage nicht, darauf hinzuweisen, daß, wenn die chinesische Provinzialregierung jetzt wieder in Kaschgar obenauf ist, wie es der Fall zu sein scheint, er doch auch wieder in seinen Posten als Taotaï eingesetzt werden müßte... Aber vielleicht ist Ma verdächtig, weil er Muselman ist: wer weiß, ob seine Sympathien nicht auf seiten der Dunganen sind?

Kung tao taï, der Nachfolger von Ma Shao-wu, ist ein sehr moderner Mann, obwohl er meistens nicht vor Mittag aufsteht: Mit einem europäischen Anzug angetan, empfängt er uns wie Kollegen, denn er ist Journalist gewesen. Die Fragen, mit denen wir ihn bombardieren, setzen ihn in sichtliche Verlegenheit. Ihm zufolge gehört Ma Tschung-jing bereits der Vergangenheit an. Er antwortet immerzu nur: »Ich weiß nicht.« Den Eindruck, daß er nichts weiß, hat man in der Tat, und er entspricht vermutlich der Wirklichkeit: Obwohl er der Chef der gesamten Zivilverwaltung ist, handeln seine Untergebenen hinter seinem Rücken, und er weiß zum Beispiel – ein unverzeihlicher Verstoß gegen sein eigenes Ansehen – nichts davon, daß die Zollbeamten das unter konsularischem Schutz stehende Gepäck Mr. Barlows bei seiner letzten Reise nach Khotan gewaltsam geöffnet haben.

Und so wurde denn auch am Tage vor unserer Abreise Mr.

Kung seines Amtes entsetzt, und sein Nachfolger, Mr. Hsu aus Urumtschi, erschien, um dem britischen Konsul seine Aufwartung zu machen. Er hatte in Japan studiert und bekannte sich als begeisterter Sportsfreund; er selbst war ein großer Schwimmer. Ich weiß nicht, welche Verwaltungsfähigkeiten Herr Hsu in der Folge bewiesen haben mag, aber ich weiß, daß mir kaum je ein unterwürfigeres Gesicht vor die Augen gekommen ist als das seinige. Er fuhr wieder ab in dem bereits historischen flaschengrünen Coupé, das seit undenklichen Zeiten von sämtlichen Taotaïs Kaschgars der Reihe nach benutzt worden ist. Wie immer hierzulande, ist das Pferd von dem Bogen der *duga* überwölbt, und das ganze Vehikel ist einstmals Stück für Stück aus Rußland importiert worden.

## Die beiden Konsuln

Der Vertreter Sowjetrußlands und der Vertreter Großbritanniens in Kaschgar sind weit davon entfernt, Busenfreunde zu sein. Offiziell jedoch sind die Beziehungen ausgezeichnet, und es geschieht häufig, daß einige Russen zum Tennisspielen zu uns kommen; auf diese Weise lernen wir Bokanenko, einen sympathischen, ungewöhnlich gescheiten kleinen Mann kennen; er spricht Englisch und Chinesisch, und da er die Mandschurei genau kennt, in der wir erst vor kurzem waren, ist es sehr interessant für uns, mit ihm zu plaudern. Sein athletischer Gefährte Jeguroff ist weniger geweckt als er; er sagt mir, er habe soeben in der Moskauer Presse einen Bericht über meine Reise im Kaukasus gelesen; er weiß nicht, daß fünf Jahre verflossen sind, seit ich dort war!

Eines Tages setzt unsere »Victoria« uns im Hof des Sowjetkonsulats ab, das von den Gebäuden der Handelsvertretungen und einer Niederlage der Kooperative umgeben ist (wo wir uns vor der Abreise in den Himalaja Wodka und Käse kaufen). Heute jedoch werden wir von dem Konsul Tierkuloff in einem der großen Zimmer des Hauptgebäudes empfangen.

Der Konsul ist ein sympathischer, ruhiger Mann, dessen schwarze Augen hinter dicken Brillengläsern funkeln; er ist ein Tatare aus der Krim und spricht Türkisch und Persisch. Wir

plaudern in Russisch, bei kaukasischen Weinen und Süßigkeiten. Auf dem Tisch liegen die neuesten Moskauer Zeitungen, nur zwanzig Tage alt; in der einen ist ein Bild, das Romain Rolland bei Maxim Gorki zeigt; eine Nachricht besagt, daß die Gesandtschaften in Peking für würdig befunden worden sind, zum Range von Botschaften erhoben zu werden, und das in dem Augenblick, wo – Ironie des Schicksals – China seine Schwäche verrät, indem es die Japaner in der Inneren Mongolei auf Sinkiang zu vorrücken läßt.

Um zu erfahren, ob die Route über Irkishtam für jedermann geöffnet ist, fragen wir, ob es für uns möglich wäre, auf diesem Wege nach Europa zurückzukehren.

»Die Route ist auf zehn Tage gesperrt«, erwidert Genosse Tierkuloff, »da man dreißig Fällen von Pest im Gebirge nahe der Grenze auf die Spur gekommen ist. Außerdem würde es vierzehn Tage dauern, bis ich eine Antwort aus Moskau bekäme wegen Ihrer Sichtvermerke.«

(In Wahrheit wollen wir gar nicht nach Russisch-Turkestan, das wir schon kennen, sondern wir wollen den Umstand, daß wir in Kaschgar sind – was einem nicht allzuoft im Leben passiert –, dazu benutzen, den Himalaja zu überschreiten.)

Dann frage ich den Konsul, was er über die Zukunft Sinkiangs denkt; wird diese Provinz, wie die Mandschurei, sich für unabhängig erklären?

»Nein«, erwidert er rasch, »sie wird bleiben, wie sie ist, weil niemand ein Interesse daran hat, daß sie unabhängig wird: Weder die Engländer noch wir beabsichtigen, hier eine ähnliche Rolle zu spielen wie die Japaner in Mandschukuo.«

Im Garten wuchern die großen Sonnenblumen in den Randbeeten; in einem sonnigen Winkel glitzert ein wunderschönes Bassin mit fließendem Wasser, und alsbald schwimmen wir in dem kühlen Naß, das vom Gebirge herkommt, mit Wonne umher, wobei Peter allgemeine Heiterkeit hervorruft, da seine sehr weißen Beine an den Knien, wo die Sonne sie verbrannt hat, mit braunen Ringen geziert sind.

Im Gegensatz zu Tierkuloff ist unser Gastgeber, Oberst Thomson-Glover, eine wuchtige Erscheinung, mit vollblütigem Gesicht, und wenn er beim Polospiel auf seinem Pony einhergaloppiert, muß ich an einen Zentauren denken. Obwohl die Mann-

schaften aus den verwegenen Hunzaleuten bestehen, deren Nationalsport das Polo ist, beteiligt sich Frau Thomson-Glover mit Feuereifer an diesen aufregenden Spielen, obgleich sie erst vor einem Jahr, bei einer der vielen Belagerungen, von denen ich sprach, an der Lunge verletzt worden war, und zwar durch die Kugel eines der ins Gebirge Flüchtenden, der sich plötzlich zurückwandte und einen Schuß auf die Terrasse des erhöht am Fluß gelegenen Konsulats abfeuerte. Aber nicht nur von den Flüchtlingen drohte damals Gefahr: Auf den Wällen der Stadt postierte Schützen hielten den inneren Hof des Tschini Bagh unter Feuer und schossen – auf wessen Befehl wohl? – auf alle, die sich darin blicken ließen.

Der Oberst antwortet mit der größten Liebenswürdigkeit auf alle Fragen, die ich ihm stelle. »England«, sagt er, »kann in Turkestan nicht aktiv vorgehen, das liegt auf der Hand, ebensowenig wie es verhindern kann, daß die UdSSR sich immer mehr des Handels der Provinz bemächtigt. Seit der Eröffnung der Irkishtamlinie sind wir jetzt nur noch fünf Tage von Taschkent entfernt, und es sind nur noch 550 Kilometer bis zur Bahnstation in Andijan. Wir müssen jedoch darauf bestehen«, fährt der Konsul fort, »daß die Rechte unserer Staatsangehörigen respektiert werden. Es sind indische Händler, und indische Händler hat es hier gegeben schon lange bevor Großbritannien die Oberhoheit über Kaschmir, im Jahre 1811, übernahm. Außerdem müssen gewisse zweideutige Verhältnisse geklärt werden, und ich werde, wenn die nächste britische Mission nach Urumtschi geht, auf diesen Punkten bestehen. Die Frage der Weißrussen und ihrer Staatszugehörigkeit muß geregelt werden; es sind ungefähr zwölfhundert in Maral Baschi hier bei Kaschgar untergebracht, unter dem Befehl des Generals Bektieff. Vollkommen rechtlos, ohne Papiere, sind sie genötigt, ihre Anschauungen jeder neuen Regierung anzupassen. Niemand ist verantwortlich für ihr Ergehen, und jeder verleugnet sie; aber da sie sich für die Regierung in Urumtschi geschlagen haben, so könnten sie doch – warum nicht? – chinesische Untertanen werden. Ferner«, fügt der Konsul hinzu, »muß um unserer eigenen Sicherheit und der Sicherheit der Karawanen willen diesen Überfällen der Tortinjis ein Ende gemacht werden, die organisierten Straßenraub treiben und dann immer wieder über die Grenze nach Kirgistan

flüchten. Es ist auch unerträglich, daß der Taotaï keine Autorität mehr hat; bei der geringsten Angelegenheit von auch nur lokalem Interesse muß ich Monate lang warten, bis man erst nach Urumtschi berichtet hat. Und schließlich kann ich auch nicht dulden, daß meine Karawanenleute, obwohl sie mit Pässen von Kaschgar versehen sind, bei der Ankunft in Taschkurgan durchsucht und wieder zurückgeschickt werden.«

Als ich den Oberst zum Schluß frage, wie er über die Umtriebe der Sowjets in Sinkiang denkt, erwidert er, sie seien unvermeidlich; aber Rußland habe gegen alles Recht gleichzeitig mit Nanking und mit Sheng Shih-tsai Verträge abgeschlossen, so wie es früher gleichzeitig mit Nanking und mit Tschang Tso Lie in der Mandschurei unterhandelt habe. Beweise für die sowjetrussische Tätigkeit in der Provinz ließen sich (mit Ausnahme des offenen Beistands, den die Roten Truppen im Jahre 1934 der Regierung leisteten) nur mittelbar beibringen, weil die technischen Berater sich hinter den örtlichen Behörden versteckten. So könne es vorkommen, daß die lokale Presse etwa einen atheistischen Propagandafeldzug eröffnet und sich dabei all der Argumente bedient, die in Taschkent üblich sind. Ob die Sowjets auf die Errichtung einer sozialistischen Republik Uighuristan innerhalb von Sinkiang hinarbeiten, wird erst die Zukunft zeigen.

Ich stelle durch eigene Erfahrung fest, daß es keineswegs leicht ist, aus Sinkiang herauszukommen. Jeder einzelne der Maultiertreiber, die wir gemietet haben, muß einen mit einer Photographie versehenen Paß bekommen; und zweimal erscheint ein chinesischer Zollbeamter, um eine Liste unserer Habseligkeiten aufzustellen. Unsere Pässe mit den chinesischen Sichtvermerken bekommen wir erst nach vierzehn Tagen zurück.

»Man wollte auf diese Weise sicher gehen«, sagt uns der neue Taotaï zur Entschuldigung, »daß Fu Lei-ming und seine Gefährtin Ma Ja-ngan nicht vor dem großen Bankett abreisen könnten, das heute abend ihnen zu Ehren gegeben wird!«

Und da jeder Ausländer sich nach der Uhrzeit seines Konsulats zu richten pflegt, trägt Herr Hsu bei der Einladung Sorge, uns *seine* Stunde mitzuteilen.

# Originelles Gelage

Das Fest findet in einer der jüngst vom Staat beschlagnahmten
Besitzungen statt – und beginnt mit Einbruch der Dunkelheit.
Jeder Ankommende wird mit einer Trompetenfanfare begrüßt,
die die Wände zittern und die Pferde scheuen macht. Am Ende
eines großen, rechteckigen Obstgartens sind auf einer himmel-
blau angestrichenen Estrade zwei lange Tische aufgestellt; am
ersten, der mit Teegläsern, Obst, Süßigkeiten und Zigaretten
bedeckt ist, setzt man sich nieder und wartet, bis alle da sind.

Die verschiedenen Gäste erscheinen alle in Begleitung zahl-
reicher Leibwachen: Kaschgar gleicht Charbin in der Hinsicht,
daß auch hier unaufhörlich die wildesten Gerüchte ausgebrütet
werden und jeder in ständiger Angst lebt, von einem Tag auf den
andern gestürzt oder irgendwohin verschleppt zu werden.

Es sind insgesamt drei Gastgeber, die empfangen: der starke,
bärtige Mahmud Hsing Tschang, ein Turkigeneral aus Kaschgar
in weiten Gewändern – der General Liu Pin, Kommandeur der
chinesischen Streitkräfte – und Mr. Hsu, der neue Taotaï. Wir
sind nicht die einzigen Ehrengäste: ein Arzt und eine Ärztin sind
mit einem Pestserum in zwei Flugzeugen aus Moskau eingetroffen. Merkwürdig: als ich den Taotaï frage, sagt er mir, die beiden
Flugzeuge kämen aus Urumtschi und nicht aus Rußland, wogegen der Arzt, Dr. Bitschkoff, erklärt, sie kämen von Taschkent,
und schließlich erzählt mir noch jemand, ich weiß nicht mehr
wer, von einem dritten Flugzeug, das in den Himmelsbergen
habe notlanden müssen.

Nicht lange, so ist die ganze Gesellschaft versammelt: alle
Russen mit ihren in bescheidene Seidenfähnchen gekleideten
Frauen, alle Chinesen, alle Turkis, alle Engländer, alle Inder –
und die einzige Schweizerin, die sehr erstaunt ist, als sie Mme.
Ossipoff plötzlich ein paar Worte Französisch von sich geben
hört.

Bei Tische werden schon von der Suppe an die Gläser mit
Benediktiner, Kognak oder Wodka gefüllt, den einzigen Geträn-
ken, die da sind. Alle Augenblicke wird man mit »kaanpei« oder
»Za wasche zdarowje!« angeprostet und muß zur Erwiderung
sein Glas leeren. Peter und ich belegen eine Flasche Wodka mit
Beschlag, um zu verhüten, daß uns die Diener von dem süßlichen

kaukasischen Benediktiner einschenken. Heut oder nie gilt es den Kopf klar behalten, denn ich bin in einen erbitterten Wettkampf mit Jeguroff geraten. Die Männer haben alle ihre Röcke ausgezogen, und es herrscht sozusagen eine allgemeine Wochenendstimmung. Peter ist indessen ein ganz klein wenig beunruhigt. Es geht ihm nicht aus dem Kopf, daß man nach Landessitte derartige Gelage dazu zu benutzen pflegt, sich seiner Feinde zu entledigen, und er beschäftigt sich mit der Frage, inwieweit ein »Times«-Korrespondent hier etwa unerwünscht sein könnte.

Jeguroff leidet an Bazillenfurcht und erzählt mir mit allen Einzelheiten, wie unhygienisch die Nahrungsweise und das Leben im allgemeinen in diesem barbarischen Kaschgar sind. Aber ich kann seinen Ausführungen nicht lange folgen, weil Liu Pin und Hsu abwechselnd mich unaufhörlich mit herzerweichenden Botschaften an den Völkerbund überhäufen: »Der Völkerbund müßte sich darüber klarwerden, wie nötig Sinkiang Hilfe braucht...« – »Was für Hilfe und gegen wen?« frage ich – »Nur Hilfe, ganz einfach Hilfe!«

In rauhem, martialischem Chinesisch eröffnet Liu Pin die Reihe der Trinksprüche. Nach jedem Satz hält er inne, und man hört die Dolmetscher gleichzeitig die englische, russische und turkestanische Übersetzung hersagen. Liu ergeht sich in den schmeichelhaftesten Superlativen über die Sowjetflugzeuge, die Sinnbilder der Solidarität der Menschheit, dann über Genf, die erhabenste Stadt der Welt dank der S. D. N.[1], und schließlich über die »Times«, die beste Zeitung, die es gibt. Liu Pin verträgt den Alkohol schlecht und weiß es auch; selbstvergnügt lacht er über seine eigenen Scherze und setzt sich schließlich nieder, indem er erklärt, er fürchte, er könne sich wiederholen, da er nicht mehr wisse, was er sage!

Jeder der Konsuln erwidert ihm, und Oberst Thomson-Glover bemerkt launig, die Sowjetflugzeuge, ohne Zweifel durch die Herstellung des Serums aufgehalten, seien so liebenswürdig gewesen, erst zwei Tage vor der Rückkehr der von ihm nach Gilgit geschickten Sonderkuriere einzutreffen, damit das Verdienst, Kaschgarien vor einer Epidemie bewahrt zu haben, nicht auf Moskau allein fiele.

Im Hintergrund spielt ein Turkiorchester Tanzweisen, und plötzlich sieht man Liu Pin, den spaßigsten aller Chinesengene-

rale, mit Schwung einen Solotanz zum besten geben, daß ihm der Revolver nur so gegen die Breeches baumelt. Um mir einen Schabernack zu spielen, verkündet Peter, ich könne sehr gut auf Turkiart tanzen; alsbald erhebt sich ein Geschrei am ganzen Tisch, bis ich schließlich aufstehe und mittanze, indem ich einfach alles nachäffe, was der General tut. Um mich an Peter zu rächen, gebe ich meinerseits bekannt, er könne wundervoll singen – was aller Wahrheit Hohn spricht. Vergebens jedoch bemüht sich alle Welt, den errötenden »Times«-Berichterstatter zu einer Darbietung zu überreden!

Endlich gibt Mrs. Thomson-Glover das Zeichen zum Aufbruch, und ich folge ihr, nach Möglichkeit bestrebt, nicht zu wanken.

# Im Pamir

Am nächsten Tage, dem 8. August, hatte ich so fürchterliches Kopfweh, daß ich die letzte Mahlzeit, die uns im Hause Thomson-Glover vergönnt war, kaum anrühren konnte.

Vom Dach des Hauses aus beschaute ich mir zum letztenmal das weite Panorama von Kaschgar: hier die gestuften Dächer und das dichte Grün der Oase, dort die Dünen der Wüste; fern im Westen die Himmelsberge, wo ich vor drei Jahren durch eine unüberschreitbare Grenze aufgehalten worden war, und im Süden der Kongur und die tausend Jahre alte Pamirstraße, die uns nach Kaschmir führen sollte.

Die Mitglieder der Citroën-Expedition waren die letzten Europäer gewesen, die, nordwärts in Richtung auf Urumtschi ziehend, diese Route eingeschlagen hatten, auf der es drei große Pässe zu überschreiten galt; der eine von ihnen, der Mintaka, 4680 m hoch, bezeichnet die Grenze zwischen China und Indien in der Hindukuschkette; die andere große Transhimalajaroute führt über den Karakorum (5570 m) südlich von Khotan, um gleichfalls in Kaschmir zu enden; aber sie ist sehr ermüdend und bietet keine Möglichkeit für die Ernährung von Mensch und Tier.

Wenn ich den Büchern glauben durfte, in denen ich im Konsulat geblättert hatte, so galt Kaschgar im allgemeinen als ein verlorener, durch seine Berge von aller Welt abgeschnittener Posten; für uns hingegen bedeutete Kaschgar bereits die eigentliche Rückkehr zur Zivilisation, und die vierzig Tage, die uns noch von Srinagar trennten, waren für uns nur mehr eine letzte Etappe.

Um drei Uhr nachmittags reißen wir uns endlich von den Annehmlichkeiten Tschini Baghs los und setzen uns in Marsch in Richtung auf Gilgit in Indien, das wir in fünfundzwanzig Tagen erreichen sollen.

Wir haben ein Stück unseres Goldbarrens zu Geld gemacht, um die Kosten unserer Karawane bestreiten zu können, und diesmal fehlt es uns an nichts. Zum erstenmal haben wir das

Gefühl, nach allen Regeln der Tradition zu reisen und nicht mehr nur als heimlich aus China entwischte Landstreicher mit zweifelhaftem Ziel. Unsere Papiere sind in Ordnung; wir haben fünf ausgezeichnete Ponys gemietet, für je vierzig Silberdollar; über unsern Kisten weht eine englische Flagge, wohl um alle zu beeindrucken, mit denen wir zu tun haben werden. Diese Kisten sind nicht die wackligen, elenden Angelegenheiten mehr, die wir gewohnt waren, sondern nach allen Regeln der Kunst gebaut und heißen »Jakdans«. In diesen Jakdans sind alle die Eßwaren verstaut, die wir der Güte von Mrs. Thomson-Glover zu verdanken haben, und Tag für Tag werden sich nun Lobgesänge zu Ehren der Spenderin erheben. Ich habe einen neuen Schwamm, mit dem es ein Vergnügen ist, sich zu waschen, und Peter, der in Peking versäumt hatte, sich mit einer guten Zahnpaste zu versehen, und sich unterwegs in Sining eine chinesische kaufte, hat nun endlich wieder eine anständige. Ich habe Gewissensbisse, wenn ich denke, daß ich mich immer geweigert habe, mein Pepsodent mit ihm zu teilen, weil ich der Ansicht war, daß er die Folgen seiner Vergeßlichkeit allein zu tragen habe, obwohl er doch seinerseits nicht gezögert hatte, mir sein Luftkissen zu überlassen, als er erfuhr, daß ich das meinige in Peking gelassen hatte ... Ich fürchte, mein Eigennutz ist unverzeihlich, selbst wenn man in Betracht zieht, daß Peter zu den Wesen gehört, die einen Schwamm nicht richtig auszudrücken verstehen und alle Tuben ruinieren, indem sie sie einfach in der Mitte quetschen statt am Ende.

Ein bescheidenes Andenken hinterließen wir Mrs. Thomson-Glover in Gestalt einer vollen Dose »saddle soap«, ein in England seit Jahrhunderten berühmtes Präparat zur Sattelpflege; da die Art unserer Aufzäumung kaum dazu angetan gewesen war, uns dieser Dose zu bedienen, hatte ich sie als Maskotte verwahrt, denn sie war ein Geschenk der Lattimores, die im Jahre 1927 ihre Durchquerung Asiens zu einem guten Ende geführt hatten.

Peter, als echter Sahib, reitet einen schönen Hengst namens »Wolke«, der bei jedem Nichts ausschlägt und den wir dem Mir von Nagar als Geschenk des Konsuls mitbringen sollen. Um das Bild unserer Karawane zu vollenden, seien noch die beiden chinesischen Soldaten Liu und Wu erwähnt, die beauftragt waren,

uns bis zur Grenze das Geleit zu geben. Liu, ein Träumer mit einem großen Mund, gefällt Peter sehr wegen seiner entwaffnenden Einfalt; er ist bescheiden und zuvorkommend und läßt es sich durchaus nicht nehmen, jedesmal den *k'tak* für uns zu bezahlen, den wir unterwegs an der Straße zu trinken bekommen. Aber er kann kein Wort Turkestanisch, was sowohl unseren Treibern wie den Einwohnern gegenüber sehr ärgerlich ist.

Alles wäre in schönster Ordnung gewesen, wenn wir nicht schon vom dritten Tage, von Jangi Hissar an (soweit hatten wir auf dem Wege, auf dem wir gekommen waren, wieder zurückgehen müssen) den Eindruck gehabt hätten, daß unsere Treiber nichts taugten. Trotz unserer ausdrücklichsten Warnungen hatten sie es nicht verhütet, daß »Wolke« die in seiner Nähe befindlichen Tiere mit Hufschlägen traktierte; sie hatten außerdem zwei Zeltpfähle verloren, und sie lagen uns immerzu in den Ohren mit der Behauptung, die Tiere seien krank und wir müßten einen Tag Rast machen. Dann entdeckten wir, daß sie vier Teppichballen mitführten, die für ihre zwei Saumpferde viel zu schwer waren. Im ersten Kirgisenlager, zu dem wir kamen, mußte Satar ein paar Jaks requirieren, und ein Eingeborener mußte diese »Grunzochsen« bis zum nächsten Lager begleiten, um sie dann wieder zu ihren Eigentümern zurückführen zu können; und bei alledem sahen wir nie, daß irgend jemand eine Bezahlung von ihnen erhielt. Das mißfiel uns sehr, zumal als uns ein Licht darüber aufging, daß Satar seine Ballen als zu unserem Gepäck gehörend ausgab.

Wir haben nun die Oasen hinter uns gelassen mit ihren schlammigen Kanälen, ihren gegen die Sonne beschatteten Dorfstraßen, wo weißgewandete lässige Turkis ihre Brotfladen in die runden Bäuche der Backöfen schieben und ihre Hammel im Staub zerlegen; ihren Karawansereien, wo man auf der Plattform aus Lehm herumliegt und zuhört, wie die Esel mit ihrem flehentlich-rauhen Gebrüll sich den Atem aus der Lunge schreien.

Wir durchqueren eine von Kieselgeröll bedeckte Öde, die sich wie ein Glacis zu Füßen des Kuen Lun breitet, und gelangen in ein von frischer, belebender Luft durchwehtes Bergtal. Beim Überschreiten eines reißenden Flußlaufs stolpert das Pferd des kleinen Wu, und er läßt sein Gewehr ins Wasser fallen. Er glotzt

ratlos ... was tun? Ein paar Einheimische, die grade vorübergehen, werden sogleich mobilisiert; angeseilt, um nicht von der Strömung mitgerissen zu werden, bis an die Hüften im Wasser, tasten sie mit den Füßen das felsige Flußbett ab. Die Suche ist erfolgreich. Am selben Abend geraten unsere beiden Chinesen über den Anblick einiger pfeifender, auf ihrem Bau hockender Murmeltiere, die sie noch nie zu Gesicht bekommen haben, so in Aufregung, daß sie alsbald drauflosfeuern – ohne Erfolg, vermutlich weil Liu immer die Augen zumacht, wenn er abdrückt! Die einzigen Behausungen, die man in diesen einsamen Tälern sieht, wo die Nomaden nur selten kampieren, sind die der Toten: diese dicht beieinander stehenden steinernen Mausoleen der Mohammedaner sehen in den Umrissen aus wie Eier in viereckigen Eierbechern.

Gegen Abend des fünften Tages schlottert Peter, immer noch in »shorts«, zum Erbarmen in dem unerwartet hereingebrochenen Nebel; er heuchelt Verwunderung darüber, daß die Sonne nicht mehr strahlt, und schwelgt in dem Gedanken, kopfüber in seinen Schlafsack zu tauchen, sobald er kann. Wir warten im Schutz einer Höhle die Ankunft unserer Karawane ab, die nur langsam vorwärtskommt. Als erster erscheint Liu, ganz stolz, mit einem verirrten Schaf für unseren Kochtopf. Ach, die armen verirrten Schafe haben nicht nur die Wölfe zu fürchten hier in diesem Lande.

## Auf dem Gipfel

Tags darauf schlagen wir nach beendetem Marsch unser Zelt in Kaschka Su auf, in der Nähe von drei kirgisischen Jurten. Eine Frau bewirtet uns mit verräuchertem Jakmilchrahm.

Nach der Karte führt unser Weg heut unweit des Mustagh Ata vorbei, eines bedeutenden Gipfels im nördlichen chinesischen Pamir; aber hier in dem eingeschlossenen Tal sieht man nichts davon. Da es noch früh am Nachmittag ist, mache ich mich auf, um den nächsten Vorberg zu besteigen. Er ist sehr steil, und ich klettere an stufenweise übereinanderliegenden großen Grasbüscheln hinan. Nach einer Stunde komme ich an einer Schafherde vorbei, die talwärts zieht; nach zwei Stunden sind die Jurten

drunten winzig klein geworden und erscheinen nur noch wie drei braune Pilzchen. Atemlos halte ich ein wenig inne, bewundere die Enziane und die langgestielten Edelweiß und lausche der Stille der Einsamkeit, dieser Stille, die ich so vermisse, wenn ich unter Menschen bin, dieser tiefen Stille, die das Herz mit dem Gefühl der Unermeßlichkeit überflutet.

Dann klimme ich weiter bis zu dem felsigen Gipfel, der sich über einer Schieferhalde erhebt, auf der nichts mehr wächst. Hier oben herrscht der Wind; ich bin auf gleicher Höhe mit einer großen Zahl kahler Gipfel, aber von dem berühmten Mustagh, der im Süden sichtbar sein und die Wolken überragen müßte, ist nicht das geringste zu sehen.

Ich spüre die Ermüdung in den Knien und habe plötzlich Angst vor der Rückkehr: Aufwärts geht es besser, weil die Zehen sich anklammern, aber beim Abstieg – diese Erfahrung ist mir schon vertraut – werden die Fersen, fürchte ich, auf den schrägen, glatten Schieferplatten ins Rutschen kommen. Auf eine halbe Stunde weit ist nichts zu sehen, was mich mit einiger Sicherheit davor bewahren könnte, in die senkrechte Tiefe hinabzustürzen, die unterhalb dieses Gerölls gähnt... Der einzige Mensch, der durch mein Verschwinden unmittelbar betroffen werden würde, wäre Peter. Unwillkürlich besinne ich mich ein wenig auf mein eigenes Ich. In den letzten sechs Monaten habe ich oft das Gefühl gehabt, mich auf einem anderen Planeten zu befinden, und ich bin ja eigentlich auch schon wie ausgestrichen aus der übrigen Welt; meine Angehörigen, meine Freunde haben gelernt, ohne mich auszukommen; mein Fernsein, meine Isoliertheit haben mich nachgerade gelehrt, daß ich für die »Lebensordnung« entbehrlich bin!

Ja gewiß; aber worauf es ankommt, das bin ich, mein Ich, das für mich nun einmal der Mittelpunkt der Welt ist; dieses Ich, das bisher noch nicht die Zeit dazu gefunden hat, etwas Wertvolles zu vollbringen, etwas, das über mich selbst hinaus dauert, mich vor dem Nichts errettet und – wenn auch in noch so geringem Maße – dieses Verlangen nach Ewigkeit befriedigt, das in mir ist.

Aber was für ein wunderliches Mittel habe ich mir zu diesem Zweck erwählt: monatelang täglich fünfundzwanzig Kilometer marschieren!... Wie in so vielen leeren Stunden dieser Reise frage ich mich auch jetzt wieder: Was ist es eigentlich, das mich

so nach allen vier Enden der Welt treibt? Ja, ich weiß, ich will immer wieder Neues sehen, und ich sage mit dem Dichter:

> Mais les vrais voyageurs sont ceux-là seuls qui partent
> Pour partir; cœurs légers, semblables aux ballons
> De leur fatalité jamais ils ne s'écartent
> Et sans savoir pourquoi, disent toujours: Allons! [1]

– aber das trifft nur die Wirkung, nicht die Ursache. Was ist die Ursache dieser Neugierde, die mich stachelt, dieses Bedürfnisses, zu sehen, zu begreifen? Richte ich vielleicht nur deshalb Schwierigkeiten vor mir auf, um die Genugtuung zu haben, sie zu überwinden? Woher diese Lockungen, denen ich blindlings folge und die statt meiner entscheiden?

Wieviel mir noch zu lernen, zu erfahren bleibt ... Nein, ich will es nicht darauf ankommen lassen, hier abzurutschen: Vermeiden wir lieber dieses gefährliche Geröll. Mit einigem Glück gelingt es mir, einen Grat zu erklettern und von da aus wohlbehalten wieder zu den Weidegründen zurückzukehren.

Es dämmert bereits, als ich in unserm Zelt anlange; Peter, schon halb verhungert, hat gerade, von den besten Absichten beseelt, etwas Fett zerlassen für einen Risotto; aber es hat Feuer gefangen, und ein Paar völlig versengter Augenbrauen bleiben ihm als Andenken.

Am nächsten Tage, dem siebenten seit Kaschgar, wird der Weg schwierig, und wir übersteigen zwei kleine Pässe, wo der Boden tief zerfurcht ist von den Hufen zahlloser Karawanen. Die rötlichbraunen Murmeltiere huschen auf der grünen Weide umher, und die aufgehende Sonne überflutet die nahen Gipfel ringsum mit neuem Licht.

Als die Ponys stehenbleiben, um Atem zu holen, geht Satar, mit der gekrümmten Nadel bewaffnet, mit der er morgens immer seinen Maissack wieder zunäht, zu einem jeden der Tiere und versetzt ihnen einen kurzen Stich in die Nase; das hat eine Blutung zur Folge und ist ein Mittel gegen den durch die große Höhe verursachten Blutandrang. An diesem Abend kampieren wir in Tohil Bulung, am Fuße der Hauptkette, die uns vom Taghdumbasch Pamir trennt.

# Der Tschitschiklikpaß

Am fünfzehnten August steigen wir in einem tiefen Engtal empor, durch das sich ein tosender Fluß wälzt. Die Fährte, oder vielmehr das Nichtvorhandensein einer Fährte, nötigt uns acht- bis zehnmal, das Wasser zu überschreiten, was ich hasse. Die Treiber führen die Tiere eines nach dem andern hinüber und müssen sich manchmal aus Leibeskräften von der Talseite her gegen sie stemmen, um sie im Gleichgewicht zu halten, wenn sie einen falschen Schritt tun. Jetzt verstehe ich, daß der Postsack des Konsulats gelegentlich ein unfreiwilliges Bad abbekommt!

Die winzigen Getreidefelder, die in der Talsohle gelb sind, werden immer grüner, je höher wir steigen, und am Abend lagern wir auf einer lieblichen Matte unter hohen Gipfeln. Wir brechen eine Flasche Kognak an zur Feier des Tages, da wir heute grade sechs Monate unterwegs sind; und Peter – ein Dilettierender wie alle guten Etonier – bemerkt, dies sei das erstemal in seinem Dasein, daß er mehr als sechs Monate lang dasselbe treibt. Er zählt einige seiner Betätigungen auf: Erst arbeitete er in der Zivilverwaltung, dann war er Theaterkritiker, dann Sekretär bei einer internationalen Konferenz in Schanghai; einmal war er auch bei einer Bank in Wallstreet angestellt, aber dort hielt er nicht lange aus, obwohl ihn dank eines einflußreichen Großvaters eine gesicherte Laufbahn erwartete; es war damals grade die Zeit der großen Krachs, wo die Opfer scharenweise zu den Fenstern der Wolkenkratzer hinaussprangen.

Jenseits des Wildwassers stehen drei Jurten. Der Alte, der das Haupt der Siedlung ist, klettert, um uns einen Besuch zu machen, auf einen Jak und lenkt ihn in das tosende Wasser; das Tier stolpert, der Greis fällt herunter, und die Flut rollt ihn wie ein willenloses Spielzeug von Klippe zu Klippe, bis endlich sein Sohn ihn zu fassen bekommt und ihn herauszieht. Das ist genau das, was ich jedesmal befürchte, wenn ich durch ein solches Gewässer muß. Aber wie viele Male hat dieser Kirgise sicherlich schon ohne Schwierigkeiten die Furt durchquert, zu der ein ausgetretener Pfad führt: heute haben seine Kräfte versagt, und vielleicht zum erstenmal . . .

Tags darauf überschreiten wir ohne sonderliche Mühe den Tschitschiklikpaß. Unterwegs kommen wir an einigen toten

Eseln vorbei, und Satar beeilt sich, ihnen die Hufeisen abzurei-
ßen, unter den ungeduldigen Blicken einer Schar Aasgeier –
Lämmergeier, wie Peter sie nennt. Dann gelangen wir, zwischen
schwarzen Felsen hindurch, zu einem eisgrünen See am Fuße
firngepanzerter Gipfel, und weiter über eine öde Moräne hinan,
in deren Mitte unsere Tiere sich niederlegen, so daß sie abermals
einen Stich mit der krummen Nadel bekommen müssen. Der
Himmel ist grau, und die tiefhängenden Wolken verdecken die
Aussicht auf den Mustagh Ata, den »Vater der Eise«.

An diesem Abend, als wir, am Rande eines riesigen, wind-
durchfegten Platts angelangt, endlich unser Lager aufschlagen,
geht alles verquer. Die Worcestersoße ist in den Sack mit Rosinen geronnen; Peter hat das Zelt durchaus nach seiner Idee
aufschlagen wollen, was zur Folge hat, daß ich mit den Füßen
höher liege als mit dem Kopf; Tokta Ahun, der Halbtrottel, der
uns angeblich betreuen soll, bringt den verlangten Tee nicht;
hernach beim Aufbruch sattelt er mein Pferd schief, bringt die
Zügel durcheinander, und es stellt sich heraus, daß einer meiner
bronzenen Steigbügel gebrochen ist. Dies letztere macht mich
sehr ärgerlich, denn im Gebirge ist man acht Stunden täglich in
den Steigbügeln. Ein paar Einheimische, die wer weiß woher
aufgetaucht sind, reden mit Satar, der als einziger von uns ihren
Dialekt versteht, der dem Tadjik oder Altpersischen ähnelt,
denn es sind keine Kirgisen. Mit ihren schwarzen Bärten und
hohen Mützen schauen sie aus wie aus einem babylonischen
Fresko entsprungen[1].

# Adieu China

Heut sollen wir in Taschkurgan ankommen.

Wir stolpern bergab durch das »Tal der Steine«, das sich zu einer Schlucht verengt, in der nur für das Wildwasser Raum ist. Die Tiere springen von Fels zu Fels, und wenn sie sich auch zum Glück keine Knochen brechen, so hat doch ihr Widerrist wieder einmal arg zu leiden. Ihre Lasten ruhen auf einem Geflecht aus Stroh, in Form eines Hufeisens mit sich verengenden Armen, das mit einem Wolltuch überdeckt ist. Man sollte meinen, es habe sich da im Laufe der Jahrhunderte bei den Karawanenführern eine für das Gebirge besonders geeignete Form von Sattel herausgebildet; aber ich bezweifle es, denn Tag für Tag muß Satar mit seinem Messer das Loch erweitern, das er in diesen länglichen Strohkranz an der Stelle geschnitten hat, wo er vorn aufliegt. Der Widerrist der Tiere ist nur noch rohes Fleisch, und während der fünfundzwanzig Tage, die wir unterwegs sind, vertiefen sich diese tellergroßen Wunden immer mehr und verpesten die Luft in der Nähe der Ponys. Am Ende des Abstiegs kommen wir zu dem Ufer eines mächtigen Flusses – eines Nebenflusses des Jarkand Darja – in einem weiten Tal namens Sarikol oder Taghdumbasch Pamir[1], in etwa 3200 Meter Höhe.

## Taschkurgan

Das Gelände wird beherrscht von den befestigten Mauern von Taschkurgan, dem »Steinhügel«, das unter drohendem, von Schneegipfeln überragtem Gewölk einen sehr malerischen Eindruck macht. Am Fuße des Hügels ducken sich einige Häuser und Pappeln. Dies ist das letzte Dorf Chinas, das schon Ptolemäus in seiner Beschreibung der Route erwähnt, die von Indien durch Afghanistan nach China führte. Und im Jahre 642 kehrte Hsuan Tsang, dessen Spuren ich schon in den Himmelsbergen gefolgt war, über Taschkurgan nach China zurück, nachdem er seine berühmte Pilgerfahrt nach Indien vollbracht hatte.

Wir nehmen Quartier in dem Häuschen des Aksakals, eines Inders, der hier seit dreißig Jahren lebt. Nach seiner Behauptung sind die hier in der Gegend garnisonierenden Turkisoldaten Spitzbuben, und man würde lieber ihre chinesischen Vorgänger wieder im Lande haben. Aber alles ist in Wandlung begriffen: Soeben ist der Chinesische *amban* abgesetzt worden, der ein rechtschaffender Mann war (wir sind diesem Bezirkschef in Kaschka Su begegnet).

In Taschkurgan stoßen vier Länder fast aneinander: China, Indien, Afghanistan und Rußland. Ihre Grenzen sind im Jahre 1905 durch eine internationale Kommission festgelegt worden, zur Verhütung der häufigen »Zwischenfälle«; damals wurde das schmale Gebiet von Wakhan an Afghanistan gegeben, um zu verhindern, daß Rußland und Indien aneinander grenzten.

In der Dorfstraße herrscht ein Durcheinander der verschiedensten Rassen und Bräuche. Da sind die bartlosen Chinesen in ihren Verkaufsbuden oder hinter ihren Suppenkesseln; da sind die Turkis der Garnison und die dunkelhäutigen Inder mit stolzen Turbanen oder groben Wollmützen auf den Köpfen; in der Karawanserei backen sie im Freien ihre Pfannkuchen in den umgekehrten Deckeln ihrer Kochtöpfe. Einer von ihnen hat sogar einen Affen bei sich, den ich allerliebst finde bis zu dem Augenblick, wo er darauf verfällt, mich zu seiner Belustigung an den Haaren zu ziehen. Und natürlich begegnet man auch den einheimischen Sarikolis, die meinen Schweizer Gebirglern ähneln. Man sagt gewöhnlich, daß es Galtschas oder Tadjiks aus den Bergen seien und daß ihr Pamirdialekt noch Reste der alten Sakasprache enthalte. Und in dem kleinen Schulhause finde ich etwa zwanzig Kinder vor, die arabische Schriftzeichen auf ihre »Schiefertafeln« malen, die aber aus Holz sind.

Bei einem Spaziergang über die in Trümmern liegende Zitadelle hinaus sehe ich zwischen klassischen mohammedanischen Mausoleen auch einige sonderbare Gräber: sie sind mit irdenen, leuchtend weiß getünchten Dreifüßen gekrönt. Mir scheint, daß man Feuer darauf anzünden kann – eine merkwürdige Tatsache, wenn man bedenkt, daß der baktrische Name *tadjik* ursprünglich »Feueranbeter« bedeutete und daß heute noch die Sarikolis streng darauf achten, daß nie eine ihrer Öllampen mit einem unreinen Atem ausgeblasen wird.

# *Auf dem Dach der Welt*

Bevor wir südwärts weiterziehen, lassen wir unsere Pässe durch die chinesischen Behörden, die sich um unser Gepäck überhaupt nicht kümmern, mit Sichtvermerken versehen. Dann haben wir eine stürmische Auseinandersetzung mit Satar, der trotz unseres Einspruches die Reise durchaus mit seinen wunden Tieren fortsetzen will. Schließlich, am 18. August, brechen wir auf unter der Führung von Nadir, einem schönen, bärtigen Mann, der den sehr schwer zu überschreitenden Fluß gut kennt.

Als die Berge in den tiefen Wolken verschwinden, könnte man sich leicht vorstellen, man sei in Holland: Wohlgenährtes Vieh weidet in dem dichten Gras kleiner, durch Kanäle, die in Wahrheit Flußarme sind, getrennter Inseln; wir ziehen auf einem Meer von Grün dahin, das am Fuße steiler Kieshänge endet. Der Stromübergang geht ohne Zwischenfall vonstatten, aber das tosende, reißende Wasser unter mir, das mein Pferd abdrängt und meine Schuhe durchnäßt, macht mich schwindlig.

Wir übernachten bei einigen Sarikolis; ihr unsymmetrisch gebautes Steinhaus hat einen ellenbogenförmigen Korridor, der dazu bestimmt scheint, die Zugluft abzulenken. Zwei kleinere Häuser im Hof, die als Küche dienen, haben überhaupt keine Türen: die Frauen, die dort ständig aus und ein gehen, steigen durchs Fenster. Diese hochgewachsenen, schlanken Frauen mit knochigen Gesichtern und grauen oder braunen Augen tragen entzückende gestickte Käppchen auf ihren langen Haaren; eine von ihnen ist damit beschäftigt, Kuchen aus Schafmist gegen die Hofmauer zu kleben. Unsere Beziehungen zu den Insassen sind etwas gespannt, da Talib (einer der beiden Turkis, die an die Stelle unserer chinesischen Leibgarde getreten sind) ohne ersichtlichen Grund den Rücken des Hausherrn mit dem Gewehrkolben bearbeitet hat.

Danach geht es drei Tage lang immer durch dasselbe einförmige Tal der Grenze zu. Eines Morgens, unter grauem Himmel, werden wir plötzlich aus unserer Schläfrigkeit aufgerüttelt durch den Anblick dreier Reiter, die sich schon von weitem von allen anderen, denen wir bisher begegnet sind, auffallend unterscheiden, denn sie tragen Tropenhelme. Es sind zwei Damen und ein Missionar, die einer langen Ponykarawane vorausreiten. Un-

ter dem Verdacht, daß sie einen Waffentransport mit sich führten, sind sie – so erzählen sie uns – einen Tag lang in Mintaka Karaul zurückgehalten worden, während ein Bote mittlerweile nach Kizil Robat, dem ersten russischen Grenzposten, galoppierte, um Instruktionen einzuholen. Sie fügen noch hinzu, man habe ihnen in Gilgit ein Telegramm gezeigt und sie gefragt, ob der Herr vielleicht Fleming heiße!

Wir sind unseren Tieren vorausgeritten und nächtigen, während es draußen regnet, im Schutz der Jurte des Bürgermeisters von Dafdar. Wir sind hier auf einem Gebiet das, obwohl es chinesisch ist, einen jährlichen Zins in Gestalt von Wolle und Filz an den Mir von Hunza entrichtet, den Beherrscher des Tals südlich der Grenze. Dieser Brauch besteht, seit der Mir, zu Hilfe gerufen, die Räuberbanden verjagt hat, die das Tal verheerten. Der Mir hat auch das Weiderecht in Sarikol; um indessen gutnachbarliche Beziehungen aufrechtzuerhalten, schickt er jedes Jahr etwas Gold als Geschenk an die obersten Behörden von Kaschgar; weswegen denn die Chinesen, ohne mit der Wimper zu zucken, behaupten, Hunza gehöre ihnen.

Am nächsten Abend, in Païk, sucht der Offizier des Wachtpostens, ein blondbärtiger Mann, Händel mit uns und beschlagnahmt Peters Kleinkaliberbüchse, indem er behauptet, der Waffenschein von Peking genüge nicht, wir hätten in Taschkurgan noch eine besondere Genehmigung für das Grenzgebiet beantragen müssen! Da sein Vorgesetzter für dieses Gebiet sich in dem Grenzposten Mintaka Karaul befindet, galoppieren wir tags darauf allesamt dorthin und kommen mitten in einem Schneesturm an. Viele Pferde sind rings um eine riesige Jurte angehalftert, und Reiter traben allenthalben auf dem schönen nassen Gras umher.

Wir sind nicht die einzigen Reisenden, die unter der Jurte Schutz suchen, wo eine Kirgisin in einer gestickten, mit einem Nackenschleier versehenen Haube jedem von uns eine Schale gesalzenen Tees anbietet; eine aus Indien kommende Turkifamilie, die Männer im Fez, ist auch da, sowie zwei Soldaten, die, wohl vom Nachtdienst ermüdet, daliegen und schnarchen.

Zamir, der Kommandeur des Gebiets, im Range eines *lan fu*, ist ein kleiner bärtiger Mann mit grauen Augen, in schwarze Serge gekleidet und mit einem schönen neuen Lederkoppel ge-

gürtet. Er läßt sich höchst umgänglich an. Er sei ein Tadjik, erklärt er mir in sehr gutem Russisch, das er in Taschkurgan gelernt hat, wo er »zur Zeit des Zaren Nikolaus« zusammen mit dreißig Kosaken stationiert war. Er hat alle möglichen Berufe, unter anderem als Bauer, als reitender Bote, ausgeübt, bevor er, aufgrund seiner Fähigkeiten als Dolmetscher, in die Armee eintrat: Er spricht Turkestanisch, Russisch, Wakha und das Farsi der Tadjiks. Da ich gesehen habe, wie er ein Päckchen »Machorka« aus der Tasche zog, um sich eine Zigarette zu drehen – denselben Tabak, wie er an die sowjetrussischen Truppen ausgegeben wird –, frage ich ihn, ob der benachbarte russische Pamir dichter besiedelt sei als der chinesische.

Zamir sagt, er wisse es nicht, und beteuert etwas allzu lebhaft, daß er nie einen Fuß in das Gebiet westlich der Grenze gesetzt habe; sein Vater sei nur von dort gekommen ... Aber vorher hat er mir gesagt, daß es früher gar keine Grenze gab und daß man erst ganz kürzlich eine Kontrolle eingeführt hat, um zu wissen, wer hier durchkommt. Er lenkt das Gespräch auf ethnographische Einzelheiten ab: hier im Tal leben 2000 Sarikoli, 30 indische Untertanen und 200 Kirgisen. Aber diese letzteren, unselige Leute, die immer nur von anderen ausgeplündert werden und immer nur Ungeschicklichkeiten begehen, werden mehr und mehr nach Afghanistan vertrieben, wo sie elendiglich dahinvegetieren. Die Tadjiks ihrerseits leben überall in Frieden: Sie haben mehr im Kopf als die Kirgisen und wissen viel mehr. Zamir schließt mit den Worten: »Aber das Wissen mit dem Kopf nützt nichts, wenn das Verstehen mit dem Herzen nicht hinzukommt!«

Zamir, der Tadjik im Dienst der Regierung von Sinkiang, führt uns zu der zwei Kilometer entfernten Jurte, die für die britische Post vorbehalten ist. Was die Frage unserer Kleinkaliberbüchse betrifft, so ist er nicht davon abzubringen, daß die Vorschriften unumstößlich seien, obwohl Peter bereit ist, eine Buße oder ein Bakschisch zu zahlen. Kurz, es bleibt nichts anderes übrig, als die Waffe an den Konsul in Kaschgar zurückzuschicken.

Von der Wärme des Feuers schmilzt der Schnee auf dem Dach und rinnt uns durch die Löcher in dem Filz, aus dem die Jurte gemacht ist, auf die Köpfe. Abends finden wir in unseren Schlaf-

säcken die Notizhefte vor, die wir aus Angst vor irgendwelcher Untersuchung darin versteckt haben. Unsere Männer teilen die schützende Jurte mit uns und machen uns den Schlaf unmöglich; um sich ihren Reis und Tee zu kochen, vergiften sie uns stundenlang mit dem Qualm des Argols, den sie nicht richtig in Brand zu setzen verstehen; ohne ein Bedürfnis nach Schlaf zu verspüren, schwatzen und lärmen sie trotz unserer Proteste die ganze Nacht.

## *Der Mintaka*

Heut sollen wir endlich Indien betreten, nach einem Marsch von 500 Kilometern von Kaschgar bis zur Grenze. Der Tag beginnt mit der Entdeckung, daß Tahib, der Führer unserer Eskorte, verschwunden ist, und zwar mit meinen warmen Skihandschuhen und der Reitpeitsche mit dem Griff aus Antilopenhorn, die Peter in Basch Malghun gegen zwei Päckchen Zündhölzer erstanden hatte! Das ist das erstemal seit Peking, daß wir bestohlen worden sind. Dann halten wir, mit Zamir als Dolmetscher, Satar eine Standpauke und sagen ihm, wie unzufrieden wir mit ihm sind.

Endlich sind unsere Leute, uns voraus, abgezogen, und ich bedeute Zamir, da er die offiziell nach Taschkurgan bestimmten Teppiche Satars durchgelassen habe, könne er uns doch ebensogut unsere Kleinkaliberbüche mitnehmen lassen. Er wird schwankend und willigt schließlich ein, nachdem er behauptet hat, wenn er die Turkis nicht zurückgeschickt habe, so sei das aus Rücksicht auf uns geschehen, weil wir ja sonst ohne Treiber gewesen wären.

Es ist ein sehr undurchsichtiges Spiel, das Zamir spielt; aber im Gegensatz zu Peter vermag ich keinen unzweideutigen Beweis dafür zu erkennen, daß der Mann im Solde der Sowjets steht.

So verlassen wir denn endlich den letzten bewohnten Ort auf chinesischem Boden. Wir biegen aus dem breiten Tal, das über den Wakhjir-Paß nach Afghanistan führt, in ein kleineres Seitental ab, wo wir zwei Hunzamännern begegnen, von denen der eine den wöchentlichen Postsack, der andere einen Regenschirm

trägt; sie sind in Anzüge europäischen Schnitts, aber aus einheimischer weißer Wolle gekleidet.

Es ist graues Wetter, und der Gipfel, der unser grasreiches Tal abschließt, verschwindet bald in den Wolken; nichts, was den Namen Paß verdiente, ist sichtbar, als wir uns zum Aufstieg rüsten. Peter mit seinem kräftigen Badakschani »Wolke« ist bald außer Sicht; aber was für ein Leidensweg für die Ponys auf dem steilen Pfad, dessen Zickzacks ganz unsinnig verlaufen! Alle hundert Meter machen die Tiere halt, um zu verschnaufen oder sich einfach unter ihren Lasten niederzulegen. Satar sticht sie in die Nasen, sie springen wild auf, drängen und stoßen einander auf dem engen Pfad, flüchten abseits, wobei ihre Lasten aus dem Gleichgewicht kommen. Die Männer rennen fluchend hinter ihnen her und scheuchen sie mit wohlgezielten Steinwürfen gegen ihre Beine wieder auf den Weg zurück. Zu allem Übel kommen noch der Nebel und der Schnee hinzu; tief drunten sieht man nur noch, wie von einem Flugzeug aus, den dünnen weißen Faden des Flusses.

Endlich stehen wir vor drei Haufen lose aufeinander geschichteter Steine; wir sind auf der Höhe des Mintakapasses, in einem Labyrinth riesiger, schwarzglänzender Felsen, 4680 Meter überm Meer: wir sind in zwei Stunden 800 Meter gestiegen.

Ich spüre, daß es sich aufklären wird, denn der feine, blaue Schnee scheint nur noch aus einem durchsichtigen Nebel zu fallen. Ich warte und lasse die andern vorausgehen. Im Osten, zu meiner Linken, kann ich ahnungsweise den Gipfel erkennen, den wir am frühen Nachmittag sahen; von dieser Höhe aus werde ich bald den Himalaja, die »Wohnung des Schnees«, erblicken können. Und endlich taucht grade vor mir, jenseits der schwarzen Kerbe des Passes, eine der Gipfelwände des Mintaka auf, eine steile Schneemauer, schimmernd in den letzten Strahlen der Sonne. Was für ein stolzer Berg, das Haupt von Wolkenbändern umschlungen, die tieferen Hänge in Schatten, durch die sich ein Gletscherstrom windet! Soweit gefällt mir Indien recht gut.

# Indien

Die Sonne ist verschwunden, ich sehe nichts mehr als Felsblöcke und Gletscher... Wo werden wir bei dieser Kälte lagern? Die erschöpften Tiere kommen kaum noch vorwärts. Eines von ihnen ist soeben zwischen die Felsen gestürzt, und ich höre – was selten vorkommt – Peter ganz außer sich rufen: »Come on, you bloody fools!« (Vorwärts, ihr Sauidioten!) Wie immer, ist die Karawane durch Satars Teppichballen aufgehalten, und als die »Kantine« abends endlich ankommt, haben wir uns bereits mit leerem Magen schlafen gelegt. Das Reisen mit einem Schlafsack hat den Vorteil, daß man jederzeit sein warmes Bett bei sich hat und schlafen kann, auch wenn das Gepäck noch nicht da ist.

Ein Hunzamann namens Assa ist zu uns gestoßen und führt uns mitten in der Nacht durch peitschendes Schneegestöber in die Steinhütte von Gulkhuja; hier müssen wir, mangels Zündhölzern (die Peter ich weiß nicht wem als Almosen geschenkt hat), auf die Ankunft der Männer warten, bevor wir uns endlich von vertrockneten Büscheln wilder Kamille Tee machen können. Kaum angelangt, fallen die Erschöpften wie Säcke in Schlaf, außer Tokta Ahun, der so gut wie nichts getan hat, weil er an der Bergkrankheit litt.

Am nächsten Tag schaut die Welt, in der wir uns befinden, noch immer ganz anders aus als alles, was wir bisher sahen: keine Matten mehr am Fuße der zerklüfteten Berge; überall nur steil in einem Zug emporschießende Wände, die in zahllosen Spitzen enden. Und durch diese verwunschene Region windet sich unser Tal zwischen den herrlichen Ketten des Hindukusch im Nordwesten und des Karakorum im Süden dahin. In kleinen Schluchten wachsen fremdartige Blumen, glockenförmige Violazeen oder riesengroße Margeriten.

Das Wildwasser kämpft sich zwischen großen abgestürzten Blöcken durch, und dort ganz nahe, o Wunder, stehen wilde Rosenbüsche voller eben aufbrechender Blüten; auch zypressenartige Sträucher sind zu sehen, von denen ein Duft ausgeht wie von mongolischen Tempeln. Man sieht unserm Pfad an, daß

*Hängebrücke aus Zweigen auf dem Weg nach Nagar*

*Polospiel in Nagar im Karakorum*

*Der Zivilisation entgegen*

er sorgfältig instand gehalten wird, in auffallendem Gegensatz zu den chinesischen Bergpfaden, was Peter mit Stolz auf sein Land und mit Ankunftsstimmung erfüllt. Jawohl, dies ist der Anfang vom Ende; nicht lange, so werden wir in Kaschmir die unser dort wartenden Briefe in Empfang nehmen, die unser beider Gedanken voneinander scheiden und in verschiedene Richtungen lenken werden. Peter, der sieht, daß ich traurig bin, weil ich weiß, daß mich keine Telegramme in Gilgit erwarten, verspricht mir zum Trost: »Ich werde Ihnen meine leihen!« Und dann besprechen wir wieder einmal den Speisezettel des Abendessens, mit dem wir unsere Ankunft in Srinagar, der Hauptstadt von Kaschmir, dem Venedig Indiens, zu feiern gedenken.

Unter uns verflacht sich die Talsohle, wo unser Fluß sich mit dem Kilik vereint; und hier, dicht an einem Weidenwäldchen, erhebt sich ein einzelnes kleines Haus: Das ist Murkuschi, unser erstes »rest-house« (Rasthaus), zu dem zwei Reihen weißer Kiesel führen, die naiverweise einen gar nicht vorhandenen Weg säumen. Es ist eine etwas baufällige Unterkunft: »Wolke« geht mit einem der hölzernen Balkonpfeiler davon, an den er gebunden ist, und der Stuhl, auf den ich mich setze, bricht unter mir zusammen; aber wir sind vor dem Regen geschützt, und in einem Kamin braten wir uns zur Feier unserer ersten Mahlzeit in Indien über einem Holzfeuer Würstchen mit Speck; eine Wand trennt uns endlich einmal von den Turkis und ihrem Geschwätz!

Am nächsten Tage, dem 24. August, steigen wir durch das romantische Tal des Hunzaflusses hinab; es ist zu beiden Seiten von riesigen, sehr steilen Geröllhalden flankiert, die man, wie Lawinenhänge, ausgeschwärmt durchquert, und ich weiß nichts Unangenehmeres, als bei jedem Schritt den Geröllhang unter seinen Füßen einen halben Meter abrutschen zu fühlen. Hier in diesem dürren Talgrund kommen wir zuweilen durch entzückende kleine Weidenoasen, wo die toten Arme des Flusses die Farbe verdünnten Absinths haben.

Der Konsul in Kaschgar hat nach Gilgit gemeldet, wann wir eintreffen würden, und nun kommt uns ein reitender Bote entgegen mit Willkommensgrüßen von dem Mir von Hunza und George Kirkbride, dem »Political Agent«[1] dieser Grenztäler; sie lassen uns sagen, daß sie uns bis Baltit entgegenkommen und schon in den nächsten Tagen dort sein würden.

# Das erste Postamt

Endlich wird der linke Talhang etwas weniger steil, ein wenig Gerste wächst auf Feldern, die mit Schieferplatten abgedeckt sind. Ein gut gebautes Haus taucht vor uns auf und daran gestützt die erste Telegraphenstange, Flügelmann einer Armee, die die ganze Welt umspannt.

Wir sind in Misgar, etwa 3300 m hoch, in dem berühmten Dorf, wo nach den Pekinger Gerüchten 10 000 Sikhs unter dem Befehl von Lawrence zum Einfall in Sinkiang bereitstehen. Diese seit achtzehn Jahren bestehende Telegraphenlinie ermöglicht es Peter, schon jetzt die zahlreichen Glückwünsche aus England in Empfang zu nehmen, die in Gilgit seiner warteten. Der Beamte in Misgar hat nicht viel zu tun; abgesehen von den seltenen Botschaften an die Karawanen, nimmt er nur die täglichen Reutertelegramme auf und gibt sie nach Kaschgar weiter.

Mitten in diesem ärmlichen Weiler, wo wir weder Eier noch Heu auftreiben, führt eine malerische Brücke aus Steinplatten über das schäumende Wildwasser: Unsere Ponys geraten auf ihr ins Gedränge, eines fällt hinunter, und wieder einmal müssen wir, wütend auf die Treiber, unsere kostbaren Notizbücher und unsere Leicas trocknen. Im Verlauf eines großen Palavers erklärt Peter, er sei jetzt bei sich zu Hause, in seinem Lande, wo Verträge eingehalten werden müßten: Wir würden morgen mit unsern fünf Ponys weiterreisen, ohne uns noch um die anderen Tiere mit den Teppichballen zu kümmern. Der Telegraphenbeamte übersetzt unser Englisch in Buruschaski, und einer der Einheimischen gibt es daraufhin wieder in Turki an unsere Männer weiter.

Das Rasthaus ist ein reizendes Häuschen, dessen weiße Mauern mit allerhand Malereien geschmückt sind, die noch von der Citroën-Expedition herstammen. Ich bewundere die Profile von Jacowleff und Hackin, daneben gastronomische Sinnsprüche in Altfranzösisch und Stilleben, die sämtliche in Misgar unbekannten Gemüse darstellen! Die Zusammenstellung dieser drei Elemente erweckt eine gerührte Überraschung in mir, die Peter nicht zu teilen vermag: Er ißt nicht gern Gemüse, Französisch ist nicht seine Muttersprache, und er kennt die Mitglieder des »Gelben Kreuzzugs« nicht.

Nur vier Tage trennen uns noch von Baltit, der Hauptstadt von Hunza. Die Steilhänge unseres Engtals, gegen die das schwarze Wasser mit wilden Schlägen brandet, öffnen sich zuweilen; angeschwemmte Schuttkegel drängen sich dann hindurch, und an einer solchen Stelle haben beharrliche Gebirgler durch Bewässerung eine Oase geschaffen, die Girtsche heißt. Die Dächer ihrer Häuser leuchten orangegelb, denn sie sind mit zum Dörren ausgelegten Aprikosen bedeckt, und die Ecken der Dächer sind mit Steinbockgehörnen geschmückt. Die Menschen werden gewiß unvergleichliche Kletterer hier in diesen Bergen; ein Gedanke, der mir Freude macht.

Unser Pfad, die »Straße« nach Gilgit, ist ungemein beschwerlich: Über den Fluß führen zwar zum Glück einige hölzerne Trägerbrücken, aber im übrigen klettert der Weg immerzu korkenzieherförmig in senkrechten Kaminen empor oder klammert sich balkonartig an Felswände oder stolpert durch Geröll zu einer der seltenen flachen Uferbreiten hinab, und wir kommen nur ganz langsam vorwärts in dieser tiefen Klamm.

Der einheimische Führer, der uns am zweiten Tage geleitet, ist mit einem Eispickel bewaffnet, und gegen Mittag überqueren wir mühevoll den Baturagletscher, der auf dem rechten Ufer in den Hunza mündet: eine riesige, wogenartig erstarrte Masse, ganz schwarz, bedeckt mit Felsblöcken und Geröll. Unsere armen Tiere stolpern, stoßen sich die Beine wund und stürzen mehr als einmal, bevor sie endlich den sicheren Boden am anderen Ufer erreichen.

An diesem Abend sehe ich im Westen, im Hindukusch, einige kühne Eisgipfel ragen, bei deren Anblick mir das Herz höher schlägt; sie sind so hoch (mehr als 7600 Meter), daß sie über die schwarzen Vorberge hinweg zu uns herüberschauen. Ich werde mich immer dieser Dämmerstunde in dem kleinen Dorf Hasani erinnern, wo neben mir ein kleines Mädchen auf einer Tenne ein Viergespann von Kälbern, deren Füße das Getreide worfelten, immer in der Runde herumtrieb. Das klug dreinschauende Kind schritt vor sich hin, den Treibstachel in der einen Hand und eine Kupferschüssel in der anderen, die dazu bestimmt war, den Dung aufzufangen, bevor er das Stroh beschmutzte.

Am nächsten Tag übernachteten wir in Sarat, und am übernächsten zogen wir endlich in Baltit ein, noch rechtzeitig, um

der Ankunft der angemeldeten hohen Persönlichkeiten beizuwohnen: des Mirs von Hunza, des englischen Residenten in Kaschmir und des »Political Agent«.

Die Landschaft hat sich völlig verändert: Die Berge sind noch ebenso hoch, aber das Tal hat sich zu einem ungeheuren Kessel erweitert, gekränzt mit terrassenförmig bebauten Feldern, über denen jenseits des Flusses das herrliche Massiv des Rakaposchi ragt.

## Himalajahauptstadt

Inmitten des Grüns, in dem Baltit, 2440 m hoch, verborgen liegt, erhebt sich einsam auf der Höhe eines Hügels die weiße Burg der Mire von Hunza, selbst wieder überragt, überwuchet von Berggipfeln. Wir werden in das Sommerhaus des Mirs geführt, dessen Terrasse mit ausgestopften Steinböcken geziert ist, und im schattigen Obstgarten, wo die reifen Äpfel mit dumpfem Laut zu Boden fallen, sind zwei Zelte für uns aufgeschlagen. Auf dem Tisch liegt das Gästebuch. Unter allerlei berühmten britischen Namen entdecke ich auch einen »Henri Montagnier, Valais« (Kanton Wallis), einen aus der Schweiz gebürtigen Amerikaner.

Mittags verkünden Kanonenschüsse die Ankunft des Oberst Lang, des britischen Residenten in Kaschmir, der dieses entlegene Tal nur alle vier Jahre einmal besucht; er ist begleitet von dem »Political Agent« von Gilgit, und mit ihnen erscheint auch der Mir, die landesübliche Wollmütze auf dem Kopf, eine goldene Brille auf der Nase, den Bart mit Henna gefärbt. Sie gehen unter dem »Herzlichst Willkommen!« der Ehrenpforte durch, Trommeln wirbeln, und Eingeborene tanzen einen Schwert- und Schildtanz, während andere Banner schwingen.

Peter und ich hatten befürchtet, daß die beiden hohen Herren in Uniform erscheinen und unsere verwaschenen Reisekleider mißbilligen würden. Nichts dergleichen. Alles geht hier mit einer charmanten Einfachheit vonstatten, und einige Tage später lachten wir alle mitsammen über unsere Ängste, denn wir waren die besten Freunde von der Welt geworden. George Kirkbride machte uns seinerseits ein Geständnis: Als er erfahren hatte, daß der Berichterstatter der »Times« in Begleitung einer Frau an-

kommen würde, hatte er sich vorgestellt, daß ich mich als eine dicke Vierzigjährige – »fat and forty« – und Peter, Repräsentant der gestrengen »Times«, sich als ein bebrilltes, gebücktes Fragezeichen entpuppen würde.

Seit der Ankunft in Baltit leben wir dank unserer neuen Freunde wie in einem Märchen. Sobald es dunkel wird, schmückt sich das Gebirge mit tausend Feuern. Die Eingeborenen haben, drei oder vier Stunden weit über die Ortschaft emporkletternd, auf all den Felsgraten Hunderte von Ölfackeln angezündet. Die Wirkung ist zauberhaft; unter dem Nachthimmel, in dem die Sterne mit einem eisigen Glanz funkeln, haben diese, in den schwarzen Wandungen unseres in der Ferne von dem bleichen, unwirklichen Massiv des Rakaposchi abgeschlossenen Talkessels glosenden Feuer etwas Höllenhaftes.

Tagsüber wohnen wir allerhand Spielen bei: Im Galopp daherjagende Reiter schießen, über den Hals des Pferdes gebeugt, mit Pfeil und Bogen auf eine herzförmige Scheibe; dann tun andere mit Gewehren es ihnen nach. Diese Vorführungen finden auf der einzigen flachen Stelle des Tals, dem Poloplatz, statt, einer schmalen Fläche zwischen zwei Mauern. Polo ist das Nationalspiel dieser Gebirgler und ist bei ihnen eine barbarische, durch keinen Schiedsrichter geregelte Angelegenheit, bei der sie mit ihren Räuberhauptmannsköpfen, ihre primitiven Schläger schwingend, wild durcheinanderjagen.

Von der Terrasse des Forts aus überblickt man das ganze Tal, und von hier oben macht das Massiv des Rakaposchi einen großartigen Eindruck; dieser 7790 m hohe, majestätische Gipfel bildet die äußerste Westflanke der Karakorumkette. Dieses Massiv erinnert mich ein wenig an den Mont Blanc, von Brévent aus gesehen, und wäre ein prächtiges Ziel für eine erste französische Himalaja-Expedition. Die Einheimischen nennen den Berg Dumani und hegen den Glauben, daß nie jemand imstande sein wird, ihn zu ersteigen; es geht die Sage bei ihnen, daß die Gletscher seit dreitausend Jahren einen Drachen gefangen halten, der jedes Frühjahr seine Bande zu brechen sucht; um ihn zurückzuscheuchen, zündet man allenthalben Feuer an.

Jeder Pfeiler der Schloßterrasse trägt Steinbockhörner, und eine Fahne auf dem Dach zeigt das Wappen des Mir, einen Bogen und einen Pfeil auf weißem Grunde. In einem der Zimmer sehe

ich den Stammbaum des Aga Khan an der Wand hängen, der ein Nachkomme Alis, des Schwiegersohns Mohammeds, und das halbgöttliche Haupt der Sekte der Molaïs oder Ismaeliten[1] ist, der auch der Mir angehört, dessen dreijähriges Söhnchen, Schah Khan, an seiner Mütze inmitten dreieckiger Amulette eine Emailbrosche mit dem Bildnis des Aga Khan trägt. Alle zwei Jahre bringen Karawanen den Tribut der Gläubigen bis nach Bombay; die Gebiete von Hunza, Sarikol und der anliegenden Täler liefern allein regelmäßig 30 000 Rupien an den Aga ab; wer arm ist, borgt sich etwas, um die Rupie schicken zu können, die ihm das ewige Leben sichert. Selbst diejenigen, die wissen, wie der Aga in Paris und London lebt, werden darum nicht irre an ihrem Glauben. Kürzlich hat der Vertreter dieses religiösen Führers das Land besucht und Befehl gegeben, die kleinen Moscheen mit den reizenden Holzskulpturen wieder zu erneuern.

Bei den mohammedanischen Molaïs sind geistige Getränke nicht untersagt, und diesem Umstand haben wir es zu verdanken, daß allabendlich ein paar gute Flaschen Wein auf unserem Tische erscheinen. Ein Galadiner bei Kerzenlicht vereint uns alle. Der Mir in großem Staat trägt eine prächtige Mütze aus Otterfell und einen dunkelroten Wollkhalat, ein Geschenk Jakub Begs, des Eroberers von Sinkiang, an seinen Vater. Sein ältester Sohn, Major Sahib, der mit seinem roten Gesicht und fuchsbraunem Schnurrbart wie ein angelsächsischer Landwirt ausschaut, ist in einen schwarzen Gehrock gepreßt. Sein Enkel Djemal, ein Offizier bei den Scouts, der sonst immer in Khakiuniform ist, trägt an diesem Abend ein ganz mit Goldlitzen bedecktes Gewand; er kann ein wenig Englisch, geht aber aus Schüchternheit nicht mit der Sprache heraus.

Auf dem Kamin mir gegenüber stehen Photographien von Lord Curzon und Lord Kitchener mit Widmungen neben Buntdrucken, die einen Christus mit dem Flammenherzen und den letzten Aga Khan darstellen. Das nach englischer Art servierte Mahl endet mit Schnäpsen, und der Mir öffnet uns zu Ehren eine Flasche Sekt, fine champagne Audoin 1865, die ihm vor vier Jahren von der dritten Gruppe des »Gelben Kreuzzugs« zum Geschenk gemacht wurde. So sind wir an diesem Abend von besonderer Anerkennung für den Unternehmungsgeist André Citroëns erfüllt und widmen ihm das dankbarste Gedenken.

Nach dem Essen tauschen der Mir und Oberst Lang Geschenke aus; der letztere bekommt einige weiche Luchs- und Schneeleopardenfelle, eine gestickte *tschoga* (landesüblicher Mantel) und zwei Pferde! Aber diese Tiere werden Baltit nicht verlassen, denn der Oberst bittet darum, daß sie hier »in Pension bleiben«!

Dann werden Tänze vorgeführt, und in dem kleinen Zimmer drehen und wenden sich vier junge Burschen in Khalats anmutig im Takt mit den für die Turkitänze so charakteristischen Halsbewegungen; sie tragen Perücken aus langen schwarzen Haaren, die vermutlich von Frauen aus Kaschgar stammten. Ich erkenne den größten von ihnen wieder: Er dient als Kindermädchen für den Kleinen, der das Bild des Aga Khan an der Mütze trägt.

## Planwirtschaft

Unser Mir Muhammed Nazim ist in Bombay und Kalkutta gewesen, aber jetzt lebt er nur noch fern von der übrigen Welt und herrscht als unumschränkter Gebieter über seine 14 000 Untertanen; obwohl des Lesens unkundig, ist er doch sehr gut über alles unterrichtet, was in der Welt vorgeht, und ist jetzt, glaube ich, fast unabhängig von dem »Political Agent« in Gilgit; in diesem Jahr ist in der Tat zum erstenmal eine Vereinbarung zustande gekommen, der zufolge der Maharadscha von Kaschmir keinerlei Rechte mehr in dieser Gegend hat: sein Vezir und seine Truppen sind zurückgezogen worden. Die »Political Agency« ist also unabhängig, und ihre Schutztruppe besteht nur noch aus eingeborenen Scouts.

Jetzt, wo keine blutigen Fehden mehr die benachbarten Täler entzweien, sollte man meinen, daß das Leben hier, so fern von den Unruhen der Weltpolitik, ein vollkommenes Idyll sein müßte. Doch nein, ein harter, unablässiger Kampf gegen die Natur wird hier geführt: Sobald die Bevölkerung sich vermehrt, muß ein Teil der Einwohner auswandern, denn das Tal vermag nur eine bestimmte Anzahl von Menschen zu ernähren. Da die Bewohner nichts erzeugen, was sich für die Ausfuhr eignen würde, sind sie zu arm, um Getreide aus Indien zu kaufen. Die Wirtschaft ist in einem solchen Gleichgewicht, daß sie, aus Man-

gel an Weideland, ihren Viehbestand nicht vermehren können und die erzeugte Wolle grade genügt, um sie zu kleiden. Im Winter leben sie von gedörrten Aprikosen, und die Frauen von Hunza haben ein Sprichwort, wonach man seinen Mann nicht in eine Gegend auswandern lassen soll, wo keine Aprikosen gedeihen. Was den Getreideanbau betrifft, so hat man dank eines sinnreichen Bewässerungssystems anbaufähige Felder bis zu den unwahrscheinlichsten Stellen hinauf geschaffen.

Ich sehe hier Kanäle, ähnlich den »bisses« im Kanton Wallis, die kilometerweit in das Gestein gegraben sind und das Gletscherwasser bis zu Hängen führen, die besät werden können. Vor noch nicht langer Zeit pflegte der Mir von Hunza über Untertanen, die er bestrafen wollte, eine schreckliche Folter zu verhängen: Sie wurden zu einem Bad in dem Eiswasser dieser »Kuls« verurteilt, und es hing von der Dauer der Prozedur ab, ob sie den Tod zur Folge hatte oder nicht.

Die andere Seite des Tals mit 15 000 Einwohnern wird von dem Mir von Nagar beherrscht, der lange der erbitterte Rivale von Hunza war. Es heißt, daß die Nagars, strenge schiitische Mohammedaner, von düsterer und schwermütiger Natur sind, da sie den ganzen Winter hindurch im Schatten ihrer Berge leben. Die Feindschaft der beiden Fürsten, die ein Gegenstand für einen Shakespeare gewesen wäre, ist jetzt am Erlöschen, denn die beiden Herrscherhäuser haben sich jüngst durch eine Doppelheirat verschwägert.

Bei einem Besuch in den Frauengemächern sehe ich in einem von blühenden Rosen erfüllten Hofe die Gattin Djemals, eine junge Nagar mit länglichem Gesicht und mit der großen Nase, die in der Familie erblich ist. Einige Tage später lerne ich sie kennen. Als ich etwas zu ihr sage, hüllt sie sich scheu in ihren Schleier. Die Gemahlin des Mir oder, wie sie genannt wird, die Rani, ist eine charmante Frau, sehr schön, trotz eines Kropfes, wie er so viele dieser Gebirgsbewohner entstellt; sie trägt ein faltiges Gewand aus grauem Pelzsamt und ein Halsband aus Perlen und Türkisen. Ihre edle Haltung hat etwas völlig Unbefangenes, und diesmal bin ich es, die sich eingeschüchtert fühlt, als sie mich mit ihren lebhaften Augen betrachtet. Durch Djemal erkundigt sie sich nach meiner Familie und meinem Heimatlande; dann vergleichen wir unser Alter, und ich erfahre, daß sie

achtundzwanzig ist. Sie hat fünf Kinder. Einer ihrer Söhne, mit wundervollen grünen, breit mit schwarzer Schminke umränderten Augen, ist schön – wie ein Prinz. Sie schenkt mir ein Stück Seide aus Khotan und ein Käppchen, das sie selbst gestickt hat; als Gegengabe kann ich nur meine letzte rote Halskette abnehmen und Bulbul, ihrem reizenden Töchterchen, überreichen. Aber meine Bitte, die Rani photographieren zu dürfen, wird nicht gewährt.

Eines schönen Morgens, bevor wir Baltit endgültig verlassen, galoppieren wir zwischen niedrigen Steinmauern nach Aliabad, einem just gegenüber dem unvergeßlichen Rakaposchi gelegenen Dorf. Das Rasthaus ist seit dreizehn Monaten von dem fleißigen Ehepaar Lorimer bewohnt; die beiden sind einzig und allein zu dem Zweck hierhergekommen, eine Grammatik des Buruschaski zu verfassen, das in Hunza gesprochen wird. Das Buruschaski ist mit keiner anderen bekannten Mundart verwandt, und man hat die Frage aufgeworfen, ob es die Sprache ist, die vor etwa zweitausend Jahren, bevor sich das Sanskrit über Indien ausbreitete, die Landessprache war. Geduldig, Tag für Tag, arbeitet Mr. Lorimer mit den Eingeborenen. Das Buruschaski oder *Radjuna* ist unerhört schwierig: es hat, soviel man weiß, nicht weniger als vier Geschlechter und achtundzwanzig Pluralformen...[1].

# Der Mir von Nagar

Nachdem wir den Fluß auf einer schwankenden, aus Zweigen geflochtenen Brücke überschritten haben, werden wir von einer einheimischen Musikkapelle und den Prinzen von Nagar empfangen, von denen einer immer charmanter ist als der andere; sie sind alle schlank wie die Tannen und schmuck in tadellose Khakiuniformen gekleidet. Der älteste, mit einem schwarzen Schnurrbärtchen, trägt einen Seidenturban, dessen Nackentuch im Winde flattert, wenn er Galopp reitet. Der zweite ist blond, und seine grauen, schwarz untermalten Augen sind so bezaubernd, daß wir ihn Rudolph Valentino nennen; wenn er in enganliegendem Sweater und weißen Reithosen sein Pony beim Polo auf den Ball zujagt, ist er schön wie ein Gott ... und er weiß

es. Der dritte, der mit roten Rauten gemusterte Sportstrümpfe trägt, hat eine etwas zu lange Nase, um so reizvoll zu sein wie seine Brüder, aber er ist vielleicht der netteste von allen. Der Vater, der ein wenig gebeugt geht, hat ein Herzleiden. Während des auf englische Art servierten Abendessens, bei dem wir nur Wasser trinken, kann ich ihn zweifach, in Wirklichkeit und im Bilde, betrachten, denn an der Wand hängt ein wohlgelungenes Porträt von ihm, von Jacowjeff.

Der Mir scheint ein aufrichtiger Freund der Engländer zu sein, denn er stellt tausend seiner Leute zur Verfügung für den Kampf gegen die aufsässigen Stämme in den Tschilas im Süden. Als ich meine Bewunderung für diesen Freundschaftsbeweis äußere, erwidert mir George Kirkbride:

»Sie haben mehr als einen Grund, uns ergeben zu sein, und sind ehrlich froh über unsere Anwesenheit hier in diesen Bergen. Wir haben ihnen zwei wertvolle Dinge gebracht: Geld und – dadurch, daß wir ihren Guerillakriegen ein Ende gemacht haben – Frieden. Tatsächlich tun wir hier in Kaschmir alle Arbeit nur im Namen anderer und haben selber nichts davon.«

Am nächsten Tage machen wir einen Ausflug nach Osten zu bis an den Rand eines Gletschers, der sich an den großen, 115 Kilometer langen Hispar anschließt; und hier, ein ungewohnter Anblick, hat man für die Großen dieser Erde einige Liegestühle bis in diese Höhe geschafft, die in einer Reihe auf dem Bergvorsprung stehen, von dem aus man den Gletscher überschaut. Wir picknicken jedoch im Regen, der die Aussicht verhüllt.

Ebenso wie in Baltit veranstaltet man uns zu Ehren ein Polowettspiel, Turniere, nächtliche Illuminationen und zum Schluß, im Hof des fürstlichen Hauses, eine Art sehr humorvoller Theateraufführung: Als Jäger verkleidet oder als Hunde mit beweglichen Schwänzen, als Adler oder auch in Steinbockfelle mit zurückgekrümmten Hörnern gehüllt oder in Markhorfelle mit nach hinten zu abgeflachten Hörnern oder in Orialfelle mit Hörnern, die sich in Spiralen nach unten drehen, mimen die Darsteller unter allgemeinen Lachstürmen die unwahrscheinlichsten Jagdabenteuer.

# *Wie die Fürsten...*

Während der drei Reisetage bis Gilgit haben wir nichts mehr zu tun: die Mahlzeiten bereiten sich von selber, die Zelte und Feldbetten sind schon aufgeschlagen, wenn wir ankommen, Badewannen mit heißem Wasser erwarten uns, und die Pferde werden nach jedem Tagesmarsch zum Abkühlen herumgeführt. Die Diener nennen sich *tschaprassi,* Träger. Alles ist vollkommen, und ich denke mit einiger Rührung an das primitive Leben, das wir bisher führten.

Am 3. September, nach einem Tagesmarsch von 57 Kilometern, gelangen wir in das Tal von Gilgit; hier hat man an der Stelle, wo die zwei Flüsse sich vereinigen, inmitten der Einöde, einen Flugplatz angelegt. Das ist das einzige Verbindungsmittel zwischen Gilgit und der übrigen Welt in den acht Wintermonaten, wo der Schnee die Route über den Burzilpaß versperrt, die wir einschlagen wollen. Dann kommen wir an einigen verlassenen Truppenbaracken vorbei, überschreiten den Fluß auf der längsten Hängebrücke Indiens, und im Hofe eines verödeten Forts inmitten der Oase mache ich sogleich dem Opfer einer modernen Heldenfahrt meinen Besuch: dem »Croissant d'Argent«, dem armen kleinen Raupenauto, das vom Mittelmeer bis ins Herz Asiens gekrochen ist, wo es dann als unbrauchbar befunden wurde und nun hier die Nase gegen die Mauer, allen Winden preisgegeben, einsam und verlassen steht.

# Die letzten acht Tage

Verglichen mit dem Bazar von Tschertschen, macht der von Gilgit den Eindruck von Wohlhabenheit: Die zahlreichen Karawanenreisenden prüfen die russischen, indischen und japanischen Stoffe oder wählen sich Schuhe aus, und überall surren die Nähmaschinen der Schneider. Während ich grade ein Paar vielfarbiger einheimischer Strümpfe bewundere, sehe ich plötzlich auf dem Gehsteig eine elegante weiße Dame in einem enganliegenden roten Strandanzug vorbeiwandeln. Ich traue kaum meinen Augen, ebensowenig wie die indischen Budiker. Bin ich hier in Wengen oder Crans anstatt im Himalaja? Abends beim Essen im Hause von George Kirkbride ist die Dame auch da, diesmal in geblümten Voile gekleidet. Sie erzählt, daß sie und ihr Mann, der Militär ist, soeben von Leh kommen, mit einer Karawane von vierundzwanzig Ponys, was sie für sehr unzureichend erklärt. Reiten ist ihr verhaßt, und sie kann mir die Route nicht beschreiben, der sie gefolgt sind. Hingegen schildert sie uns ausführlich ein österreichisches Ehepaar, dem sie unterwegs begegnet ist: Diese Sonderlinge hatten nur zwei Ponys, reisten barhäuptig, tranken Wasser, ohne es zu kochen, und brachten es fertig, in Tee gemischtes Mehl zu essen, wie die Eingeborenen ...
Ohne den beunruhigten Blick vorauszusehen, dem ich mich dadurch aussetze, sage ich:

»Aber genau so haben wir es doch auch gemacht!«

Wir verlassen Gilgit gebührend geimpft[1], gewaschen und ausgeruht, nachdem wir unserm Freund Kirkbride unser von jetzt ab überflüssiges Zelt zum Geschenk gemacht haben, ebenso meinen dicken Wintermantel, die völlig aufgeweichten gesammelten Werke Shakespeares, zwei kleine Teppiche, die uns der *taotaï* in Kaschgar verehrt hat, und drei Kohlrüben ...

Sobald wir aus der Oase hinauskommen, wird es unangenehm heiß, denn wir befinden uns nur noch in 1490 Meter Höhe. Noch am selben Tage erreichen wir in einem öden, cañonähnlichen Tal den von Tibet herkommenden Indus und überschreiten ihn auf einer imposanten Hängebrücke.

Als wir uns der Oase Bunji nähern, verzieht sich das Gewölk, und grade im Süden erhebt sich am Ende eines Tals, das er abzuriegeln scheint, in voller Herrlichkeit der Nanga Parbat. Siebentausendfünfhundert Meter höher als unsere Einöde hier, strahlt der Gipfel in der untergehenden Sonne, und ich habe nie etwas so Majestätisches gesehen wie diese getürmte Eismasse. Dieser »nackte Berg«, westlichster Gipfel des Himalaja, hat schon mehr als einen Alpinisten verlockt, seit der berühmte Mummery dort im Jahre 1895 den Tod fand; und ich denke bewegt an Merkl und seine deutschen Gefährten, die letztes Jahr diese Flanken erklommen, um niemals wiederzukehren[1]. Wenn ich rückwärts schaue, kann ich noch die Südwand jenes andern Riesen, des Rakaposchi, sehen.

Am 6. September betreten wir, dem Indus den Rücken kehrend, die zerklüftete und glühend heiße Schlucht, die der Astorfluß ausgehöhlt hat. Es gilt jetzt, den 4200 Meter hohen Burzilpaß zu ersteigen, um die eigentliche Himalajakette zu überschreiten. Mit jedem Abend finden wir immer besser eingerichtete Rasthäuser, wo Wahab, unser Diener, für uns kocht.

## In Kaschmir

In der Nähe von Astor, in lachender Landschaft, begegnen wir einer sonderbaren Karawane, deren Frauen aussehen, als wären sie in Leichentücher gehüllt; es sind Leute aus Kaschgari, die von einer Pilgerfahrt nach Mekka heimkehren. Die Reise über Indien und das Meer ist weit, aber für die Pilger so gut organisiert, daß sie diesen Weg trotz aller Sowjetpropaganda den russischen Eisenbahnlinien vorziehen. Am gleichen Tage – und ich kann nicht umhin, die beiden frommen Karawanen in Gedanken miteinander zu vergleichen – wechseln wir ein paar Worte mit drei Missionarinnen in Tropenhelmen und Zwirnhandschuhen, die mit zahlreichen Ponys nach Kaschgar ziehen. Zwei von ihnen sind junge Nordländerinnen mit einem Teint wie Lilien und Rosen, und ich necke Peter, der sich oft darüber beklagt hatte, daß es in Zentralasien kein »Platinblond« gäbe!

Je näher wir dem Burzil kommen, um so kärglicher wird das Tal, in dem nur noch hie und da ein paar Fichten wachsen.

Zerzauste Kinder in schmutzigen Wollponchos hocken auf den Dächern von Blockhütten wie am Spieß aufgereihte Spatzen. Die hellhäutigen Frauen haben einen wilden Blick und tragen große schwarze Hauben auf den Köpfen.

Hier, an diesem einsamen, kalten Ort, sehe ich auf einem von zwei Reihen Steinen begrenzten Feld zwei Reitergruppen gegeneinander angehen. Es sind Einheimische, die auf die gute Idee verfallen sind, ein Polomatch zu veranstalten, und ich bewundere den Schwung, mit dem sie spielen. Um ihre kleinen Pferde in Galopp zu bringen, stoßen sie kehlige Schreie aus, die wie »hang!« klingen und die ich heute noch im Ohr habe. Hier in diesen Hochtälern ist die ursprüngliche Heimat des Polospiels.

Das Gebiet des Burzilpasses, so gefährlich im Winter, wenn der unablässige Orkan den Schnee zu phantastischen Höhen auftürmt, ist im Sommer von blumigen Matten bedeckt. Diesen Paß überschreiten, heißt in eine neue Welt eindringen, wo die reichlichen Regen eine wahre Orgie von Grün hervorrufen. Birken- und Tannenwälder bedecken die Flanken der Berge, und überall hört man die Wasser rauschen.

Man könnte sich im Jura wähnen, nur daß hier die Einwohner kohlschwarze Augen und rabenschwarze Haare haben und einen immerzu um Zündhölzer anbetteln. In schwarze Umschlagetücher gewickelte kleine Mädchen pflücken Beeren; ihre Brust verschwindet unter Halsketten, und in einem Nasenflügel tragen sie einen kleinen Silberstern. Der Himmel ist blauer hier, die Schmetterlinge sind riesengroß, und dem Wasser des klaren Flusses, in dem ich bade, ist es bestimmt, durch den Jhelum und Ganges den Ozean zu erreichen.

Wir sind nicht mehr sehr weit von Srinagar. So schicken wir denn in Gurez ein Telegramm an eine Garage mit dem Ersuchen, uns ein Auto nach Bandipur entgegenzusenden, wo die eigentliche Straße beginnt. In dem kleinen Postamt machen wir die Bekanntschaft eines englischen Obersten, der schon den ganzen Tag in Sorge ist, weil einer seiner Angelhaken auf irgendeine Weise ins Ohr seines kleinen Dachshundes geraten ist; er lädt uns zum Mittagessen in das nahe Rasthaus ein, wo er zusammen mit einem reizenden Ehepaar seinen Urlaub mit Forellenfischen verbringt.

Noch ein Paß trennt uns von Srinagar, der Tragbal, und an

seinem Fuße verbringen wir die letzte Nacht »in der Wildnis«. Ein naher Sturzbach rauscht die Begleitung zu meinen Gedanken. Ich bin tieftraurig, daß es nun vorbei sein soll mit dem einfachen, freien Leben unter dem weiten Himmel Asiens, das so lange das meinige war...

Am 12. September erreichen wir das Joch des 3500 Meter hohen Tragbal, und mit einem Schlage liegt die leuchtende Weite Kaschmirs vor uns gebreitet – das herrliche Blau eines ungeheuren Sees, mit Nadelwald bestandene Hügel, ein sanfter Himmel darüber; und ich muß unwillkürlich an eine andere blaue Weite denken, fern in Europa: den Genfer See, wie man ihn zuerst von Saint-Cergue aus sieht, wenn man vom Jura kommt.

Zweitausend Meter tiefer: Sommerglut, die Fruchtbarkeit der vergoldeten Reisfelder, hohe Farmhäuser aus Ziegeln mit spitzen Strohdächern... und unter einem Baum das Auto, das uns erwartet. Bevor wir abfahren, verschenke ich meine liebsten Besitztümer: meinen bequemen chinesischen Sattel, unseren Kochtopf und meinen Schlafsack aus Schaffell, der seit seinem unfreiwilligen Bad ganz hart geworden ist. Meine Rückkehr zu neuzeitlichen Beförderungsmitteln verläuft im übrigen nicht sehr glorreich, denn ich bringe es fertig, daß mir im Wagen schlecht wird.

Nicht lange, so rollen wir mit Hupengetön durch das wimmelnde, von elektrischen Lichtern strahlende Srinagar.

Beim Abendessen im Speisesaal des Hotels ergötzen wir uns wie richtige Wilde am Anblick all der wohlgesitteten Paare mit bloßen Rücken und steifen Hemdbrüsten, die unverhohlene Mißbilligung zu erkennen geben über unsere abgetragenen Habite, unsere Struwelpeterschöpfe und unsere schwarzgebrannten Räubergesichter, die kein Tropenhelm je beschützt hat.

Aber unsere Lustigkeit ist von kurzer Dauer; die Nachbarschaft all dieser wie für eine Komödie hergerichteten Welt ist bedrückend, und als wir mit unseren Sektgläsern anstoßen, geschieht es ohne rechtes Vergnügen, so sehr wir uns seit Monaten auf diesen Augenblick gefreut hatten.

# Von 20 zu 2000 Kilometern am Tag

Ade, sorgloses Wanderleben! Der Schatten des Krieges schwebt über Europa. Italien greift Abessinien an, und man spricht davon, daß der Suezkanal gesperrt werden soll: es gilt, möglichst schnell heimzukommen.

Peter wünscht, seine Person bis London der »Imperial Airways« anzuvertrauen, und ich benutze von Karatschi aus die »Air France«. Von dieser Rückkehr im Flugzeug ist mir im wesentlichen nur ein Gefühl verwunderter Benommenheit geblieben.

Wir überfliegen die öden, wie eine Mondlandschaft aussehenden Gebirge Südpersiens, und es scheint mir, daß wir kaum gestartet sind, als unser »Mann-der-mit-der-ganzen-Welt-spricht«, die Hörer an den Ohren, schon wieder unsere Ankunft dem nächsten Flughafen meldet. Der persische Golf ... Mesopotamien ... ein paar Stunden Schlaf in Bagdad ... und dann Damaskus, wo die Trikolore weht.

Im Auto geht es über den Libanon nach Beirut. Und nun endlich das leuchtende Mittelmeer, wo ich mich zu Hause fühle, wo mir Farben, Luft und selbst die Formen der Segelschiffe vertraut sind.

Dann Griechenland, die Inseln wie Perlen im tiefblauen Meer, und in einem einzigen Tage der Sprung bis nach Frankreich, während wir doch mit der »Bonita«, vor genau zehn Jahren, einen Monat gebraucht hatten, um die gleiche Strecke zu durchsegeln – ungefähr mit der Durchschnittsgeschwindigkeit einer Karawane.

Was für ein erstaunlicher Kontrast, ohne Übergang von 20 auf 2000 Kilometer am Tag zu springen! Ich habe mich so daran gewöhnt, mich im langsamen Schritt der Kamele fortzubewegen, wie man es schon vor tausend Jahren tat, daß ich jetzt Mühe habe zu begreifen, daß ich täglich neue, von verschiedenen Rassen bewohnte Länder überfliege. Jahrhunderte der Geschichte, Wiegen von Religionen – alles scheint mir auf so kleinem Raum zusammengedrängt, wogegen mir doch Asien von Peking bis Indien so unendlich erschienen war. Und trotz der Kleinheit dieses europäischen Kontinents herrscht mehr denn je Uneinig-

keit zwischen seinen Bewohnern... Dabei haben sie doch alle frisches Wasser und Gras in ihren Ländern!

Kaum habe ich, nach all den fremden Orten, japanischen, chinesischen, tibetanischen, mongolischen, in Marseille den Fuß für ein paar Augenblicke wieder auf französischen Boden gesetzt, so ist das Flugzeug auch schon aufs neue mit einem einzigen Satz in der Luft. Die elegante Dame, die vor mir sitzt, hat bis Lyon grade noch Zeit, sich schön zu machen. Kurzer Aufenthalt in einem Flughafen, wo eine Menge Leute bei Speise und Trank sitzen und *gros bleu* rauchen und ausgelassene Kinder überall herumtoben und jeder nichts anderes zu tun zu haben scheint, als jedem die Hand zu schütteln.

Die Dunkelheit bricht schon herein, als im Norden der riesige Lichterschwarm auftaucht, der Paris ist.

Und plötzlich begreife ich etwas: ich fühle jetzt mit aller Kraft meiner Sinne und meines Verstandes, daß Paris, Frankreich, Europa, die Weißen nichts sind und daß es, über und entgegen allen Partikularismen, nur auf eines ankommt: auf das eine große wunderbare Gefüge, das sich die Welt nennt.

Libanon, September 1936

# Anmerkungen

*Seite 18*    [1] Chinesische Mohammedaner.

*Seite 19*    [1] Große Mengen derart exportierter Schafsdärme dienten der Wurstfabrikation.

           [2] »The desert Road to Turkestan.«

*Seite 22*    [1] Argol = getrockneter Dung.

*Seite 30*    [1] Der nächste Schnellzug nach Sian fährt erst morgen nachmittag.

*Seite 32*    [1] Dieser Name Ma Ja Ngan bedeutet im Chinesischen, neben tausend anderem, »internationales Friedenspferd«.

*Seite 36*    [1] Im Dezember 1936 soll Madame Shao Li-Tze, laut einer Reutermeldung, während des Aufstands der Regierungstruppen in Sian hingerichtet worden sein. Die Rebellen, die sich mit den chinesischen Kommunisten verbündet hatten, wollten den Oberbefehlshaber Tschiang Kai-schek zur Kriegserklärung an die Japaner zwingen.

           (Berichtigung: Nach einer in letzter Minute erhaltenen Nachricht ist Madame Shao Li-Tze am Leben geblieben.)

*Seite 37*    [1] Das Wort »Dunganen« ist nicht chinesisch. Es taucht zum erstenmal im Jahre 1850 auf und bezeichnet einen Rassenunterschied, was bei dem Wort »Hui-Hui« nicht der Fall ist.

           »Hui-Hui« ist vielleicht gleichbedeutend mit »Uighur«: beide Bezeichnungen werden in der chinesischen Literatur des 14. Jahrhunderts sowohl auf diese Turkibevölkerung wie auf die chinesischen Mohammedaner angewendet.

*Seite 38*    [1] Rundes Filzzelt.

*Seite 51*    [1] Der erste Teil meines ins Chinesische übertragenen Namens – »Ma« – gleicht dem Anfang des Namens der meisten chinesischen Moslems dieser Gegend, weshalb ihn jedermann leicht behält. »Ma« soll eine abgekürzte Anrufung Mahomets sein.

*Seite 54*    [1] »Mien« ist die tägliche Nahrung der Nordchinesen. Es sind Nudeln oder Spaghetti (aus Roggenmehl), die ein paar Minuten in Wasser gekocht werden und je nach Bedarf zubereitet werden. Wer die Mittel dazu hat, gibt noch kleine Fleischwürfel in die Suppe, die man mit rotem Pfeffer würzt.

*Seite 58*    [1] Zur Erleichterung des Verkehrs ließ der General Ma Straßen anlegen und sogar – eine große Neuerung – wichtige Brücken bauen.

[2] »La Croisière Jaune« (der gelbe Kreuzzug) von Raymond Lefèvre; bekannte Schilderung der transasiatischen Citroën-Expedition (A.d.U.).

[3] Dem Beispiel der Mongol- und Mingdynastien folgend, eroberten die Mandschus das an China angrenzende Tibet zurück und stellten ihre Suzeränität in Lhasa wieder her. Nach der Revolution von 1911 wurden jedoch die chinesischen Garnisonen verjagt, und englischer Einfluß wurde vorherrschend. Bei einer Konferenz in Simla im Jahre 1913 wurde beschlossen, daß das innere Tibet unter chinesische Herrschaft fallen, das äußere Tibet dagegen ein selbständiger Staat werden sollte, aber unter chinesischer Suzeränität und britischem Protektorat.

Im Jahre 1929 teilte China, um sich den neuerlichen tibetanischen Übergriffen besser widersetzen zu können, Innertibet in zwei Provinzen, Hsi-kan und Kuku Nor.

[4] Eine moralische Zerrüttung, die an diejenige der Abessinier erinnert, die genauso tapfer sind wie die Dunganen.

Seite 65    [1] Es gibt fünf Fürstentümer im Tsaidam.

Seite 66    [1] Außenminister.

Seite 68    [1] Kumbum heißt »hunderttausend Bildnisse«.

               [2] In Sanskrit »stupa«.

Seite 71    [1] Angeblich sind diese geheimnisvollen Bilder auch auf dem Baumstamm zu sehen; sie sollen durch eine Einspritzung unter der Rinde entstanden sein.

Seite 74    [1] Herr Russe, im weiteren Sinn auch Europäer.

               [2] Man nimmt an, daß sie, ohne ein Recht auf *ula* (Relais, welche die Vertreter des Dalai-Lama benutzen) zu haben, Ersatztiere verlangt und dadurch den Zorn der eingeborenen Goloks erregt haben. Dem dritten europäischen Mitglied der Expedition, Dimitri Guerki, soll es gelungen sein, quer durch Tibet zu entkommen; vielleicht war er der Absender des mit Bleistift geschriebenen Briefes, den Herr Paul Pelliot erhielt und worin um eine telegraphische Geldüberweisung nach Leh in Ladak gebeten wurde.

Seite 76    [1] Der Dalai-Lama hat seinen Sitz in Lhasa, der Hauptstadt von Tibet, dessen weltliches Oberhaupt er ist, während der Panchen- oder Taschi-Lama, das geistliche Oberhaupt, in Schigatseh residiert. Der letzte Dalai-Lama starb im Jahre 1933, und man hat ein zu gleicher Zeit in Je-kun-do geborenes Kind ausfindig gemacht, in dem man kraft untrüglicher Zeichen die Wiederverkörperung des Verstorbenen zu erkennen glaubt.

Der Panchen-Lama, der im Jahre 1924 nach China in

die Verbannung gehen mußte, weil er sich neuen, zur Vermehrung der Armee bestimmten Steuern widersetzt hatte, wartet an der tibetanischen Grenze auf einen günstigen Augenblick, um nach Schigatseh zurückzukehren.

*Seite 86* [1] Diese hellblaue Voileschärpe, ein Symbol des Friedens, tauscht man bei Begrüßungsszenen in der Mongolei und in Tibet aus.

*Seite 88* [1] Wenn die Mongolen auf Jagd gehen, schießen sie nie auf ein Tier, das sich in der Herde befindet. Es könnte ein heiliges Tier sein. Nur wenn es allein ist, braucht man keine Bedenken zu haben, denn ein Tier, das eine wiederverkörperte Seele beherbergt, wird nie von seinen Gefährten allein gelassen.

*Seite 89* [1] Volkstümlicher Seemannsausdruck für Bootsmann.

*Seite 96* [1] Der »Kleine Glauben« oder Islam, im Gegensatz zum »Großen Glauben« oder Buddhismus.

*Seite 101* [1] Die von Sven Hedin gemachten Geländeaufnahmen sind anscheinend vom Amt in Kalkutta nie anerkannt worden.

*Seite 104* [1] So heißen alle chinesischen Kinder und hier auch die jungen Burschen, die die Goldsucher begleiten.

*Seite 110* [1] »Dzun« bedeutet »links« und hat ethymologisch die gleiche Abstammung wie »Dzungarien«, der Name des Landes im Nordwesten von Sinkiang.

*Seite 113* [1] Bevor die Kamele zur Mast auf die Sommerweiden geführt werden, füttert man sie eine Zeitlang nur mit Pflanzen, die gewisse Salze enthalten, welche das Abwerfen des Winterpelzes beschleunigen.

*Seite 115* [1] Man fügt zuweilen den chinesischen Namen die Bindung g'o bei, was vertraulich ist und »großer Bruder« heißt.

*Seite 117* [1] Das Szepter, ein männliches Symbol, versinnbildlicht die Ordnung; das Glöckchen, ein Emblem der Weisheit, ist das weibliche Symbol.

*Seite 121* [1] Tsybikof, »Reise nach Lhasa«.

*Seite 126* [1] Ich erzähle hier nicht vom Leben in der Jurte, das ich schon in meinem Buch »Des Monts Célestes aux Sables Rouges« beschrieben habe.

*Seite 135* [1] In Fett gebackene Teigröllchen.

*Seite 139* [1] Im Tsaidam gibt es fünf Fürstentümer, die in 21 Gaue eingeteilt sind. Die Mongolen des Tsaidam, Nachkömmlinge der Khochuts in Dzungarien, haben sich nach und nach mit den Panakas und Andowas vermischt, tibetanischen Stämmen, deren Sitten sie angenommen haben. Im Osten des Tsaidam herrscht der Einfluß der Goloks vor, eines aufrührerischen tibetanischen Stammes. Diese

Mongolen eroberten das Gebiet im siebzehnten Jahrhundert gelegentlich der Teilung der oïrot-mongolischen Stämme der Dsungarei. Khochutmongolen drangen bis nach Lhasa, wo sie den letzten Tsang-König verjagten.

Die Provinz Kuku Nor, zu der der Tsaidam gehört, ist in einundzwanzig Khochut-»Banner« geteilt, die fünf Fürstentümer bilden: Barun, Dzun, Teijinar, Kuket und Kurluk. Landessprache ist eine ded-mongolische Mundart, die noch nicht erforscht ist. *Ded* bedeutet »in der Höhe lebend«.

Unter den Mandschukaisern wurde das Gebiet durch einen in Sining residierenden Grenzkommissar verwaltet. Seine Amtsgewalt war jedoch nur nominell. Nur selten kam ein *t'ong-sheh*, ein Dolmetscher und Steuereintreiber, in das Gebiet. Heute wird die ganze Provinz Kuku Nor von dem dunganischen General Ma Bu-fang in Sining beherrscht. »Tsaidam« bedeutet »salzige Marsch«.

*Seite 140* [1] Im September hatten die Urechs vor der kommunistischen Gefahr fliehen müssen, und diese Verpflichtung konnte nicht eingehalten werden.

[2] Die jährliche Steuer von 10 Dollar pro Jurte errechnet sich aus den 3000 Schafen, 300 Pferden und 200 Kühen, die von den 1500 Jurten des Tsaidam geliefert werden müßten.

*Seite 144* [1] Chulak Akan auf der Karte.

*Seite 145* [1] Die Bokalik Tagh oder Marco-Polo-Berge.

*Seite 154* [1] »Mayan« oder »bong« in China; »sharrs« in Indien.

*Seite 167* [1] Der Mittag droben, Mittag regungslos,
Denkt nur sich selber und ist eins mit sich. (Paul Valéry)

*Seite 171* [1] Eine Art der Begrüßung, wie ich sie bis an die Küsten des Aralsees hin beobachtet habe.

[2] Aksakal heißt wörtlich »Weißbart«, also Ältester, Vorsteher. An der Spitze jeder Ortschaft steht ein Aksakal, der wieder von den Aksakals der verschiedenen Zünfte gewählt wird. Ebenso haben die Fremden im Lande einen Aksakal, der mit konsularischer Gewalt bekleidet ist und ihre Interessen vertritt.

*Seite 176* [1] ...wie, bebend lebendigen Holzes, von der Wucht des Wipfels hingebeugt, der Baum, eins mit sich selber, für oder wider die Götter rudert und ringt.
(Paul Valéry)

*Seite 180* [1] Der Khalat ist eine Art Kaftan, der beim Ausgehen getragen wird.

*Seite 181* [1] General, Ortskommandant.

| Seite 184 | [1] Wie ich später erfuhr, war es ein Tscheche namens Sed-lacek und derselbe, der uns »Kaput!« zugerufen hatte, als wir Lantschau verließen; er lag neun Monate in Tunghwang im Gefängnis, kam dann vor Gericht und wurde freigesprochen. |

Seite 184
: [1] Wie ich später erfuhr, war es ein Tscheche namens Sedlacek und derselbe, der uns »Kaput!« zugerufen hatte, als wir Lantschau verließen; er lag neun Monate in Tunghwang im Gefängnis, kam dann vor Gericht und wurde freigesprochen.

Seite 200
: [1] Banknoten.

Seite 204
: [1] Der Name bedeutet »neue Provinz« und stammt aus dem Jahre 1759.

Seite 205
: [1] Von Kitah, dem Namen eines mongolischen Stammes, der im elften Jahrhundert Nordchina beherrschte.

Seite 207
: [1] Nach den letzten Nachrichten scheint es, daß Teh Wang bereits keine Wahl mehr hat, weil die Japaner de facto schon die innere Mongolei beherrschen.

Seite 211
: [1] Ma Tschi, ein Onkel jenes Generals Ma Bu-fang, der in Kuku Nor den Oberbefehl hatte, als wir dort waren.

: [2] Feng, ein unabhängiger General, war im Jahre 1929 durch die Regierungstruppen Tschiang Kai-scheks geschlagen worden.

: [3] Er büßt jetzt in China eine Gefängnisstrafe von vier Monaten ab dafür, daß er mit einer ausländischen Macht einen Vertrag geschlossen hat.

Seite 213
: [1] Und ich erwähne sie nur, weil im »Le Temps« mehrmals von ihr die Rede war.

Seite 214
: [1] Siehe in der »Revue des Etudes Islamiques, Cahier II, 1935« den Artikel über Sinkiang von Joseph Castangné.

Seite 217
: [1] Bei meiner Rückkehr nach Paris empfingen meine Freunde mich sogar mit der Frage, ob ich in Kaschgar Schwierigkeiten gehabt hätte infolge des dortigen Regierungswechsels.

Seite 224
: [1] Sie bestätigten sich nachträglich.

Seite 233
: [1] Po t'aï heißt »Kanonensockel«; diese hier wurden im 18. Jahrhundert erbaut, anläßlich der letzten Eroberung des Landes durch die Chinesen.

Seite 239
: [1] Da wir die Grenze überschritten haben, sehen wir uns einer neuen Währung gegenüber, derjenigen der Bank von Urumtschi; es sind auch hier wieder grobe Banknoten, deren immerzu wechselnder Wert uns ewig ein Geheimnis bleiben wird. Der alte *sar* war drei mexikanische Dollar wert, was vier englischen Shilling oder ungefähr fünfzehn französischen Francs von 1935 entspricht.

: [2] Name der seßhaften Einwohner von Russisch-Turkestan. Das Wort kommt aus Indien und bedeutet ursprünglich »Karawanenführer«; später, vom 13. Jahrhundert ab, ist es die Bezeichnung für die Mohammedaner.

Seite 245
: [1] Ein Gebäck aus Weizenmehl.

Seite 246   [1] Ein Ballspiel.

Seite 248   [1] Aufseher oder Vorsteher; de facto Bezirksgouverneur.

Seite 255   [1] Société des Nations = Völkerbund.

Seite 262   [1] Aber die wahren Reisenden sind die allein, die aufbrechen
Um des Aufbruchs willen; leichte Herzen, ähnlich den Ballons,
Entziehen sie sich nie dem Schicksalswillen, der sie treibt,
Und ohne zu wissen warum, sagen sie immer nur: »Vorwärts!«
(Baudelaire)

Seite 264   [1] Diese langschädligen Menschen weißer Rasse sind vielleicht die Nachkommen arischer Ureinwohner; sie gehören zur Gruppe der Pamir-Iranier, und es kann sein, daß sie im Verlauf sehr früher Wanderungen nach Europa gelangt sind, wo ihr Erscheinen einen so großen Einfluß auf unsere indo-europäischen Sprachen üben sollte. Diese weißen Gebirgsrassen sind offenbar gemischt, denn ich habe oft Menschen von ganz anderem Typus dort gesehen, untersetzt, breitschädlig, rotbraun bis blond, Typ »homo alpinus«.

Seite 265   [1] »Pamir« bedeutet in der Landessprache einen Weidegrund, eine »Alp«, wie man in der Schweiz sagt. Daraus ist dann im Französischen und Englischen, als Gesamtbezeichnung, der Plural »les Pamirs« und »the Pamirs« geworden, ebenso wie man »die Alpen« sagt, und man darf sich das »Dach der Welt«, wie der Pamir auch genannt wird, nicht als ein wirkliches Tafelgebirge vorstellen.

Seite 273   [1] Britischer Beamter im Indian Civil Service (A. d Ü.).

Seite 278   [1] »Mulaï« werden die Ismaeliten von Hunza genannt. Die Ismaeliten sind ein Zweig der Shi'a Moslim. In Persien werden sie auch die »Sekte der Mörder« genannt. Marco Polo spricht von ihnen als »Mulehets« (Gottlose oder Abtrünnige) und sagt, daß sie unter einem Führer vereint seien, der der »Alte vom Berge« genannt werde. Im Jahre 1840 flüchtete ein Edelmann aus Khorassa aus politischen Gründen nach Bombay. Er war ein Nachkomme dieses »Alten vom Berge« und ein Vorfahre des jetzigen Aga Khan.

Seite 281   [1] Über die Herkunft der Talbewohner habe ich nichts Genaues feststellen können. Die herrschenden Familien behaupten, sie seien aus dem Iran gekommen, und führen ihren Stammbaum bis auf Alexander den Großen zu-

rück. Die Mehrzahl der Buruschaski stammt wahrscheinlich von den Tokarehs, Indo-Europäern, die vor alters aus ihren Oasen in Chinesisch-Turkestan fliehen mußten und bis ins Tal des Indus gelangten. Man hält sie für identisch mit den Ju-tschihs. Im Industal gründeten sie ein indo-skythisches Reich, das unter Kanischka seine Blütezeit hatte.

Seite 284   [1] Impfungen sind obligatorisch, bevor man Indien betritt.
Seite 285   [1] Wer den Nanga Parbat in Angriff nehmen will, braucht jetzt nicht mehr den Umweg über Srinagar zu machen, sondern kann Zeit sparen, indem er die Route durch das Kagan-Tal einschlägt, die jetzt offen ist.


*Die Wiedergabe der Bilder erfolgte nach Leica-Photos der Verfasserin.*

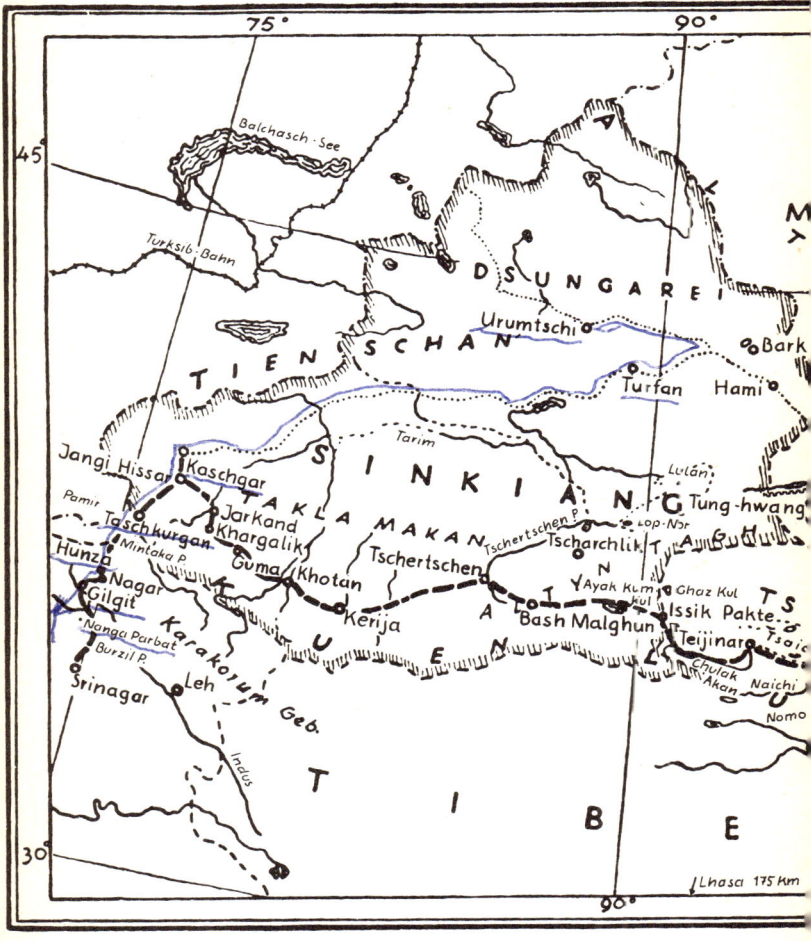

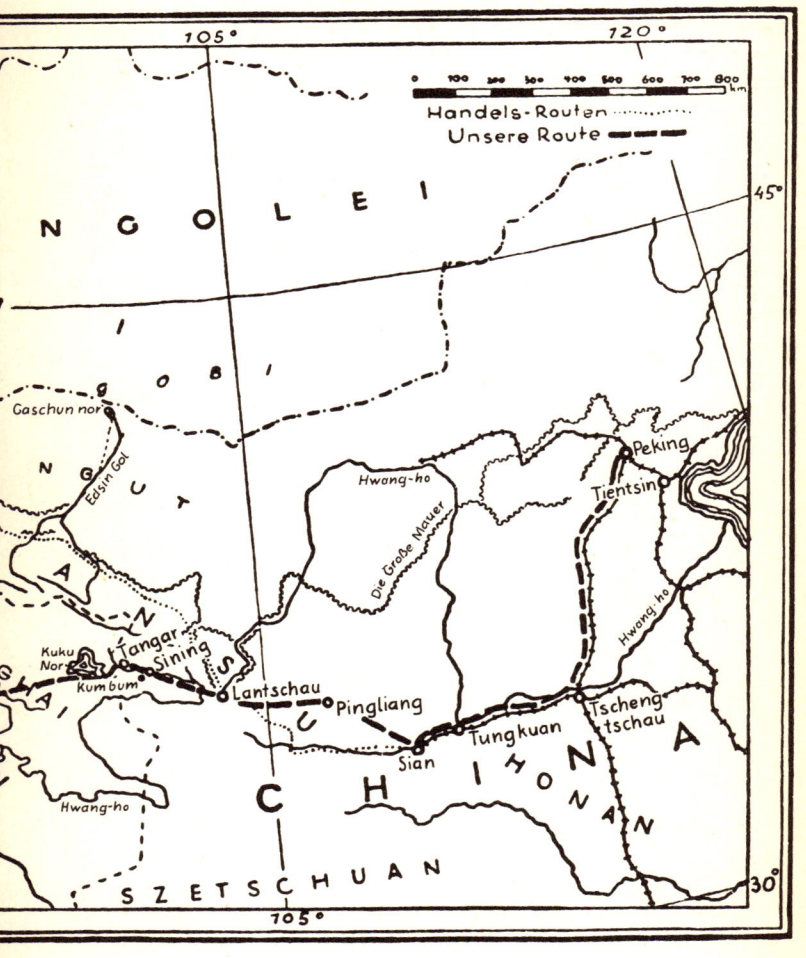

105°　　　　　　　　120°

0  100  200  300  400  500  600  700  800
km

Handels-Routen ............
Unsere Route ━ ━ ━

45°

N   G   O   L   E   I

G   O   B   I

Gaschun nor

N   G   U   T

Edsin Gol

A

Peking

Tientsin

Hwang-ho

Die Große Mauer

Hwang-ho

Kuku
Nor

Tangar
Sining

Kumbum

Lantschau

Pingliang

Sian

Tungkuan

Tscheng
tschau

Hwang-ho

C   H   I   N   A

H   O   N   A   N

Hwang-ho

S   Z   E   T   S   C   H   U   A   N

105°

30°

# HEYNE BÜCHER

# erlebt & erfahren

Authentische Berichte über erschütternde Schicksale
und beeindruckende Lebenswege.

**HEYNE SACHBUCH**

Martine Provis
**Suppe aus Kieselsteinen**
Die Geschichte
einer verlorenen Kindheit

erlebt & erfahren

19/2046

Außerdem erschienen:

Karin Jäckel
**Du bist doch mein Vater**
*Der schockierende Bericht
eines Inzesttopfers*
19/2037

Anja Meister
**Fremd im eigenen Körper**
*Von Marietta zu Mario -
Die Geschichte einer Geschlechts-
umwandlung*
19/2030

Yvette Pierpaoli
**Eine Frau für tausend Kinder**
*Mein abenteuerliches Leben*
19/2045

Ellen Plasil
**... und meine Seele weint**
*Der schockierende Bericht einer
Frau, die von ihrem Therapeuten
mißbraucht wurde*
19/2026

Ruth Sidransky
**Wenn ihr mich doch hören
könntet**
*Kindsein in einer stummen Welt*
19/2035

## Wilhelm Heyne Verlag
München

# FrauenReiseBerichte

Faszinierende Blicke auf fremde Welten und Kulturen,
geschrieben von Frauen voller Neugier und Abenteuerlust.

19/2001

Außerdem erschienen:

Trudy Curloss
**Hinter Kairo wird es besser**
19/2002

Ella Maillart
**Verbotene Reise**
19/2007

Ella Maillart
**Turkestan Solo**
19/2010

Freya Stark
**Im Tal der Mörder**
19/2025

## Wilhelm Heyne Verlag
### München

# Jehan Sadat

»Jehan Sadat ist eine reichbegabte Frau: Sie ist intelligent, couragiert und zutiefst menschlich. Ihr Leben lang – durch Triumphe und Tragödien – ließ sie andere Menschen an diesen Gaben teilhaben.«   Henry Kissinger

01/8196

**Wilhelm Heyne Verlag**
München

# Politik und Zeitgeschehen im Heyne Sachbuch

## Aktuell: Der Islam

19/210

Außerdem erschienen:

Thomas L. Friedman
**Von Beirut nach Jerusalem**
19/178

Peter Scholl-Latour
**Das Schwert des Islam**
19/226

**Stichwort: Islam**
19/4007

**Stichwort: Frauen im Islam**
19/4041

Wilhelm Heyne Verlag
München

Sven Krüdenscheidt

## Und mittendrin bist du

ISBN: 978-3-95949-375-8

Leo hat einen Plan. Erst das Abitur bestehen, dann ab nach Griechenland. Zu Hause ist ihm alles zu eng, und dann verdreht ihm ein Mitschüler auch noch den Kopf. Weder die Familie noch die Freundin sind über seine Pläne, als Animateur durchzustarten, begeistert. Leo bleibt trotzdem dabei. Also auf zu Party, Sonne, Strand und blauem Himmel!

In Griechenland allerdings begegnet ihm Chris. Sein Arbeitskollege lässt seine Gefühle Achterbahn fahren, aber dieses Mal ist Flucht keine Option.

Manuel Magiera
## Geteilte Seele

ISBN: 978-3-95949-321-5

Arrogante Gutachter und hasserfüllte oder streng konservative Familien-
angehörige, mit alldem muss sich Wirtschaftsanwalt Jürgen von Wichern
auseinandersetzen, als er sich dazu durchringt, sein Leben als Annette wei-
terführen zu wollen.
Es gibt aber auch die andere Seite, Freundinnen in der Selbsthilfegruppe und Ärzte,
die wissen, wie schwer dieser Weg ist. Jürgen wagt die ersten Schritte. Als eine der
neuen Freundinnen tot aufgefunden wird, lässt das Annette, wie sich Jürgen nun
nennt, keine Ruhe. Sie beginnt nachzuforschen ...

Jobst Mahrenholz

**Der linke Fuß des Gondoliere**

ISBN: 978-3-95949-386-4

Cece baut Gondeln, Leo fährt sie, Pirro träumt sich durchs Leben. Die drei Venezianer sind allerbeste Freunde – bis ein Pfefferkorn alles für sie ändert. Eine zauberhafte Geschichte über Freundschaft, die Liebe, faszinierende Boote und das unstillbare Verlangen nach Luft.